北方骑士团的兴衰

THE NORTHERN CRUSADES

波罗的海征服开拓史

[英] 埃里克·克里斯琴森 —— 著
李达　周超宇 —— 译

民主与建设出版社
·北京·

目 录

致　谢　　　　　　　　　　　　　　　　　　　　　1
年　表　　　　　　　　　　　　　　　　　　　　　3
主要人物　　　　　　　　　　　　　　　　　　　　7
货　币　　　　　　　　　　　　　　　　　　　　　13

引　言　　　　　　　　　　　　　　　　　　　　　1
第一章　北方十字军运动前夕的欧洲东北部　　　　　7
第二章　文德十字军的理论和实践　1147—1185　　　62
第三章　武装僧侣：理念与效率　　　　　　　　　　91
第四章　征服东波罗的海　1200—1292　　　　　　　115
第五章　神权政治试验　1200—1273　　　　　　　　153
第六章　立陶宛十字军　1283—1410　　　　　　　　171
第七章　诺夫哥罗德十字军　1295—1378　　　　　　221
第八章　欧洲东北部的十字军政权　　　　　　　　　247
第九章　十字军终结　1409—1525　　　　　　　　　283
结　论　　　　　　　　　　　　　　　　　　　　　323

扩展阅读	327
参考资料	341
附:坦能堡之战	350
出版后记	359

致 谢

作者对几乎所有撰写过关于十字军及欧洲北部历史著述的诸位都无以为报,特别要感谢克里斯托弗·泰尔曼(Christopher Tyerman)、彼得·金(Peter King),以及彼得·索耶(Peter Sawyer)与比吉特·索耶(Birgit Sawyer)伉俪;感谢已故的约翰·芬内尔(John Fennell),以及卡罗尔·戈尔斯基(Karol Gorski)和卡尔·利泽(Karl Leyser)。

年　表

10世纪60—90年代	西斯拉夫人、丹麦人、波兰人及罗斯人地区设立基督教会。
997	布拉格的圣阿达尔贝特在普鲁士殉道。
1000	波兰的大主教区于格涅兹诺成立。
11世纪50年代	在诺夫哥罗德和波洛茨克建造神圣智慧主教座堂（圣索菲亚大教堂）。
1066	西斯拉夫人中的德意志传教者和统治者遭驱逐。
11世纪70年代	不来梅的亚当创作《汉堡大主教传》。
1086	丹麦国王克努特四世殉道。
1096—1099	第一次十字军战争，攻占耶路撒冷。
1103	丹麦国王埃里克一世前往东方朝圣。
1103/1104	隆德成为北欧的基督教都主教区。
1108?	马德格堡教区号召向斯拉夫人开战。
1116	罗斯人在爱沙尼亚的奥泰佩建立前哨。
1118	为德意志人服务的圣玛利亚救护院在耶路撒冷成立。
1124，1127	班贝格主教奥托向波美拉尼亚人传教；在沃林设立主教区。
1129—1136	明谷的圣贝尔纳为圣殿骑士团制定规章。
1135	丹麦人掠夺吕根岛；萨克森人在塞格堡建造石堡。
1139—1143	萨克森领主征服瓦格利亚和波拉比亚。
1143—1144	西多会修士进入瑞典和丹麦。

1147	第一次北方十字军战争，进攻波罗的海的斯拉夫人。
1164	阿波德里特部叛乱，被萨克森和丹麦镇压。
1168—1169	丹麦国王瓦尔德马尔一世征服吕根岛。
1171	教宗亚历山大三世授权对波罗的海东部的异教徒发动十字军战争。
1181	萨克森公爵亨利三世（"狮子"亨利）失败。
1185	波美拉尼亚斯拉夫人臣服于丹麦国王克努特六世。
1188	爱沙尼亚人袭击乌普萨拉。首次向利沃人传教。
1198	教宗英诺森三世授权发动利沃尼亚十字军；主教贝特霍尔德被杀。
1200	主教阿尔贝特建立里加主教区与宝剑骑士团。
1200—1209	主教阿尔贝特和十字军征服了利沃人和拉特人。
1215	英诺森三世为普鲁士的基督教主教祝圣。
1217	洪诺留三世授权对普鲁士人发动十字军。
1219	瓦尔德马尔二世建立了雷瓦尔城并开始征服爱沙尼亚北部地区。
1225	萨比纳的古列尔莫以教宗特使身份首次出访东波罗的海教会。
1226	腓特烈二世颁布里米尼诏书，将普鲁士赐予条顿骑士团。
1230	格里高利九世授权条顿骑士团征服普鲁士人。
1231—1240	条顿骑士团和十字军征服西普鲁士。
1236	宝剑骑士团在绍勒（今希奥利艾）被立陶宛人歼灭。
1240	第一次对罗斯人发动十字军战争；瑞典人在涅瓦河被击败，普斯科夫被占领。
1242	条顿骑士团在楚德湖战败。普鲁士人叛乱。
1249	签署《基督堡条约》。比耶"雅尔"统治下的瑞典占领芬兰中部。
1254—1256	征服萨姆兰。

1260—1283	南部拉特人、库尔兰人和普鲁士人叛乱,并最终被征服。
1290	利沃尼亚骑士团占领了瑟米加利亚。
1292	瑞典人在卡累利阿的维堡建立前哨站。
1297	利沃尼亚内战。
1300	瑞典人在涅瓦河上建造了兰斯克鲁纳堡垒。
1304	莱茵兰的十字军协助条顿骑士团对抗立陶宛人。
1308	条顿骑士团占领但泽。
1309	条顿骑士团的总部从威尼斯迁至马林堡。
1318	诺夫哥罗德人袭击芬兰并烧毁了奥布主教座堂。
1323	《讷特堡(什利谢利堡)和约》结束了瑞典与诺夫哥罗德之间的战争。条顿骑士团和立陶宛的格季米纳斯王朝签署《维尔纽斯和约》。
1329	波希米亚国王约翰发起十字军;普鲁士与波兰和立陶宛开战。
1332	普鲁士与波兰和谈。
1337	皇帝路易四世授权条顿骑士团团长征服东欧。
1343	爱沙尼亚人民暴动反抗殖民者。
1346	丹麦国王瓦尔德马尔四世将爱沙尼亚出售给条顿骑士团。
1348	瑞典国王芒努斯入侵罗斯。普鲁士人在斯特雷瓦击败立陶宛人。
1350	芒努斯发起第二次十字军。
1362	普鲁士骑士和十字军攻占考纳斯。
1364	乌尔班五世颁布十字军诏书,催促继续进攻立陶宛。
1381	条顿骑士团在涅曼河畔使用火炮。
1382	条顿骑士团夺取维尔纽斯和特拉凯。
1386	立陶宛大公约盖拉(雅盖沃)受洗,成为波兰国王。
1392	条顿骑士团夺取波兰的多布任公爵领。

1398	条顿骑士团征服哥得兰岛,维陶塔斯向骑士团割让萨莫吉希亚。
1405	多布任回归波兰。萨莫吉希亚臣服。
1409	萨莫吉希亚爆发叛乱。骑士团再度占据多布任。
1410	波兰-立陶宛联军在坦能堡大败条顿骑士团。
1414	波兰国王瓦迪斯瓦夫四世再度入侵普鲁士,而后撤退。
1415	波兰和条顿骑士团在康斯坦茨会议上求援。
1423	《梅尔诺湖和约》,骑士团将萨莫吉希亚割让给维陶塔斯。最后一批德意志十字军抵达普鲁士。
1429	部分条顿骑士奉皇帝西吉斯蒙德之命,前往匈牙利与土耳其人作战。
1433	波兰-胡斯联军入侵普鲁士。
1435	波兰在维尔科梅日击败利沃尼亚骑士,签署《布列斯特和约》。
1444—1448	利沃尼亚和诺夫哥罗德开战。
1454—1466	十三年战争:波兰与普鲁士城镇对抗条顿骑士团。
1466	《第二次托伦条约》,一半普鲁士领土割让给波兰。
1471	利沃尼亚-立陶宛联盟随条顿骑士团团长沃尔瑟斯·冯·赫泽被罢免而作罢。
1478	诺夫哥罗德向莫斯科大公伊凡三世臣服。
1480	利沃尼亚骑士未能夺取普斯科夫。
1496	瑞典夺取伊万哥罗德。
1501	《文登条约》,利沃尼亚骑士与立陶宛结盟对抗伊凡三世。
1502	分团长冯·普勒滕贝格在斯莫利纳湖之战中解救利沃尼亚。
1519—1521	波兰人入侵普鲁士。
1525	普鲁士在公爵阿尔贝特治下世俗化。
1561—1562	利沃尼亚被拆解并世俗化。

主要人物

北欧君主

丹 麦

尼古拉斯
（Nicholas，1104—1134）

埃里克二世
（Eric Ⅱ，1134—1137）

埃里克三世
（Eric Ⅲ，1137—1146）

斯韦恩三世
（Sweyn Ⅲ，1146—1154）

克努特五世
（Canute Ⅴ，1146—1152、1154—1157）

瓦尔德马尔一世
（Valdemar Ⅰ，1157—1182）

克努特六世
（Canute Ⅵ，1182—1202）

瓦尔德马尔二世
（Valdemar Ⅱ，1202—1241）

埃里克四世
（Eric Ⅳ，1241—1250）

阿贝尔
（Abel，1250—1252）

克里斯托弗一世
（Christopher Ⅰ，1252—1259）

埃里克五世
（Eric Ⅴ，1259—1286）

瑞 典

克努特·埃里克松
（Canute Eriksson，1167—1196）

斯韦克二世·卡尔松
（Sverker Ⅱ Karlsson，1196—1208）

埃里克十世·克努特松
（Eric Ⅹ Knutsson，1208—1216）

约翰·斯韦克松
（John Sverkersson，1216—1222）

克努特
（Canute，1229—1234）

埃里克十一世
（Eric Ⅺ，1222—1229，1234—1250）

瓦尔德马尔
（Valdemar，1250—1275）

芒努斯一世
（Magnus Ⅰ，1275—1290）

比耶
（Birger，1290—1319）

芒努斯二世
（Magnus Ⅱ，1319—1363）

阿尔贝特
（Albert，1364—1389）

埃里克六世
(Eric Ⅵ, 1286—1320)
克里斯托弗二世
(Christopher Ⅱ, 1320—1326、1329—1332)
瓦尔德马尔三世
(Valdemar Ⅲ, 1326—1329)
瓦尔德马尔四世
(Valdemar Ⅳ, 1340—1375)
奥卢夫
(Oluf, 1375—1387)

丹麦女王/瑞典女王玛格丽特一世(Margaret Ⅰ, 1387/1389—1412)
埃里克七世/十三世(Eric Ⅶ and ⅩⅢ, 1396—1439)
克里斯托弗三世(Christopher Ⅲ, 1439—1448)
克里斯蒂安一世(Christian Ⅰ, 1448—1481年统治丹麦, 1457—1461年统治瑞典)
约翰(1481—1513, 斯滕·斯图雷于1470—1497年、1501—1503年担任瑞典摄政)

立陶宛(大公与大公爵)

明道加斯(Mindaugas/Mindowe, 约1219—1263, 1253年称王)
特莱尼奥塔(Treniota/Troinat, 1263—1264)
瓦伊什维尔卡斯(Vaisvilkas, 1265—1267)
特莱德尼斯(Traidenis/Troyden, 约1270—1282)
布图维达斯(Pukuveras, 约1282—1292)
维滕尼斯(Vytenis, 1293—1315)
格季米纳斯(Gediminas, 1315—1341)
阿尔吉尔达斯(Algirdas/Olgerd, 1345—1377)
凯斯图蒂斯(Kestutis/Kynstut, 1377—1382)
约盖拉与维陶塔斯(Jogaila and Vytautas/Witold, 1382—1392, 内战)
约盖拉(Jogaila, 1382—1392), 后成为波兰国王瓦迪斯瓦夫四世(Wladyslaw Ⅳ, 1386—1434)
斯基尔盖拉(Skirgaila, 1387—1396)
维陶塔斯(Vytautas/Witold, 1392—1430)

斯维特里盖拉（Svitrigaila，1430—1432）
西吉斯蒙德（Sigismund，1432—1440）
（注："/"后为德语拼写。）

条顿骑士团

（注：很多人名拼法有变化。人名中的"v."（冯），或为姓氏一部分，或代指个人家乡，抑或兼而有之。）

普鲁士
普鲁士分团长

赫尔曼·巴尔克
（Hermann Balk，1230—1239）

海因里希·冯·魏德
（Heinrich v. Weide，1239—1244）

波普·冯·奥斯特纳赫
（Poppo v. Osternach，1244—1246）

迪特里希·冯·格吕宁根
（Dietrich v. Grüningen，1246—1259）

哈特穆特·冯·格林巴赫
（Hartmut v. Grünbach，1259—1261）

黑尔梅里克·冯·雷希贝格
（Helmeric v. Rechberg，1262—1263）

约翰·冯·韦格莱本
（Johann v. Wegleben，1263）

路德维希·冯·巴尔德斯海姆
（Ludwig v. Baldersheim，1263—1269）

迪特里希·冯·盖特斯雷本
（Dietrich v. Gattersleben，1271—1273）

康拉德·冯·蒂尔贝格
（Conrad v. Thierberg，1273—1279，1283—1288）

利沃尼亚
利沃尼亚分团长

普鲁士分团长兼任
（1237—1238）

迪特里希·冯·格吕宁根
（Dietrich v. Grüningen，1238—1242、1244—1246）

海因里希·冯·亨堡
（Heinrich v. Heimburg，?）

安德烈亚斯·冯·施蒂尔兰
（Andreas v. Stierland，1248—1253）

安诺·冯·桑格斯豪森
（Anno v. Sangershausen，1253—1256）

布尔夏德·冯·霍恩豪森
（Burchard v. Hornhausen，1256—1260）

维尔纳·冯·布赖特豪森
（Werner v. Breithausen，1261—1263）

康拉德·冯·曼德尔恩
（Konrad v. Manderen，1263—1266）

奥托·冯·卢特贝格
（Otto v. Luterberg，1266—1270）

瓦尔特·冯·诺德克
（Walther v. Nordeck，1270—1272）

恩斯特·冯·拉策堡
（Ernst v. Ratzeburg，1272—1279）

康拉德·冯·福伊希特旺根
(Conrad v. Feuchtwangen, 1279—1280)
　　普鲁士分团长兼任
　　(1279—1281)

曼戈尔德·冯·施滕贝格
(Mangold v. Sternberg, 1280—1283)
　　普鲁士分团长兼任
　　(1281—1283)

迈因哈德·冯·奎尔富特
(Meinhard v. Querfurt, 1288—1299)
　　维勒金·冯·舒尔堡
　　(Willekin v. Schurburg, 1283—1287)

康拉德·冯·巴本贝格
(Conrad v. Babenberg, 1299)
　　库诺·冯·赫措根施泰因
　　(Cuno v. Herzogenstein, 1288—1290)

卢德尔·冯·席普恩
(Luder v. Schippen, 1299—1300)
　　哈尔特·冯·霍亨巴赫
　　(Halt v. Hohembach, 1290—1293)

黑尔维希·冯·哥德巴赫
(Helwig v. Goldbach, 1300—1302)
　　海因里希·冯·东佩尔斯哈根
　　(Heinrich v. Dumpershagen, 1294—1295)

康拉德·扎克
(Conrad Sack, 1302—1306)
　　布鲁诺
　　(Bruno, 1296—1298)

西格哈德·冯·施瓦茨堡
(Sieghard v. Schwartzburg, 1306)
　　戈特弗里德·冯·罗加
　　(Gottfried v. Rogga, 1298—1306?)

海因里希·冯·普罗茨克
(Heinrich v. Plotzke, 1307—1309, 后任大指挥官)

驻马林堡大团长 (1309—1457)

西格弗里德·冯·福伊希特旺根
(Siegfried v. Feuchtwangen, 1309—1311)
　　格哈德·冯·约克
　　(Gerhard v. Jocke, 1309—1322)

卡尔·冯·特里尔
(Carl v. Trier, 1311—1324)
　　约翰内斯·翁格纳德
　　(Johannes Ungenade, 1322—1323)

维尔纳·冯·奥瑟恩
(Werener v. Orseln, 1324—1330)
　　赖马尔·哈内
　　(Reimar Hane, 1323—?)

不伦瑞克公爵卢德尔
(Duke Luder of Brunswick, 1331—1335)
　　埃伯哈德·蒙海姆
　　(Eberhard Monheim, 1328—1340)

迪特里希·冯·阿尔滕堡
(Dietrich v. Altenburg, 1335—1341)
　　布尔夏德·冯·德赖勒本
　　(Burchard v. Dreileben, 1340—1345)

卢多尔夫·柯尼希
(Ludolf König, 1342—1345)
　　戈斯温·冯·赫克
　　(Goswin v. Hercke, 1345—1360)

海因里希·杜斯默尔
(Heinrich Dusmer, 1345—1351)
　　阿诺尔德·冯·菲廷霍夫
　　(Arnold v. Vietinghof, 1360—1364)

温里希·冯·克尼普罗德
(Winrich v. Kniprode, 1352—1382)
　　威廉·冯·弗里默尔斯海姆
　　(Wilhelm v. Vrimersheim, 1364—1385)

康拉德·策尔纳·冯·罗滕施泰因
（Conrad Zöllner v. Rothenstein, 1382—1390）

康拉德·冯·瓦伦罗德
（Conrad v. Wallenrod, 1391—1393）

康拉德·冯·永京根
（Conrad v. Jungingen, 1393—1407）

乌尔里希·冯·永京根
（Ulrich v. Jungingen, 1407—1410）

海因里希·冯·普劳恩
（Heinrich v. Plauen, 1410—1413）

米夏埃尔·库赫迈斯特·冯·施滕贝格
（Michael Kuchmeister v. Sternberg, 1414—1422）

保罗·冯·鲁斯多夫
（Paul v. Russdorf, 1422—1441）

康拉德·冯·埃利希斯豪森
（Conrad v. Erlichshausen, 1441—1449）

路德维希·冯·埃利希斯豪森
（Ludwig v. Erlichshausen, 1450—1467）

罗宾·冯·埃尔茨
（Robin v. Eltz, 1385—1388）

文内默·哈森坎普·冯·布吕根艾厄
（Wennemar Hasenkamp v. Brüggeneye, 1389—1401）

康拉德·冯·菲廷霍夫
（Conrad v. Vietinghof, 1401—1413）

迪特里希·托尔克
（Dietrich Tork, 1413—1415）

西韦特·兰德尔·冯·施潘海姆
（Sievert Lander v. Spanheim, 1415—1424）

西索·冯·鲁滕贝格
（Cisso v. Rutenberg, 1424—1433）

弗兰克·冯·克斯多夫
（Franke v. Kersdorf, 1433—1435）

海因里希·施伦格尔·冯·布肯福德
（Heinrich Schlungel v. Buckenvorde, 1435—1438）

海因（德）里希·芬克·冯·奥弗贝根［Hei(de)nrich Vinke v. Overbergen, 1438—1450］

驻柯尼斯堡大团长

海因里希·罗伊斯·冯·普劳恩
（Heinrich Reuss v. Plauen, 1469—1470）

海因里希·雷夫勒·冯·里希滕贝格
（Heinrich Reffle v. Richtenberg, 1470—1477）

马丁·特鲁舍斯·冯·韦茨豪森
（Martin Truchess v. Wetzhausen, 1477—1489）

约翰·冯·蒂芬
（Johann v. Tiefen, 1489—1497）

约翰·奥斯特霍夫·冯·门登
（Johann Osthof v. Mengden, 1450—1469）

约翰·沃尔瑟斯·冯·赫泽
（Johann Wolthus v. Herse, 1470—1471）

伯恩特·冯·德·博尔格
（Bernt v. der Borg, 1471—1483）

约翰·弗赖塔格·冯·洛林霍芬
（Johann Freitag v. Loringhoven, 1485—1494）

萨克森公爵弗雷德里克
(Duke Frederick of Saxony, 1498—1510)
勃兰登堡-安斯巴赫边区伯爵阿尔贝特 (Margrave Albert of Brandenburg-Ansbach, 1511—1525), 普鲁士公爵 (1525—1568)

沃尔特·冯·普勒滕贝格
(Wolter v. Plettenberg, 1494—1535)
赫尔曼·哈森坎普·冯·布吕根艾厄
(Hermann Hasenkamp v. Brüggeneye, 1535—1549)
约翰·冯·雷克
(Johann v. Recke, 1549—1551)
海因里希·冯·加伦
(Heinrich v. Gallen, 1551—1557)
约翰·威廉·冯·菲尔斯滕堡
(Johann Wilhelm v. Fürstenburg, 1557—1559)
戈特哈德·克特勒
(Gotthard Kettler, 1559—1562), 库尔兰与瑟米加利亚公爵 (1562—1587)

诺夫哥罗德（市民公认的王公）

雅罗斯拉夫·弗谢沃洛多维奇（Yaroslav Vsevolodovich，1223、1226—1228、1230—1236）

亚历山大·涅夫斯基（Alexander Nevsky，1236—1240、1241—1255、1255—1263）

雅罗斯拉夫·涅夫斯基，亚历山大的兄弟（Yaroslav，1265—1267、1270—1271）

苏兹达尔王公尤里（Yury of Suzdal，1268—1269）

亚历山大之子：

    德米特里（Dmitri，1272、1277—1281、1284—1293）

    安德烈（Andrey，1282、1293—1304）

特维尔王公米哈伊尔（Michael of Tver，1308—1310、1315—1318）

布良斯克王公德米特里（Dmitri of Bryansk，1311—1314）

莫斯科王公尤里（Yury of Moscow，1314—1315、1318—1324）

莫斯科王公伊凡（Ivan of Moscow，1329—1339），西部属立陶宛的纳伦蒙特/格列布（Narimont/Gleb，1333—1345）

莫斯科王公谢苗（Simeon of Moscow，1346—1353）

苏兹达尔王公德米特里（Dmitri of Suzdal，1360）

莫斯科王公德米特里·伊凡诺维奇（Dmitri Ivanovich of Moscow，1367）

货 币

这一时期，波罗的海各地流通的货币为各种品级的银便士，各方将银便士折算为概念上的总量如先令、欧尔（öre）或者马克，1 丹麦马克兑换 8 欧尔或 240 便士，1 普鲁士马克兑换 24 苏格兰先令或 720 便士，1 里加马克兑换 36 先令或 48 欧尔或 432 便士，1 吕贝克马克兑换 16 先令或 192 便士——在约 1300 年其价值或许与 3~4 英格兰银先令相当。然而也有直接以重量计量的银货币，约 1300 年之前，哥得兰（Gotland）马克是主要流通的货币，此后被科隆马克（234 克）取代。1340 之后，吕贝克铸造的金弗罗林，或称"盾"（gulden），价值半银马克以上，此后与匈牙利的金杜卡特竞争。而布拉格铸造的格罗特银币（groat），60 个兑 1 科隆马克。利沃尼亚以北，便士的价值通过概念上的毛皮捆来计算。在诺夫哥罗德，6~7 便士换一张整皮（nogata），20 张整皮换 1 格里夫纳（grivna）——在诺夫哥罗德约为 4~8 盎司银的重量。

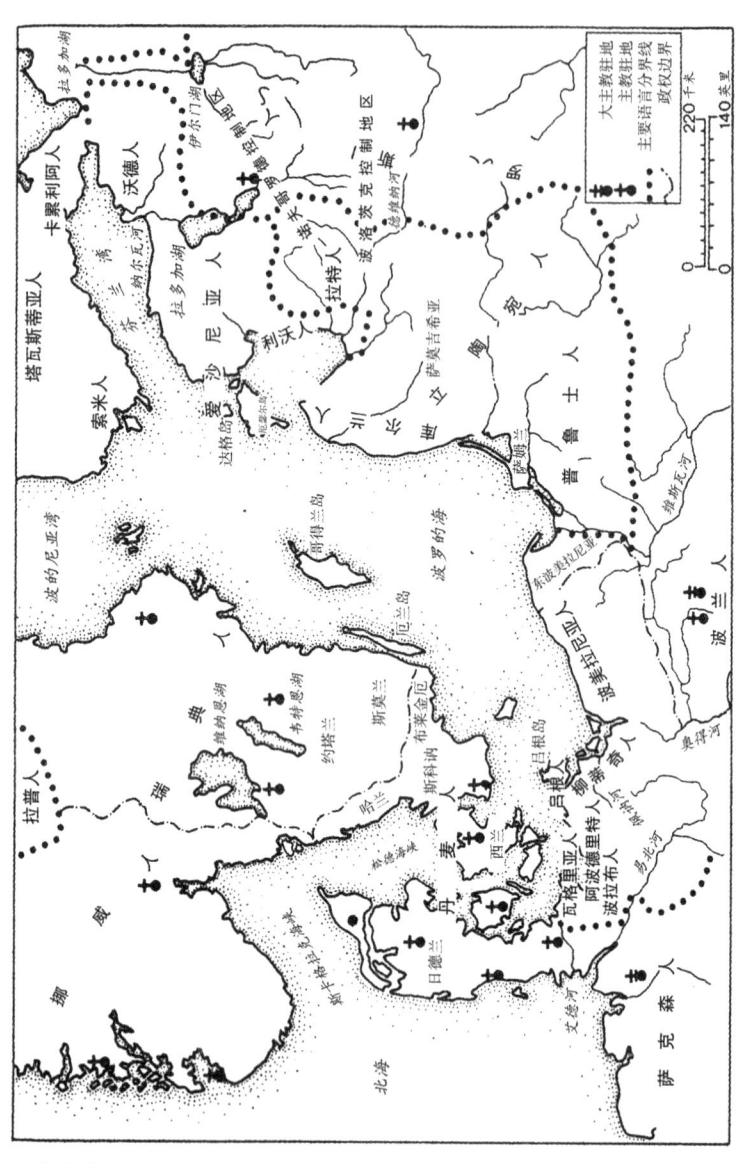

地图1 波罗的海地区，1100年

本书地图系原书地图

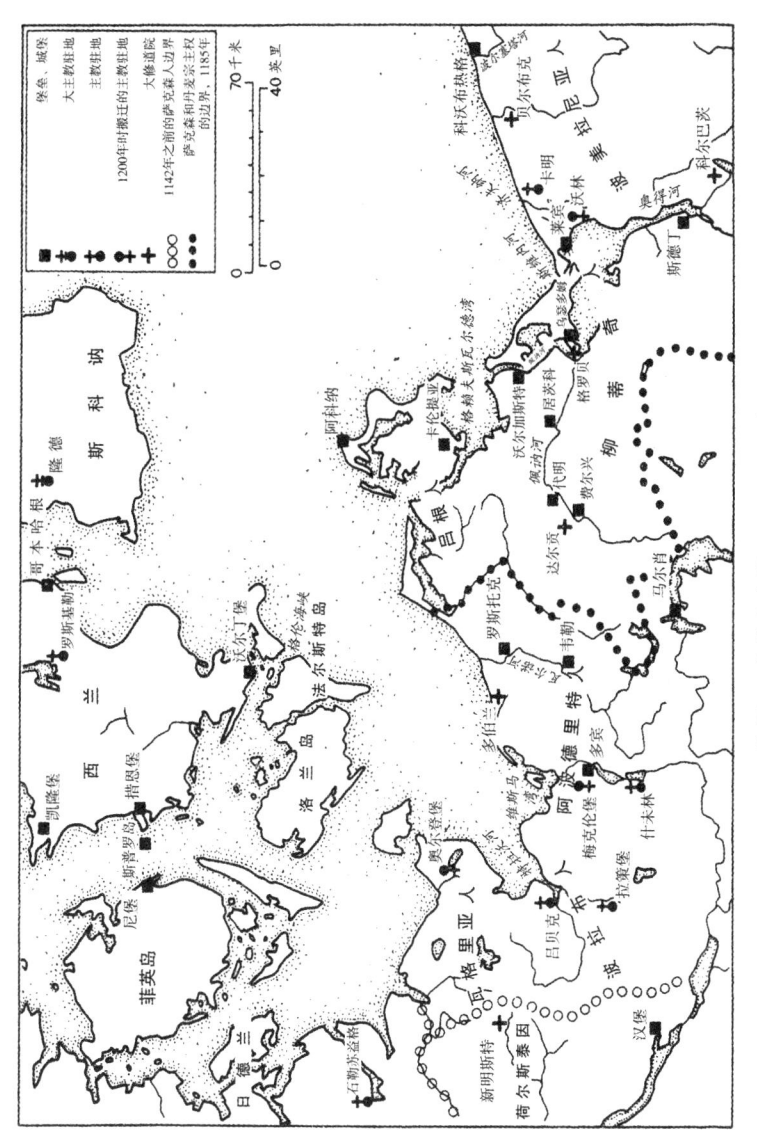

地图2 文德十字军，1147—1185年

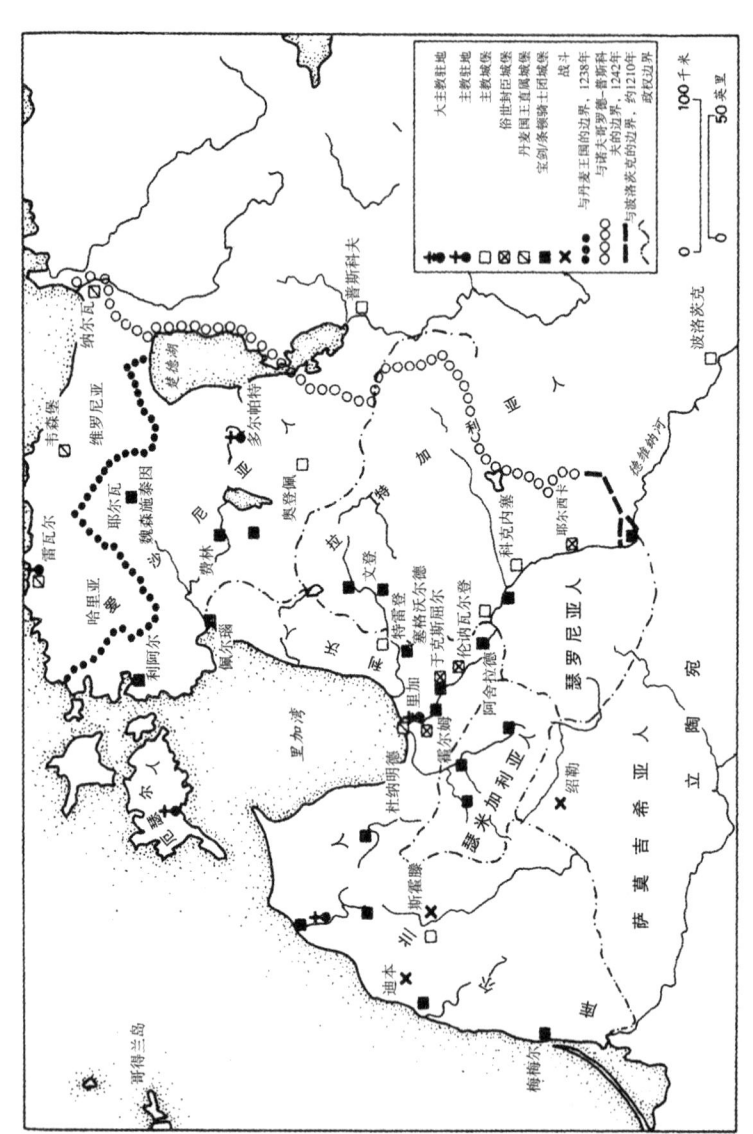

地图3 利沃尼亚与爱沙尼亚十字军，1198—1290年

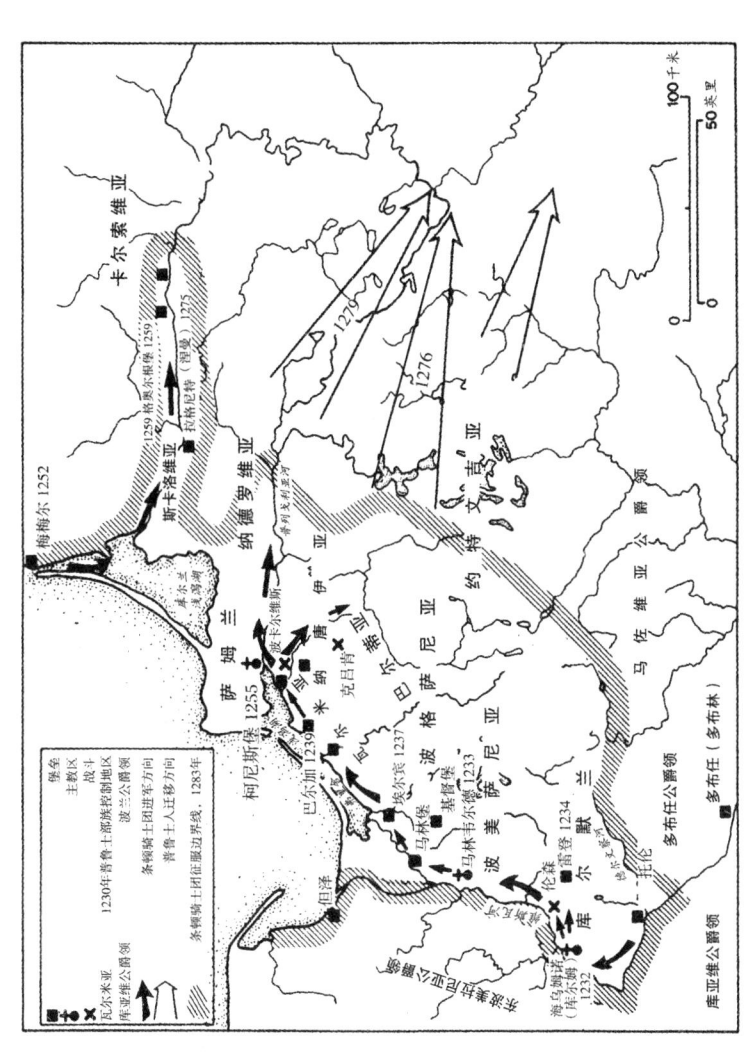

地图 4 普鲁士十字军，1230—1283年

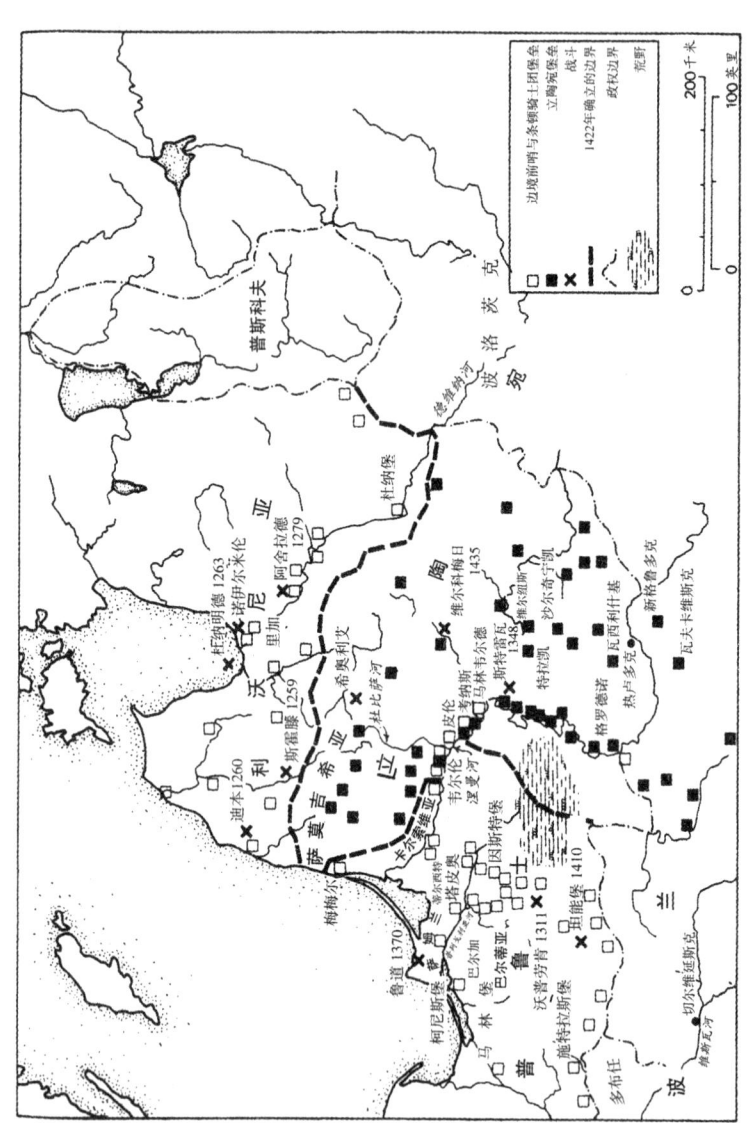

地图5 立陶宛边境，1280—1435年

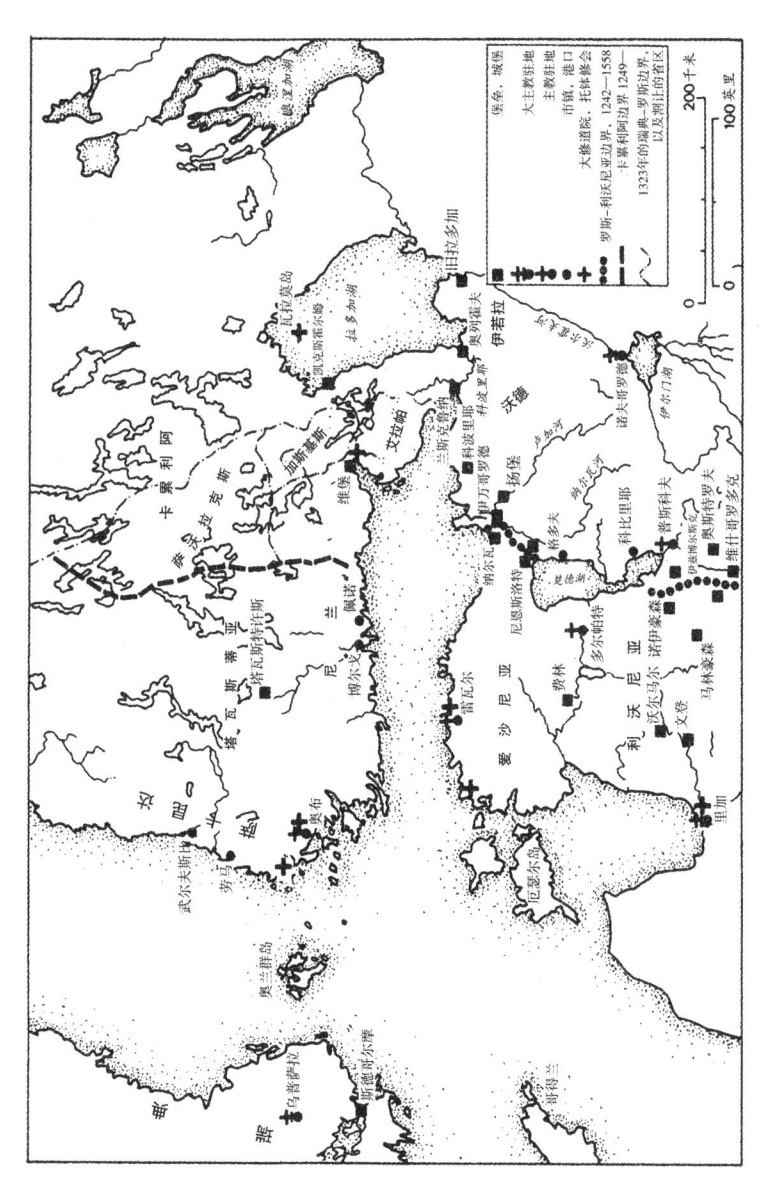

地图6 罗斯边境，1242—1500年

引 言

对圣地发动的十字军战争,即使不是人尽皆知,至少也是广为人知了。针对阿尔比派异端,或是针对西班牙穆斯林政权组织的十字军,中世纪历史的研究者们也颇为熟悉。然而欧洲东北部的十字军对绝大多数读者而言仍然颇为陌生,或许大家对此唯一的印象便是爱森斯坦令人难忘的民族主义宣传作品,电影《亚历山大·涅夫斯基》。据说他选择这个题材的原因就是大多数人不清楚相关事实,也就不会意识到内容中的虚构了。

本书阐述12世纪至16世纪波罗的海周边地区以基督为名的斗争,解释这一运动在同一时期的北欧社会变革之中的作用。囿于篇幅,无法再多言。本书仅涉及波罗的海地区通史中与十字军直接相关的部分,而关于北欧诸王国、东欧诸政权以及汉萨同盟的兴衰,渔业贸易,德意志人向东欧的移民,城市、教会与航运的发展等问题的专门阐述,请读者参考其他作品。

这个时代起始于维京时代的终结。北欧的统治者们无法再进行旧日的长途跨海征服,而近期兴起的斯拉夫人海上力量也开始侵扰他们家乡的水域。在分析了1100年欧洲北部的概况之后,本书便环绕这一地区开始叙述,专注讨论各个时期十字军活动最为活跃的各个地区,从1147年的波罗的海西南部,彼时教宗首次授权打击北欧异教徒；到 1505 年的罗斯人边境地区，当时最后一份北方十字军的诏书从罗马发出。在这一时期，十字军征服的地区、人口、语言、文化、经济、政府，都可谓改头换面。认为这些地区的居民就此"文明开化"，或者改信天主教，并不完全准确，但这种说法至少说明了部分情况：中世纪西方文化的主要组成部分，离开发祥地法国、意大利和莱茵兰而来到这里，而贸易与生产也随着外来技术的引入而大为发展。完全描述这些内容的话，本书的篇幅将截然不同，而即使仅仅将内容集中到十字军行动，也很难说本书是否遗漏了什么内容。本人为本书内容存在的不足向读者致歉，希望即使是在本书叙述最不清晰的部分，读者至少也能认识到作者的预先安排。

记述这个故事需要同时完成三个任务：叙述征战，研究观念发展，并概述政治史。只有考虑一系列的相关信息，诸如西多会（Cistercian）运动、教宗君主制兴起、托钵僧传教、蒙古人到来、立陶宛与莫斯科大公国的崛起，以及 15 世纪公会议运动的目标，才能完全理解十字军。简短地论述这些大问题，并将它们与欧洲的北端联系到一起，绝非易事；而英语国家读者也或许会问：这样值得吗？

出于若干原因，我认为值得完成这些论述。首先，北方十字军是西欧一场更大规模的运动的一部分，若要研究则必须充分研究，涵盖最不寻常的地区，以及最为特殊的情况。地中海的十字军完成了盛大的征服，给欧洲带来了长期的妄执，但最后却只是徒劳，浪费了时间、金钱与生命。在两百年的战斗、殖民、建立政权、传教和发展经济之后，基督徒还是失去了圣地。萨拉森人胜利了。两种信仰陷入了不可调和的对立，而就算这一时期有文化融合，主要动因也不是基督徒试图征服近东；在其他地方，文化交流的方式更持久，冲突更少。

北方十字军没有如此盛大，花费也远少于此，但他们带来的变化却深远得多，直到今天也没有完全消失。波罗的海南部沿岸依然属于德意志——至少远至奥得河（Oder）；而爱沙尼亚和波罗的海其他地区彻底摆脱德意志的统治，服从新的强权，至今不过60年。西欧带来的天主教，在斯堪的纳维亚半岛对面的所有沿海地区均得以存续，而芬兰依然维持着西方的制度，也容忍境内使用瑞典语的少数族裔。独立之后的爱沙尼亚、拉脱维亚和立陶宛诸共和国，向西方寻求支持与同情。七个世纪里，这些东波罗的海国家都处于殖民社会之中，背负着中世纪殖民者留下的各种印记，无论外来势力如何试图吞并或改变他们。若说十字军有一些长久影响，那就存在于这里，以及西班牙。

其次，北方十字军也是这一地区与西欧之间的纽带，让这些地区成为寻常的"拉丁文明"。这条纽带并非唯一，却足够坚实，而且不容忽视。新的天主教社会在一片陌生且怀有敌意的土地之上建立起来。如何经营、守卫与发展，是欧洲所有政治边境地区都需要面对的问题，在中世纪结束之后也是如此，而他们的利益诉求并不仅限于本地。这里有各种庞大的中心机构，比如教堂、庄园、城堡、自治市镇、封建法庭、教会法庭、行会和议会，它们转进了一个寒冷、昏暗而不宜居的世界，只能被迫适应、发展，或者屈服。这里绝非如西班牙和巴勒斯坦那样诱人的"应许之地"；若要赢得胜利、获取收益以及救赎灵魂，需要面对不寻常的障碍，通过艰难的斗争才能实现。这些机构在西欧故土的情况，或者在殖民地温室之中的情况，此前已有较多相关研究，如今也依然是研究热点；然而关于它们在荒凉之地、处于重压之下的情况，我们至少有同样多的东西可以研究。北方十字军的故事就提供了这方面的启发，也让后世更加清晰地了解中世纪的文化。

最后，较于他国，英格兰与这个故事有更多的关系。尽管被诺曼王朝征服之后，英格兰国王便与法国关系密切，但英格兰从未疏远波罗的海。1200年之后，贸易、政治同盟和十字军运动，让这一关系更加紧密。13世纪30年代，亨利三世授予哥得兰岛上的波罗的海商人以特权，并给前去征服普鲁士的条顿骑士提供津贴。与此同时，一位来自英格兰的主教在引导瑞典人给芬兰中部的居民洗礼，去并吞他们。从1329年到1408年，数以百计的英格兰人参与十字军，追随条顿骑士团进军立陶宛，而1399年，其中一位名叫亨利·博林布鲁克（Henry Bolingbroke）的骑士，后来成为英格兰国王亨利四世。英格兰国王、汉萨同盟、普鲁士的条顿骑士团和北欧统治者之间的纷争与协作，在整个15世纪反复发生。而自14世纪30年代起，做纺织品贸易的英格兰商人，成了波罗的海商业的寻常闯入者，他们也参与沥青、蜂蜡、谷物、长弓和木材贸易。这个遥远的地区与英格兰关系密切，而北方十字军进一步拉近了两者的距离。

出于这些原因，这个故事应当重新讲述。此前的一个半世纪之中，这是欧陆史学家特别是德国史学家研究得最为详尽的问题之一。就算是不懂德语的英语读者，也基本能够了解到这些研究。本书的内容，算是德意志与斯堪的纳维亚所谓"东部研究"（Ostforschung）之山坡上的一块碎石，也取俄国、波兰、芬兰以及波罗的海三国的一些研究成果，添了几粒卵石。但此处有必要告知读者，本书很少提及其引述资料的态度与结论。本书涉及的问题，相当一部分是开放式的；而存在争议，也依然是中世纪波罗的海历史研究的重要特征。

之所以长期存在争议，是因为19世纪占据这一地区的各个政权，都希望通过改写过去的方式为他们当前的政策正名，因此他们或是支持十字军或是反对十字军。很大程度上，依靠约翰·福格特（Johannes Voigt）的史学研究，以及特赖奇克（Treitschke）的新闻写作，条顿骑士团被视作普鲁士君主制、第二帝国和德意志优越文明（Kultur）的先驱。特赖奇克宣称："国家利益高于一切的深刻信条让我们震颤，在德意志历史之中，条顿骑士团向我们宣告这一信条，其呼声也许是最响亮最清楚的。""一条咒语自浸透了最高贵的德意志血液之土地上升起。"与此同时，德国帝国主义的反对者谴责条顿骑士团，赞颂诺夫哥罗德和波兰的领导人，将他们视作斯拉夫民族主义的先锋——比如波兰的文物研究泰斗J. 勒莱韦尔（J. Lelewel）就如此评价条顿骑士团："他们建立僧侣国家，辱没了人性与道德。"当民族主义运动传播到爱沙尼亚、拉脱维亚和立陶宛之时，争论便愈发激烈，这些国家遥远的过去发生的一切，或者被视作灭绝人性的罪恶，或者被尊为"成果丰厚的壮举"。当然，并非所有史学家都是如此，然而他们过于附和那个时代的精神，以至于许多人都受到影响。1914年，"坦能堡（Tannenberg）战役"被定为兴登堡在东普鲁士击败俄军的战役之名，当局有意为条顿骑士团1410年的战败"复仇"，而此后希姆莱试图将党卫军作为条顿骑士团的化身，再度证明了这种史学研究的恶果难以摆脱。许多苏联的波罗的海研究者完全笼罩在纯粹的19世纪"泛斯拉夫主义"的云雾之下，同时期的辩证唯物主义仅仅是划过而已。当代史学界所有那些正直而严谨的研究，几乎没有在大众了解的波罗的海历史上留下痕迹。

这一差异也是可以理解的。波罗的海东南部在20世纪经历了太多的劫难。现代世界的力量交锋——法西斯主义、共产主义、总体战和工业化，在生者的记忆里，不止一次摧毁了从基尔到北极圈之间几乎所有城镇，加害者与受害者遭受的畸形破坏，让中世纪的战争相形之下几如图画。1939—1950年，波罗的海沿岸至少有525万居民主动或被迫流亡，而流亡者几乎再也无法返回故乡。波罗的海的政局变为死水，然而平静的代价却是数百万背井离乡者无法平息的悲苦，以及对待在原地的数百万人犯下的一连串错误。在这样的情境之下，旧日的伤口无法愈合，旧日的争执不会放下，即使史学家也是如此。解读这一地区的纷争，无论是基督教与异教的纷争，天主教与东正教的纷争，还是德意志人、波罗的海民族和斯拉夫人的纷争，即使在冷战结束之后，也依然能够点燃学界的激情。

本书第一版的基础是在20年前颇为仓促地写成的，作者没能及时修正其中许多的错误与误解。此后兴起的波罗的海与欧洲北部中世纪史研究，意味着此时不但要修正错误，也要重新审视从史料中得出的几乎所有结论。20世纪70年代的"十字军"概念在很大程度上已经被证伪，而立陶宛与罗斯北部的历史盲区也不断得到填补。这些研究进展大大充实了本书的延伸阅读书目，只可惜英语或法语的相关出版物依然少见。

第一章

北方十字军运动前夕的欧洲东北部

这里是广阔的俄罗斯北部平原的边际,山脉与高原形成一只马蹄的形状,从芬兰蜿蜒伸进斯堪的纳维亚半岛,中间则是一片连环水障,波罗的海。这片海的存在,令这一地区与众不同;而海域,以及流入波罗的海的河流,也让气候更加温和。

海陆环境

波罗的海曾经并非海域。在海底的淤泥里人们发现了某种楯螺(Ancylus fluviatilis)的壳,这是一种生活在淡水中的小型软体动物。7,000 年前,如今的海床曾是湖泊,斯堪的纳维亚半岛和中欧高地的河流汇入其中,地质学家称之为"楯螺湖"。湖的周围是一片平原沼泽,从大西洋延伸到乌拉尔山脉,直到海水淹没了平原西部,形成了北海。而后,"楯螺湖"的湖水通过两条海峡流入这片新生的海域。其中一条现在已经阻塞,瑞典中部的大湖是其遗迹;另一条是丹麦群岛和斯科讷(Scania)之间的通道,即松德海峡(the Sound)和贝尔特海峡(the Belts)。再之后,海水自这些海峡流入湖中,形成海域,中世纪时因贝尔特海峡,这片海域得名波罗的海（Baltic）。

但是海水从未完全填满这片水域，因为有大量的河水从南方和东方流入。波罗的海汇集了四条水量极大的河流：发源于300英里[①]外的波希米亚山脉和喀尔巴阡山脉的奥得河和维斯瓦河（Vistula），以及途经俄罗斯平原的涅曼河（Niemen，或尼曼河）和德维纳河（Dvina）。波罗的海的北部分为波的尼亚湾（G. Bothnia）和芬兰湾两支，许多条小河的河水从芬兰-斯堪的纳维亚高原注入海中，提供了大量淡水。因此，波罗的海成了含盐量很低、绝大部分被陆地所包围的"半海"，潮水涨退非常微弱，侵入这蜿蜒曲折的海岸线；这里环境严酷，乃至极寒的冬季，冰层几乎能够覆盖整个海面。这种曲折的侵入，令这一地区形成了一系列自然特征，而这些特征也影响乃至部分决定了当地文明的发展方式。

首先，波罗的海通过贝尔特海峡与大西洋相连，使当地的气候趋于温和，当地人有可能发展出我们所谓的文明生活。如果你沿着平分波罗的海的北纬60度线环绕地球一圈，那么你会穿过西伯利亚、雅库茨克、堪察加半岛、阿拉斯加和哈得孙湾——这些可怕的地区，直到19世纪才有人能够按照欧洲（亦即地中海）文化的规则生存；挪威殖民者在格陵兰岛上的悲剧故事，便是这种生存尝试的结果。然而，在松德海峡与斯堪的纳维亚山脉以东，早在9世纪就有一些已经纳入欧洲大家庭的民族了。尽管以地中海的标准来看依然严酷，这里的气候却远比同纬度其他地区温和。这片海域的存在，让他们可以种植庄稼，养牛，并将家宅和村落

---

① 1英里约为1.6千米。（如无特殊说明，本书脚注均为译者注）

一路延伸到北极圈。

与此同时,他们生活在极度寒冷地区的边缘,存活在那里的动物都有厚重的皮毛,而且大部分土地根本不适宜耕作,只有游牧者才能在此生存。而当农耕者向北方开垦时,他们不得不向已经到达那里的渔猎民族学习在严寒气候之下生存的种种技巧。波罗的海让人们可在夏季便捷地进入这一地区,但是这些新来者也只能止步于此,而后他们便只能停驻,或者调转方向。

其次,气候造就了一条边界。在中世纪早期,这条边界环绕着波的尼亚湾,距瑞典和芬兰的北部海岸大约100英里;西面,这条边界沿着挪威群山的山脊曲折通向北冰洋;东面的边界向东南方向延伸,抵达拉多加湖(Ladoga)的边缘,然后穿过俄罗斯北部平原。在这条边界线的一侧,人类的生存依赖农耕土地和草甸;而在另一侧,被挪威人称作"芬马克"(Finnmark)的地区,狩猎与游牧才是重要的生产技术。在北端——或者说,"底端",毕竟芬兰语和瑞典语的"Bothnia"意思都是"底部"——那里的一切都截然不同:没有固定的村庄,没有粮食收成,没有车轮,没有王国,也没有教堂。人们带着驯鹿和可移动的小屋,穿过那些直到现代才纳入政治版图的地区;这里的绝大多数居民是拉普人(Lapps)。而到了冬天,挪威人、瑞典人和芬兰人会组成贸易或狩猎的队伍跟随他们,向他们购买皮毛、羽毛乃至儿童,或者直接抢劫他们,毕竟在这亚北极(sub-Arctic)之地,来自南方的外来者才是人类之中的"捕食者"。维京人便已经颇为熟悉这些游荡者,北欧"萨迦"的作者,会安排他们的英雄一路滑雪到极北之地,与游牧民族或其他闯入的"边民"相战斗或贸易;但是他们从来无法在芬马克地区安居,也相信那里的居民都是巫师,可以控制天气,改变形貌,令人死而复生。在并非来自北方的中世纪作家的笔下,那里居住着各种怪人:高大强壮的女人通过饮水受孕,并产下狗头男孩,卖到罗斯的奴隶市场;还有被巨大的猎犬所保护的白头野人,寿命长达一百年的绿色人种,以及食人族,等等。11世纪70年代,不来梅的亚当就如此描述。直到1555年,被流放的瑞典人奥劳斯·芒努斯(Olaus Magnus)在罗马出版了他的著作《北方民族史》(*Historia de gentibus septentrionalibus*),欧洲学界才获得对拉普人的可信描述。

气候的边界线也造成了理解方面的障碍,因为那些生活在边界线之外的人们,为生存而建立的一套生活模式,令这一地区之外的人感到陌生。一系列的家庭,男女老幼共100—150人,宣称占有一片"家园"(sit),包括夏季宿营区和冬季宿营区之间的一条道路,以及该地区的资源。在这条路线上放牧驯鹿、设置陷阱、捕鱼以及管理,都是由家族族长组成的会议即所谓"长老会"(naraz)来掌控,而调整每个"家园"之间的边界,则交由相邻族群的"长老会"的代表商议决定。一些渔场和狩猎场,有不止一个"家园"的人使用,这样的联合活动会在他们的家庭群体之间建立起联系,不过凝聚力较弱。外来者会认为拉普人中存在国王、要塞和军队,但他们的用词并不准确,这里的一切太难解释了。

然而,在这片边境地区的边缘生活的定居社群,由于紧邻这个陌生的世界而深受其影响。这里的利润与危险并存:利润源自贸易,而从当地游牧民族那里学到相关技能的渔民和猎人,更能够直接参与渔猎;危险则包括严冬导致的作物歉收,以及由此导致的饥荒与死亡,另外还有熊、狼,以及其他较小的食肉动物对牲畜的袭击。在《诺夫哥罗德编年史》中，我们可以了解到，这个时常繁荣富裕的城市也会一次次地被饥荒逼到崩溃的边缘——比如在1128年，前一年的霜冻将越冬的庄稼悉数冻死之时：

> 今年的形势非常不好，三蒲式耳的黑麦要花半磅银，人们只能吃椴树叶、桦树皮，用捣烂的木浆混着糠皮和麦草充饥，也有人采食毛茛、苔藓，或者杀马吃肉；许多人因饥饿而倒毙，他们的尸体遍布街道、市集、道路与其他各处。人们雇佣力工把死尸抬出城镇；农奴无法外出；所有人都陷入凄凉困苦之中。父母会把他们的孩子带到船上送给商人，或者直接把他们杀死，也有人流亡到异族的土地。[1]

1230年的情况同样恶劣，据称有3,030人死于饥饿，而当时城镇的人口总数也不过5,000人。在编年史家的笔下：

> 一些平民杀死活人吃肉，也有人切下死尸的肉充饥；余下的人杀马吃肉，杀死猫狗充饥，但这些人在被发现之后便会被处决，被火刑烧死、斩杀或者吊死。一些人吃苔藓、蜗牛、松树皮、椴树皮、椴树叶和榆树叶，以及任何他们能想到的东西……人与人之间失去了一切善意，只剩下悲苦。街上的人们冷漠无情，回到家中又是悲苦难当，孩子们哭喊着要面包，其他人奄奄一息。人们用四分之一磅银，甚至更多的钱财，才能买到一条面包，用四分之一磅银才能买到四分之一桶黑麦。[2]

1413—1414 年，云游的勃艮第骑士吉尔贝·德·拉努瓦（Gilbert de Lannoy）发现："在冬季，大诺夫哥罗德的市场上没有食物——无论是鱼、猪肉还是羊肉；也没有任何的娱乐，因为一切都已封冻，毫无生机。"[3]

欧洲北部的所有国家情况可能都一样恶劣：波罗的海的气候，使得靠谷物维生的民族在毁灭的边缘生存。另一方面，依然是因为海洋的存在，这个地区才没有被欧洲的其他地区忽视。

南方与东方的广袤地域，凭借注入波罗的海的五条大河而与极北之地连通。中世纪时，勃兰登堡（Brandenburg）、迈森（Meissen）和卢萨蒂亚（Lusatia）等边区马克（march），波兰诸公国和西里西亚诸公爵领，以及波希米亚人控制的摩拉维亚地区，都能够通过奥得河往来波罗的海。各方彼此往来频繁。对萨克森贵族而言，他们的重要事务是扩张与结盟。早在 1147 年，勃兰登堡的边区伯爵（margrave）就试图占领斯德丁，并在 12 世纪 90 年代开始掠夺周边地区；1158 年，萨克森公爵在吕贝克建立了一块殖民地，并促成两个孩子与丹麦国王后代的婚姻；1152 年，迈森边区伯爵将他的女儿嫁给了丹麦国王。1147 年，摩拉维亚主教前往北方，向波罗的海的斯拉夫人布道。而在接下来的两个世纪里，西里西亚的王公（prince）们也时常参与十字军。毕竟，这条河是经济要道，统治者控制的流域越多，就会越富有；而越沿着河流及其支流去争夺权力和财富，就会越对那些生活在河口以外的居民感兴趣。

波兰统治者早已通过维斯瓦河前来：早在 11 世纪初，"可畏者"博莱斯瓦夫一世（Bolesław the Terrible）已经计划控制河口，而他所有更加积极的继任者则在政策中继承了他的野心，即使他们的权力中心位于喀尔巴阡山脉边缘的克拉科夫,远在河流上游数百英里之外。不过,维斯瓦河流域还存在着罗斯人的沃里尼亚(Volhynia)公国,以及南俄草原;1241年,一支蒙古军队甚至通过维斯瓦河,抵达普鲁士的森林。

同样,涅曼河也与明斯克的罗斯人以及立陶宛人密切相关,德维纳河与波洛茨克(Polotsk)相连,而洛瓦季河(Lovat)-沃尔霍夫河(Volkhov)-拉多加湖-涅瓦河(Neva)水系则将诺夫哥罗德的影响引入了整个地区,并一直延伸到乌拉尔。贯穿罗斯地区的河流交通至关重要,这意味着各河流支流之间的航运将波罗的海的"人类通航区"拓展到了很远的地方——经北德维纳河到北冰洋,经第聂伯河到黑海,或从伏尔加河到里海。波罗的海的商品通过这个网络向外输出,北方稀缺的商品则由此输入,领主和商人们关心着河流终点之处的局势。12世纪,波洛茨克王公与丹麦国王结成了婚姻联盟;1229年,斯摩棱斯克王公与里加和哥得兰的商人签订了条约;随着15世纪莫斯科大公国崛起,这个内陆政权的统治者难免要关注芬兰湾和里加湾。按照奥劳斯·芒努斯的说法,1555年时,"莫斯科俄语"已经成为亚北极地区通用的五种语言之一,和德语一样。

这些大河所发源的流域被拉丁文明和拜占庭文明所渗透的时间,远早于波罗的海沿岸。中世纪早期,这些河流上游与下游社会之间的差异之大,可谓前所未有。沿河的交流反映了这种差异。自新石器时代以来的商品交换、移民、殖民以及偶然的掠夺之外,还增加了剥削、改宗、征服甚至同化的尝试。不过,正是河流使这一切成为可能。

再次,河流也导致了波罗的海文化之中由海洋决定的第三个不变特征。淡水和咸水在这个大半被陆地包围的大池塘之中混合，创造了非常适合鱼类以及渔民生存的条件。春季，波罗的海变成一池诱人的浮游生物汤。北海中部的海水从海底流入，大约在5月时将鲭鱼带到这里——中世纪时，一同前来的还有海豹与体型更大的鱼，偶尔还有鲸鱼。来自荷兰和德国平原的浅滩淡水则从海面流入，鲱鱼也由此进入这片水域。直到15世纪，它们都在4月或5月来到这里产卵，并一直停留到11月。最上层的水，即盐度很低的波罗的海海流，吸引了河里的鲑鱼和鳗鱼；周围各国的湖泊及水道中，都曾经满是各种各样的淡水鱼，从鲈鱼到狗鱼（pike），不一而足。奥劳斯·芒努斯在书中花了一卷的篇幅描述各种普通鱼类，还另花了一卷描述怪鱼。在整个中世纪，鱼类的捕捞、加工、贩卖与食用，是北方人民的生活之中重大并日益发展的内容，从根本上影响着他们的经济和政治。

根据《克努特林加萨迦》（*Knytlinga Saga*, ch. 28）中的一则寓言，苛刻的丹麦国王克努特四世（见本章下文）甚至早在1086年之前就威胁要剥夺斯科讷地区居民在松德海峡捕鱼的权利，迫使他们臣服。因为没有鲱鱼，这些居民就无法生存。在这篇萨迦成文的1250年前后，这个故事确实可信。然而，考古发现，在波罗的海沿岸的维京时代遗址，相比同时代的挪威，鱼类的消耗量明显较低，沿海居民也相当稀少，尽管发现了许多鱼钩和陷阱，却没有"捕鱼社群"存在的迹象。12世纪与之后，情况有所变化：每年夏天，波罗的海西部的沿岸地区都会搭起棚屋和帐篷，建起临时的营地，即所谓的"渔村"（fiskelejer），渔民、晒鱼人、商人和国王的官员聚集在一起，相互贸易。其中最著名的是位于斯科讷西南角的斯卡讷（Skanör）和法尔斯特布（Falsterbo）。13世纪至 15 世纪，他们组成了一个事实独立的联邦，由他们自己的习俗和法律统治，吸引了欧洲各地的买家前来。丹麦国王和他的大主教拿走了他们的那一份利润，而后便任渔民和商人们自行生产与贸易。与此同时，每年春天，鲱鱼都会成群结队地经松德海峡向南迁徙，它们的密度之高，一个人甚至只用桶就能把它们从水里舀出。

其他捕鱼方法改变了河口和浅海的地貌。在斯堪的纳维亚海岸存在一种"鳗鱼场"，是由一排木桩支撑着的平台，捕鳗鱼的人可以在上面放置并管理他的鱼笼；还有鲱鱼梁（weir），乃用木桩制成的围栏，可以用网或柳条将其密封起来——这种鱼梁在卡珀尔恩（Kappeln）存留至今。在斯拉夫人控制的大河河口，他们设置了如此多鱼栅和鱼梁（jazy），以至于在 12 世纪六七十年代，丹麦人的掠夺舰队频繁受到它们的阻碍，于是舰队在前进的过程中摧毁了它们；在丹麦和瑞典的河流中，另有人字形的鲑鱼陷阱（laxakar）。

渔业的组织和发展是政治问题。这意味着对水域资源和人力的竞争开发，王公和地主们也因此介入其中；早在 12 世纪，"捕鱼权"（piscatura）已经是海滨、河流和湖泊中的一种领主权，拥有者小心翼翼地防备着侵犯其权利的盗猎者，并通过禁止使用某些种类的渔网来防止过度捕捞。鱼本身也是一种广为接受的权力象征，可以作为贡品或用来缴付什一税。瑞典东南部厄兰岛（Öland）的岛民，向乌普萨拉的国王宣示臣服，就是靠每年给国王进贡一份鲱鱼。12 世纪 70 年代，罗斯基勒（Roskilde）主教阿布萨隆（Absalon）让吕根岛（Rügen）的斯拉夫人送给他一条鱼，作为他在海上巡逻，使他们得以安然捕鱼的谢礼。当波兰国王的战士们在1107年到达波美拉尼亚海岸时，他们如此唱诵他们的征服事迹：

> 恶臭的咸鱼，曾经要从远方获取，
> 如今孩子们却能抓到新鲜的鱼，都是活的！[4]

因此，新的捕鱼方法和储存手段的引进，以及国际市场需求的波动，对欧洲北部的居民来说可谓生死攸关——毕竟，拉普人、芬兰人、波罗的人，以及此后的德意志人，对这一产业的关注，不逊于北欧人和斯拉夫人。

对欧洲北部自然特性的分析，其中值得强调的最后一点便是运输和通信；这很大程度上要依靠航船。

即使在那个时代，也有可能从陆路越过欧洲东北部，但由于道路稀少而恶劣，通行相当缓慢，大片的乡村地区遥不可及。11世纪70年代，不来梅的亚当估计从汉堡到沃林（Wollin），略多于200英里的距离，走陆路需要一个星期；从奥尔登堡（Oldenburg）到诺夫哥罗德的航程是这段陆路的五倍，却往往只需要花两倍的时间。如果走陆路从丹麦前往瑞典东部的锡格蒂纳（Sigtuna），估计需要四个星期，而坐船仅需五天。在冬天，这种差别可能更大，也可能更小，这取决于积雪的深度——因为那时可以抄近路，在河流和湖泊的冰上行走，而且旅行者很可能携带滑雪板或雪橇；但整体而言，除非迫不得已，或者谋求掠夺或猎捕带来的利益，没有人愿意在冬天旅行。5月到10月是旅行的月份，在这一时期，海路比陆路更适合通行。

浮冰融化之后，这片海域非常适合航行。如今的丹麦沿海水域,大约每三年才会封冻一次,而且每次封冻从来没有超过三个月。波罗的海南部港口的平均结冰期,从弗伦斯堡(Flensburg)峡湾的三天到施特拉尔松德(Stralsund)的三周不等。里加和圣彼得堡每年大约有六个月的封冻期,爱沙尼亚的港口和波的尼亚海岸一样,封冻大约四个月。而后天气开始转好,4月至仲夏东风频繁,7月至9月则西风盛行。而后水手们便要面对狭长的水域,宽度从未超过200英里,沿途有许多岛屿和浅锚地,为航行提供便利。

航海技术的关键,在于保证海岸处在船中人的视野之中,他们清楚地标,能探测出危险的浅滩;最重要的是,能通过观察天空预测天气。罗盘直到16世纪才在波罗的海地区应用,而在那时除了外地人,很少有人需要罗盘,因为在之前的300年之中,海滨有高大的尖顶和十字架,它们在10英里外的海中清晰可辨,航行困难的航道也有"水栅"(booms)和木桩标出。主要的威胁是浓雾、突然的狂风以及海盗;相比北海、英吉利海峡或地中海,航行者距离避风港不远,至少更容易避开前两种威胁。

最早在波罗的海航行的民族可能是芬兰人,他们在皮划艇上竖起桦树皮作为风帆。日耳曼人发展了桨和帆的技术,直到"维京海盗船"成为整个北欧地区运输战士和货物的主要海上运输工具。任何人,只要掌控了建造和管理这类船只的人,就能获得财富与权力。从9世纪到11世纪,维京海盗的领袖们往往前往财富和权力最集中的地区——不列颠群岛、西欧和罗斯的河道。到公元1100年,这种冒险的机会大大减少,但在波罗的海周边地区,权力和军舰仍然紧密相连,统治者的名望取决于他舰队的规模。丹麦和瑞典的国王曾试图强迫实力较强的臣民提供军役,借此获取船只。他们几乎没有取得什么成果,因此不得不招募这些突袭舰队的船员。约1170年之后,丹麦国王依赖各个舰船征召区贡献的人员,来配备国王征召的防御舰队的水手,整个王国理论上可以调动约860艘船。进攻行动之中可以使用的舰船总数不可能超过250艘。[5]

然而,舰船种类繁多,每一种都为船主和船员带来不同的回报,并以特定的方式影响着社会组织。军舰至少可分为两类:由挪威人改进完善、配备六十支桨的大型"龙船"(skeior),因为吃水太深而不适宜浅海和河流作战;更常见的四十桨征召舰船,丹麦人称之为"snekke",瑞典人称之为"snakkja";斯拉夫人建造的同类船只,相比斯堪的纳维亚人的版本更轻便低矮。这些舰队需要训练有素的战士、为海外远征准备的给养,以及复杂的建造和维护技术;因此,控制他们的国王和海盗首领必须拥有土地,拥有扈从,并掌控人口众多的社群。他们的船上有安置奴隶、牛和战利品的空间,但空间有限,而且这些货物会限制船员的行动。贸易之时,他们使用另一种船,所谓"货船"(byrthing),采用长船身,中部宽且深,桨手很少,甚至没有桨手,靠风力前行。"货船"往往有两个或两个以上的船主合作,他们共享资源,冒着沉船和遭遇海盗的风险来获取利益;而到12世纪,这种伙伴关系似乎已经发展成了行会,保证成员免受敌对者的侵袭。哥得兰岛人,以及那些靠贸易致富的人,在不受瑞典国王干预的情况下,通过这类组织来管理他们的岛屿;在12世纪50年代,西兰岛(Zealand)的地主和商人组织了一支小型掠夺舰队,由曾经的海盗韦德曼(Wedeman)指挥,来保护自己免受海盗的侵扰。至少在王公们决定负起责任,保证海域的安全之前,脆弱的货船必须寻求自保。

另外还有种类繁多的小型船只，可供家庭或近邻组成的团队去掠夺、摆渡、贸易、捕鱼和运输：丹麦人的四到十五桨的短尾船（skude）带有龙骨，可以和军舰一起航行，运输弓箭手，到上游侦察，或者单独用于小规模的掠夺；斯拉夫人的平底船（pram），适合在沼泽和湖泊上通航，这种船未见于年代更早的资料，但很快在波罗的海各地便出现了仿制品；有龙骨的小帆船，载着当地的出产往返于村庄之间；使用树根、白杨树枝和鹿肌腱制成的耐用快船（haapar），用于流入波的尼亚湾的河流之中；罗斯的河流之中使用平底运输船（strug）和单桅白熊船（ushkui）；佩讷河（Peene）上往来运送货物，则使用内河船（bolskip）、小型快艇（skute）和装载木船（kane）。对每个住在欧洲东北部沿海或河边的居民来说，船是他们生活和生产的重要组成部分；造船技术的发展，以及海权平衡的变化，将对他们产生重大影响。

此处使用"海权"这个词其实并不合适。当代的"海权"指代依赖国家的海军力量维持的统治权；但在中世纪的欧洲北部，"海权"更类似于"船权"，即任何团体，从个人到商人联盟，再到国王，都可以通过拥有或使用特定类型的舰船，达到各种目的。这一时期，欧洲北部的水域从来都没有足够掌控全局的强大舰队；舰队最多只能在某些水域、航行路线和港口附近巡逻，克努特大帝和瓦尔德马尔大王在丹麦海域安排的警戒就是如此，但这种海权有限的时期也只是例外。在大多数时期，海盗、征召舰队、奴隶贩子、商人、渔民和河上的运输工具，处于一种谨慎共存的状态，担负着各种各样的任务，战斗、追击或交易会根据相应的场合而轮番发生。在 11 世纪 70 年代，丹麦国王与出没于大贝尔特海峡的海盗们达成了一项协议：海盗们在抢劫之后分给国王一部分收益，然后国王便不再为难海盗。在14世纪与15世纪之交，情况并没有什么好转：丹麦女王与一个以北德意志海岸为基地的海盗组织"储备粮兄弟会"（Vitalienbrüder）之间爆发了公开的战争，但丹麦、瑞典和梅克伦堡（Mecklenburg）的地主却纵容海盗们的抢劫行为，并与他们交易。当没有人能够完全统治一部分紧密包围他们的海滨与河流之时，自然也不会有人能够统治海洋。

温和的海洋与难以通行的内陆森林、山地与泥沼，温和的夏季与严酷的冬季，游牧民和农民，以各种不同的方式结合在一起，赋予中世纪早期的波罗的海与欧洲东北部与其他地区截然不同的特质，同时迫使住在这里的居民以类似的方式生产、吃饭、战斗甚至思考。在某种程度上，这是一个因自然屏障而与世隔绝的地区，尽管如此，即使是在气候如此严酷的边境地区，那些熟知自然法则的人，依然能找到出入的道路。在南面、东面和西面，路径更加通畅，但出入仍然有一些困难，并且如果当地居民有意阻拦外来者，那么困难还将会大大增加。

例如，北德意志平原的沿海地区被流经这些地区的大河切割开来，另外从梅克伦堡、马祖里（Masurian）两地湖泊和西波美拉尼亚（Hither Pomerania）泥沼等湿润贫瘠的高地发源的众多溪流在这里纵横交错，径直流入大海。萨克索·格拉玛提库斯（Saxo Grammaticus）记述了丹麦人在1171年试图穿过代明北部"宽阔难行的肮脏沼泽"时的情景：

> 它的表面覆盖着一层薄薄的草皮，虽然能够支撑草皮，但踩上去却十分柔软，踩到它的人会被吞噬下去。陷入黏泥

里的人终坠入烂泥沼深处……为了减轻重量，也避免精疲力竭，骑兵们脱下盔甲，牵马前进。当马深陷泥沼之中的时候，他们合力把马拖出来；当牵马前进的人陷入泥沼，他们就抓住马的鬃毛以免深陷；他们跨过沼泽旁边芦苇丛生的不计其数的蜿蜒小溪……当陷进泥沼的马匹脱身之时，它们时常会撞到并践踏前方的人。国王本人脱下了所有的礼服与装备，只留一件衬衣，由两名骑士抬着前进，勉强避开了泥沼。英勇的丹麦人很少出这么多冷汗！[6]

这些沼泽以及贫瘠的外波美拉尼亚高地以南，延伸出一片多沙森林和欧石楠丛生的荒野，其间还点缀着一些湖泊和泥沼，被水浸泡的土壤呈酸性并且难以通行。这片荒芜之地从北海一直延伸到维斯瓦河，直到现代才可能开垦耕种。在1124年和1127年，传教士班贝格的奥托（Otto of Bamberg）在前往海岸的途中穿越了这片土地。第一次从波兹南（Poznan）前往佩日采（Pyrzyce）时，他的弟子赫博德（Herbord）记述称：

这条路有多难通行，就有多难描述。因为此前没有凡人能穿过这片森林，直到最近几年……［波兰］公爵砍倒树木并留下记号，为他和他的军队开辟了一条道路。我们一直循着这些记号前进，但我们花了整整六天才通过整片森林，来到波美拉尼亚边境的河岸上休息。一路非常艰难，有各种蛇类和巨大的野兽，和在树枝筑巢的鹭，这种令人厌恶的鸟用叫声和拍打翅膀的声音折磨我们，还有一片片泥沼，让我们的车辆无法前进。[7]

他们在六天内大约走了 90 英里。另外在 1127 年，奥托花了五天时间才走完从哈弗尔堡（Havelburg）到米里茨湖（Müritz）约 35 英里的路程。所以大多数旅行者都沿河岸行进或者坐船。

这里是斯拉夫人的国度，至少在 9 世纪到 12 世纪 40 年代，其西部边界都足够明确，因为旁边是罗马帝国的萨克森边境区（Limes Saxonicus），即基尔峡湾与易北河畔劳恩堡（Lauenburg）之间长达 60 英里的无人区，被茂密的森林和树篱覆盖。相对薄弱的地区可以在距离最近的村庄驻军，以阻挡入侵者。尽管商人和军队可以通过，但只要这里仍是政治边界，这段旅程就必然凶险。

西面也是一样，如果从陆路前来，有一条古道从萨克森向北，通过日德兰半岛到利姆海峡（Limfjord）；这条道路就是所谓的"牛路"（ochsenweg）或哈尔瓦伊古道（Hærvej），南方的入侵者时不时通过这条道路进入，试图征服北方世界。然而，自 8 世纪以来，有一道土墙从石勒苏益格向西延伸，可以用来封堵这个入口；在这里通行，必须沿着狭长的干燥地带前进。1157 年，在"狮子"亨利率领萨克森军队通过这条道路发动了一次短促的突袭之后，丹麦国王瓦尔德马尔便开始用坚固的砖墙延长并加强这道防线；到 12 世纪末，他的儿子们已经控制了更南面的道路，抵达汉堡和吕贝克。

通往西方的海上通路——斯卡格拉克海峡（Skagerrack）、卡特加特海峡（Kattegat）、贝尔特海峡与松德海峡——无法封锁，即使瓦尔德马尔执政时期，在尼堡（Nyborg）、斯普罗岛（Sprogø）和哥本哈根建造了堡垒，也依然如此。而凶险的北海，以及北日德兰半岛海岸险恶的沙滩，依然令中世纪早期大多数英格兰、佛兰德和法国的水手避而远之，他们更喜欢在日德兰半岛西海岸的里伯（Ribe）靠岸，或者在艾德河（Eider）上游的霍灵施泰特（Hollingstedt）卸货。挪威人在航行之时更敢于冒险，他们长期以来也是波罗的海航运力量的组成部分；然而丹麦国王决定阻止对丹麦岛屿的海上袭击，并在12世纪取得了成功，结束了这个在维京时代让许多挪威人发财的产业。

东面的障碍主要是森林。树木覆盖着维斯瓦河和芬兰湾之间数千平方英里的土地，占据了数千条大小河流的流域。瑞典人通过河流进入这一地区，建立了一个由索取贡赋的首领政权和殖民地组成的网络，一直向南延伸到南俄草原；这些地区此后变成罗斯诸城邦。到1100年，罗斯封锁了斯堪的纳维亚人向东的道路，只允许商人和雇佣兵通行，并向西面的波罗的海沿岸地区发动袭击。俄国商人来到哥得兰、沃林和石勒苏益格；不过，应用了几个世纪的水上交通，并没有带来大量的东方移民。

大自然就此给闯入这一地区的人设置了一系列障碍。这些障碍并非不可战胜，却也需要劳动与组织来逐渐克服，而到了12世纪初时，已有600年没有外来的入侵者或者移民能够在该地区长期定居。自罗马帝国时代起，波罗的海地区就是一个人口迁出区而非迁入区。

居　民

公元1100年左右，居住在欧洲东北部的居民，按所讲的语言可分为四大类：诺尔斯语（Norse）使用者、斯拉夫人、波罗的人和芬兰-乌拉尔人。前三种人的语言属于印欧语系，后一种隶属于乌拉尔语系。各族群语言的相似，并未使这些群体疏远，却也没有让他们融合；在经济和政治方面，他们的文化并没有受到这种差异的太大影响。然而，在社会组织、宗教、饮食和衣着等方面，每一个群体似乎都存在某些共有的特性，这些特性似乎也能提供一种足够公平的划分准则。这种划分遵循了不来梅的亚当留下的印记，他是欧洲北部第一位伟大的地理学家，在欧洲北部都主教区的主教座堂社群学校担任校长一职。他在11世纪70年代完成了《汉堡大主教传》(*Gesta Hammaburgensis ecclesiae pontificum*)，并从丹麦国王斯韦恩二世等人那里收集了大量第一手资料。

第一类人被称为"斯堪的纳维亚人"，包括使用被统称为"东诺尔斯语"的瑞典人、约塔尔人（Götar/Geats）[①]和丹麦人，还有使用"西诺尔斯语"的挪威人。那个时代的挪威人占领了现在挪威的沿海地区，向北一直延伸到罗弗敦群岛（Lofoten），而向南则沿卡特加特海峡沿岸直到如今的哥德堡（Gothenburg）。他们翻山越岭进入拉普兰，或者从西面乘船进入，参与波罗的海的事务；然而大部分居民远离这片内陆海，居住在大西洋沿岸，也就是斯堪的纳维亚山脉中部的分界线即所谓"龙骨"的西侧。在这一时期，他们与不列颠群岛、法罗群岛、冰岛和格陵兰岛的关系比欧洲东北部更为密切。接下来的三个世纪里发生的一系列事件让他们愈发远离西欧，也愈发卷入丹麦、德国和瑞典的政治活动中。不过，对他们的叙述可以暂且告一段落。

瑞典人和约塔尔人在几个世纪以前已经并入同一个政治体，

[①] 书中有些地名和族群名涉及不同的语言或政权统治，会有多种称呼或拼法。

与挪威人截然不同的是，他们几乎完全专注于东方；直到13世纪，他们才有了西部的海岸线，此前他们只有一个河流上游的港口老勒德瑟（Gamla Lödöse），而另一边的海岸线自卡尔马（Kalmar）开始，向北一直延伸到波的尼亚湾。在内陆，瑞典人集中定居在如今的斯德哥尔摩与梅拉伦湖周边地区，约塔尔人居住在韦特恩湖（Vätter）和维纳恩湖（Väner）周边地区。其南面是多山的林地，名为斯莫兰地区（Småland），那里的定居点很稀疏，政治归属模糊不清；旁边的沿海地区则称为布莱金厄（Blekinge），从老克努特的时代起，丹麦国王就在这里拥有某种主权——这也是他通常被称为"大帝"的原因。再往南就是丹麦人了：斯科讷人和哈兰人（Halländingar），居住在今瑞典西南部肥沃而气候温和的沿海山谷里；而后是丹麦群岛的居民，其中以西兰岛的居民最多；再往南就是占据整个日德兰半岛直到艾德河和基尔峡湾的日德兰人。

大多数丹麦人和瑞典人都是农民，住在农村的小社群里，种植谷物——主要是大麦，有时也种植小麦、燕麦和黑麦，饲养牛、猪和小马。农业生产模式各不相同，但整体而言，每个村庄的生产方式与同时期英格兰南部农村大同小异：将土地分成两到三份进行轮作，在公地内开垦牧场，根据季节变化确定是否使用围栏，共同负责防卫边境，并尊重本地习俗。在这种模式之外，还有"边缘人"（fringemen），他们靠捕鱼、狩猎和采矿为生，生活在森林、海岸和山区边；此外还有市民，包括工匠、商人和旅店老板，定居在市镇和港口里。劳动人口的情况就是如此。

丹麦的繁荣多少给不来梅的亚当等外国观察者留下了印象：他们见到了大量的谷物、牛、马和黄油，还有身材高大、仪表堂堂的居民——尽管有些粗鲁而且嗜酒。然而，中世纪的记述者往往将统治阶级的消费水平和消费方式直接等同于国家的繁荣程度，因此必须参照其他的标准以修正他们的说法。在对中世纪丹麦村庄的考古发掘中，考古人员几乎没有发现肥胖的迹象：饥肠辘辘的村民们生活在那个时代三大威胁的阴影之下——恶劣的年景、恶劣的健康状况和贪婪的地主。毕竟，丹麦的农民很大程度上是不自由的：他们或者是奴隶，或者是为领主服务的农奴，或者是为他人工作的穷苦人。

村庄和其居民有时完全归属一人，归个人所有；有时村庄资源划分为若干经济单位"博尔"（bøl）①，博尔由地主单独持有，或由地主均分为两份或者四份。但不论如何，或大或小的土地所有权将人与人区分开来。在丹麦和瑞典土地肥沃的地区，地主或地方官的围篱与高屋顶会堂或远或近，俯视村庄，他们拿走了农民生产的一部分；而那些外表非常相似的教堂，拿走的更多。在其他地方，村里的自由人掌握了当地的大部分土地，他们让为数不多的奴隶或雇工去耕种。在森林里，特别是在瑞典，有许多自由农民组成的社群，他们为自己耕种，并佩剑或短矛彰显身份；但是，整体而言，有自由人的地方就有奴隶。并且，尽管自由民之间存在着巨大的财富差异——在12世纪的丹麦，有些人只有半博尔，也有人拥有500博尔，但他们的法律地位相同：他们是"定居者"（bondær），组成政治意义上的国民，他们的祖先可能是优秀的士兵、海盗、商人，乃至养马人。

大多数丹麦和瑞典的"定居者"都以某种形式效忠或是尊

---

① Bøl，来自古丹麦语，有住所、农场之意。

敬某个强大的家族，这些家族如同王室家系一般，代表当地人行使公共权力，并拥有私人财富。他们是新富家族，自附于可追溯到旧日传说的王室传统；丹麦的克尼廷家族（Knytlings）就模仿英格兰和德意志的统治者。然而，尽管国王名望重大，出于实际的考虑，"定居者"还是实行自治，至少在和平之时如此。每一个地方行政区——丹麦称"赫勒德"（herred），瑞典称"洪拉德"（hundrad）①——都是由地主组成的集会即所谓"庭"（ting/thing）来管理，甚至可能每周召开一次会议；每一个省份、每一组赫勒德或者岛屿，都由更大规模的集会即所谓的"地方庭"（landsting）管辖，每年或许举行两次会议。

国王利用"地方庭"集结军队，召开政治会议，较小的集会则要听取国王代表的意见，追随他参加战争或维持和平，但在这两种情况下，"庭"通常表达当地人的意见，由当地的大人物即"尊贵者"掌控。社会稳定取决于这些集会，家族之间的和平、对非自由人的共同威慑、追捕不法者、公平贸易、划定边界、抵御入侵者等事务，都在"庭"之中决定。国王死后，"定居者"的全体集会宣布支持或反对某位宣称继承王位的王室成员——即使这有时意味着确认或者预示随后会发生内战。在12世纪早期，自由民和其领主仍然实际统治着丹麦和瑞典，没有受到来自高层的多少干涉，而那些得不到集会支持的国王结局悲惨。1131年，丹麦国王尼古拉斯的儿子与继承人被指控谋杀，并在灵斯泰兹（Ringsted）的"庭"上遭到公开指责，国王不得不将他流放到瑞典以避免流血冲突；1153年，斯韦恩三世在斯科讷的"地方庭"

---

① Hundred 的变体，类似于百户区。

上遭到嘲笑、嘘声和石块袭击。[8]瑞典的情况更恶劣：如果国王想要参加约塔尔人的集会，他必须收到正式邀请；而在12世纪20年代，当国王朗瓦尔德（Ragnwald）在未收到邀请的情况下骑马前往卡尔拉比（Karlaby）的"庭"时，他"不光彩地死去了"。[9]然而，时代在不断变化，国王越来越强大。

国王比其他地主富有得多。在这两个国家，国王都拥有大量的王室地产，并有权在每个地区获得规定数量的食物、饮品、白银和交通运输安排。他们可以带着全副武装的随从，骑马或划船前往各地，"在王国各地一路就食"，在他们宽大的会堂里庆祝主要节日，招待贵宾；他们以及斯拉夫人的王公们，受到的暴食和酗酒的指控，一定程度上是这种社会统治形式的结果。此外，丹麦国王还有管辖城市居民的一系列权力：收铸币税，向城镇的不动产产权人收取"仲夏税"，收过路费，向行会和外国人收取保护费；除此之外，他们还有权向某些违法者收取罚款，有权获取漂到王国海岸上的沉船货物，有权管理各种自然资源，还能继承那些绝嗣者的遗产。这一切都带来了财富，另外，征兵（lething）和教会这两项国王有权掌管的国家机构是所有国民都必须服从的，这进一步加强了他的地位。本章前文已经提到了征兵，下文将描述其运行模式。教会的建立花了很长的时间（约815—约1020年），但到了11世纪70年代，已有七位主教在丹麦国王的保护下履行职责，这些职责包括出席当地集会，支持当地防御，辅助统治者，提供建议、招待、书写和祈祷服务。1103年之前，尽管是国王任命主教职位，但主教们依然尊汉堡-不来梅大主教为宗教上的领主；1103年之后，隆德（Lund）主教成为掌控斯堪的纳维亚各教会的都主教，丹麦国王就此也和神圣罗马帝国皇帝一样，拥有了自己的"国家教会"(Reichskirche)。

丹麦开始变得与拉丁基督教世界的其他王国相似，在尼古拉斯（1104—1134年在位）和瓦尔德马尔一世（1157—1182年在位）的统治时期，这种相似性变得更加明显。最早的特许状和石制教堂出现在11世纪70年代，而第一座修道院也在不久之后建成。教宗格里高利七世也给欧洲北部的国王们写信，将他们视作基督教世界的一分子，而帕斯加二世则宣布于1086年被谋杀的克努特四世是天主教信仰的殉道者。圣克努特的兄弟埃里克一世曾前往拜占庭朝圣，而大贵族们则效仿国王给教堂捐款，有时他们还会成为主教，丹麦的大多数高阶教士也不再需要从萨克森或英格兰引进了。在10世纪，国王们代表他们的臣民接受了基督徒的名号；如今，嫁接的枝条已经成活。

瑞典人吸收西欧模式的过程耗时更久——大约滞后了50年——却也依然朝着同样的方向发展。最后一位公开信仰异教的国王死于11世纪末，在那之前，乌普萨拉的古神弗雷（Frey）的神殿一直开放；据说直到12世纪20年代，斯莫兰的边远之民还没有受到基督教的影响，而在其他偏远地区，抵制基督教的力量还会维持更久。然而，大约在1120年，一位教宗的抄写员已经提到，瑞典九个主要地区中有七个建立了主教辖区。1164年，瑞典终于建立了自己的大主教区，尽管仍然受隆德都主教的节制。王室权力的巩固也花了更长的时间，这应部分归因于教会力量较弱，此外还因为1156—1250年各领主家族之间的竞争，而首要原因是瑞典人和约塔尔人之间持续分离。更稀少的定居点，更恶劣的交通，更严酷的冬季与更宽广的森林，让王室更难建立统治，然而建立统治所需的一切已经存在。

基督教并没能让这些民族归于和平。他们仍然被武人主导，无论是王公、地产主还是士兵，都要参与不死不休的战争；在武人阶级和其他阶级之间，出身、教育和观念上都存在着鸿沟，英雄传统与法律加剧了隔阂。"所有土地应依照法律建设"是流行的新说法，然而制定法律、熟悉法律并管理司法的，正是地主阶级，而外国观察者发现这种法律残忍且不符合基督教精神。当克努特四世在11世纪80年代试图缓和法律时，他遭到了强烈的敌对；12世纪过半之后，才出现了更人性化的成文法律。这不仅仅是合法压迫的问题。那些犯下重罪的恶人即使很富有，也可以被定罪——1131年国王尼古拉斯之子就是一例；国王乐于解决公开的暴力案件和家族世仇，因为他可以收取费用；而家族世仇、赃物追讨和遗产继承的程序，则得以在正义的旗号之下继续进行。在12世纪30年代之前，没有建立城墙的城镇，没有私人防御工事或广泛的私人司法权，本地的权贵得不到更多的优待。教会法必须修改并证明其正当性，然后才能运用于北欧的法庭之中。毕竟，斯堪的纳维亚人接受了基督教，却没有背弃他们祖先的话语。这一点表现在很多方面。他们坚持使用旧时的名字：在丹麦人中，斯韦恩、埃里克、哈拉尔德、阿基、托基、博温之类的名字，依然远比尼格斯、彼得和克里斯托弗之类的名字常见。他们依然聆听古老的诗歌，并出钱雇佣冰岛人吟诵。他们依然按照旧日的方式离婚，而最重要的，便是他们报复之时依然残酷无情。1131—1135年，人数众多的丹麦王室几乎在一场族内战争中灭族。据说国王"永铭者"埃里克二世冷酷谋杀了自己的八个孩子以及所有的侄子和侄女，从而结束和自己的兄弟——此前已经被埃里克杀死——的争执；[10]六名主教在对抗埃里克的战争中死亡，然而他也把土地分封给隆德的教士团与灵斯泰兹的僧侣,据说他的统治"得到圣仁上帝的支持"[11]。在该世纪末完成记述的历史学家萨克索声称他是正直的人。这样的人崇拜成功;基督赐予他们成功并在死后给他们染血的灵魂提供庇护,而作为回报,他要受洗,宽待神父,忏悔并葬于圣地——仅此而已。

对于其波罗的海对岸的邻居而言,生活在这些君主统治之下的地主和雇佣兵与他们维京时代的祖先一样令人恐惧,但到了1100年,他们在海外的经营模式发生了变化。在东方,罗斯王公和拜占庭皇帝的宫廷都雇佣战士,武装团体也依然沿着这条道路前去寻找机遇;然而获得霸权、占据土地的机会却减少了。11世纪50年代到12世纪40年代,没有记载哪位瑞典国王曾率军入侵芬兰;罗斯人愈发牢固地掌控了贸易路线,以及向他们提供皮毛的纳贡附庸,而希望获取财富的瑞典人,只能以商人的身份从事贸易,或者与丹麦人、挪威人、冰岛人和英格兰人一起,作为雇佣兵加入瓦兰吉人(Varangian)卫队。财富仍在那里,竞争却更加激烈。

在西欧,曾吸引大量丹麦人在800年至1075年出海的诱人前景,已不复当年了。1069年、1075年和1086年,斯韦恩二世和克努特四世曾企图再度征服英格兰,但尝试的成果一次比一次少,而最后一次,军队根本未曾出海。不服管束的船员未经允许就解散了,他们没有为玩忽职守而付出代价,反而揭竿而起,杀死了他们的国王。正如一位英格兰编年史家所言:"丹麦人曾被认为是最忠诚的民族,但他们却犯下了世人所能想象到的最大逆不道的背叛。"[12] 这一变化的背后有诸多原因,但此处考虑三点就足够了。

首先,军官们出海进攻防卫严密的岛屿,所得或许不过与在家乡经营一样多。大家族已经积累了足够的土地和财富，不愿冒险；领主通过管理"庭"、奴役农民或者资助贸易船队即可获取足够的收益，而不必到英格兰作战，而急需钱财的战士在周边的水域就可以找到值得抢掠的航船。甚至1069年和1075年抵达英格兰的舰队，似乎也是来迅速抢掠获利并安全返航，而不是发动1016年那样的领土征服。

其次，丹麦国王的财富已不足以组织向西欧的大规模战争。"八字胡"斯韦恩和老克努特拥有一支庞大的雇佣军，然而当克努特的继任者失去英格兰时，他们也失去了主要的收入来源，只能供养少数训练有素的士兵。1052年，斯韦恩二世恳求"忏悔者"爱德华借给他50名船员，但遭到了拒绝。当他的儿子克努特四世于1086年在欧登塞（Odense）被杀时，他身边只有20名战士。遗弃他的那支庞大舰队根本是个错误，船员既没有受过围城战的训练，也没有骑兵作战的装备。其他国王则更为明智：他的兄弟哈罗德被称作"柔和者"，同时代的挪威国王奥拉夫则被称作"安静者"。

最后，国内还有更直接的本土军事需求：丹麦的海岸线和陆上边境地区经常受到波罗的海斯拉夫人的袭击和劫掠。自称高等民族（Herrenvolk）的丹麦人，此时被迫居于守势。

余下的三个北方民族中，最接近斯堪的纳维亚人的是斯拉夫人，特别是那些西斯拉夫人，他们占领了从基尔湾到维斯瓦河的海岸和腹地，包括费马恩岛（Fehmarn）、珀尔岛（Poel）、吕根岛、乌瑟多姆岛和沃林岛。这些地区的居民被分成几个民族。萨克森和丹麦到特拉沃河（Trave）之间定居的是瓦格里亚人（Wagrians），特拉沃河与瓦尔诺河（Warnow）之间定居的是阿波德里特人（Abotrites）——这两个有血缘关系的民族松散地联合在一起，与易北河流域的波拉布人（Polabian）共处于同一个王朝的统治之下。从瓦尔诺河到吕根岛，在奥得河河口和佩讷河上游，是一系列没有合并的部族（tribe），他们被统称为柳蒂奇人（Liutizians/Wilzians，"可怕的人/狼人"）；最北端，在吕根岛及其对面的滨海地区，居住着吕根人（Rugians/Rani）。阿波德里特人和柳蒂奇人的语言，与他们南面的邻居索布人（Sorb）和卢萨蒂亚人使用的语言有所不同，被划分为西列克希第语（Lechic）；而东列克希第语使用者包括波兰人，以及居住在奥得河以东到维斯瓦河的西斯拉夫海岸余下地区的民族——波美拉尼亚人，"岸边的居民"，此后再以但泽（Danzig）为界，分化为东波美拉尼亚人（Pomerelians）和卡舒比人（Cassubians，"衣衫褴褛的人"）。

波罗的海斯拉夫人是最晚到达欧洲北部的。他们在公元1—6世纪的不同时期从东南方迁入，来到日耳曼人迁移之后留下的人口真空区。到了8世纪时，尽管各民族之间争夺霸权的战斗此后还是导致了一定程度的领土变动，但他们的领土边界线已经稳定。不来梅的亚当意识到他们与波希米亚人和波兰人有亲缘关系，因此可以把他们归入中欧和东欧地区即他所谓的"斯拉维亚"（Slavia）的一部分。拉丁语记述者称他们为斯拉夫人，但将他们与波兰人、罗斯人和捷克人区别开来，而这些人也属于如今所说的斯拉夫人范畴；斯堪的纳维亚人和德意志人称他们为文德人（Wends）。在这个时期，他们在某些方面不同于所有邻近民族，却也有许多共同之处，这一点值得强调。

文德人与斯堪的纳维亚人类似，绝大多数都是农民：耕种者和畜牧者生活在小村庄里，种植谷物与亚麻，圈养家禽和牲畜，以捕鱼、养蜂和诱捕猎物为副业。土地价值的通用单位是"一犁地"（kuritz/ploughland，拉丁语称"uncus"，与"mansus"相对；德语称"Hufe"）；农民按照这一标准缴纳实物税，而且从事其他任何生产都要额外纳贡。早年的法律文件中，这些农民被视作奴隶，附属于他所劳作的犁地，或者为他要给村庄支付的诸多款项而劳作；其他证据显示，这些农民往往是被俘虏或购买的囚犯，世代遭受奴役。

和斯堪的纳维亚的状况一样，当地的农业剩余产品维持着地主阶级：要么是住在森林据点之中的乡村权贵及其仆从，要么是城镇定居的战士和市民的社群。斯拉夫社会高度军事化。在9世纪与10世纪，维京人如同铁锤，帝国如同铁砧，捶打着斯拉夫人发展军事力量，而阿波德里特人和瓦格里亚人也长期被迫向丹麦国王以及德意志主教和边区马克领主进贡。新兴的统治阶级通过偷师敌人以及剥削自己的臣民来维持足够强大的军队、舰队和要塞，从而巩固对自己的领土和农民的控制。广阔的定居区域被细分为小领地，环绕着一座或多座有土墙、栅栏和城壕的据点，通常由统治者委派的管理者——总督将军（voivot）掌控。总督将军要保证战士们服兵役、农民纳税，并在王公来访时接待他们——可能是长时间的宴会和公众集会，也可能是展现武力与惩戒威慑。王公被称为"克内斯"（knes/knyaz），和在斯堪的纳维亚半岛一样，他领导臣民，也是一个王公大家族的首领，这个家族的所有男性亲属都有权索取一定的土地与司法权；但他的权力是有限的。

一处又一处领地，情况不尽相同。在内陆森林地区，"克内斯"拥有自己的土地，他的总督将军也无人挑战；而在大河边与水湾处的领地，形成"城镇地区"，有繁荣的社群，拥有自治的意愿，也有权力维持自治。在部族、领地和公国的地理布局旁边，是城市社群的地理布局。在10世纪，文德人已经群聚围绕着圆形或椭圆形的土木工事而居，早期的文献将其称为"城市"（civitates）。战争、贸易和开垦，往往让少数人受益，而牺牲其他人的利益。结果，在11世纪，从丹麦到维斯瓦河每一个河口上游几英里处，都有一系列早熟的城镇社区，像螃蟹一样潜伏着。这些社区的布局揭示了它们发展的阶段。在最高处是"格勒"（gard/grod），或称"宫殿区"（palatium），是一座军营，也是堡垒和居住区，通常有城壕、土墙和木塔楼庇护。在它之下，一道环形墙之内，是城市区（urbs）或城郊区（suburbium），最初是这个地区的避难所，此后随着当地发展，挤满贵族、工匠和商人的房屋，只有一小块或多块圣地例外，那里有木制的小神庙。在城墙之外，通常还有人口聚居区延伸，渔民、农民和小商贩在这里居住，还有集市。该模式根据当地地形（例如斯德丁的三座山丘）和发展阶段的不同而有别，但与丹麦简单的四边形城镇布局成了明显的对比。

这些城镇都不是直接建在海岸上的；它们位于河口、河流和潟湖旁——阿科纳（Arkona）则位于悬崖顶上——这种交通便利与安全之间的平衡，使城镇得以发展。我们由西向东逐个叙述。从丹麦和萨克森的边境出发，向东行进30英里，就是瓦格里亚人的"古堡垒"，他们称之为斯塔格勒（Stargard），丹麦人称之为布兰德胡瑟（Brandehuse），德意志人称之为奥尔登堡。这一带的海滨因极易受海盗袭击而无法定居，去往奥尔登堡只能在海上从东边绕行，沿着一系列相互连接的湖泊航行15英里。即使如此，它依然是一个相当大的港口,居民们靠贸易和出海掠夺致富。10世纪时,一位萨克森主教曾住在那里,但人们拒绝了他的信仰;到了12世纪,那座教堂已经成了城墙外的废墟,而异教的神庙则成为瓦格里亚人的崇拜中心。

从这里向南——并非沿海岸线,而是从内陆穿过茂密的森林——行进30英里,特拉沃河畔有一个城镇的雏形,柳比采(Liubice)或旧吕贝克(Old Lübeck),开始在当地"克内斯"的保护下形成。此时,它不过是一个堡垒、一些小木屋和一处停船点而已,当时波拉布人的主要"城市"是湖畔的定居点拉策堡(Ratzeburg),那里通过特拉沃河的一条支流与波罗的海相连。阿波德里特人的"大城市"是维利格勒/梅克伦堡(Veligrad/Mecklenburg),位于维斯马湾(Wismar Bay)上游5英里处,控制着由湖泊和小河组成的宽广水网的出口。在东边的下一条主要河流瓦尔诺河之畔,未来的城市罗斯托克(Rostock)开始形成,一座神庙、一处停船点与商人的定居点,在河上游7英里处建立起来,其规模很快就超过了附近克辛尼人(Kissini)曾经避难的大型防御工事。

阿波德里特人的领地到此为止,再之后是吕根人的住所,在沼泽和森林覆盖的大陆之上,旅行者找不到比村庄或小据点更大的定居点。然而,在他们建造成要塞的吕根岛之上,有两个不同寻常的城镇:阿科纳位于岛的最东北角,从高耸的白色悬崖上眺望大海;卡伦茨(Karenz,今加尔茨)是位于岛屿南部湖畔的城镇。乍一看,阿科纳似乎打破了远离岸边的惯例,但这只是骗人的表象:悬崖太陡峭,海岸太危险,无法从海上直接登岸,所有的船只都要转往吕根岛中部的浅水湾,或者冒险在悬崖地势较低的南部靠岸。城镇的原址大部分已经被侵蚀，但是在这里的考古发现，证实了 12 世纪丹麦历史学家萨克索的描述。由于位于海岬之上，阿科纳不需要堡垒（castrum），而海岬被一堵高达 100 英尺（约 30 米）的土木结构护墙截断，唯一的通道是更高的塔楼庇护下的城门。然后是一排呈弧线布置的房屋，再之后是一片空地；而在如今已被侵蚀流失的区域，过去或许有战神斯万托维特（Svantovit）的神庙，各地的朝拜者与捐赠者曾经纷纷来到这个信仰中心。神庙作为公众多神教崇拜的核心之外，也作为府库使用。波罗的海各国的商人纷纷来到此地，吕根岛的战士们在这里开会，听从大祭司和他那匹神马——任何人都不能骑乘——的命令。南部的卡伦茨的防御工事是湖泊、河流和沼泽地，由更传统的环形护墙加固。到 1168 年，这里似乎已经从一个避难堡垒发展成人口稠密的定居点，萨克索提到此处密集拥挤的房屋，臭气熏天；而考古学家发现了三片小空地，为城镇高处的神庙留出空间。

柳蒂奇人在佩讷河沿岸定居，他们有几座防护良好的城镇，其中最重要的是上游最远处的城市代明（Demmin，"烟雾之地"）。这是三条河流交汇的地方，从梅克伦堡到荷尔斯泰因的陆路交通，从这里改水路顺流航行 30 英里便可以进入海洋；波美拉尼亚公爵与王公们在 12 世纪初期占据代明之后，这里便成了他们的关键据点。这里也曾经是堡垒，是雷达里人（Redarii/Wilzians）的崇拜中心，是医护神拉迪戈斯特（Radigost）的居所。

奥得河入海口被一座古城掌控，波兰人称什切青（Szczecin），德国人称斯德丁（Stettin），波美拉尼亚人可能称其为什切特诺（Szcztno），丹麦人则称之为"鬃毛城"（Burstaborg）。这座城市，是"波美拉尼亚城市之母"[13]，在异教时期，即1127年之前，这里的城墙便环绕着三座建有神庙的山丘，以坚不可摧而闻名，萨克索记载了一句谚语："像斯德丁城墙一样安全。"[14] 在这里，传教士班贝格的奥托建立了一个由900个家庭组成的社群，其中包括人脉与权势甚大的多米斯拉夫（Domislav），据说有500名随从，并为他的居民伙伴制定法律。另一位权贵能够指挥自己的六艘舰船出海，而这些冒险者带来的大量奴隶，必然会使人口膨胀到几千人，而神庙祭司们则结成强大的派系。毕竟，这里是创造财富的地方，是四条贸易路线交会的地点，内河船只在这里与海船相遇，交换货物；这座城市在1127年能够独自与吕根人开战，并取得胜利。

这位母亲的女儿们包括沃尔加斯特（Wolgast/Vologost，前为德语，后为斯拉夫语，本段同）、乌瑟多姆（Usedom/Uznam）、莱宾（Lebbin/Liubin）、沃林（Wollin/Wolin）和卡明（Cammin/Kamien）。它们都位于芦苇丛生的河道边，从斯德丁湾流出的佩讷河与奥得河由此流向大海，人们在易守难攻的地点建造了市集和港口，在贸易上互相竞争，并能够组织舰队和军队自卫。沃林曾经是其中规模最大城市，是维京时代的约姆斯堡（Jomsborg），奥德林群岛（Oderine）的统治者，然而此后随着济夫纳河（Dziwna）淤塞、出海贸易转向斯德丁而衰落。到1100年，卡明已经能与之匹敌。即使如此，最早的传教士还是于1124年在那里为2,156名市民施洗，并建立了两座教堂为他们服务。沃尔加斯特在佩讷河上征收过路费，并控制了大陆和乌瑟多姆岛的周边地区；1127年，当地的总督将军有一幢两层的别墅，这里还有一座神庙，一名城市行政官，以及引人注目的财富。

奥得河以东，沿着空旷的波美拉尼亚海岸，可以抵达波尔塞塔河（Perseta）上游的科尔贝格（Kolberg，今科沃布热格），因其盐业而具有独特的重要性；以及更上游的贝尔加德（Belgard，今比亚沃加德），10世纪的波兰统治者曾在这里短暂地设立了一个主教辖区，彼时波美拉尼亚的"克内斯"主要居住于此地。从这里到维斯瓦河以南，海岸线无人掌控，一条穿过丘陵地带的小路通向但泽（今格但斯克）。那时的但泽是近岸小岛之上的一个"格勒"及其附属的郊区，由波兰公爵的代理人管理。

这一名录包括最重要的文德城镇，而且，虽然它们的平均人口可能无法与这一时期莱茵兰或佛兰德的城镇相比，但在人烟稀少的波罗的海地区，其规模可谓庞大至极。只有丹麦的石勒苏益格可以与这些地方相比，而斯堪的纳维亚半岛的其他港口和市集，与这些地方相比就相形见绌了。此外，它们对周围的社会也有着特殊的影响。

此处要再度考虑王公的权力。王公是乡村的大地主，是拥有最大规模骑马武装扈从的军事首领，从他的臣民手中获取税收和粮食；他似乎也无耻地要求臣民向他致敬，且程度远超丹麦人或瑞典人：臣民必须向领主下跪，欢呼并亲吻他的脚。他的血统神圣不可侵犯，阿波德里特人的王公家族至少可以追溯到10世纪初。然而，那些承认他的权威并率领自己的扈从为他作战的权贵们，往往是城镇居民，他们或者与全体市民在公开集会中齐聚，或在拉丁语记述者提到的"元老院"和"地方法院"（magistrature）中会面，处理当地的事务，甚至决定选择和平还是战争。这些权贵的产业，通常是掠夺境外的滨海地区或敌对城市，这可能导致涉及整个国家的战争。在这种情况下，他们需要请求"克内斯"前来提供帮助，并指挥城市的部队，但通常情况下，城市社群和王公之间的关系颇为松散，柳蒂奇人的城市和波美拉尼亚诸王公之间的关系更是格外松散。王公派他的总督将军来守住城堡，收取过路费、税金和军役费用，城中的权贵处理自己的生意，遵循当地的利益做决策。

在1083—1127年，阿波德里特人的"克内斯"依靠萨克森和丹麦的雇佣兵支持，建立了一支强大的私人军队，因此他对城镇的控制非常稳固。值得注意的是，这位名叫亨利的统治者是基督徒，曾在国外接受教育。而当他的王朝在他死后被推翻时，内战、丹麦人和萨克森人入侵，以及丢失瓦格里亚的领土，意味着军事领主成为不可或缺的领袖。相比之下，在吕根人中，"克内斯"只是地产主，在"元老院"做出决定之后，才能受委派领导军队，而这个"元老院"则是由阿科纳的大祭司掌控。

毕竟文德人的多神教信仰与他们的行政管理息息相关。他们的国度遍布神圣之物，比如特定的树林、橡树、泉水和岩石，农民们在那里献祭，举行赎罪仪式与庆典；在他们的构想之中，世间存在着众多的神灵家族，他们从属于天空中的宗主神灵。这类乡村圣地，在丹麦、瑞典和萨克森的偏远地区也存在，而且能够与官方信仰即堂区（parish）教堂代表的基督教共存数百年；这种信仰根深蒂固，无法彻底消除。斯拉夫多神教的不同之处在于，祭司能够通过建造偶像、崇拜物和神庙来宣扬并加强崇拜，并在城市中发展出教主崇拜。城市，占卜和仪式方面的特殊技能，使祭司成为社群的领袖。而到了城市之外的林地，祭司的影响力就不可能太强。班贝格的奥托发现，有一位祭司几乎完全靠他的那棵神圣的坚果树的果实维生。[15]但城中神庙的祭司生活颇为富裕。

居茨科（Gützkow）的居民花费 300 马克，为他们的神建造了庙宇。因为神庙壮美，他们在接受洗礼之后也不肯将它拆除。斯德丁有四所神庙与神圣建筑，贵族们在那里聚会，享受金银。在阿科纳，四头神斯万托维特的神殿，因为向所有吕根人征收的税款，以及渡海前来寻求好运或神谕的信徒提供的捐赠，而愈发富有。据说，全国人民都要到他的神庙前参加丰收节，带来牲畜献祭；大祭司——唯一被允许留长发的斯拉夫人——决定他们将要拥有战争还是和平。他有自己的三百骑兵，从战争中获得所有金子，还有他自己的地产。[16]

这种猖獗的偶像崇拜，随着波美拉尼亚的王公们接受洗礼并授权德意志传教士摧毁神庙、建造教堂，而暂时步入低谷；1124 年和 1127 年的传教带来了冲击，奥德林群岛诸城的神庙体系再也没能恢复。在同一时期，阿波德里特人的"克内斯"亨利，允许萨克森神父劈砍并焚毁他臣民崇拜的神殿。然而在亨利死后，崛起的军事领主尼克洛特（Nyklot）宣称完全认同旧信仰，并保持异教徒身份，直到 1160 年去世；吕根人强大而独立，他们的崇拜、神庙和祭祀一直持续到 1168 年。一个城市在未遭遇王公逼迫时都不会主动放弃多神教，而遭受逼迫之时，城市的反应有时激烈而血腥。

那么，为什么有些领主要攻击多神教，而另一些领主却支持多神教呢？他们都希望增强自己的权力，而建立王公教堂，让神父为他们服务，以取代由城市运营的神庙以及当地的祭司，显然对他们更有利。然而，正如他们在斯德丁时所说，作为新神的上帝是德意志人信仰的神，而守卫边境抵抗德意志人的王公很可能会反对基督教。瓦格里亚人和阿波德里特人可能还记得 10 世纪的黑暗岁月,他们被迫臣服于萨克森的主教们,被迫缴纳"斯拉夫什一税"。在堪称谦逊的萨克森传教士维策林(Vizelin,约1125—1154年活跃于阿波德里特人之中)的背后,是一群渴望土地的萨克森拓荒者,他们现在不止想要向斯拉夫人的土地征税,更想要将土地据为己有。对一个决心为独立而战的斯拉夫"克内斯"而言,与这里存在已久的旧神结盟,远比与其为敌有利。军事形势使尼克洛特决定坚持多神教;而在吕根岛,领主的势力并不足以干涉臣民的信仰。直到1168—1169年,丹麦人摧毁了当地的偶像,吕根人才最终接受了唯一世俗统治者及其家族的统治。

因此,直到1100年,生活在波罗的海沿岸的西斯拉夫人依然充满活力、欣欣向荣,拥有独特的政治组织形式,城镇社群的利益和地方王公的利益达成了妥协。这一妥协似乎取得了成功,双方的力量都在继续增长,直到12世纪40年代依然能够击败外来的侵略者。王公们需要城市提供长船来发动战争,而城市需要王公们的陆地部队保护;当他们联合起来时,其他的北方民族有理由忌惮三分。斯拉夫人的舰队与维京海盗的舰队颇为类似,1135年,斯拉夫舰队抵达挪威南部的康格赫勒(Konghelle)时,被误认为丹麦的舰队。[17]直到舰船靠近之时,岸上的人才认出那些剃着寸头的船员,并且听到船员们发出文德人开战之前特有的尖叫和嘲笑声。他们的选择只剩下逃跑或者拼死一搏了。在陆地上,文德人骑术甚好,他们骑乘的小型马按今天的标准应当算是矮马,却能够完成出其不意的快速机动与冲锋;权贵们似乎拥有专用的马场与马厩——就像他们拥有舰船一样——并在战争期间让他们的扈从骑马。这些骑兵不像萨克森或丹麦骑兵那样身披重甲,主要依靠速度与突袭作战,而不是在近距离格斗之中拼枪斗剑。缺乏强壮的马匹确实是劣势，但是，执行突袭、伏击和掠夺任务时，文德人的"野蛮骑手"足够高效。

在但泽以东400英里处，斯拉夫人的另一个分支已经在北方世界定居下来，并成为一股重要的政治和经济力量。波洛茨克和诺夫哥罗德的"东斯拉夫人"在9世纪以前就进入了该地区，在森林之中和大河沿岸为自己开辟了定居的空间，并在10世纪与11世纪接受了基辅罗斯政权的统治，以及来自那里的基督教传教士。"罗斯"这个名词，无论其起源如何，在这一时期开始用于指代他们（不来梅的亚当称他们为"Ruzzi"），但他们自己认为罗斯是指南部地区，大公住在那里，主教们也来自那里。他们与波罗的海的斯拉夫人以及其他周边民族的差异，在于他们信仰基督教，诺夫哥罗德和波洛茨克的神圣智慧主教座堂（分别建于1045—1052年、约1100年）和普斯科夫（Pskov）的圣三位一体主教座堂（建于约1137年）即为其象征。作为基督徒、城市居民和罗斯王公的臣民，北方的罗斯人是拜占庭文明的代表；作为商人和农民，他们依赖于从他们周围的森林居民手中榨取并出售的东西：奴隶、皮毛、蜂蜡和蜂蜜。这一时期的诺夫哥罗德社会结构已经比同一地区波罗的和芬兰语支（Balt and Fennic）诸民族的社会更为复杂，他们组织大批农民在大地产之中劳动，而贵族、没有土地的士兵、商人、僧侣和神父掌控着政权。这种复杂性的成本很高，不可能仅靠斯拉夫农民沿着河流和湖泊耕作以及缓慢开垦的耕地收益来维持。罗斯人需要定期从整个东北部地区进口食品和林业产品，他们在所有贸易路线交会或交叉的关键节点定居下来，从而确立了自己在当地的经济掌控者地位。伊尔门湖（Ilmen）周边的诺夫哥罗德人控制着伏尔加河上游的运输，也通过控制拉多加镇与普斯科夫，控制了拉多加湖与楚德湖（Chud）；德维纳河上游的波洛茨克人掌控着第聂伯河的运输。通过控制这些走廊地带，他们确保了整个波罗的海—黑海—里海的贸易必将经由他们之手，整个周边地区的产品也都会运到他们的市集之中。这是少数垄断者通过交通线维持的霸权。他们的财富依赖于河上的小船和雪橇。至此，他们还没有对生活在他们周边的居民建立起牢固的政治控制；但诺夫哥罗德控制了向东的门户，让他们和波罗的海南岸的萨克森人和波兰人一样，有可能成为东波罗的海的主导力量。

维斯瓦河以东是一片茂密的落叶林，从波罗的海沿岸一直延伸到俄罗斯西部的高地。在文德地区的森林之中，通行颇为困难，绝大部分地区根本没有道路。一层层的枯木、繁茂的灌木丛、湖泊、泥沼和山丘，把人类的居住地限制在沿海地带，以及维斯瓦河、涅曼河与德维纳河谷地；在橡树、白桦、榆树、椴树和枫树林包围的空地上，还生活着欧洲原牛、野牛、熊和驼鹿。

这片南北长约 400 英里、东西宽约 300 英里的地区，居住的民族如今被称为波罗的人。他们似乎是在印欧语系民族最初西迁之时抵达这一地区的，到 1100 年时，他们已经在那里生活了至少 3,000 年；在此期间，他们在森林之外的领地被后来的移民占领。他们的语言颇为古老，分为东波罗的语与西波罗的语两支；他们共同的文明和宗教信仰使得他们有可能被视为一个群体，类似于西斯拉夫人；但他们是否也是这么看待自己的，我们无从得知。最初，他们便按照明确的地理边界，组成一系列独立的族群生活。他们是：

1. 普鲁士人，最早是在 9 世纪被"巴伐利亚地理学家"命名，他们生活在维斯瓦河、纳雷夫河（Narew）与涅曼河的下游，以及波罗的海沿岸；

2. 立陶宛人，住在涅曼河以北和以东，以及涅曼河支流内里斯河（Neris）与维利亚河（Viliya）流域［内里斯河（立陶宛）、维利亚河（白俄罗斯）是涅曼河同一条支流的不同称呼］；

3. 居住在德维纳河下游的拉脱维亚诸民族，河以北的部族被称为拉特加利亚人（Lettigallians），河以南的部族被称为瑟米加利亚人（Semigallians）和瑟罗尼亚人（Selonians），如今则统称为拉特人（Letts）；

4. 库尔兰人（Curonians，最早由拉丁语文献命名于9世纪，斯堪的纳维亚语言称之为"Kurir"），居住于里加湾和波罗的海之间的半岛之上，他们使用的语言（已消失的东波罗的语支库罗尼亚语，故也可称他们库罗尼亚人）类似于拉脱维亚语，但是他们也和操芬兰语的定居者融合，学习了他们的一些生活方式。

较大的民族是较小的群体的联盟，这些小群体可以称为部族，是史前时代的基本政治单位。部族可以动员成为一支军队（普鲁士语称"karya"，立陶宛语称"karias"），还能够组织成集会（wayde）；他们有自己的防御堡垒，并共同负责保卫边界。有些部族非常古老——2世纪时的托勒密提到了普鲁士东南部的两个部族：加林迪亚人（Galindians）和苏多维亚人（Sudovians），他们延续到了13世纪。但是他们维持自治的能力，以及人力规模，显然不尽相同。一些部族拥有比其他部族更大的堡垒，以及更有能力的军事领袖。一些部族合并了，例如泽迈西埃人［Zemaiciai，即萨莫吉希亚人（Samogitians）］和奥克斯泰西埃人（Aukstaiciai）合并，组成立陶宛人。有些部族通过侵占邻近部族而繁盛，有些部族的土地被外人夺走——在1200年之前，普鲁士的波美萨尼亚人（Pomesanians）以及波格萨尼亚人（Pogesanians）就被波兰人赶出了维斯瓦河周边，而耶尔西卡（Jersika/Gercicke）的拉特人则被罗斯人征服。部族可以在战争中联合起来，但没有证据表明，在12世纪之前，这些部族会基于某个共同的目的聚集到一起，成为"民族"。普鲁士诸部族从来没有作为一个整体行动，也许因为在十字军进入之前，只需要一两个部族的军队就能应对外来的侵略；立陶宛人由13世纪初掌权的一系列统治者通过强有力的领导团结起来，在此之前，他们民族身份的特征体现在他们生活在一片相差不大的地区，有共同的语言和共同的宗教崇拜。1000—1200年，显而易见的社会发展——军事化、领主权、阶级分化、可继承财富的积累，未必意味着各部族之间产生更强大的凝聚力，或者更加团结。例如，9世纪的库尔兰人拥有5个"司法区"，在13世纪变成了8个；而直到1219年，立陶宛人之中依然存在5位大领主和16位小领主。

和斯拉夫人类似，波罗的人也是农民，他们通过烧荒和伐木来清理土地，用木犁和铁头犁耕地，并将土地分成两到三份进行轮作：作物主要是产量较低的斯佩尔特小麦（spelt）、黑麦和杂谷，但他们也会种植豆类、燕麦和大麦。他们用短柄或长柄镰刀收割，放养牛马，种植亚麻并纺织。他们在这一地区定居的时间太久了，几乎不需要学习如何在这里谋生，他们就已经掌握了从周围的森林和海洋获得有价值的商品和食物的技术：他们从森林获得蜂蜜、蜂蜡和毛皮；从海洋获得琥珀，这种针叶树木树脂的化石，出现在普鲁士的萨姆兰（Samland，今桑比亚半岛）海滨。自新石器时代以来，琥珀已经出口到了南欧，沿途换取地中海的手工艺品；几个世纪以来，它一直是波罗的海最赚钱的商品。日德兰半岛西海岸的竞争对手的存储枯竭之后，普鲁士人便居于垄断地位。700—900年间，同样渴求毛皮和奴隶的斯堪的纳维亚商人，与他们做贸易，甚至来到他们的港口特鲁索（Truso）和维斯基奥滕（Wiskiauten）定居。当时，维京海盗或许已经统治了一些普鲁士人，就像他们统治斯拉夫人和其他东方民族一样，但相关的证据并不充分，而给英格兰国王阿尔弗雷德提供信息的伍尔夫斯坦（Wulfstan），声称普鲁士是一个强大而独立的国家。9世纪时，库尔兰人似乎向瑞典人的纳贡；但在1100年之前很久，库尔兰人与普鲁士人都已成为令人敬畏的水手，他们乘坐与维京海盗相似的船只，自行出海做贸易和掠夺获利。

沿海波罗的人的首领们纷纷出海，但所有的波罗的民族都在巩固他们的防御，建造巨大的土木工事，在工事上加筑木墙和木塔楼，并接受军事领主的管辖。这些首领——外国资料中的"国王""指挥官"或者"公爵"，是部族贵族之中的组织者，是拥有马匹和武器、可自我武装的战士，或者是懂得骑马和使用武器。至少在1200年以前，部族之中绝大多数身体健康的男性或许都是这类战士，因此其中也必然存在一些耕种者，他们会被丹麦人和斯拉夫人归类为非自由人或非军事的农民。他们穿着亚麻和羊毛的衣服外出作战，用盾牌和头盔保护身体，也熟用马镫和马刺。他们的首领拥有更精良的装备，并通过积累战利品和奴隶来提升自己的地位，但在1200年，似乎还没有大规模的私人地产出现。按照伍尔夫斯坦的说法，那个时代的波罗的人会通过赛马争夺死者的遗产；而在13世纪，土地由众多的亲属共同所有，而非归属个人。

奴隶的所有权和银币的积累，造成了最重大的贫富差距，甚至妻子的数量也可能是贫富标志。从库尔兰领主墓葬中的考古发现来看，他们的生活水平似乎不逊于同时代欧洲北部其他地区的统治阶级；他们拥有的铁、贵金属、珠宝、侍妾和人力，与他们所掠夺或者相交易的斯堪的纳维亚地主相差无几，而在因皮尔提斯（Impiltis）和阿普奥勒（Apuole）的庞大土木工事（前者有12.5英亩），也足以说明他们的军事潜力。这种繁荣的代价主要是由瑞典和库尔兰的农民承受，他们由于畏惧掠夺和沦为奴隶，不敢到肥沃的海滨地区耕种；而库尔兰的首领们则输入俘虏，用来索取赎金、强制劳动或贩卖。

拉特人的首领们建立了类似的巨大防御工事，作为他们附庸的定居点与贸易站，以此来维持对德维纳河谷的统治，利耶卢佩（Lielupe）、特尔维特（Tervete）、道格马勒（Daugmale）、耶尔西卡等地尚存这类遗迹。他们最近学会了使用石制或土制火炉而非敞开的火堆来节约燃料；而德维纳河则为他们带来了源源不断的买主，购买他们的陶器，并用白银、羊毛和武器来交换。罗斯人在耶尔西卡和科克内塞（Kukenois/Kokenhusen）建立了索取贡金的据点，但拉特人并没有被罗斯化，他们很大程度上在外界压力下保持了自主。英格兰人巴塞洛缪在13世纪30年代描述立陶宛人的内容，同样可以用来描述他们：

> 他们是勇敢强壮的战士。这个国度的土地……能够种出茂盛的庄稼与果实，而且遍布灌木丛和泥沼，有大量的林木、河流与池塘，生活着各种野兽和家畜；林木、灌木和沼泽巩固了他们的防守，而他们也几乎没有林木、灌木和沼泽

之外的其他防御手段。因此很难在夏季进攻他们，只能等到冬季，河流和池塘封冻之时。[18]

这种深沟高垒、坚定反击、聚敛财富的趋向，没能让基督徒与波罗的人建立亲密关系，他们也没有允许基督教传教士进入。997 年，波兰国王"可畏者"博莱斯瓦夫派布拉格的圣阿达尔贝特前往普鲁士传教，后者最终在那里殉道；丹麦的斯韦恩二世告诉不来梅的亚当，他在库尔兰人的土地上建立了一座教堂，却再也没有收到过来自那边的消息。崇拜圣地、动植物，崇拜亡灵（veles）以及神灵，是他们健康、安稳与成功的保证，也是家族、村庄和部族身份的象征，了解祈祷仪式的男女智者，会受到极大的尊重。丰收庆典，以及献祭马匹与活人的葬礼，是一年中最重要的时刻，而其他的次要庆典，在一些地区一直延续到 18 世纪。正如前文所述，西斯拉夫人的多神教信仰因外来进攻而焕发活力；波罗的人的多神教信仰也是如此，凭借坚定的军事首领，他们在战斗教会（Church Militant）最初的冲击之中幸存后，其信仰便能够焕发出非凡的力量。里加主教座堂墓地的献祭火炉与四头神柱，并不是故事的结局。

德维纳河谷地以北，地貌有所不同。首先是爱沙尼亚的泥沼高地和多岩海岸，在那里橡树、白蜡树和榆树被茂密的松树取代，巴塞洛缪写道："那里的土地种不出多少粮食。那片土地到处都是湖泊和池塘，湖中和海中都有大量的鱼，周边的野兽也很多。"楚德湖（佩普西湖，Peipus）以东是天鹅最后筑巢的地方，而再往北，便是一片庞大的针叶林，俄罗斯西北部宽阔的河流流经这片林地，而芬兰的沼泽、湖泊和溪流让地形变得复杂。我们来到了宜居气候的边界，可耕种的土地减少，短暂的温暖季节也让农民难以劳作。这里的面粉里面添加了松树皮磨成的粉，这里没有蜜蜂，也没有果园，鸡蛋都是奢侈品。采集、捕捞和狩猎，是农业社群生活的重要组成部分。时而灿烂的夏天总是短暂，冬季的阴影笼罩着全年。

在这个地区，瑞典人和挪威人来来往往，斯拉夫人也定居下来；但真正的土著是芬兰-乌戈尔语族的诸民族，这些北方古老民族之中人数最少的民族，分布在最广阔的地区之中，从波的尼亚湾到乌拉尔山脉，覆盖长 1,000 英里、宽 500 英里的区域，其间只有斯拉夫人的一片狭长领地插进来，从波洛茨克到普斯科夫和诺夫哥罗德，指向北方。这些民族似乎在公元前 1400 年之前向西迁移，在罗马时代经由爱沙尼亚到达芬兰——至少其中一部分人如此；而另一部分，即利沃人（Livs），向南推进到德维纳河河口；而爱沙尼亚人，即罗斯人口中的"楚德人"，则坚守在芬兰海湾的高地和南部海岸，定居在达格岛（Dagö，今希乌马岛）和厄瑟尔岛（Ösel，今萨雷马岛）。他们以部族的形式定居下来，拥有明确的领地，就像波罗的人一样；利沃人有三个部族，爱沙尼亚人有十五六个部族，每片领地都有一组定居区，即所谓"kilegunde"，而这个词的变体"Kilegund"此后用来代指堂区。

芬兰湾的尽头，诺夫哥罗德和纳尔瓦河（Narva）之间，居住着沃德人（Vods）。海湾以北有四支独立的民族，此后的西欧史料通常泛称为芬兰人。凯努莱塞特人（Kainulaiset）定居在波的尼亚湾附近。芬兰的西南角居住着索米人（Suomi），或所谓西南芬兰人（Finns proper，不来梅的亚当称之为"Turci"，名称源自图尔库港）；这个氏族（gens）部分受洗，处于半纳贡的状态，经验丰富的耕种者和渔民生活在内陆大森林的边缘。他们的东部是海迈莱塞特人［Hämäläiset，瑞典人称之为塔瓦斯蒂亚人（Tavastians），罗斯人称之为扬姆人（Yam）］，他们住在芬兰中部的湖边，会在夏季来到南部海岸的旷野狩猎。再之后是卡累利阿人［Karelians，罗斯人称之为科累尔人（Korel），挪威人称之为比亚尔米亚人（Biarmians）］，他们在从拉多加湖到白海与波的尼亚湾北端的带状地区居住并狩猎。他们在夏季北上捕鱼，向附庸于他们的拉普人征收毛皮，冬季再向南迁移，与罗斯人贸易。

他们是芬兰语支诸民族之中最西端的成员，但甚至不来梅的亚当也意识到，在更遥远的东方还有一个未知的芬兰语世界，而12世纪的罗斯记述者们认为那片土地属于他们。《往年纪事》的作者，基辅的一名僧侣，记录了这些部族的名字：维斯部（Ves）、东楚德部、伯朝拉部（Pechera）、佩尔姆部（Perm）、切列米斯部（Cheremis）、梅利亚部（Merya）、莫尔多瓦部（Mordva）等。所有这些部族都向诺夫哥罗德朝贡，而西面的沃德人、爱沙尼亚人和卡累利阿人也是如此。有时，他们似乎确实会进贡，有时却也会杀死索贡的人，但真正把他们与罗斯人联系在一起的，还是诺夫哥罗德的毛皮市场，以及在商栈中与拥有贸易特许权的诺夫哥罗德商人换取毛皮时后者提供的商品。按照这种关系，双方在一年之中的绝大部分时间都互不侵扰，而这种关系的维持也正是取决于这一点。这是绝大多数芬兰语支民族所能接受的关系，无论是和其他芬兰语支民族，还是和外族都是如此；此时也似乎没有任何异族能够妨碍他们的自治，或者干预他们的独特文化。

有必要叙述一下芬兰居民们的生活。塔瓦斯蒂亚人和索米人过着定居生活，他们居住在原木小屋或者更小的建筑之中，周围配有栅栏,一个大家族及其奴隶接受家长(talonpoika)的领导,在此共同居住。这些小家族共同聚集成宗族(clan/suka),而共同使用一处山丘堡垒的一群宗族,便组成部族;然而他们代指部族的词"heimo"源自波罗的语言,部族之中似乎也并不存在拉特人那样的高度统一,甚至达不到爱沙尼亚人的统一程度。芬兰人的部族是一个为更有限的目的而建立的联盟,包括战争;而考虑到瑞典人和罗斯人在12世纪之前的入侵并不成功,这个目的终究是达到了。芬兰人并没有统治各部族的国王或领主,但各个宗族之中,家长们会开会商议,划分耕地、猎场和渔场,以及由宗族开发的林区与湖区。一位拥有马匹和盔甲的富有长老,或许会负责指挥从整个部族征召的部队,而"大族长"(isäanta)则负责领导一个更受限的猎人联盟,共同向北寻找猎物、毛皮和奴隶。这是一种与游牧的拉普人大同小异的制度,在本章的第一节中已有描述;而在卡累利阿人之中,这种相似性更为明显,他们甚至同样使用树皮或兽皮制作棚屋。这种生活方式,巧妙地适应了芬兰严酷却又充满机遇的自然环境,而由于没有充足的剩余粮食,这种社会无法供养专门负责作战的特殊阶层。这并不意味着原始。

索米人和爱沙尼亚人都曾遭到瑞典维京人的袭击和奴役,他们学会了如何自卫、报复以及自行贸易。12世纪的传记作者,声称挪威英雄奥拉夫·特里格瓦松(Olaf Tryggvason)年轻时曾在爱沙尼亚当过奴隶,他与另一个男孩和一个更年长的男人,被爱沙尼亚维京人克勒康(Klerkon)掳走,"克勒康认为索罗尔夫(Thorolf)年纪太大,不适合做农奴,也不能做奴隶,就把他杀了。但他带走了两个男孩,卖给了一个名叫克勒克(Klerk)的人,换了一只好山羊。另有一个人用一件好衣服买走了奥拉夫。"[19] 利沃尼亚的亨利曾报告称，13 世纪初，居住在厄瑟尔岛上的爱沙尼亚人"惯于折磨他们的俘虏，包括年轻的妇女和处女，玷污她们，并娶她们为妻，每个人娶两三个乃至更多女人"。[20]

奴隶和毛皮在沿海的雷瓦尔（Reval，今塔林）或内陆的多尔帕特（Dorpat，今塔尔图）市场上销售，它们在 1154 年伊德里西（Al-Idrisi）为西西里国王罗杰二世所作的地理著作之中，已被列为重要地点；货物也可以运到哥得兰，到维斯比（Visby）销售。芬兰也有贸易集市，伊德里西声称其中一个集市为"庞大而繁荣的城镇"，但为他提供信息的人显然不认为周边的居民生活富足，而且他认为爱沙尼亚人是在洞穴里过冬。事实并非如此，尽管一些人确实建造了地下避难所，而且这些据点相当难以进攻。英格兰人巴塞洛缪写道："这些人古怪、暴戾、残忍而不知礼仪，而且绝非虔诚信徒。"[21] 毕竟直到 12 世纪，大多数爱沙尼亚人依然不接受拉丁教会的基督教，他们居于森林，崇拜圣树、祖先以及大批精灵。家族中的智者和萨满掌管着无形世界的大门，献祭则能够带来健康和成功。

交　流

所有这些民族，主要通过货物和奴隶的交换、购买和运输而相互联系起来。人们随身携带的钱财一定程度上与在当地的需求与消耗相关，却也取决于一个更大的世界的需求；因此控制着通往西欧、中欧和东欧的大门的丹麦人、文德人和罗斯人，占据了统治地位。他们把毛皮、蜂蜡、琥珀、干鱼和奴隶带到边境的市场上，或者吸引外国商人来到他们自己的市场，他们也积累了最大的一部分白银和进口奢侈品。

他们相互之间以及与更富裕的买主之间的联系,要求他们保持一段时间的和平——至少在商品交易结束,争夺商品开始之前如此。因此,在特定地区和特定条件约束下,商人以及其他人员同意按照既定的规则共同生活和交易,即使他们在这些地区往来之时必须携带武器,随时准备与所有的不速之客作战。例如,在石勒苏益格,有固定的丹麦人和弗里西亚人社群,萨克森人、文德人、瑞典人、挪威人和罗斯人也来来往往,络绎不绝;在斯德丁的市场,可能遇到波兰人、德意志人、丹麦人或者吕根人;据不来梅的亚当说,在沃林,甚至还可能有"希腊人"——哥得兰、锡格蒂纳和诺夫哥罗德也是如此。在这些地方,都有一个欢迎所有来客的市集,或者是按照商人之间的协议设置,比如瑞典的《比尔卡法》(Birka,名称源自1060年之后废弃的市镇比尔卡,位于今比约克岛);或者是与当地统治者协商设置,比如《石勒苏益格法》,以及最早的罗斯法典中与商业相关的条文。在石勒苏益格,国王的代理人征收一定的司法费用与过路费,并向定居的工匠们征收年租;作为交换,这些市民将保证货币的重量,允许没有和国王交战的异国人前来并和他们保持和平;船长要对自己的船员和货物全权负责。

国王的干预意义重大。统治者一直从贸易的增长中获益,并且到了12世纪,他们获益的份额也越来越多。他们资助那些能给他们带来财富、情报、军事技能或娱乐的外国人,设法创造条件吸引他们,并使自己的商人受益。来自冰岛、挪威或萨克森的冒险者通常会得到丹麦国王的欢迎;阿波德里特人的"克内斯"身边有一大批萨克森人随从。罗斯王公们坚持主张,如果罗斯借款人破产，他的外国债权人应先得到补偿，而且长期贷款的利率应该较低，以此支持长途贸易者，因为他们必须长途跋涉才能回收利润，偿还贷款。如果一个商人在海难中失去了他的货物，他有权分期偿还他的债务，而不是立刻砸锅卖铁还债。而早在1117年丹麦国王就宣称，漂到他统治的海岸上的失事船只将归他所有，而不是像以往那样任岸边居民破坏劫掠。

这种对财富的共同追求是特定阶层的少数人的特权，精于国际贸易的精英能够自行解决运输、货物、语言和武器的需求。他们，以及为他们提供财富而特权更少的阶层之间，存在着持续不断的猜疑和敌意，并依靠偶尔的妥协来调和。

斯堪的纳维亚人和罗斯人以及极北之地为他们供应皮毛的部族之间，就是这样的关系，这种关系在挪威人订立的"芬兰贸易协议"（Finnkaup）中被正式确立。国王授予他的一位北方权贵以专营权，他有权每年冬天率领少量部队进入拉普兰，向当地的游牧民族征税，同时向他们出售货物（finnferth，芬兰贸易）。军队有必要惩罚拖欠人头税（skatt）的拉普人，并赶走企图实行类似剥削的卡累利阿人——他们意在诺夫哥罗德与芬兰的市场。通过这种手段，挪威人据说获得了海量的利润；但这种产业需要持续抢夺、纵火和杀戮，还必须依靠惩罚性的远征才能维持，挪威国王甚至可能亲自领导这种远征。诺夫哥罗德也是如此：为了巩固罗斯对周边芬兰语支民族的贸易垄断，王公必须定期出征，施行杀戮、纵火和恐吓，直到部族首领们向他屈膝投降，奉上大捆的毛皮出产（vykhod）。这条毛皮之路上，没有爱，也几乎没有信任。1193年，编年史记述，军官亚德雷（Yadrei）率领部队一路骑马来到鄂毕河下游的尤格拉（Yugra），占领了一座堡垒，并在另一个定居点扎营,等待尤格拉人投降;但亚德雷的手下萨夫科(Savko)与尤格拉人的首领合谋,说服了军官不再进攻。

> "我们正在收集白银、黑貂皮和其他珍贵的货物,不破坏你的农奴和贡品。"尤格拉人如是说,但事实上他们正在集结军队。而后,他们声称:"你们选出一批强壮的人,派他们到城里来。"军官便和一名神父,还有伊万科·莱根(Ivanko Legen),以及其他的强壮者进入城镇,而他们在圣巴巴拉节前夜斩杀了这些人。而后他们又如此骗进来30人,将这些人砍杀;而后又诱骗50人,故技重施。

后来,在萨夫科的要求下,越来越多的人被骗杀,而虚弱又疲惫的残部被堡垒之中杀出的部队击溃,只有80人得以在次年春季返回诺夫哥罗德,但他们却又遭遇了不幸:

> 他们的旅伴杀死了斯贝什科·沃罗索维奇(Sbyshko Volosovits)、扎维德·涅戈切维奇(Zavid Negochevits)和莫伊斯拉夫·波波维奇(Moislav Popovits),另有一批人出钱自保;因为他们认定这些人和尤格拉人密谋,残害自己的同族兄弟。但这只能留给上帝审判了。[22]

在波罗的海及其沿岸地区,丹麦、瑞典、库尔兰、斯拉维亚和爱沙尼亚的奴隶贩子与商人代表的精英阶层互相竞争引发的战争同样残酷。从1100年到1250年,这种竞争升级为一系列的全面战争,各个国家的军事力量倾巢而出,一些民族就此被永久征服。军事冲突升级的原因并不完全明确,但就丹麦人和文德人而言,各民族之间资源分配的不均似乎是战争的重要诱因。斯拉夫人的人数在增加,他们城市的规模证实了这一点,因此需要更多的粮食或更广阔的领土;但他们控制的绝大部分土地明显比斯堪的纳维亚低地的土地贫瘠,而且为了维持他们的边界,不至于丢失土地,他们就必须与萨克森人和波兰人进行旷日持久且耗损极大的战争。为了尽可能耕种更多的土地,他们需要最廉价的劳动力——战俘;为了增加城镇的粮食供应,他们需要贸易和掠夺的利润,获得牛、羊、谷物、金银以及奴隶。此外,他们必须弥补丹麦侵略者造成的牧群和劳动力的损失。斯拉夫人被迫愈发依赖海外掠夺来维持经济运转,而拥有更肥沃的土地、人口分布也更平均的丹麦人则意识到,双方军力开始从平衡态势变得对自己不利。丹麦商人可以在市场竞争中胜过文德人,但他们无法保卫自己的海岸;这需要国王和地主协调一致采取行动,能够获得萨克森人的协助自然更好,而这一切需要的政治凝聚力远高于1100年时的丹麦。

贸易就此带来了一种新的战争模式。然而在欧洲北部,战争早已有之,并向来遵循一种固定模式,甚至可谓规则。这种固定模式有必要具体分析,以了解欧洲北部各民族之间第二重要的交流方式。

和贸易一样,战争是精英的追求,而其最简单的形式可能只是家族世仇的延伸。在11世纪40年代初,阿波德里特人的一位王公派儿子们前往丹麦劫掠,他们被俘虏并处决。为了给他们报仇,他召集了一支庞大的军队从陆地上进攻,去蹂躏日德兰半岛。入侵军队遭到丹麦国王"好人"马格努斯(Magnus the Good)的拦截，在石勒苏益格以北的吕尔绍荒原（Lürschau Heath）上被歼灭，数以千计的阿波德里特人被杀。在12世纪20年代，另一位阿波德里特人王公亨利的儿子被吕根人所杀。他率领一支斯拉夫人和萨克森人的联军前去报仇，但双方没有发生战斗：吕根人支付了赔款，大军随即返回。1152年，瑞典国王的儿子引诱了一位丹麦贵族的妻子和她的妹妹，并与她们发生了关系。丹麦国王斯韦恩三世认定这是国耻，发动了一场全面入侵，意图征服瑞典，即使当时的瑞典国王求和，而他的儿子也已经去世。这些例子表明，在某些情况下，上层社会的寻常行为——私人劫掠与夺妻，可能积累足够的能量并引发全面战争；但并非总是如此。如果要把私人的恩怨变成公众的战争，那么军事首领、权贵以及可用的兵员之间就必须存在共同的利益，但共同利益并非一直存在。1086年，当丹麦的克努特四世想攻打英格兰时，就不属于这种情况；一代人之后的尼古拉斯想要入侵阿波德里特人的土地之时也是如此，他的主要军官埃莱夫（Elef）和马匹一同留在石勒苏益格，坐观国王战败。在这些组织松散的国家，战争往往是统治阶级之间因为长期存在或偶然出现的摩擦在短期内加剧而引发，很少产生长期影响。

即使统治者能够组织军队为政治目的服务，他们也很少能够占据领土，或者征服当地居民。克努特大帝在逝世之前，已经目睹挪威脱离他的掌控，而他的儿子哈德克努特（Hardacanute）前失去了英格兰，后失去了丹麦。波兰统治者在1090—1128年对波美拉尼亚毁灭性的进攻，仅仅让双方达成了不稳定的协议，波兰人此后与这里保持距离。他们在维斯瓦河右岸的也没有取得更多的成果；"让我们把普鲁士人留给野兽吧"，波兰的第一位历史学家如是写道。[23]

北方战争缺少确定的战果,这种明显的特性,部分因为参战者的目标本身有限,统治者因臣服和进贡而满足;就算得不到这些,他们也可以焚烧、劫掠然后撤退,他们的诗人会确保把他们的征战写成巨大的胜利。他们并不试图改变政治版图。

此外,战争也受到自然障碍的限制,大规模的战斗与吞并根本不可能实现。在欧洲北部,人们普遍认为征战有两种。一种是夏季的突袭,通常发生在 5—6 月或 8—9 月,在收获季节之前或之后。由于 3—4 月与 10—11 月,因为冰雪消融或秋雨连绵,陆路交通境况最为恶劣,因此作战决不能超过这些时限,而夏季作战的首选方式,只要可能,就必然是海上作战。另一种,冬季作战,通常在陆地上进行,军队通过封冻的沼泽和河流,在圣诞节或冬至前后出发并尽快返回,严寒与食物短缺通常迫使他们发起小规模或短时间的作战。

这些惯例有充足的理由来支持。基辅罗斯的《往年纪事》之中记载,1103 年基辅王公的随从们劝诫他不要在春天开始全面出征,因为这将意味着在农民需要耕地的时候征用他们的马;在马匹更稀少的诺夫哥罗德,这种建议或许更有说服力。而一支人数过多或者供应不足的冬季远征军,必然陷入灾难。就像 1152 年初丹麦人入侵瑞典之时,他们有意等待封冻,以便在湖泊上抄近路。但是,当他们进入瑞典腹地时,萨克索记载称:

> 不寻常的深厚积雪覆盖了整个乡野,天气严寒至极,甚至母亲抱婴儿在怀中喂奶之时婴儿就被冻僵而死,而同样在死亡边缘挣扎的母亲们,依然把死去的孩子抱在她们愈发冰

冷的怀中。丹麦人也遭遇了同样恶劣的天气,他们无法在营地正常宿营,也无法维持正常的岗哨,一些人缩在篝火旁,一些人躲在房屋之中,畏惧严寒而非战争。他们对天气的担忧,远超对敌人的担忧。

在一番战斗之后,国王想要继续前进:

> 但是天气太冷,又因为路况恶劣且找不到草料,导致马匹不足,他无法前进。那些只能步行作战的骑兵,把他们的行李放到战友们的马上,而这些负担过重的骑兵,瞒着国王偷偷逃回家乡。[24]

卡累利阿人,以及挪威王位僭称者斯韦雷(Sverrir)在1175—1179年组织的游击队,更擅长这类战斗,精选的少数作战人员使用滑雪和狩猎的技巧作战。但是,这类部队在人口密集的低地地区几乎无能为力,因为人数上处于绝对劣势,更何况他们的袭击还要靠低地地区承担开销。

海上行动也受到天气和季节的限制。露天甲板的战舰容易因逆风而无法行动,乃至在狂风中倾覆。组建一支庞大的舰队需要时间和计划;要让舰队在消耗完自己的给养之前就朝着正确的方向起航,同样需要运气。这就是丹麦国王瓦尔德马尔一世在1159年夏天被迫冒险侧风出海的原因,他为了等待平静的天气而拖延了太久,所以他不得不让他的部下冒生命危险,要么淹死,要么回家。他们的船只遭到猛烈冲击,绝大多数被迫返航;国王不得不一手仗剑,一手举旗,从一艘船跳到另一艘之上,而少数仍在继续前进的水手，连吃干粮时也不能停止划船。[25] 这是英勇的横渡，但大多数船长都不愿意冒这个险。

作战持续的时间越长，遇到坏天气的可能性就越大；考虑到陆上和海上的灾难可能碰到一起，大规模的陆海联合行动或许是所有作战中最危险的。直到 12 世纪 30 年代，丹麦人和斯拉夫人才开始用征召的船只运送马匹，从而扩大了部队在登陆后行动的范围；而且，无论是在这一创新之前还是之后，都有充分的理由不让一个国家的大部分战士频繁出海。瓦尔德马尔国王带领他征召的舰队，在济夫纳河流域沼泽的一条小河里逆流而上之时，得到的警告恰如其分：王国可能一下子失去整个统治阶层。

因此，夏季和冬季突袭的效果，都取决于能否克服运输方面的困难，而且这种困难不能如欧洲其他地方那样，通过聚集车辆、物资和驮畜来解决。将掠夺与征服合一，就像克努特大帝和威廉一世在英格兰所做的那样，在中世纪早期的欧洲北部是不可行的；庞大的军队不可能在敌人的领土上越冬，更何况相比侵占土地、建立统治的长期利益，他们更想要快速勒索钱财、劫掠战利品，并安全回家。

当然，贸易和劫掠并不是欧洲北部居民仅有的交流方式：到 1100 年，统治者之间的外交谈判、基督教传教士与婚姻联盟都开始出现，但这些内容要留到后面的章节之中叙述。绝大部分的摩擦源自贸易和掠夺，也正是这种摩擦催生了北方十字军。

第二章

文德十字军的理论和实践
1147—1185

1147年的十字军

"十字军"是个很难界定的概念,因为在那时,许多不同类型的战争都以基督教的名义发动,却都没有被称为"十字军"。要直接或间接参与教宗筹划的"圣战","领受十字"是必不可少的步骤;然而中世纪的法学家和神学家们却很难弄清楚为什么这些战争可谓神圣。"圣战"这只野兽的诞生并非源于思想理念的发展,而是由于原本的"信仰捍卫者",即国王和皇帝,忙于互相开战乃至攻击教宗之时,一群狂热的教士和军人发动的政治冒险。这种从战斗教会中脱出的分遣队并未长久存在,而且不久之后,众多君主们也纷纷领受十字。但事实上,在11世纪90年代,没有哪个大国的国王有兴趣到海外为基督的荣光而战。

正因如此,教宗乌尔班二世在1096—1099年间率先发动的这次混乱的跨国劫掠,才被称为第一次十字军战争。这次出兵的结果是基督徒从穆斯林手中攻占了耶路撒冷,并在近东建立了新的基督教政权和殖民地。然而,这种征战的特殊性在于其目标和结果,以及征募和领导的方式,而非参军的条件。宣誓参战的士兵将免于俗世的烦扰,罪孽全部赦免,灵魂得到救赎——同样的条件也会赐予朝圣者,以及参加保卫教堂或其他正当理由的小规模战斗的人。从占领耶路撒冷之后到12世纪末之前,如此大规模的行动已不再必要,也不需要更准确地定义圣战概念,或将其制度化。当世之人一致认为,我们如今所谓的"第一次十字军",其成就超越了凡人的努力,是"上帝自己的创举"(Gesta Dei)。

到底是什么宗教目标将第一次十字军或者此后的十字军合法化,人们从未达成共识。普通士兵相信他们在参与一种朝圣行动,然而对亚历山大里亚、突尼斯和君士坦丁堡的劫掠,很难被认定为寻常的朝圣活动。保卫与穆斯林政权相邻或者在穆斯林统治下的基督徒社群,是长期存在的需求,但这通常可以通过谈判与和约更便捷地实现,而不必诉诸战争——正如腓特烈二世在1227年所展现的那样[与苏丹卡米勒谈判]。边境的基督徒并不像西欧十字军所想象的那样急于得到西方军队的军事介入;而当十字军获取新的领土或夺回失地时,他们的成就往往与传统的信条——宗教考虑高于世俗事务——存在抵触。在1187年失去耶路撒冷之后,收复圣城的需要,以及重现1099年荣耀的期许,催生了更加坚定的十字军理念,以及实现它的一套机制和组织。这成了一种通过战斗或其他方式获取精神功德的手段,十字军由教宗发起,通过成系统的劝说、威胁与奖赏,招募战士前往基督教信仰处于危险的地方,为信仰而战。它的修辞、法律、仪式和资金都是"常规化的"。而在此之前,圣战都是不甚准确的概念。

那么,为什么罗马教宗决定在1147年将这种武器挥到欧洲东北部的异教徒身上呢?欧洲东北部此前已经有基督徒军队入侵过,这些军队通常由帝国的君主指挥；加洛林王朝、奥托王朝和萨利安（Salian）王朝征服了丹麦人和斯拉夫人，强迫他们接受洗礼并服从于主教们。然而到了11世纪末，这种传统已经失去了动力。丹麦人已成为独立的基督徒民族，而那些拒绝接受基督教的斯拉夫人，不再受皇帝关注；此时皇帝忙于处理莱茵兰、南德意志和意大利的纷扰。不来梅和马格德堡的大主教们只能自保，并为此鼓励和平传教，12世纪20年代的维策林、诺贝特（Norbert）与班贝格的奥托就是如此。萨克森伯爵和公爵们曾经从帝国向东的征战中获利，然而此后的萨利安王朝与他们日渐疏远，他们也无力自行发动征服战争。可他们并没有忘记自己的"帝国宿命"，没有忘记他们对文德地区的领土主张，但他们的尚武，如今体现在势均力敌而有些无能的军事领主之间的边境掠夺与报复行动上。1108年，马格德堡教区号召请求西欧居民前来，夺取文德人的土地；而萨克森公爵洛泰尔（Lothair）在1110—1124年间对斯拉夫人的领土发动至少三次猛烈的入侵，一度抵达吕根岛，但他的征战并没有扩展帝国或教会的领地。他的将领，绍恩堡的阿道夫（Adolph of Schauenburg）奉命驻军，尽可能地维持在荷尔斯泰因的统治，而只有与强势的阿波德里特人统治者亨利维持联盟才有可能实现这一点。洛泰尔于1125年成为德意志国王，他的注意力就此被吸引到了南方，东北边境很大程度上留给边民处理。而当洛泰尔于1137年逝世时，继承纠纷使这里传统意义上的军事领袖——公爵出缺多年。

此处所说的"边民"指的是生活在易北河畔的萨克森人，他们居住在"荷尔萨蒂亚"（Holsatia）或者"北阿尔宾吉亚"（Nordalbingia），即荷尔斯泰因的西部，罗马帝国萨克森边境区的树篱和林地之后。萨克森人魁梧、勇敢和粗野的赫赫名声,已经维持了许多年,而荷尔斯泰因人的骄纵不法、无畏和凶悍,即使在萨克森人之中也可谓出众。在边境之上,自然而然地,他们之中很大一部分人是自由人,理论上属于贵族,而且善战,往往靠充当雇佣军或掠夺周边地区,以弥补耕地屡遭兵燹后他们的贫穷生活。公爵和国王雇佣他们,却很少信任他们,控制他们的手段是分发战利品,以及斯拉夫人的入侵威胁。或者是报复斯拉夫人对塞格堡(Segeburg)的掠夺,或者是萨克森内部的派系纷争,这群雇佣军的一部分突然决定在他们古老边境东部的国家之中定居,成为地产主。1140—1143年,数十个贵族家庭闯入瓦格里亚,取代了当地的文德人诸首领,建造堡垒和会堂并定居下来。他们的伯爵阿道夫二世与他的竞争对手,自称伯爵的巴德韦德的海因里希(Henry of Badewide),进一步向东进入波拉布人的土地,并占领了吕贝克和拉策堡周边的堡垒和城镇。经过300年的变迁,罗马帝国时代的边境区不再是政治意义上的边境了。这种行动是土地掠夺,而不是十字军征战,然而随着维策林——在该地区活动了15年的传教士——被任命为主教(原驻奥尔登堡,后转往吕贝克),基督教世界还是因此获益;而这些入侵者夺取并控制这些土地的手段,也展示了未来的"圣战"或许将如何进行。少数重装骑士加上围以木栅的小碉堡,足以开拓并征服新的领土;而后由殖民者来开垦无人定居的地区,增加这些新地主的收入,而"传教神父"伴随殖民者一同到来,以"驯服"斯拉夫人,并向他们收取什一税。这种瓦解传统斯拉夫人政权与社会的手段可谓新事物,毕竟10世纪的德意志征服者仅仅从乡村收取贡赋、征召士兵,统治的方式与他们所赶走的斯拉夫军事领主大同小异。他们的主教收取钱财代替洗礼，生活便得以照旧；可如今斯拉夫农民脱离了他们原本的世袭领主和宗教，并被迫将牧场和林地交给殖民者耕种。到1145年时，文德地区的大领主尼克洛特永远失去了他的西部省份，而在更南部，旧北部马克（Nordmark）的斯拉夫人部分地接受了萨克森边区伯爵"大熊"阿尔贝特（Albert the Bear）的统治。

此时，穆斯林征服了埃德萨的基督教国家的消息传到了西欧，而教宗尤金三世号召发动远征，拯救圣地。这次十字军的主要宣传者和组织者，是当时影响力甚大的西多会修道院院长，明谷（Clairvaux）的圣贝尔纳。1146年，他成功说服了法国和南德意志的大批骑士领受十字，并在他们的君主路易七世和康拉德三世的带领下准备向东进军，但在这两个地区之外，民众反应并没有这么成功。他的滔滔雄辩与信中的犀利文辞，都没能如他所期望的那样激起西班牙人和北德意志人大批加入十字军。尤金挽回了西班牙的局势，授权卡斯蒂利亚的阿方索七世进攻西班牙的穆斯林，而不是到叙利亚作战；贝尔纳则在1147年3月13日做出了类似的安排，当时他在法兰克福参加帝国会议（Reichstag），萨克森贵族喧闹着要求他允许他们在自家的东部边境作战，进攻信仰异教的斯拉夫人。圣贝尔纳将此事报告给尤金，而1147年4月13日，教廷颁布《神赦教谕》（Divina dispensatione），授权欧洲北部的基督徒在哈弗尔堡的主教安塞姆（Anselm）率领下对他们家乡周边的异教徒开战，而不必向耶路撒冷进军。这些十字军的特权、荣誉和徽章与其他十字军完全一样，但他们的目标却相当不同。对圣贝尔纳而言，十字军的定义不在于其目的地，而在于其行动。他敦促十字军与异教徒开战，"在上帝的帮助下，直到异教徒皈依或被消灭"。不能与异教徒停战，也不能接受异教徒的贡赋，选择只有洗礼和战争两种。

无论是十字军还是强制洗礼，对于响应号召的丹麦人、萨克森人和波兰人而言都不陌生。这三个民族此前都曾有人前往耶路撒冷作战抑或朝圣，并且已经获得了宽恕，从旅程中获得其他的益处。他们的祖先或许就是被迫皈依的基督教，如果拒绝，结果就是死亡。丹麦人甚至可能在1135年仍然遵循这一规则，那时他们占领了阿科纳并为驻军施洗，尽管结果并不算理想。波兰人试图以同样的方式将波美拉尼亚人纳入教会。然而，他们并不习惯为了获得精神上的救赎而对自己的邻近政权发起战争，也不愿拒绝后者贡赋。当萨克森人要求获准全力进攻斯拉夫人时，他们是出于颇为陈旧的原因，或者是得到臣服和贡品，或者是获得更多的土地；对丹麦人而言，这是报复海盗和奴隶主的机会，波兰人则得以借机恐吓普鲁士人。"克内斯"尼克洛特和他的臣民是异教徒的事实，已经成了次要的考虑；使正在聚集的军队斗志加强的事件，是1147年6月尼克洛特突然入侵瓦格里亚，他摧毁了新的定居点并明确表示他打算再度独立。

因此，1147年夏末，两支丹麦舰队和两支萨克森军队猛烈攻击了阿波德里特人。丹麦王位的两位竞争者，克努特五世和斯韦恩三世，暂时搁置了他们的分歧，并与不来梅的大主教阿达尔贝特（Adalbert/Adalbero）、年轻的萨克森公爵"狮子"亨利以及他率领的一支萨克森部队，联合对尼克洛特新建立的前哨多宾（Dobin）发动钳形攻势；另一支萨克森部队在教廷特使安塞姆的指挥下，从马格德堡前往135英里外，进攻柳蒂奇人的据点代明。尼克洛特似乎颇有手段。多宾是人迹罕至的小地方，被沼泽和湖泊包围着,他在当年夏季才通过建造工事吸引了外界对这里的注意。然而这里就拖住了两支军队,而第三支部队则必须监视维斯马湾的丹麦舰队。尼克洛特得到了吕根人的帮助,从海上攻击这支舰队,另一支丹麦部队则被来自多宾的部队突袭,而萨克森部队却又被湖泊隔开而无法援助他们,不久之后,这两位国王便退回丹麦,继续他们的内战。公爵亨利和大主教留在了堡垒之外,直到驻军同意接受洗礼,他们便迅速撤走,没有带来更大的破坏。当一些更狂热的十字军想要破坏乡村,以迫使对方投降时,萨克森骑士们反对称:"我们这不是在破坏自己的土地,和自己的同族战斗吗?"[1]他们不想杀死能下蛋的母鸡,即便这有益于他们的灵魂救赎。

进军代明的军队中有一系列主教,来自美因茨(Mainz)、哈尔伯施塔特(Halberstadt)、明斯特(Münster)、梅泽堡(Merseburg)、勃兰登堡和奥尔穆茨(Olmutz),另外还有教宗特使哈弗尔堡的安塞姆,他们成功地在马尔肖(Malchow)烧毁了一座异教徒的神庙和神像;然而这支军队之中还包含两个渴求领土的萨克森边境区领主,康拉德和"大熊"阿尔贝特,他们煽动军队向东围攻基督徒的城市斯德丁。城墙之上挂出了十字架,波美拉尼亚的主教阿尔贝特以及当地的王公拉蒂博尔(Ratibor)亲自前来解释:找错目标了!首领们开始谈判,士兵们纷纷抱怨,而后他们一边抱怨一边返回了家乡。

无论是从军事行动的角度,还是从执行宗教理念的角度上来看,第一次北方十字军都算不上全胜。尼克洛特王公继续控制吕贝克以东的阿波德里特人,他依然是异教徒地区的异教徒军阀,通过象征性地臣服于萨克森人而获得和平。洗礼对他的部下而言没有明显效果,偶像、寺庙和圣所仍然存在。基督教统治者之间的合作实验失败了。基督教世界并没有获得哪怕一英尺的土地。"我们奉命行事,但没能成功。"[2]科尔维(Corvey)修道院院长维巴尔德(Wibald)如此写道,他前来代明之时,还希望能够对吕根岛宣示主权。编年史家黑尔莫尔德(Helmold)记述称,这些洗礼是"虚假的",即使斯拉夫人按照约定释放了他们的一些丹麦人俘虏,他们仍然会把所有适合劳动的奴隶留下来。各民族之间存在很深的偏见,萨克森人认为丹麦人是无能的盟友,而且传闻他们在战争中接受了斯拉夫人的贿赂,才会袖手旁观,任丹麦部队遭敌人屠戮。主教与领主之间存在矛盾,主教想要拯救灵魂,却也想要获取土地,而领主们想要得到土地或者贡赋。首领之间也存在矛盾,他们在签订条约后就打道回府了,而那些想要继续战斗的普通士兵,似乎是想获取更多的战利品。

另一方面,如果不把这场征战当作圣战,那么它似乎颇为成功。萨克森人完成了对瓦格里亚和波拉比亚的控制,并使尼克洛特王公成为他们的朝贡者和盟友;征战之中获得了数量可观的战利品,释放了一批奴隶,而仅仅遭受了一次惨败,即丹麦人在多宾被击退。这次在斯拉夫人土地上的夏末征战,可以说差强人意。基督教世界也在传统意义上展现了力量。一座神庙被烧毁,异教徒的战士们得到了救赎之水的洗礼,而来自广大地区的居民在这一战之中通力合作。毕竟,这场萨克森人、丹麦人以及来自帝国勃艮第地区、波兰和摩拉维亚的部队发动的文德战争,至少用一位捷克编年史家的话来说,可谓"虔诚者的集会"(commotio christianorum)。次年,波美拉尼亚王公拉蒂博尔来到德意志,公开重申他的基督教信仰。

只有从圣贝尔纳以及向斯拉夫人传教的教士们的角度看,这次征战才是失败的。正是他们决定将斯拉夫人的永久皈依作为这次进攻的主要目标,而一个值得考虑的问题是,他们为什么会设想凭军事行动就能实现这一目标。从表面上看,这个假设可谓荒谬,正如目睹十字军从斯德丁撤走的波美拉尼亚主教所说:"如果他们是来传播基督教信仰……那么他们应当布道,而不是战斗。"[3]

这个问题有两个答案。其一是一种信念,即在传教士能布道并触动异教徒听众的心灵之前,必须先在物质上击败魔鬼,把他赶走。在这个世界上存在着他可见的代理人:多神教徒所崇拜的神像和小树林寄居着黑暗之灵,还有在空中游荡的幽灵,盘旋在异教徒的军队之上,协助他们战斗。偶像是虚妄的,却不是空洞的:自罗马时代之后,摧毁偶像的基督徒传教士都宣称看到这些偶像中寄居的暗灵逃回地狱,有时它们是野兽的形状——如1168年在阿科纳;有时是一群苍蝇——如1127年在居茨科;甚至有时所有在场的人都可以看到恶魔的军队在天空中行进。粉碎偶像,或者击溃异教徒军队,都可以解读为战胜误导人类的精神力量。这种攻击必不可少,否则异教徒将永远无法接触真理,因为大恶魔指挥着无数小恶魔组成的军队,在不信基督之人的灵魂之中盘踞,并奴役他们的感知和思想。在洗礼之前先要驱邪,要说这个仪式存在意义的话,便是不信上帝的异教徒已经着了魔,需要驱魔。圣徒的生平记述之中便有许多例证,声称至少有一些人看到附身的恶魔化成黑色小人从皈依者的口中溜出。和所有对人类行为的解释一样,这个行为存在科学方面的托词;而且和所有的科学解读一样,这个解释存在滑稽的一面。然而文献记述明确表明,直到18世纪,仍有大量受过教育的人相信这种说法,他们会讥笑那些盲从的多神教徒,不去信仰上帝,反而膜拜凡间的偶像与邪灵。当其他十字军部队进军圣地之时,将一些十字军转移到欧洲北部,进攻当地的"野蛮人",这个观念依附于一个共同对抗邪恶军队的国际大战略。圣贝尔纳清楚,即使魔鬼的军队在近东战败并屈服,魔鬼在人间的统治也会维持下去,直到所有的民族全部改信。他的结论是,在欧洲北部的征战是末日来临之前必须完成的任务。他是怎么知道的?关于偶像崇拜、皈依和末世论的基督教神学研究,图书馆中已经积累了大量资料可以支持他;而宗教领袖得以将宗教信条付诸实践的机遇,让他愈发自信,也愈发可信。

认为异教徒应该通过传道、教导和范例而被劝服加入基督教的理念,所谓"教导断奶",与上文所说的信条完全相符。一旦超自然的力量被击败,凡人就有机会接受温和的布道,但击败超自然的力量是先决条件。前往斯拉夫人或普鲁士人之中传教的传教士,再怎么温和,都准备用斧头或火把毁掉神树、神像或神庙,而不顾本地人的抗议;且任何武器都足以败坏或打击多神教徒的祭司。虔诚者不应当对撒旦仁慈,他的"枷锁"必须强行打断,而后那些曾经被奴役的人才有机会放开手脚。毫无疑问,这个手段在某些情况下是有效的。1127年,班贝格的奥托在斯德丁的传教故事,总结了布道者所用的传教方式:

> ……有一天,他发现几个男孩在街上玩耍。他用蛮族的语言向他们打招呼,甚至以主的名义用十字架祝福他们,仿

佛与他们一同玩乐。当他走了一小段路之后，他注意到他们都停止了本来的游戏，聚在一起盯着他看；和那个年龄的寻常男孩一样，他们跟在主教身后，仰慕这个陌生人的外表和着装。这位虔敬上帝的人停下脚步，并和善地和他身边的孩子们说话，询问他们是否受过洗礼。他们互相看了看，指出了那些受过洗礼的人。主教把他们叫到了一边，询问他们是否要坚持洗礼的信仰。当他们肯定他们想坚持自己的信仰时，主教说："如果你们想成为基督徒，并保持洗礼的信念，你们就不应该允许那些未受洗礼的不信教男孩和你们一起玩。"如主教所说，物以类聚，人以群分，那些受洗过的男孩们立即聚在了一起，开始排斥并憎恶未受洗的人，拒绝他们参与任何游戏。这些男孩就此开始因基督徒的身份而荣耀，愈发友善和热烈，哪怕在游戏中也会关注他们的老师，而那些未受洗的男孩们则只能远远看着，仿佛为自己的不信教身份而困惑，乃至惊恐。这是多么美好的景象啊！[4]

最后，记叙此事的米歇尔斯贝格（Michelsberg）的赫博德写道，被排斥的男孩们请求接受洗礼。这则逸事说明了一个尽职的传教士甚至会打击孩童的信心，只为让他们皈依基督教；那么如果用火和剑迫使成人发生类似的改变，那火和剑也将得到上帝保佑。虔诚的灵魂探索者与恣意劫掠的战士，就此结成伙伴。

也正是这些传教任务，为皈依战争提供了另一个主要理由。到1147年，他们在波美拉尼亚取得了一定的成功，并且在阿波德里特人、瓦格里亚人和波拉布人之中活动，但他们的工作并未完成：多神教徒遍及尼克洛特控制的地区以及柳蒂奇人的城市之中，他们还在抵抗并怀有敌意。不过,这两个地区也都曾经向奥托王朝控制的基督徒帝国纳贡,早前尝试改宗的故事仍然存在于教会传说里,存留于不来梅的亚当的大作《汉堡大主教传》中。亚当指向了过去——930—985年建造的教堂如今已成废墟,皈依者和传教士遭受迫害乃至殉道,他试图呼吁当世人负起责任;而且这种对传说的解读十分诱人,可以为占据多神教徒居住的土地的主张正名。"再征服"是12世纪的某些西班牙十字军的目标,即使他们入侵的土地是在近500年前丢失的;在欧洲北部,教士之中发展出一种类似的信念,被殉道者鲜血浇灌的土地,就应当划为基督教统治,并且要为曾经的流血复仇。从这个角度来看,多神教徒无权和平控制他们的领土;他们是篡夺者,理当应该受到惩罚,不仅因为他们加入撒旦的军队。许多人此前受过洗礼,然后又背弃了基督教;他们不仅仅是无知,而且有罪。因此对他们发动的战争是防御,是保卫已确立的基督教利益,而如果战争是防御,那就代表"正义"。

这些理念,让一批神职人员期待1147年的十字军完成伟业,而这次实验的部分失败令他们大失所望。事实证明,招募一支军队,让他们领受十字并投入战斗,依然不够,因为其中只有少数人愿意将改变当地人信仰与占据土地置于战争中其他可能的收益之前。此时,这个团体包括圣贝尔纳本人、教宗尤金、教宗特使哈弗尔堡的安塞姆,以及那些期待改革的萨克森主教们,还有向斯拉夫人传教的低级神职人员。若是想要取得进一步的成功,就必须增加支持这一理念的人数,并获取更多公众的支持。征募与领导十字军的体系,必须得到改进。

支持者与编年史家

大失所望的圣贝尔纳于1153年去世,但他的教导的影响却在此后传播开来。这个过程得益于西多会以及其他修道院来到欧洲北部,来到那些此前极少乃至未曾出现过修士或修女的地方,也得益于由这些修道会成员担任的主教以及友好主教的推动。1150—1200年,丹麦、瑞典、易北河畔萨克森和文德地区遭受了修道院殖民活动的冲击,这种风潮已经在西欧和南欧传播了几个世纪,而它带来的众多文明因素在很短的时间内便被吸纳,包括全新的祈祷、教育、思维、建筑与写作方式。在这些地区,西多会、普雷蒙特雷会(Premonstratensian)以及其他的"新运动"不必像在英格兰或法国那样,在旧有的僧侣生活框架之中努力寻求一席之地,他们很大程度上可以自由地从无到有创建修道生活,自行制定规则,并大胆干预世俗事务,以获取便利。另外,这些僧侣和他们的支持者们一致认为,对基督徒君主和他们的臣民而言,对异教地区发动战争是他们的首要职责之一;而推动异教徒改信,对所有僧侣而言都是值得称赞的目标。

有三个人的故事可以作为范例。其中,最有影响力的是丹麦贵族埃斯基尔(Eskil)。他于1138年接替伯父担任隆德大主教,随后在那里统治了四十年。他人生的一面是老派的高阶教士:他曾经结婚,建造城堡,领导军队,拥立国王并试图废黜他们,积累大量的财富,并极度热忱地为教区与家族的特权而斗争。另一面却有所不同,他曾经见过圣贝尔纳并访问过西多(Citeaux),对贝尔纳和他领导的修道会印象深刻,发誓要在去世之前加入明谷修道院,并在这种未来放弃俗世的阴影下,度过他大部分的大主教统治生涯，直到 1177 年卸任，实现心愿。他鼓励西多会在他的辖区定居，而只要国王瓦尔德马尔愿意支持他所信仰的事业，特别是对异教徒发动战争，他便愿意放下一切分歧。他是十字军至关重要的盟友，因为他跟士兵有着共同语言，他还与一众贵族有亲属关系，此外他还相信自己所做的一切在精神世界的价值。他靠着绝罚的威胁，以及亲自参与的表率，促成了瓦尔德马尔在 1159 年首次攻击吕根人的行动。在 1160 年追击吕根人的时候，也正是他的斥责阻止了丹麦人在他们船只的篷盖下休息："什么！你们在死之前就要把自己埋葬吗？"[5] 他还在 1168 年坚持要求，一旦居民同意接受洗礼并缴付贡赋，瓦尔德马尔就要阻止他的部下掠夺阿科纳。12 世纪 70 年代，命令僧侣穿过波罗的海前往科尔巴茨（Kolbacz）和达尔贡（Dargun）一事，或许也得到了他的支持，而且他确实帮助了第一位爱沙尼亚传教士主教富尔克（Fulk）在 1167 年祝圣就职。

埃斯基尔的继任者，以及在他参与战争和支持修道院活动之时态度多少有些勉强的伙伴，是另一位权贵的儿子，曾担任罗斯基勒主教（1158—1192 年在任）的阿布萨隆，后为隆德大主教（1178—1202 年在任）。阿布萨隆也是新修道会的支持者和盟友，也是异教徒的狂热敌人，但他的手段比埃斯基尔更为简单：他与国王瓦尔德马尔一起长大，并相信教会的最大利益在于支持国王和尽可能向外扩展他的权力。这意味着他参加所有的战争，不仅仅是那些对抗异教徒的战争；他的大部分生命都花在马鞍上或舷梯上，布置战术、进行侦察、发动劫掠、整顿军纪、巡逻海滨、组织间谍、颠覆政权和执行恫吓，在他看来是他公共职责的重要组成部分。历史学家萨克索曾经服侍阿布萨隆，并记述了他的大部分生平。根据萨克索的描述,从一开始"他就认为如果能够通过外部干预令人崩溃,那么从内心培养宗教信仰便是徒劳,他更像是个海盗,而非主教。因为击退公共信仰的敌人,和主持他们皈依的仪式,在宗教意义上同样重要"[6]。这与传统认为的西多会理想相去甚远,更何况事实上,阿布萨隆既不是僧侣,也从未放弃过世俗世界;但是他对击败异教徒并迫使其皈依的痴迷,使他成为十字军理念的重要阐述者,而他能够获取国王和国家的全部军事实力支持他的理念,这带来了可怕的现实。他并不是单纯仇恨斯拉夫人:他似乎与那些没有与他交战的文德人关系良好,并愿意作为中介,为他们与国王联络。然而发生战争时,他的狂热远超战友们,他若是认为和谈不值得考虑,便会阻止口译员向国王翻译,他也可能中断一次成功的攻击。

萨克森人之中同样也有富有侵略性的神职人员,但萨克森入侵者对斯拉夫人土地的占领,让改信的问题与军事问题一样迫切。1154年维策林去世之后,他的几个门徒继承了他的事业,而他最有影响力的继任者或许是贝恩(Bern),一位来自萨克森的阿默隆斯博恩(Amelungsborn)的僧侣,他从1158年开始成为阿波德里特人的传教士主教,起初驻梅克伦堡,而后迁往什未林(Schwerin)。贝恩说服了当地的统治者,尼克洛特的儿子普里比斯拉夫(Pribislav),若是他支持教会并加入对抗多神教徒的战争,获利将比他那抵抗教会的父亲更多。这一成就的非凡之处不止于此。1160—1167年,普里比斯拉夫被贝恩的恩庇者,公爵"狮子"亨利赶出了祖居的土地,而他此后以梅克伦堡王公身份再登政坛,完全是靠自己的英勇善战与精明的政治手腕,而不是因为皈依天主教——他是在1160年皈依之后才被夺走祖产的。

普里比斯拉夫成为萨克森公爵的盟友、异教徒吕根人的敌人、西多会的支持者[西多会因此来到多伯兰（Doberan），1172 年他的妻子便葬在这里的修道院]以及贝恩传教工作的积极协助者。从某种意义上说，贝恩通过外交和游说实现了十字军战争未能实现的目标；但事实并非全然如此。他相信为信仰而战，以及采用暴力手段消灭异教，他在 1168 年加入与吕根岛的战争，体现了这一点；但他在阿波德里特人之中的威望，并非仅仅归功于他的盟友萨克森公爵及其麾下军队的支持。他只是通过痛苦的教训明白，如果得到本地统治者的支持，劝导皈依便事半功倍，他也竭尽所能实现这一点。结果便是，教宗阿德里安四世在 1158 年派出的没有土地的传教士主教，在 1191 年去世时，已经成为富裕而强大的高阶教士，拥有繁荣并不断扩张的教区，覆盖了吕根岛对面的大陆以及阿波德里特人的土地。什未林的萨克森人伯爵贡策林（Gunzelin），靠着获取少量征服的斯拉夫人领土而大发横财；而这位主教无论是财富还是政治地位上都获利更多。这表明传教工作带来了物质上的回报，但这并不会妨害令异教徒改信的理念走向普及。

这三个例子足以大致说明 1147 年之后发动文德十字军战争的宗教领袖们的情况。相信对抗异教徒有利于灵魂救赎的信条，产生得更早，其出现在 1108 年的"马格德堡号召书"（Magdeburg Appeal）和成文于 1135 年前后的《罗兰之歌》之中。萨克索记述称，一位年老的德意志骑士，大约在 1166 年，指责公爵"狮子"亨利没有全力发动对斯拉夫人的战争。他提醒公爵，他还未成年之时，他的监护人就将他"献给了"这场战争，而若是他忽视誓言，就会招致上帝的愤怒。他声称："我本人，就在很久以前承诺的那场战争中三次受伤。而如果我能够在同类的战斗中再负伤两次，等到最后的审判之时，我想我能斗胆望向基督的伤痕，那与我伤痕的数目相同。"[7]这个故事显然是编造的，却也表明了十字军老兵们可能的态度，这类战争的记述者往往会用神迹式的事件作为点缀，证明战斗的精神价值。

编年史家之中，最重要的是黑尔莫尔德与语法学家萨克索。黑尔莫尔德是一位在瓦格里亚的博绍（Bosau）边境堂区工作的萨克森神父，他在1167—1172年写作《斯拉夫人编年史》（*Chronica Slavorum*），续写了不来梅的亚当的《大主教传》。他曾到新明斯特（Neumünster/Faldera），在维策林的影响下，在他的守律教士团（regular canons）中学习，主要关注如何让斯拉夫人改信基督教。这一目标使得他的判断标准十分僵硬：支持传教的个人、王公与政策是好的，是值得记录的；所有妨碍或忽视传教的都是坏的，只应该被谴责。在文德的战争，未必都会得到他的支持，因为战争常常无法救赎灵魂；而且他坚称，其原因在于这些战争主要不是为了扩大教会，而是出于丹麦国王、公爵及其封臣"自私的"政治目的。过去，皇帝们忽略了他们在北方的职责，因此"皇帝亨利在改信上的懈怠绝非轻微"；而近期，基督徒王公们或者对异教徒过于友善，或者过于贪求他们的土地和财富，而不再关心他们的灵魂："领主们曾经为了增加收入而保护斯拉夫人"；直到1167年，公爵亨利与斯拉夫人的所有战争"都无关基督教，只注重钱财"。[8]然而，黑尔莫尔德并不反对战争；只是战争必须是正义的战争，出于正义的动机与理所应当的目标。如果亨利和瓦尔德马尔结盟并攻击异教徒，那就是正义；如果他们在胜利之后传播信仰，那他们就能够升入天堂。黑尔莫尔德坚定地相信这样的十字军将会到来，不过这从未实现。他令人关注，既因为他不合时宜的理想主义，也因为他关注斯拉夫人本身、斯拉夫人的信仰以及对基督教的反应；他的文字几乎囊括了对文德异教徒的所有概述。

丹麦历史学家萨克索大约在1185—1215年之间，根据主教阿布萨隆对1150年之后事件的回忆，写下了他的《丹麦人史》（最新一版的名称为"Gesta Danorum"，名称或许有误）。我们对萨克索本人近乎一无所知，只知道他是教士，自称文学水平出众，他的父亲和祖父曾为国王而战，他本人曾为阿布萨隆服务并以之为荣。对于萨克索来说，文德战争是波罗的海的布匿战争，是阿布萨隆和瓦尔德马尔这两位英雄救世主的领导之下，由一个勇士之国完成的壮举。他希望斯拉夫多神教徒得到精神上的新生，但更希望丹麦的政治复兴，而且在他看来，这两个目标是同样可以为上帝接受的。他写作之时，丹麦已经成为强大而繁荣的王国，而他想要让这个王国的过去和现在一样辉煌。因此，他在记述之时极具倾向性和选择性。然而，他盲目地期待战争与"权力政治"之中的正义，这让他成为绝佳的见证者，记录战争本身以及参与者的态度；他并不像黑尔莫尔德那样，因为精神上的保留而牵累了记录。

他认为文德战争发生的两个主要原因是报复和帝国扩张，我们没有理由质疑这两种解读。1158年时，沿海地区频繁的袭击使丹麦陷入低谷：

> 海盗完全不受阻拦，以至于东部沿海的所有村庄，从文叙瑟尔（Vendsyssel）到艾德河，都无人居住，农田无人耕

种。西兰的东部与南部没有产出，荒芜而衰弱。农民减少之后，这里成为匪徒的乐园。海盗的侵袭让菲英岛（Funen）除了少许贫民之外一无所有。法尔斯特岛（Falster）居民的勇气比岛屿的面积更大，他们的勇敢弥补了岛屿狭小的劣势，他们没有背上贡赋的枷锁，而是通过协议或武力使敌人远离。而洛兰岛（Lolland）虽然比法尔斯特岛更大，居民却主动求和，缴纳贡赋。其他地方也陷入荒芜之中。因此，人们对出战与守城都失去了信心，使用长围栏和木桩封锁了海路，以免海盗进入。[9]

黑尔莫尔德的记载证实，此时文德奴隶市场上挤满了被俘虏的丹麦人，他谴责丹麦国王对此无所作为。因此，无论在1168—1169年征服吕根岛之前和之后，许多丹麦人都会为了"夺回应得的一切"，而加入国王瓦尔德马尔的征战，然而国王本人愈发关心在波罗的海南岸获取新的领土和封臣，成为文德地区的统治者，而不是破坏者。萨克索支持他的两个目标，在他看来斯拉夫人是好仆人、坏主人。尽管如此，他还是重视战争的宗教影响，并完全相信丹麦人在与可见的敌人作战的同时，也在与看不见的魔鬼作战。消灭偶像和"虚妄的迷信"只是丹麦人侵略的副产品，却依然可敬，而他为1170—1185年对波美拉尼亚的基督教王公的持续进攻而辩护，声称他们的臣民依然不是真正的基督徒，还半埋在异教土地之中。这个论据似是而非，值得一提的却是，他认定有必要如此宣称；他甚至解释1181年"狮子"亨利的垮台，是因为公爵没有尊重领地之中的教会，也没有推动教会向斯拉夫人之中扩展。哪怕是最自大的狼，此时也能够披上十字军的羊皮了；

而他的作品展现了这一过程，比如瓦尔德马尔下令在铸币模具上添加朝圣者的棕榈叶，并使用医院骑士团（Hospitaller）的白色十字旗作为他的战旗。

"狮子"亨利与瓦尔德马尔大王的斯拉夫战争

1147年以后，对斯拉夫多神教徒的战争不再有教宗授权，也没有正式十字军的任何组织机构；参与者没有宣誓，教廷没有委派教宗特使，也没有专门的布道，不许诺提供十字军的特权。1169年，教宗亚历山大三世祝贺阿布萨隆主教征服吕根岛，但他也只是突然得知这个消息，这并不是他战略规划的一部分。此后或许在1171年，亚历山大确实向北方的基督徒颁布十字军教谕，教谕的措辞表明他认为与斯拉夫人的战争已经结束，新目标应该是波罗的海东部的爱沙尼亚人。接下来的号召，是1187年圣诞节的《惊闻教谕》（*Audita tremendi*），呼吁所有忠于基督教信仰的人前去保卫圣地，并收复耶路撒冷；而教谕并没有允许在欧洲北部同时发动十字军，参加十字军的丹麦人与挪威人也因此前往巴勒斯坦。然而，"狮子"亨利和瓦尔德马尔在文德的征战，也可以视作1147年那次失败的十字军战争的后续，并取得了迟来的成功。

两位统治者都足够虔诚。亨利于1172—1173年经历了艰苦的朝圣之旅，来到耶路撒冷，而瓦尔德马尔将他祖传的一半地产捐赠给丹麦的教会。但两者都无法承担宗教战争的高昂开销。他们想要通过战争增加财富和声望，为此互相攻伐，必要时还会与多神教的斯拉夫人开战，也会和基督教斯拉夫人作战。1147年的十字军战争结束十年之后,亨利和他的萨克森封臣,荷尔斯泰因的阿道夫和拉策堡的海因里希,似乎与阿波德里特人的王公尼克洛特以及波美拉尼亚王公拉蒂博尔保持着良好关系,而两个公国的异教徒海盗则在丹麦海岸掠夺致富。一些战利品作为贡赋或者勒索款项流入萨克森地区。然而当瓦尔德马尔开始向亨利出资寻求帮助,而尼克洛特又脱离了萨克森的控制之时,情况发生了变化。1158年公爵的一次短暂的惩戒进攻没能让他臣服,而瓦尔德马尔在1159年对吕根人的两次海上掠夺,足以向公爵说明,相比各自为战,联合行动可能会达成更好的战果。因此,双方在1160年发动联合行动,瓦尔德马尔沿着阿波德里特人控制的海岸线进军,牵制吕根人,而亨利则带领一支军队深入内陆地区。尼克洛特兵败身死,他的儿子们被赶到了瓦尔诺河对岸。阿波德里特人的绝大部分土地都被公爵的追随者和主教瓜分。

两位统治者的下一次合作是在1164年,那时尼克洛特的儿子普里比斯拉夫趁阿波德里特人大规模叛乱之时,短暂占据了他父亲的土地,并在代明附近的费尔兴(Verchen)歼灭了一支萨克森军队。这一次,亨利向代明进军,丹麦人溯佩讷河进军,威胁普里比斯拉夫的柳蒂奇人盟友。普里比斯拉夫被赶走了,丹麦人试图在佩讷河的港口沃尔加斯特(Wolgast)殖民。两位胜利者都没能保住战果:柳蒂奇人此后一如既往地骚扰丹麦人;而按照萨克索的说法,阿布萨隆主教挑动阿波德里特人又一次叛乱,将萨克森人赶回了西面。亨利和瓦尔德马尔之间的协议规定,他们将分享未来征服的战果。在1168年或者1169年,瓦尔德马尔征服了吕根人的土地,摧毁了他们的神庙,抢走了他们的财富,迫使他们的王公向他纳贡。亨利想要获得一半贡赋,而在随后的战争中,他鼓动瓦格利亚人、阿波德里特人和柳蒂奇人支持自己，与丹麦人作战，直到瓦尔德马尔在1171年盛夏决定答应他的要求，破财免灾。

此后，丹麦人便可以随意袭击奥得河河口，并将柳蒂奇人驱离海边。1177年，亨利率部与瓦尔德马尔会合，最后一次联合行动，他担心战利品落入对手手中。在接下来的一年里，庇护柳蒂奇人的波美拉尼亚王公卡齐马尔（Kazymar）和博吉斯拉夫（Bogislav）被迫求和。

"狮子"亨利的垮台，以及他的公爵领于1181年被肢解，使波美拉尼亚人和阿波德里特人在面临丹麦侵略时，再无庇护，而这两个部族的统治者也都沦为瓦尔德马尔一世子嗣的附庸，连萨克森边境的荷尔斯泰因、什未林和拉策堡三个伯爵领也被迫臣服。这三个伯爵领的领主们此前在战争中表现出色，12世纪40年代，他们还掌控了西边的阿波德里特人的领土，并通过引入殖民者，将这一地区德意志化，以巩固统治。但进一步向东征服的可能性变得微乎其微了。

然而1159—1168年，丹麦人也在学习如何适应新的战争模式。他们曾经使用维京海盗的旧战术来实现战略目标，即突然在海滨或者河流上游登陆，迅速向内陆进攻，掳走奴隶和战利品，然后再迅速登船以防敌人反击。在1160年与1164年，这些行动由公爵亨利指挥，他的陆军需要进攻牵制和舰船运输。但与此同时，瓦尔德马尔和主教阿布萨隆试图通过直接到当地破坏，或者攻击他们在丹麦海域内往来的航船，来迫使吕根岛和沃尔加斯特的统治者求和。丹麦人在攻城战方面缺乏经验，他们很难夺取那些能抵御直接攻击的堡垒。由于一艘船只能运载四匹马，他们很难在战场上大量使用重骑兵。尽管如此，通过焚烧斯拉夫人堡垒防护不到的近郊，在收获的季节焚毁田野的庄稼、掳走牲畜，他们仍然可以制造严重的经济损失，迫使这些据点屈服。此前，斯拉夫人能够通过对丹麦海岸发动反掠夺，来弥补这种损失，黑尔莫尔德曾记述称："他们不在乎丹麦人的攻击，事实上，他们把这种战斗当成竞技运动。"[10] 然而到1170年时，丹麦得到了砖石塔楼的保护——包括菲英岛的尼堡、大贝尔特海峡的斯普罗岛、西兰岛西部的凯隆堡（Kalundborg）及措恩堡（Tårnborg），以及南部的沃尔丁堡（Vordingborg）与东部的哥本哈根；也得益于滨海地区持续不断的巡逻——最初由阿布萨隆及其亲属组织，后来转为常备的义务，由需要服兵役的单身男性居民负责。1172年12月6日，斯拉夫人在法尔斯特战败之后，他们的舰队再也没有进入过丹麦水域。不仅如此，在他们家乡的海滨和河流之中，他们的战舰也无法抵御入侵者的四十桨战船，这些船在高度和长度上都有明显的优势，而吃水也不会更深多少。弓箭可以阻止入侵者上岸，据说公爵亨利曾经派出两名专家，训练波美拉尼亚诸公爵部下的箭术，但丹麦人也有应对手段：船上的弩和挪威长弓同样可以向岸上发射还击。桥梁、鱼梁以及水下的障碍物可以用来暂时封锁河道，但它们很容易就能拆除，而永备的水栅或者木桩，既妨碍敌人，同样也妨碍着斯拉夫人自己。此外，波美拉尼亚人在斯维内河（Swina）河口建设的水滨堡垒，也被风暴引发的洪水冲毁。因此，当丹麦和吕根的舰队开始协调行动进攻柳蒂奇人的城市时，波美拉尼亚王公们的陆地部队几乎无法防卫。

在战争的这个阶段，随着丹麦僧侣到来并占据波美拉尼亚的修道院，掠夺的方向偏转了。来自丹麦埃斯鲁姆（Esrum）的西多会修士于1172年来到佩讷河畔的达尔贡，于1175年抵达斯德丁附近的科尔巴茨，而普雷蒙特雷会的修士于1177年从隆德来到贝尔布克（Belbuk）与格罗贝（Grobe）。这种宗教渗透意味着丹麦教士和斯拉夫王公之间存在的合作，然而劫掠舰队的野蛮行径并未因此减少。当僧侣们唱诵圣歌时，战士们在奥得河口的土地之上大肆破坏，以至于沃尔加斯特、乌瑟多姆、沃林和卡明这些城市一度无法居住。1184年5月19日，在格赖夫斯瓦尔德（Greifswalder）海湾发生大规模海战，最后一次试图通过入侵吕根夺回文德沿海地区的柳蒂奇-波美拉尼亚舰队，被彻底歼灭。此后，"外波美拉尼亚"和"内波美拉尼亚"都失去了防御。在1185年的卡明，博吉斯拉夫王公对入侵者发动了一次突袭，在意外遭遇反击而撤退之时，他意外坠马，只能徒步跑回安全地带。他已经受够了。次日，他开始与大主教阿布萨隆谈判，那天晚上他被人从阿布萨隆的船上抬回了自己的帐篷，因醉酒而死。[11] 他已是别无选择，只能让整个波美拉尼亚臣服于克努特六世，并寄希望于国王允许他以封臣的身份在这里继续统治；然而他从来都没能以旗鼓相当的军力与国王展开陆战，丹麦人也没能成功攻破他的任何一个据点。

这场战争的后期清楚地表明，消灭多神教信仰，建立基督教教堂和修道院，仅仅是外来入侵者让斯拉夫人在政治上臣服的手段之一。但斯拉夫统治者自己也利用了相同的手段，因此得以继续做事实上的地区王公。波美拉尼亚王公瓦尔蒂斯拉夫（Vartislav）在11世纪20年代就已经意识到这一点，他派遣班贝格的奥托为他最近征服的柳蒂奇人施洗，并促使英诺森二世在1140年任命一位独立的波美拉尼亚主教。他的兄弟拉蒂博尔、他的儿子卡齐马尔和博吉斯拉夫、阿波德里特人的王公普利比斯拉夫和吕根王公亚罗马尔（Jaromar）都遵循同样的政策——前提是丹麦和萨克森的入侵者允许他们维持统治。争夺权力与对抗多神教信仰相关，但是斯拉夫人、萨克森人和丹麦人行事时却并不在乎这些关联。

有两次，基督教强权的联合行动似乎成功地消灭了"邪恶力量"。一次是在1160年，尼克洛特王公兵败被杀，他的臣民在梅克伦堡、罗斯托克等地的神像被入侵者摧毁；另一次是在1168年，丹麦人在波美拉尼亚王公的帮助下，毁掉了吕根岛的神庙，并给当地的多神教徒施洗。因此，在1169年11月，亚历山大三世在得知瓦尔德马尔国王的下列事迹后，满怀欣喜地发函给阿布萨隆：

> 他为天堂火焰所激励，为基督臂膀所加强，以信念盾牌为武装，在神圣恩惠的保佑下，以英勇威力击败了那些顽固的人，并勤谨地召唤他们摆脱丑恶行径，向往基督信仰和律法，并臣服于他的统治。[12]

萨克索生动描述了这种"丑恶行径"：吕根人的宗教习惯、对四头神斯万托维特的膜拜，以及对次级神鲁杰维特（Rugievit）、波列维特（Porevit）和波伦尼茨（Porenitz）的崇拜。国王在合适的地方建立了教堂，给他们配备丹麦神父。亚历山大致信的目的是将吕根岛置于罗斯基勒主教管辖之下，作为他教区的一部分。

值得注意的是，两次胜利带来了不同的政治影响。1160—1166年，"狮子"亨利或许是遵循他的萨克森附庸的意愿，试图削弱乃至彻底铲除本土的斯拉夫统治者，将当地居民直接置于萨克森人的统治之下。自 1143 年以来，包括瓦格里亚主教格罗尔德（Gerold）和拉策堡伯爵海因里希在内的一些边民，都倾向于迫使斯拉夫人迁出宜居地区，吸纳萨克森人和佛兰德人前来定居，来驯服斯拉夫臣民。有观点认为，斯拉夫人不值得信任，乃至不可救药，公爵似乎一度支持这种观点。然而 1164 年的大规模叛乱以及随之而来的战争，使他确信剥夺土地的政策过于棘手，难以继续。此外，许多萨克森领主也在 1167—1168 年背叛了他们的公爵。保留一批斯拉夫人盟友来控制他们，总归有利。因此亨利再度将普里比斯拉夫立为"梅克伦堡、凯辛（Kessin）和罗斯托克王公"，并且事实上重建了他在 1160 年摧毁的尼克洛特的公国。瓦尔德马尔似乎已经从这个例子中学到了教训。当他征服了吕根岛时，他支持原本的王公亚罗马尔在当地继续统治，只要亚罗马尔向丹麦提供贡赋和部队，他就可以自行维持统治。罗斯基勒的主教和新神父们获得了此前属于多神教神灵和他们的祭司的土地，但除此之外，吕根岛的贵族保留了他们原本的财产。在文德的战争，从某种意义上说，是公爵和国王之间争夺更可靠的斯拉夫封臣的竞赛。在这场竞赛之中，消灭异教徒政权仅仅是第一步，而后还要建走更顺服的政治架构。

因此，皈依战争的理念，经过 1147—1185 年的残酷权力斗争，非但毫发无损，还得到了加强。北方的统治者们意识到它的价值，他们可以借这把钥匙扩张政治地位，并获取更多的财富。他们可以从受洗的地区获得用白银或谷物缴付的什一税，罗斯基勒的主教每年便可以从吕根岛的忠实信徒那里获得 70 吨谷物；而新建起的修道院和教堂则以税收与热情接待，报答他们的赞助者。

皈依基督教的地区，向基督徒定居者"开放"，他们自愿前来，并非被俘虏，驱使如奴隶，而且还会为他们的地块和房屋支付租金。僧侣们率先做这种经营。波美拉尼亚的博吉斯拉夫签署的一份特许状写道："众所周知，受我们管辖的普通居民，大多粗鲁，而且不了解基督教信仰的规范，我们毫不怀疑地认定，如果我们支持高尚的修道院院长，以及过圣洁生活的人，我们就能促使不相信基督的人认识到真正的信仰。"[13] 他的兄弟卡齐马尔给达尔贡修道院的特许状之中指出了其他的好处。他授权僧侣们：

> 在前文提到的达尔贡教堂的土地上，拥有自我召唤与在任何想要之处定居的全部权力与完全自由，德意志人、丹麦人、斯拉夫人或其他任何民族，从事各种职业的人，均是如此，并允许他们按照自己本民族的习俗，或者模仿丹麦人与德意志人，设立堂区，安排神父，开设旅馆。[14]

"……设立堂区，安排神父，开设旅馆"是同一进程的一部分，在13世纪早期，这一进程包括在"文德海滨"模仿吕贝克建立一系列新城镇——维斯马、罗斯托克、施特拉尔松德、格赖夫斯瓦尔德，这些城镇都位于此前因为奴隶贩子和海盗侵袭而一度难以定居的诱人站点。在这样的前景下，德意志人、丹麦人、瑞典人以及改信的斯拉夫人，自然期待在波罗的海东部发起进一步的"皈依战争"。

罗马教宗也开始愈发关注这一前景了。亚历山大三世对丹麦国王瓦尔德马尔一世表示祝贺与嘉奖，不仅是因为他是"十字军战士"，也是因为他近期支持教宗，与霍亨斯陶芬王朝的皇帝及其对立教宗相对抗。大主教埃斯基尔和西多会新一批修道院院长吸引他的注意,让他关注欧洲北部教会存在的实际困难和威胁:骄纵的统治者和目无法纪的堂区居民困扰着他们,波罗的海东部的异教世界包围着他们。国王之间的战争、海盗活动、争夺土地的武装冲突、复仇的不法者以及胡作非为的匪徒,使得整个欧洲北部成为似乎与基督徒和谐理念格格不入的蛮荒之地,亚历山大与斯堪的纳维亚的高阶教士们在这一点上达成了共识。如果世俗社会的武力可以转向社会之外,用于对抗异教,那么教廷便可以通过十字军实现这一目标。因此,在1171年或1172年,教宗颁布了重要的教谕《灵魂事大》(*Non parum animus noster*),将对抗北方异教徒——此处指爱沙尼亚人和芬兰人——的战争,与圣地朝圣置于完全一样的立足点:

> 因此,那些英勇地与上述异教徒作战的人,我们将准予赦免他们一年的罪过,接受他们的赎罪,正如那些前往主的圣墓朝圣的人一样,相信上帝的怜悯,相信使徒彼得和保罗的功绩;如果那些阵亡之人正在苦修赎罪,那么我们准予赦免他们所有的罪孽。[15]

战斗不仅仅是防御。他们战斗,"意图用强壮的臂膀传播奉基督之名的宗教"。

此时,北方的领主们忙于互相争斗,对此不甚关注,直到1184年,丹麦人才准备对爱沙尼亚发起大规模的进攻,而他们与波美拉尼亚的基督徒之间的最后一次战争,分散了这次进攻的力量。这场战争结束之后,文德战争的胜负双方都开始向东寻求利益与救赎。对波罗的海东部多神教徒的攻击，参与者不只是德意志人和丹麦人，还有存续的斯拉夫人统治家族——1219年与1279年的吕根王公和1218年的梅克伦堡王公。他们被迫接受基督教之时，十字军已成为基督教文化不可分割的一部分。

第三章

武装僧侣：理念与效率

至此，本书涉及的内容，还都是萨克森人与丹麦人征服西波罗的海多神教徒。进入13世纪，战舰和圣坛转向东波罗的海，局势也愈发复杂。本章以及接下来的两章将逐一叙述在同时期发生的其他事件和主题。新的武装力量与移民开始进入欧洲北部，而我们首先要讨论的就是塑造了普鲁士、利沃尼亚和爱沙尼亚历史的力量：军事修道会（military order，即骑士团）。

各类修道骑士，1128—1237

这些僧侣骑士团体最初创立的目的并非是殖民、统治、迫使多神教徒皈依或赚取利益。例如，圣殿骑士团创立的最初目标，是在守贫守贞的同时保卫或收复耶路撒冷的圣殿与圣墓。德意志的圣玛利亚修道会（Order of St Mary）也是出于类似的目标而创立。然而，意外和随之而来的调整，让他们变成了征服者和统治者，并在他们曾宣誓放弃的俗世中，犯下最为严重的罪行。除了本书，已有许多书籍痛陈了条顿骑士的暴行。

在这种特殊的调和发生之前，暴力早已长期和宗教并存，即使只是存在于隐喻之中。圣保罗写道,"你好像耶稣基督的精兵"(《提摩太后书》2∶3);但是"我们争战的兵器,本不是属血气的,乃是在神面前有能力,可以攻破坚固的营垒"(《哥林多后书》10∶4)。也就是说,用祷告而非刀剑战斗。但后来,"上帝的军队""基督的军队"之类的说法,也用于指代投身于值得赞颂之目标的军人,比如十字军。这是古老传统的延续,用吉本的话来说,"罗马军队追随旌旗战斗,源自宗教和荣誉的共同影响"。

与其他多神教传统一样,这些传统在4世纪由信仰基督教的皇帝掌控原有的帝国军队和官僚体系之时,已得提炼与改造。之前,军队共同为神圣的皇帝而战;此后,军队在皇帝的指挥之下,共同为基督而战。兵役再度被神圣化,士兵用剑侍奉罗马帝国,就此侍奉了教会,拯救了自己的灵魂。神父不能成为军人,因为上帝与凡人的中介绝对不能沾染血污;然而到12世纪时,拜占庭帝国的"罗马人"早已同意职业僧侣在帝国军队中服役。

这些信念根深蒂固,对查士丁尼与他在君士坦丁堡的皇位继承者有益,对查理大帝与西部帝国的奥托王朝和萨利安王朝的皇帝也有益。然而这一理念在11世纪崩溃。那时的西方皇帝只是数百位能够支付军饷的军事领主中的一员;任何能买得起战马、盔甲和武器的人,都可以从事军事活动,而不必遵循旧日的所谓"公共战争"准则,即代表皇帝作战。这种情况此前也会发生,但罗马帝国的法学家们称这些人为匪徒,教会也谴责他们。而此时他们的人数太多,教会若是想要塑造理想的基督徒社会,就必须与他们达成妥协。主教和修道院院长只能通过发动私人战争来维护他们的权力和财产,而这意味着他们需要雇佣任何可能雇佣的士兵,有时甚至要亲自指挥他们;只给帝国的军队祝福,并谴责其他的所有军队，已经不再现实了。

因此，神职人员必须设法约束顺从的人，而且惩戒或规劝那些不服管束的人。修道骑士，便是完成这一任务的三种手段之一。

第一种手段是推动纪律与禁忌——首先用协议约束雇佣士兵的王公和高阶教士们。"上帝休战""上帝和平"以及个人统治者推动的"国王和平"（Bann）中的某些方面，就是这种约束的范例。宣誓和协议也将战争的起因限制在某些特定的不满之事内，违反规则的人将被绝罚。第二种手段是推动圣战，征召并组织战士和教士，到西班牙或者巴勒斯坦为基督教的共同利益而战。

然而，这两种手段并没有成功将兵役征召转变为基督教感召。绝大多数神职人员都认为，克制而体面地战斗不如根本不战斗。到12世纪初，宗教宣传显然并没有改变西欧的骑士；只是因为装备成本的上升，让这个阶层愈发排外，偶尔组织的十字军为寻求冒险、有罪或没有出路的人提供了一个出口。绝大多数延续至这一时期的战争，都不能归于教会所能接受的正义战争或圣战这两种范畴。

第三种方式，在明谷的圣贝尔纳的鼓励和宣传下形成。他也认为应当限制国内战争和十字军，但不止于此；在12世纪20年代，他相信自己找到了解决手段，那就是组织少数骑士宣誓在耶路撒冷十字军王国终身服役。事实上，他们在投身宗教生活的同时并没有停止战斗。他深受感动，写下《新骑士赞》（*De laude novae militae*）[1] 激励这些骑士们，并宣扬他所归纳的新骑士精神。

在他看来，他们已将精神上的战争与俗世的战争融为一体。这些"新骑士"同时在两条战线作战：与内心的撒旦即他们肉体与思想的不完美交战，通过发誓守贞、守贫与顺从来压制它；与外在的撒旦即伊斯兰军队斗争,和他们交战。两者都是神圣的职责,并且互相支持。因为圣贝尔纳既关心"基督教世界的大业",也关心每个战士的灵魂。他是统治阶级的坚定支持者,但他也希望统治阶级的成员意识到他们对上帝的责任,因为是上帝赋予他们权力之位;既然这个职位需要战斗,那么战斗就必须得到证明。很多时候,骑士在一场毫无意义的私人战争甚至是骑士竞技之中丧命失魂,但如果同时和自己的原罪以及敌人作战,那么迷失灵魂的危险就可以避免。西多会修士们通过劳作与祈祷接近上帝;那么,为什么不能靠战斗接近上帝呢?

这种观点十分微妙,却又基于笨拙而守旧的假定。其一是结果正义论,其二是认定守卫圣地的战争就是或可以是精神上有功的事业,其三则是认定穆斯林不过是撒旦外交政策的机械代表。这种信条在当时既流行又受尊重,尤其是在十字军中。《罗兰之歌》的作者做总结,声称在查理大帝与萨拉森人交战前,大主教祝福基督徒的军队,且"为了让他们赎罪,他命令他们进攻"。"如果你战死,你将成为神圣的殉道者,你将升入伟大的天堂。"[2]

这种看法没有明确的神学基础。从大格里高利时代起,一系列教士都曾支持以善良、理性且灵活变通的方式对待不信基督者,而圣贝尔纳此后声称,既然教会注定要让整个世界皈依基督,所以与他们对战不如与他们争辩。为了给这种新骑士组织正名,他宣称圣殿骑士团只会打防御战争,但整体而言,他更希望回避这个问题。他认可了同时代人对萨拉森人的憎恶,并利用当时盛行的对耶路撒冷的执迷之情,来支持那些武装的僧侣。

因此,即使是军事修道制的资格证书——圣贝尔纳的《新骑士赞》和圣殿骑士团的戒律(1129—1136年)——也存在与基督教传统相背离的内容,不过这也未必不利。到1200年,圣殿骑士团、医院骑士团和西班牙的骑士团,都可谓富有、著名而高效,因为在圣贝尔纳的神学辩护之外,他们还有另外三个优势。

第一个是西多会及其盟友们的持续支持,这保证了他们会得到修道院院长、主教和学者组成的国际综合体的共同恩庇和鼓励——这也是天主教会在那个世纪的主流宗教力量。骑士团是长在西多会这棵橡树上的常青藤。但第二个优势也同样重要,即骑士团在军事上的效率,这一点因为军事局势的不稳而凸显。他们的戒律让他们拥有其他十字军士兵所缺少的纪律、奉献和高昂士气。他们能够精选参与的人员,系统训练,自动递补伤亡战士,并理所应当地要求终身服役。圣殿骑士团的戒律是军事组织的显著进步,尽管这并非它的主要目的。第三,骑士团获得了土地和钱财,而他们不需要向教宗之外的任何人负责。由于他们要作战,他们自然会把大部分的财富投入城堡建筑,而城堡也带来了完全所有权(dominium),让他们掌控周边的领地。

凭借着这些资产,圣殿骑士团与医院骑士团成了拉丁教会在巴勒斯坦的中坚力量,成为正义秩序必不可少的组成部分。这并不意味着不能批评他们。骑士团几乎从建立之初就遭受抱怨,而他们的成功招致愈来愈多的敌意,但这些批评的实质是,骑士团的成员并没有遵循他们所宣称的崇高理念——而非这些理念本身存在问题。这些抱怨对他们没有什么不利影响,因为他们至少确实在巴勒斯坦与萨拉森人浴血厮杀。他们确实没有成功保住耶路撒冷,也没有成功收复圣城,但如果没有他们的帮助,"海外王国"(Outremer)必将沦陷。

因此,神圣罗马帝国皇帝亨利六世和腓特烈二世计划发动十字军光复圣地时,他们自然要向骑士团投资,并支持在第三次十字军战争期间聚集在阿克的一小群德意志骑士和神父。时人普遍接受的观点是,十字军国王有责任以国家为单位为十字军招募部队,并且霍亨斯陶芬王朝的统治者们似乎希望有一个德意志修道会,能够帮助他们集中并维护德意志人在圣地的利益。

耶路撒冷圣玛利亚救护院(St Mary's Hospital)的条顿骑士团,就此被一群有权势的君主独立出来发展,并得到教宗的批准,而这个姗姗来迟、成长有限的团体,似乎很快就会与两大骑士团之一合并。条顿骑士团创立于1190年左右,作为阿克的移动战地医院,很明显,使用耶路撒冷圣玛利亚的名号,乃是暗指圣城中的德意志人救护院;在三年前圣城被萨拉丁夺走。这些救护院护理人员,此后在阿克城中及周边获得了资产,征募了少量骑士修士(Knight-brother)作为安保力量,在1210年之前,其人数可能只有十几人到二十几人。亨利六世为他们从教宗处获取了团体特许状,允许他们采用圣殿骑士团的戒律,而无须服从圣殿骑士团团长的指挥。然而亨利六世在1197年骤逝,让他的十字军未能出征,骑士团也暂时赋闲了。

亨利之子腓特烈二世于1215年领受十字,确认并扩展了骑士团的特权,并将条顿骑士团团长,来自图林根的骑士萨尔察的赫尔曼(Hermann of Salza),封为帝国境内的王公,如此他就拥有与真正的德意志王公相当的社会地位,可以共事。这两位皇帝和他们的朋友,纷纷将意大利、希腊、德意志和巴勒斯坦的地产捐赠给条顿骑士团,而腓特烈二世的捐赠最多。1190—1210年,骑士团收到了18笔有记录的捐款;1211—1230年则有61笔,其中17笔来自腓特烈和他的儿子。[3] 在这一时期结束时,条顿骑士团已经成为蓬勃发展的组织，是其他两个骑士团的稳固微缩版，与它们仅存在一点重要的差异：骑士成员和神职成员几乎全部是德意志人。然而，由于条顿骑士团的领地遍布地中海，并非仅在阿尔卑斯山以北，所以它仍然可以被称作一个国际团体。

医院骑士团和圣殿骑士团仍然倾向于将条顿骑士团视作可吞并的备选团体。13世纪40年代，团长格哈德·马尔贝格（Gerhard Malberg）转投圣殿骑士团，而医院骑士团也请求教宗授权条顿骑士团依附于自己。条顿骑士团自创立的第一个世纪直到1291年，一直是圣殿骑士团的翻版，主要致力于保卫和推进近东的拉丁殖民地。他们的总部位于阿克的救护院，而他们的主要堡垒，是内陆30英里处的蒙特福特（Montfort）堡垒，或称施塔肯贝格（Starkenberg）堡垒，用于保卫腓特烈在1229年的十字军征战时收复的领土。在召集全体大会之时，集会地点向来都在巴勒斯坦。条顿骑士团的大团长（拉丁语称"Magister generalis"，德语称"Hochmeister"）大部分时间留在教宗和皇帝的宫廷之中，参与制定十字军的计划；而他的副手，"大指挥官"（Grosskomtur）留在阿克，通过四名当地军官，即元帅（marshal）、医护官、司库官和司衣官（Trapier，即军需官）来管理骑士团。这些军官的头衔，以及整个管理架构，都是模仿圣殿骑士团。而大约在1220年，条顿骑士团获得授权制订自己的规章制度，随后基本照搬了圣殿骑士团的戒律。[4] 骑士团协助来自各国的十字军，吸引来自欧洲各地的捐款，卡斯蒂利亚、西西里、亚美尼亚、英格兰、瑞典和法国的国王，以及德意志王公们都做过捐赠。1258年，圣殿骑士团和医院骑士团终于承认条顿骑士团为与他们地位相当的组织，因为它与这两个骑士团一样致力于巴勒斯坦的十字军事业，而且也拥有足够自持的财富。事实上，条顿骑士团已经开始在其他地区，如维斯瓦河和德维纳河流域，以不同的模式发展，但这个事实无关紧要：条顿骑士团在本质上与另外两大骑士团相同，而若不是骑士团在巴勒斯坦的最初总部在1291年随阿克陷落而丧失，他们也许还会保持原样。

这里也并不是条顿骑士团对抗穆斯林的唯一战线。由于皇帝亨利六世与奇里乞亚亚美尼亚国王利奥（莱翁）二世结盟，他们也获得了塔尔苏斯（Tarsus）周边的领土，而1236年，他们从海屯一世（Hethum Ⅰ）手中获得了哈伦尼亚［Haronia，今迪齐吉（Düziçi）］这片大而无当的封地，迫使他们暂时卷入王国的东部边境防务，还可能让他们越陷越深；然而1266年，苏丹拜巴尔（Baibars）的进攻终结了这一切。直到14世纪，亚美尼亚的权力范围依然是条顿骑士团在巴勒斯坦之外的高级领地。

卡斯蒂利亚国王费尔南多三世（他于1219年迎娶霍亨斯陶芬王朝的公主），同样给他们捐赠了三座位于西班牙的城堡，以及托莱多西北部可观的地产，在南部还另有封赏，而条件则是骑士团必须协助西班牙人的"再征服战争"。

因此，获取国际的承认与威望的代价，就是对总体政策（general policies）的昂贵承诺，这是其他大骑士团所追求的目标，也与支撑着整个巴勒斯坦十字军冒险行动的理想相符。与此同时，条顿骑士团却转向了另一种政策，以及一种有所不同的理想。两个规模更小，也没有如此成功的骑士团，成为这种理想的先驱者。

它们是利沃尼亚的基督兄弟骑士团（Fratres Militie Christi de Livonia），俗称宝剑骑士团（Sword-Brothers），以及普鲁士主教的骑士团，所谓多布任（Dobrzyn）的骑士团，德语称之为多布林（Dobrin）骑士团。

不同之处在于，他们最初的任务并不是十字军征战，而是传教。宝剑骑士团于1202年创立于里加，由德意志主教布克斯特胡德（Buxtehude/Bekeshovede）的阿尔贝特从他的扈从之中征召，当时阿尔贝特正试图劝说利沃人接受基督教。当时，传教已经进行了大约20年，但传教历程遭遇了两个阻碍：利沃人极严肃地拒绝受洗，也根本不在意主教的布道；德维纳河的河口时常遭到周边民族的掠夺和扰乱。仅靠布道是不够的，主教需要一支军队。此前他们曾试图靠十字军解决问题，却没能成功，十字军离开之后，他们的成果便化为乌有。阿尔贝特因此说服了一批骑士，让他们延长十字军宣誓，而成为专职的宗教人员，长期在他的麾下服役。当阿尔贝特前往基督教世界征召十字军之时，他们要守卫里加的堡垒，而他麾下的神父们，则在这些骑士创造的安稳环境下继续宣传教理问答（catechism）与建造教堂。如果此后的十字军控制了德维纳河谷地更广阔的区域，他们将负责驻守。他们和圣殿骑士一样穿白袍，左肩有徽标：红色的剑与小十字架。

大约五年之后，另一位传教士主教，可能是波美拉尼亚贵族的后代，试图向维斯瓦河下游的普鲁士人传教，使其服从，并为此创立了类似的团体。这位教士是主教克里斯蒂安，一位西多会修士，在1206年开始传教；即使他拥有丹麦国王以及当地波兰公爵的庇护，但他的境况比里加的阿尔贝特更加艰难。

他从未能深入普鲁士领土，而他和支持他的公爵们也不断遭受来自异教腹地的袭扰。他需要一支强大的骑兵部队来维持他占领的土地，库亚维（Cujavia）公爵同意了。他征召了约14名北德意志的骑士，让他们和宝剑骑士团一样发誓服役，并将维斯瓦河畔的一座多布任城堡交给他们防卫。1222年时，他们自称"利沃尼亚与普鲁士的基督兄弟骑士团"（Fratres Militie Christi de Livonia contra Prutenos），使用与宝剑骑士团类似的徽标，唯一的差异在于十字架被替换为一颗星：或许是引领外邦人通向真理的伯利恒之星。

这两个新骑士团与条顿骑士团等其他骑士团不同，主要表现在三个方面。首先，他们并非自治，而是服从于他们发誓护卫的主教；其次，他们拥有的领土很少，只能自行征服，在他们贫穷且人口稀少的边境领土外，他们也没有强有力的恩庇者；第三，他们的任务是协助向多神教徒传教，而不是收复圣地。

教宗英诺森三世与洪诺留三世都将这两个骑士团置于自己的庇护之下，并去信送上鼓励与认可。一段时间里，他们是受欢迎的人（personae gratae），支持教宗制。这种新职能是否与目前的军事修道会思想一致，是存在争议的，然而教宗正准备拓展十字军誓言的理念，将护卫传教士的任务加入其中，与在巴勒斯坦作战并列。《灵魂事大》教谕就此颁布，爱沙尼亚和芬兰就此有了最早的主教，瑞典和吕贝克在12世纪90年代派出的支援德维纳河畔传教士的部队，也就此成为十字军。和1147年的冒险一样，这类远征称不上高效，在征服多神教徒与促进他们改信两方面都是如此。如果十字军由国王组织，则他们与维京首领在过去几个世纪的滨海掠夺相差无几。例如，瑞典"雅尔"比耶（Earl/Jarl Birger）在1195年的"十字军"，目标是德维纳河，但因为风向改变而来到了爱沙尼亚。在他们袭扰三天之后，爱沙尼亚人送上了贡赋，而"雅尔"也就忘了他曾承诺为他们施洗，带着所获欣然离去。本地主教组织的远征也差不多。1198年去利沃尼亚的十字军，波兰于1222年和1223年进攻普鲁士的十字军，意图支持传教事业，都没有取得任何长期成果。但宝剑骑士团带来了改变。

这一任务所需要的并不是纪律涣散的军事爱好者定期出巡，而是职业士兵长期驻守，并且每年都在当地越冬。在波罗的海东部地区征战的回报，虽不足以吸引世俗军人前来，但对决心苦修和劳动的军事僧侣而言并不是问题。因此，出于纯粹的军事目的，维斯瓦河与德维纳河畔组织了新的修道骑士组织，圣贝尔纳的理想必须随着新的环境而发展。

波罗的海的武装僧侣需要面对两类人：多神教徒或穆斯林之外的不信教者，以及改信者，即"新入教者"，他们带来了圣殿骑士团戒律没有解决的问题。多神教徒控制的土地与神庙，并不在基督徒法理拥有的土地之上，比如巴勒斯坦和圣地，而且多神教徒也未必和基督徒开战；那么，是可以与他们和平共处，还是必须攻击他们呢？基督徒战士可以和他们停战，乃至结盟吗？皈依基督教的人应当是接受征服者的统治与驱使，还是获得完全的自由呢？他们应当是服从征服他们的修士，还是为他们施洗的神父？他们的主张能调和吗？这些问题并非完全的学术问题，因为神父和修士都是教会权威的代表，13世纪的教权来自教义，而教义必须正统。多布任骑士和宝剑骑士团的解决手段，并非完全正统，而当条顿骑士团接管了他们征服的地区，继续他们的工作之时，也继承了一系列的神学问题。他们在欧洲北部担负的任务，与他们在巴勒斯坦的任务截然不同。

修道的战争机器，1225—1309

1225—1229 年，条顿骑士团要在两个方向之中选择。皇帝希望利用这支力量到巴勒斯坦参加十字军征战，而波兰的马佐维亚（Mazovia）公爵康拉德则希望借骑士团的力量防卫自己公爵领的边境，抵御普鲁士的多神教徒。康拉德公爵参与了 1222—1223 年对普鲁士人的那次失败的十字军，但他的主要目标是迫使其他波兰公爵臣服，占据克拉科夫，成为波兰的大领主。若是有条顿骑士团威胁他的北方近邻势力，他就能后顾无忧，追求自己的目标了。将军事任务交给骑士团并不是他的首创，其他的东欧统治者已经邀请圣殿骑士团和医院骑士团来到奥得河以东驻扎，甚至西班牙的卡拉特拉瓦骑士团（Calatrava Order）也在但泽附近占领了土地。然而这些骑士团并不愿意到巴勒斯坦或者西班牙之外的地区作战，而萨尔察的赫尔曼麾下的骑士们似乎更愿服从安排，毕竟他们此前曾为匈牙利国王服役，引人注意。

然而在匈牙利的征战让赫尔曼有所警惕。1211—1225 年，他的部下应匈牙利国王安德烈的邀请，在特兰西瓦尼亚（Transylvania）边境地区抵御库曼人（Cumans）。他们建造了五座堡垒，平息了布尔岑兰（Burzenland）的纷争。然而在他们完成了军事任务之后，匈牙利国王立即指控他们违背了自己和主教们的命令，将他们赶走。教宗洪诺留三世抗议了，但没有任何效果。因此，赫尔曼决定，在派出骑士团和普鲁士人作战之前，先要保证自治权。在康拉德等待之时，他率领骑士团主力随同皇帝进军巴勒斯坦，在 1229 年仅仅派出少量部队来到维斯瓦河畔。此后，他得到了腓特烈二世与康拉德的全权授权，骑士团有权统治海乌姆诺（Chelmno），以及他们之后征服的领土。赫尔曼并没有决定放弃这两条战线中的哪一条，在普鲁士的征战，被视作此后进军耶路撒冷之前的练兵。

条顿骑士团拥有先驱者们不曾有的几个优势。首先，他们可以自由进军普鲁士。腓特烈二世在里米尼（Rimini）颁布的诏书、马佐维亚公爵在克鲁什维察（Kruszwica）的桥上签署的特许状，以及格里高利九世的教谕，都承认条顿骑士团的主要活动是与多神教徒作战，不受其他任何政权的管辖，尽管传教的任务还是由主教克里斯蒂安负责。然而在1233年，主教被普鲁士劫掠者俘虏，直到1239年才获释，他无法干预骑士团最初的征服活动。直到1243年，骑士团才开始和其他的传教士主教分享战果。

其次，在征召十字军方面，他们也有更多的兵员。这至关重要，因为若是没有世俗十字军，他们就不可能发动大规模的进攻作战。格里高利九世委派多明我会（Dominicans）修士为普鲁士官方做十字军布道，这个修道会在13世纪30年代在德意志地区迅速扩张；而1245年，英诺森四世授予前往普鲁士作战的人完全的赦免，无论他们是回应教宗的请求，还是骑士团的请求；到了13世纪60年代，连留在家中、出钱代替亲自服役的人也能获得完全赦免。此外，所有欧洲北部与中部的教士，反复收到为普鲁士的十字军布道的命令，骑士团获准自行宣布赦免罪孽。里加主教阿尔贝特被迫自行寻找前往利沃尼亚的援军之时，条顿骑士团得到的援军却源源不断，1232年第一支部队抵达，包括七位波兰公爵；而1233年，迈森边区伯爵带来了五百名骑士。勃兰登堡边区伯爵、奥地利公爵、波希米亚国王奥托卡尔（Ottokar）也在此后纷纷前来。他们前来的原因是，此前他们就是条顿骑士团的捐助者与盟友，也因为他们身处东欧[5]——普鲁士比巴勒斯坦近得多，只需要几个星期的旅程，发下十字军誓言的人就可以获得完全的赎罪。这些适时到来的领主十字军，至少五次拯救了骑士团，让它免于崩溃，然而普鲁士的分团长和分团元帅向来依靠教宗的授权，自行指挥这些援军。在1273年征服中普鲁士人后，这里不再需要援军，他们就不再前来。这里不会出现博希蒙德（Bohemund）那样的野心家，借十字军的名义建立自己的政权。

再次，条顿骑士团与教廷的联络也远比宝剑骑士团顺畅。分团长在普鲁士作战之时，大团长和教廷保持紧密的联系；当普鲁士的骑士团成员与教廷产生分歧之时，罗马城中往往会有人为他们否认棘手的谣言，解开误会，说情的时机和内容都恰到好处。在13世纪，只有亚历山大四世和古怪的塞莱斯廷五世公开斥责过条顿骑士团的不当行为。利沃尼亚骑士团在1235—1236年遭到检举，但类似的事情直到14世纪初才出现在条顿骑士团身上。教宗特使并不容易讨好（见第五章），但他们终究无法分身两处，而条顿骑士团却可以。

最后，条顿骑士团在波罗的海地区之外，还拥有大片的地产。在边境丢失领土与居民，并不会给骑士团带来严重的经济压力。1250年时，骑士团在德意志所拥有的辖地（bailiwicks）或土地、税收和其他各种权利的复合资产已有12份之多，而在全体集会之时，骑士团的指挥官总数超过100人。他们在地中海各地也有辖地，但是他们只在德意志境内征召骑士和神父成员，特别是威斯特伐利亚、莱茵兰中部、法兰克尼亚和图林根，尽管圣地也会分流可能前往普鲁士的军力，不过这股分流却是日渐衰弱。只要骑士团在某处拥有地产，他们就可以在那里征召成员。1210—1230

年，记录的捐赠数额增长到原来的三倍，而1230年一年的捐赠额，只有1290年时的一半。中世纪并没有完全的人力统计存在，但很可能在14世纪时，条顿骑士团长期维持着2,000名骑士修士，以及3,000名神父、修女和侍从。[6]

骑士团的资产情况就是如此，我们还有必要讨论，是什么人出于什么目的而加入骑士团。

1216年，洪诺留三世坚持加入者应当是"军事人员"，也就是能够使用武器的人，但这个说法过于模糊。那时，这个概念涵盖富人与穷人，涵盖有土地的领主和没有土地的雇佣兵。最初的15位大团长之中，有4人是"行政官员"（ministeriales，负责为统治者处理行政事务）的后代，5人是拥有家传封地的骑士地产主的后代，1人来自市民，1人曾是地方王公，而另外4人的出身无从稽考。13世纪的大团长来源，似乎也基本保持这个比例，不过，鉴于这一时期的德意志社会远远称不上均质，关于征召成员的阶层、地位和等级问题很难得出整体结论。绝大多数成员来自"行政官员"（效劳者）家庭，然而随着时间的推移，贵族与非贵族之间的界线愈发明确，骑士团的成员大多来自高于乃至远高于此界线的社会阶层。然而，直到14世纪40年代，大团长才坚持所有申请人除非有特别的才能，否则均要"出身高贵"（wolgeboren）。籍贯与家庭传统，向来是成为骑士团成员的主要决定因素。1250—1450年，有15位在普鲁士服役的骑士团高级官员来自维尔茨堡（Wurzburg）附近的五个贵族家族，而1200—1525年，有大批成员来自维尔茨堡-纽伦堡地区。来自黑森（Hesse）或莱茵兰的骑士团成员，直到1300年之后才在普鲁士担任要职，而巴伐利亚人更是要等到1400年之后，威斯特伐利亚与下莱茵兰的成员则通常前往利沃尼亚。在条顿骑士团内部出现派系之时，划分派系的往往是"口音"，而不是社会出身。在阶级方面，13世纪的骑士团成员背景颇为混杂，虽然没有出身农民的人，但几乎全是德意志人。

骑士团在建立之初并没有坚持保证民族上的专一性。只不过是当大群过剩的德意志士兵向外寻求雇佣机遇之时，宝剑骑士团、多布任骑士团和条顿骑士团恰巧成为他们的雇主，就像丹麦国王、匈牙利国王和波希米亚国王，以及波兰公爵和波美拉尼亚公爵雇佣萨克森士兵一样。条顿骑士团的恩庇者试图依靠这种手段，将这类军人吸引到巴勒斯坦、意大利和亚美尼亚，他们更希望鼓励应征，而不是约束征召。结果便是波兰人、瑞典人和法国人也会参与其中。

北欧没有出现类似的团体，因为和北方多神教徒作战的斯堪的纳维亚勇士是由国王率领，无权建立独立政权。那些想要参与军事修道团体的人，可以加入医院骑士团，他们在条顿骑士团北上之前，已经在丹麦和瑞典建立了机构。

西班牙和葡萄牙的骑士团，在1150—1220年依托此前的骑士、教士与市民兄弟会发展而来，和条顿骑士团一样致力在特定地区对抗异教徒，而且征召的兵员在民族上也存在偏重，然而其他方面却存在相当的差异。这些骑士团的建立，是因为西班牙王国和教会早已不可逆地投身于圣战之中，而条顿骑士团的发展，正是因为绝大多数的德意志王公都没有如此。西班牙的骑士团服从于国王和主教，而条顿骑士团则试图指挥统治者和高阶教士们服务于十字军。他们最初的任务是利用德意志人来拓展基督教世界的疆域，而不是拓展德意志的领土。

按照戒律，申请加入骑士团的人，要对五个问题——和圣殿骑士团所问的一样——给出满意的回答：你属于其他任何修道会吗？你结婚了吗？你有隐秘的身体缺陷吗？你有债务吗？你是农奴吗？这五个回答都必须是否定的，而后申请者要对接下来的五个问题做出肯定回答：你愿意在巴勒斯坦作战吗？愿意到别处作战吗？愿意照顾病弱者吗？愿意遵命执行你能做到的任务吗？愿意遵守戒律吗？而后，申请者宣誓：

> 我，库诺·冯·哈滕施泰因（Cuno von Hattenstein），宣誓入教，许诺禁欲，放弃财产，顺从上帝与圣母马利亚，并顺从于您，条顿骑士团团长、我们的长兄安诺（Anno），以及您的继任者，遵守骑士团的戒律与规章，而且我也将忠实为您和您的继任者服役，直到死亡。7

而后他成为条顿骑士团的正式成员，并保证要全程同时扮演修士与骑士的角色，并保持同等的效力。他的生活受戒律〔1245年之前，枢机主教萨比纳的古列尔莫（William of Sabina）作为教宗特使批准了戒律〕管控，受骑士团机构管理，还要服从"大规章"（Consuetudines maiores），一套总结圣殿骑士团、医院骑士团、圣灵会和多明我会相关内容而成的规章制度。此后的大团长还制定了其他制度，并最终汇编成一本篇幅可观的法典，各个指挥官的辖区都要保留一份抄本，每年要三度阅读全文，每周日都要节选宣读。

这些文字坚持要求骑士团成员遵守一整套宗教仪轨。无论是在修道会中还是在出征时，骑士修士都要在白天时常吟诵祷词，而他们采用的礼拜仪式是多明我会使用的略有精简的仪式,这让他们有更多时间做事工。这一要求似乎得到了机械的执行。1344年,大团长柯尼希得到教宗授权,出征之时可以在日出之前做第一次弥撒,因为冬季的白昼太短,骑士团必须在日出之前准备行动。即使如此,圣餐礼也必须在第一缕阳光照耀下举行。[8] 在营地,团长或者元帅的营帐作为骑士团的临时教堂使用,完整的每日时祷仪式(Hours)在可移动的战地圣坛上举行,而且要能够让哨兵听到。圣殿骑士每年仅仅领三次圣餐,条顿骑士则要领七次,而且他们的斋戒也相当清苦。他们要守四旬斋,而11月与12月的大部分时间也不能食肉,此外周一、周三、周五和周六,以及另外20个斋戒日之中,也不能食肉。他们惯常的饮食是鸡蛋、牛奶、粥和清水。

军纪与僧侣的戒律合二为一,他们需要履行骑士的所有职责,而无法享受骑士的绝大多数特权。他们使用整齐划一的装备与盔甲,每人都分发一件衬衣、一条马裤、两双合脚的靴子、一件无袖罩袍、一只睡袋、一条毯子、一本祈祷书和一把小刀。每人或许获得两套或四套上述装备,但这些装备并非他们私人所有,而是属于修道会。他们不能和俗世人闲混,外衣也必须使用廉价的材质:山羊皮或者绵羊皮。他们睡眠时必须和衣穿靴,也不允许锁住或拴住他们的匣子。在用餐、就寝、行军与盥洗之时必须保持沉默,唯一合法的娱乐就是孤寂的木雕。世俗骑士的礼节与欢愉都被禁止。即使成员拥有自己的纹章,也不能使用,所有人的纹章都是白底黑十字。成员不能参与骑士竞技,也不能进行绝大多数的打猎活动。他们可以猎杀狼或者熊,但是不能携带猎犬协助。成员可以蓄须,但头发必须整齐地剪短。

上述要求的目标只有一个：高效。骑士团队伍要在元帅的全权指挥下整齐划一地行动。因此元帅可以在作战时用手杖指挥部下拼杀，也可以在营地鞭笞违反军纪的人。机动、游行、行军、扎营、警戒与战场作战，都有刻板的程序约束，并在一片沉默之中进行。由于个人无法分享战利品，个人无法获取赎金，骑士团成员也没有马匹与剑的所有权，他们和世俗骑士大不相同。尽管他们没有财产，但他们获准且受鼓励通过贸易来让自己的修道团体获利，而那时的人们认为世俗武官不应当参与商贸。

即使如此，他们终究要杀戮、恫吓与统治。既然他们相信自己是在宣传基督教，就必须将这些行动与宗教天职相调和，至于这些行动能否与宗教品行相协调，就是另一回事了。在守贞方面，骑士团成员确实要面对相当的诱惑，毕竟战争与权力会不断带来女人，由其摆布。她们是战利品，对奸淫妇女的期待也促使本地后备队努力达到入伍标准。一些骑士团成员也参与了奸淫，在1329—1332年战争之中，波兰一方宣誓作证者提供的偏颇证据并非完全不可信。一名骑士作证称，骑士团的正式成员奸淫的妇女，远多于他们的古普鲁士人附庸，市民也看到他们把女人拖进营帐之中。[9]他们或许经常无法忍耐诱惑，然而这并不意味着他们无视或轻视守贞的誓言。他们也很可能对此颇为严肃。编年史家杜伊斯堡的彼得（Peter of Dusburg）引述并赞扬了柯尼斯堡的骑士团指挥官贝希托尔德·布鲁哈弗（Berchtold Bruhave，1289—1302），在加入骑士团前曾经历婚姻的试炼。他选择了最美貌的少女，和她同床共枕整整一年，却不曾触碰她一次。彼得声称："这，就是美德和奇迹。"（Ecce, mira res et stupenda）[10]那些没有布鲁哈弗的定力的人，只能依靠痛苦来克制，贴身穿着链甲，直到锁环被擦伤处的血水锈蚀。一些人据说得到了神迹的帮助。来自哈雷（Halle）的恶人，约翰·冯·吉尔贝施泰特（Johann von Gilberstedt），精力过剩，在领受临终祈祷之后还强奸了他的护理员。然而他此后被恶魔带走并被扔进了遥远的沼泽，他只能爬回骑士团，谦卑地悔罪。或许可以说，在绝大多数骑士团成员的精神之中，性欲和守贞在不断斗争，双方都无法彻底胜利。不过值得注意的是，指挥官迈森的阿尔贝特曾写下一段特别的祷文，以保持节制："至高的喜乐，赐予我们您真正的爱与纯洁的生活，让我们保持良知，免于淫欲吧。"[11]

条顿骑士以及其他所有十字军参与者，前来参战的精神动机都是用服役寻求宽恕。他们选择的手段或许可谓怪异，特别是与方济各会出于同样的目的所坚持的博爱事工截然相反，但条顿骑士和托钵修士却能够实现合作，并存在共同之处：他们都试图获得救赎，成为圣者，而又不打算脱离现实世界。骑士团也在同一时期，即1220—1250年蓬勃扩张，并且被视为补充；他们以修道般的献身精神，投身于非修道的生活方式。而且，只要绝大多数拉丁教会的基督徒认定与多神教徒交战是值得称赞的神圣行为，那么把骑士团成员视作托钵修士也就足够合理了。

骑士修士是骑士团之中的主流阶层，但他们并不是骑士团唯一的成员。运营他们的堂区与救护院的任务，交给了条顿骑士团的神父成员、准成员与修女，如此一来，慈善、教育与布道的事工将伴随军事机器行动。1400年时，骑士团在埃尔宾（Elbing）运营救护院，履行照料贫困的病弱者（并不包括医治）的职责，按照医院骑士团此前确立的规定行事，将被收容者视作"我们的领主，穷苦人"。这意味着更多的是提供救护、收容和弥撒，而非药品。城市之中的救护院由市民而非骑士团管理。1229年，温切斯特主教要求英格兰人在阿克运营的坎特伯雷的圣托马斯救护院采用骑士团的戒律，这种事工的成功可见一斑。

正如条顿骑士团可以适应并利用各种宗教上的感情为自己获利，北方十字军同样得到了那些完全出于世俗目的而前来的德意志人的极大帮助。和罗斯人贸易的哥得兰德意志商人是12世纪晚期的先驱，利沃尼亚的主教阿尔贝特也利用德意志移民建立新市镇，从而巩固他的里加教区，此外他还通过农村封地来加强对周边乡村的控制。从一开始，条顿骑士团便在模仿这种城镇建设与分封的方式，他们控制的每一块普鲁士土地，都安排市镇与少许骑士封臣管理，为骑士团提供收入与兵源。

早在1233年，在海乌姆诺/库尔姆（Chelmno/Kulm）与托伦（Torun/Thorn）颁布的定居地特许令《大库尔姆法》（Kulmischer Handfest）[12]之中，萨尔察的赫尔曼便规定了他治下市民的政治地位。这份特许令给予市民一定的自由，但骑士团要获取一部分诉讼费用，每年收取租金，并拥有铸币与征兵的权力，拥有城镇周边的地区。这一法律源自马格德堡的城市法律，并得到所有殖民地王公的承认。它相对来说更加苛刻，毕竟，应用于里加、雷瓦尔和埃尔宾等海滨城市的《吕贝克法》，允许市民控制周边地区，组织独立的民兵武装。而条顿骑士团直到1255年才拥有足够的实力，在此后占据的领土之中坚持使用《大库尔姆法》；然而此后，这一法律给骑士团和城镇提供了双方可以接受的合作基础，也促进了进一步移民。这种合作至关重要，因为条顿骑士团的征服，就此与东波罗的海社会转化的最强大催化剂——德意志自治市镇——联系在一起。这些新定居点的财富、手工业和创造力，使它们成为普鲁士与利沃尼亚的"油斑",贸易、文化和技术从这里向森林与沼泽渗透,促使当地的部族社会转变,效果远超过征服与洗礼。

在征服战争期间,宝剑骑士团和条顿骑士团都拥有技术革新的优势,这很大程度上源自他们与德意志商人、定居者和工匠的紧密关系。1158年的《吕贝克法》颁布之后,越来越多的德意志移民进入波罗的海地区,而丹麦人摧毁文德人的海上力量,则给他们打通了一条前往诺夫哥罗德的自由且暴利的航行路线。在诸般技术革新之中,最重要的就是规模更大的舰船,这是北欧"货船"的加大版,载货量增加到四倍,配备船内舵和甲板,可以说是科格帆船(cog/kogge)的圆滑及高边版。"科格"原本泛指船首和船尾平直、与龙骨成一定角度安装的船只,而到了12世纪末,德意志人发现这种设计可以改进为一种极为宽大能容的船舶,使用真正的船舵来控制,而不是右舷的橹。一艘科格帆船可以载运500人,或者装载供一座城镇越冬的全部补给,也可以改装成战船,击败波罗的海居民的突袭船(见第四章),并与维京长船争锋。它是运送援军通过遍布海盗的水域的绝佳载具,也是新建立的贸易社区与稳固的旧有市场之间至关重要的经济联系。加上河中使用的各种轻便船,条顿骑士团在补给上存在巨大的优势,即使他们暂时还没有自己的科格帆船——科格船是后话了。

另一项技术革新是石质塔楼。条顿骑士在巴勒斯坦已经积累了充分的城堡建造经验,然而刚来到北方之时,他们没有劳动力可用,找不到本地的技工,也很难获取可用石料,只能建造临时的木堡与木栅。瓦尔德马尔一世的经历足以证明砖石塔楼在滨海防御之中的效果,然而烧砖的工艺此时还没有在丹麦之外的欧洲北部传开，更何况建造砖结构塔楼的人力，以及稳定的条件，都是此时的波罗的海东部所不具备的。另一种选择便是石质建筑。萨克森伯爵们早在12世纪时便开始用石头建造城堡了，而德意志地区的石匠似乎也开始向这一地区迁移，让骑士团得以用塔楼取代最初的木堡，防备敌人最有效的武器：火。13世纪50年代，普鲁士的这类塔楼或许不过五座，利沃尼亚或许有十座，然而它们至关重要：小规模的驻军得以在此坚守，而不至于被敌人淹没。14世纪，更廉价、更易获取的砖很快取代了石料。

最后一项革新就是投射武器，特别是弩。到1200年时，弩已经是德意志商人探险者最喜爱的武器，也是城市民兵必不可少的武器。这种武器并不与骑士身份相称，将弩引入北方的，既不是宝剑骑士团也不是条顿骑士团。然而若是不使用弩，他们根本不可能在早年的争斗之中幸存。这种精准而有穿透力的武器极大扭转了骑士团以少敌多的劣势。将其扩大为弩炮或者投石机装在城墙之上，更是足以击倒大批的密集攻城者，让敌人畏惧曾经脆弱的据点。

此处选取这三个范例加以介绍，是因为它们在作战之中可以直接发挥功效，然而在建筑、工具制造、铁工、制陶、饲养、捕鱼和木工技术上，同样存在革新，这些重甲骑士正是依赖这些物质力量在蛮族的土地之上建立起全新的社会。这些变化的源头并不是弥撒书，也不是要求骑士团成员苦修的戒律，而是那些德意志世俗移民在寻求利润、土地与统治权的过程中所必需的协作关系，以及他们为获得这一切而发挥的才智，这才智也感染着身边的人。欧洲东北部将被迫屈从于一种将宗教与经济结合在一起的力量，本地的文明几乎没有任何抵御的手段，然而他们适应了这一切，取得各不相同的成功。到1300年，吕贝克人使用的低地德语成为从北海到诺夫哥罗德这片地区商人们的通用语言，不过普鲁士的骑士们并不使用它。波罗的海周边的所有民族都试图从欧洲北部越来越多的财富里争得一杯羹。条顿骑士团、十字军、定居者和土著并非势均力敌，他们在这混乱的争夺场之中互相竞争。

第四章

征服东波罗的海
1200—1292

13世纪时,第一章所描述的波罗的海东部的世界,随着军事征服而转变。首先是利沃人、拉特人和爱沙尼亚人,而后是普鲁士人和芬兰人,被德意志、丹麦和瑞典的外来力量击败,进而遭强制受洗、驻军占领,有时还被剥夺财产甚至屠戮殆尽。四个新政权建立起来,分别是骑士团的利沃尼亚领地(dominion)与普鲁士领地,以及爱沙尼亚公爵领和芬兰公爵领,它们全部归属于拉丁基督教世界,而且以前所未有的开放程度吸纳西欧的移民、观念、贸易商品和技术革新。1200年,拉丁基督教世界的边界位于但泽以北700英里处,从哥得兰岛和奥兰群岛(Åland islands)到瑞典海滨的于默河(Umea)河口。1292年,这一边界向东推进了150—300英里,纳入了相当于整个不列颠岛大小的土地,而其中的人口,或许不到这一时期不列颠估计人口数量(500万人)的四分之一。这些征服,某种意义上是实践亚历山大三世最早在《灵魂事大》中提出的计划。一个新的大主教区,以及八个新主教区,共同负责这些地区的牧灵事务,而其中的许多居民或者刚刚改信,或者尚未受洗,而驻守在新边界之上的骑士和武装僧侣,则奉命将他们与多神教徒和东方的东正教徒分隔开。骑士和武装僧侣将领主权和主教权刻在这些地区本地居民的背上,以他们的利益为名,所有圣言都被简化为一句名言:"勉强他们进来。"(语出《路加福音》14:23,即劝人尽早皈依。)

利沃尼亚

记述最充分的便是骑士团的征服,而其中最早的,就是里加主教和他的武装僧侣宝剑骑士团对利沃尼亚地区的征服。这一历程标志着一个新概念,以及极北之地一种新的征服模式的出现,让此前的宗主权统治就此过时。在1200年之前,德维纳河流域的居民就已经臣服于入侵者了。波洛茨克的罗斯人在科克内塞建立了公国,而波洛茨克与海洋之间的中点,河流下游的拉特人小王国耶尔西卡臣服于他们。诺夫哥罗德和普斯科夫的王公,分别在1116年建立奥登佩(Odenpäh,今奥泰佩)堡垒和1133年建立多尔帕特堡垒,收取北拉特人和南爱沙尼亚人的贡赋,而立陶宛人则掌控着河流以南的瑟罗尼亚拉特人。这些最高领主权被1200年之后的德意志入侵者视为伪造或非法,他们所到之处,领主权纷纷被废止。1250年,绝大多数的罗斯王公默认了他们被逐出这一地区的事实,也和这里的新君主达成了协议;这些新的君主虽说是坏邻居,但终究是好顾客。

有两份同时代的主要记载,它们内容充实,代表着作者所属的德意志人。最早的是利沃尼亚的亨利的《利沃尼亚编年史》,由这位传教士神父在1225—1229年以拉丁语写就。这位经历了殖民地诞生之艰的亨利直到1259年依然健在,他曾在拉特人居住的帕彭多普（Papendorp）建立了一座教堂，并在那里工作。亨利对战争颇感兴趣，详细记载了每年的征战情况；不过他也对服从其教堂教规的本地居民怀有仁爱之心，认为皈依天主教是让他们在生前改善生活、在死后获得新生的良机。在受洗之前，他们盗窃、抢劫、谋杀、背誓、乱伦、一夫多妻，如同愚人一般生活；受洗之后，他们回归理智，向法官们请求伸张正义，并在几番倒退之后，回归道德的生活。因此他支持任何保证受洗的手段。

有些受洗的手段确实是人道的。1205—1206年的冬季，里加主教表演了一场神迹剧，向利沃人解释基督教教义。但绝大部分时候，他都依靠战争聚敛教众，甚至神迹剧演出之中的战争场面都过于真实，让观众感到恐慌乃至试图逃走。[1] 1211年，宝剑骑士团和皈依基督教的拉特人集结部队，进攻爱沙尼亚人的堡垒费林（Fellin，今维尔扬迪）。围城者首先押来爱沙尼亚人俘虏，宣称如果守军投降并受洗，就饶恕这些俘虏的性命。守军拒绝了，这些俘虏随即被全部杀死，扔进城壕之中。围攻持续了五天，双方伤亡惨重，而骑士团再度提出了那个提议。爱沙尼亚人回答道："我们承认你们的神比我们的诸神更强大，你们战胜了我们，你们的神征服了我们的心，让我们崇拜他。"[2] 他们就此投降，而幸存者接受了圣水与教理问答。亨利的评论是，教士决定暂时推迟完整洗礼是正确的，毕竟此时刚刚发生了如此惨重的流血伤亡。他认为这种皈依手段没有任何问题，因为对他而言，自愿皈依天主教信仰，或者在白刃之下被迫受洗，都是上帝的意志，以何种手段让受洗者的人数增加倒不重要。

然而他认为，在受洗之后，皈依者应当得到基督教信仰的仔细教诲，并得到新统治者的公平对待。他没有花时间讨论那些借殖民活动获利的人——包括掌控部族的部族法官、侵吞本地人财产的骑士，以及盘剥勒索的神父，因为这些人破坏了上帝的工作成果。新秩序必须比旧秩序更好，不只因为新秩序由基督徒建立，更因为这能够保证臣服的居民获得和平、丰足与自信；而亨利在暂时的和平期之中记述历史，他认定这意味着此前的流血与破坏都是值得的。

事实证明他错了，和平没有就此到来。接下来的六十年里，之前的战斗被迫再度爆发，各地重新被征服，再度出现殉道者。在他尚在人世之时，他希望拉特人和平改信的幻想便几番遭到打击，而宝剑骑士团虽然被他视作主教及其传教工作顺从的执行者，却因为重大丑闻而被条顿骑士团接管。圣母的军队在遭受十二次惨败之后，才能保证圣母的子民安稳生活。在那个世纪末，来自利沃尼亚的声音刺耳了许多。

这个声音来自一名操中古高地德语的无名骑士——或许是条顿骑士团的成员，他写下一份利沃尼亚的韵文历史篇章。

这部《利沃尼亚韵文编年史》（*Livländische Reimchronik*）代表着修道骑士的观点，而非传教士的观点。被亨利视作所有世人之母亲的圣母，在利沃尼亚编年史中则被视作女战神。上帝是严酷的君主，发动战事就是侍奉上帝。回报是灵魂得救，但只有殉道，也就是被上帝的敌人杀死，才能保证如此得救。战争的胜利是展现上帝的仁慈的方式之一，但他赐予的胜利人所难测。上帝最欣赏的还是殉道，而在殉道之外，便是杀死多神教徒的男女老幼，焚烧他们的房屋，让丧失亲人者哀恸。

因此，条顿骑士和他们的团长会在绝境之中坚持出战，寻求死亡而非胜利，而他们无故进攻（而且时常以失败告终）和平的部族的原因是渴求建立帝国的上帝不允许他们休息。上帝在血与火之中显现，杀戮和纵火是让上帝显现的手段。作者甚至提到托钵修会也加入骑士团执行类似的任务，他在骑士团于 1255 年摧毁萨莫吉希亚时写道：

> 焚烧这片土地的第一把火
> 由一位布道修士亲手点燃
> 而一位灰袍修士紧随其后[3]

因为上帝虽然欢迎异教徒自愿皈依，但保证他们虔诚皈依的唯一手段，就是迫使他们无条件投降，或者和 1290 年处理瑟米加利亚人时一样，只允许皈依者留在自己的土地之上。不能安排停战协议，即使失败的战斗也比停战更好。他们向来质疑无武装的传教士的成果，比如 13 世纪 50 年代的立陶宛，国王接受了洗礼，却依然允许他的臣民进攻骑士团。条顿骑士团从来不以布道者自居，这意味着他们认为，自己的殉道意愿对教会的意义高于任何口头的改信劝导。

这篇韵文历史的作者，对土著的态度没有利沃尼亚的亨利那样仁慈，却也并非全无同情。如果他们与骑士团敌对，他们就不应当得到任何仁慈，但他也并不否认这些敌人的英勇。他们的战士得到和基督徒战士一样的称号："高尚英雄，英勇者"（vromer helt, degen），他们的成功也不会遭到贬损。如果他们支持骑士团，他们就会被接受；而在战斗之中，如果他们坚守阵地，就会得到慷慨的赞颂；而如果他们逃走，也不会遭到过多指责。韵文历史作者似乎并不在意他们是否前往教堂，但他愿意描写忠实的库尔兰人共同庆祝骑士团的胜利,并满载着应得的战利品行军回家。即使在和平时期,基督徒盟友,比如立陶宛的明道加斯(Mindaugas/Mindowe/Medovg),也会被视为可敬的人,有资格得到尊重;而若是立陶宛决定打破和平,他们的动机也足够合理:他们想要保住自己的国土,抵挡外来者占领。

即使如此,正如上帝要求他的仆人战斗,恶魔也通过他的仆从,即祭司(bluotekerel),煽动多神教的萨莫吉希亚人战斗。这场战争本质上是神祇之间以勇敢而可敬的凡人作为武器的战斗,而上帝和圣母,以及信仰他们的基督徒,力量更强。因此,战斗是不可避免的;这是向敌人展现他们信仰错误的唯一手段。基督徒无论是战败殉道,还是胜利并迫使敌人皈依,都算作胜利。因此韵文历史作者对这九十年的流血杀戮毫无愧疚——原因和利沃尼亚的亨利不同,并不是因为战争带来了和平与皈依,而是因为他这一方占了上风。

这两份史料,以及诸多其他史料,都展现了征服者的态度,但关于被征服者的态度则没有任何直接记述。我们只能通过他们屡屡试图摆脱这些统治者和新宗教的事实来推断他们的态度,但这些称不上结论性的证据。一些人一直保持忠诚;而另一些人,比如费林的爱沙尼亚人,支持他们认为正义的战争,在新来者的军队之中服役,以此为更有效的方式来解决本地长久以来的纷争,或者赶走其他的入侵者。德意志商人们终究带来了相当的财富,而土著部族的首领在这些外来者到来之前,就已经教会他们劫掠破坏了。

里加传教成了家族事业,家族的首领是不来梅大主教哈特维希二世(HartwigⅡ,1185—1207年在任),他在任期间试图收复这个曾经辉煌的大主教区的失地，重申自己的权力。当他得知有一位年长的教士团教士到遥远的德维纳河畔布道，而此人来自荷尔斯泰因（位于哈特维希的教区内）的塞格沃尔德（Segewold）家族，他便有意让此人成为利沃人的主教。毕竟在1103年之前，汉堡-不来梅大主教曾经管理整个欧洲北部的基督教事务。这位新任主教迈因哈德（Meinhard）进展甚微，他贿赂利沃人接受洗礼，教授他们在于克斯屈尔（Uexküll，今伊克什基莱）和霍尔姆（Holm）建造石墙城堡，而后才发现他们并不打算维持基督徒身份。教宗给他写信，建议他强迫他们皈依，但是，要如何强迫呢？德维纳河畔的德意志商人只想贸易，而瑞典人则只想掠夺。未能安享晚年的迈因哈德于1196年去世，哈特维希派出一位更年轻的继任者，西多会修道院院长洛库姆的贝特霍尔德（Berthold of Loccum），然而贝特霍尔德在次年便返回，宣称已经无法控制局势了。他试图用礼物和娱乐来拉拢利沃人，但他们则明确表示要赶走他。

哈特维希已经找到了答案：持续发动十字军。1195年，他说服了教宗塞莱斯廷三世，给所有宣誓前往德维纳河朝圣的人以十字军特权，而1198年，英诺森三世重申了这一特权。同年，贝特霍尔德返回利沃尼亚，并带上了一批全副武装的萨克森十字军。这些骑士战斗力十足，本可以取得更多战果，却因为主教自己落入敌手被杀而受挫。十字军在乡村搞破坏，迫使一些利沃尼亚人受洗，而后他们便起程离开，让一切恢复原状。然而，利沃尼亚有了第一位殉道者，这几乎是劝导皈依必不可少的范例。哈特维希委派外甥布克斯特胡德的阿尔贝特接替贝特霍尔德。阿尔贝特花了一年的时间，征召了更多的十字军，率领23艘舰船和500余名战士抵达德维纳河畔。

阿尔贝特之所以响应哈特维希的请求,不只是因为同情后者扩张大主教区的目标;哈特维希在萨克森的敌人和朋友几乎一样多。还因为在哈特维希发出请求之时,前一轮的十字军宣传已经进行了近10年,许多欧洲北部的骑士曾发下誓言前往圣地,但1197年皇帝亨利的十字军最终没能出发,让骑士们大失所望。皇帝逝世之后,德意志的动荡与内战,也让这一地区的良心不安者比平常多,他们愧于流血和杀戮,或决心离开家乡;而居住在科隆、索斯特(Soest)、不来梅或吕贝克周边地区的人,向来与东欧贸易有关,途经哥得兰岛转往德维纳河畔,这是众所周知的致富路线,因此借此获取拯救也有一定的吸引力。哈特维希和阿尔贝特只需要开发并组织这些人员,便可以年复一年地重复这一行动,此举在1204年得到了英诺森三世的授权;吕贝克-利沃尼亚贸易就此成了稳定的利益来源,也让船长、骑士、市民和王公借此得到救赎。这些来来往往的十字军让居留域外的移民境况越来越好,而居留的人之中,最显赫的就是大主教哈特维希的亲戚们。

主教阿尔贝特是他们的领袖,他顺流而下,将主教驻地从于克斯屈尔迁往交通更便利、可供科格帆船停泊的里加港,并在当地建造了新城镇供德意志定居者居住。1224年之前,他每年都要返回德意志寻求支持,并和教宗英诺森三世与丹麦国王瓦尔德马尔二世保持频繁联络,由此巩固了自己的地位。他派兄弟迪特里希(Dietrich)管理杜纳明德(Dünamünde)新建造的西多会修道院,并说服他此后迎娶罗斯公主,担任奥登佩堡垒的堡主,以此阻挡罗斯人。他将里加周边的土地封给了自己的妹夫恩格尔贝特·冯·蒂森胡森(Engelbert von Tisenhusen),并邀请影响力甚大的表兄,来自施塔德(Stade)的迪特里希做他的下属军官。在夺取多尔帕特之后,他的兄弟罗特马尔(Rothmar)成为这里的主教,而另一位兄弟罗特马斯(Rothmas)则成了赫尔曼的教士长(provost)。这些人建立的家族,冯·蒂森豪森、冯·于克斯屈尔和冯·德罗普(von der Ropp),在利沃尼亚影响力可观,但阿尔贝特最重大的遗产还是他建立的修道家族——宝剑骑士团,在他尚在人世之时,他们便成了这一地区最强大的政治力量。

宝剑骑士团成员的出身似乎颇为混杂。在怀有敌意的编年史家笔下,他们是"富裕的商人,因为犯罪被赶出萨克森,想要在没有法律与国王约束的地方自行生活"。[4] 但其中一些人是阿尔贝特家族的人,而其中最重要的一员,福尔克温(Folkwin),或许是黑森北部瑙姆堡(Naumburg)伯爵的儿子。那些可以追溯出身的成员,或者来自这一地区,或者来自不来梅-吕贝克地区,即主教人脉最广的地区。宝剑骑士团的人数或许从未超过120人,分散在六个修道会之中,然而他们并不容易掌控。福尔克温在1209年成为第二任团长,而第一任团长被骑士团成员索斯特的维格贝特(Wigbert of Soest)用斧子砍死。随着时间的推移,他们几乎被指控犯下了所有种类的罪;此外他们粗鲁不文、一心打仗。然而在文诺(Wenno)和福尔克温管理之下,他们都在不容任何错误的征战之中取得了胜利。

他们军事胜利的秘诀便是有限地参与主教与团长们安排的十字军任务。他们是身披重甲、以骑兵为主的精锐,在战斗之时应当谨慎运用,一方面因为人数有限,另一方面因为德维纳河谷地的地形并非骑兵行动的理想环境。他们的主要任务是组织十字军和本地征召部队发动夏季作战,并在冬季守卫据点。主教阿尔贝特和1200年的十字军设法在里加建立基地，分封第一位德意志地产主，并掌控曾由小国王考波（Caupo）统治的一半利沃人；而后，宝剑骑士团奉命溯河而上，巩固夺取的土地。德维纳河以南的瑟米加利亚人在1205年臣服，分享战胜立陶宛掠夺者的成果，而科克内塞的小国王也在1207年将一半领土交给主教，以获取支援来对抗立陶宛人。科克内塞和耶尔西卡在1209年被占据，绝大多数的拉特人臣服于里加；1212年，波洛茨克王公弗拉基米尔将此前的索贡区交给主教以争取军事同盟，并保证他的商人能在德维纳河自由通航。

1209—1218年，他们以一系列的征战迫使居于萨卡拉（Sakkala）、温高尼亚（Ungaunia）和罗塔利亚（Rotalia）的南爱沙尼亚人臣服，并击退了试图维持宗主权的罗斯人和立陶宛人。丹麦十字军来到爱沙尼亚北部，让他们的扩张暂时受限；1222年，丹麦国王瓦尔德马尔与主教阿尔贝特瓜分了爱沙尼亚。1223—1224年，丹麦人和萨克森人都忙于收复在爱沙尼亚人叛乱之中失去的领土。在短暂中断之后，随着教宗特使萨比纳的古列尔莫恢复这一地区的秩序，厄瑟尔岛的居民于1227年臣服，库尔兰人则在1230—1231年签署协议宣布投降。

这些征战就此划出了"利沃尼亚"的边境。在这些血腥战斗之中，德维纳河成了生命线，沟通一系列筑垒修道院和石质碉堡：杜纳明德、里加、基克霍尔姆（Kirkholm）、于克斯屈尔、伦讷瓦尔登（Lennewarden）、阿舍拉德（Ascherade）和科克内塞。科格帆船向里加运输人手和补给品，而援军则可以搭乘定期往返于波洛茨克与海洋之间的河船。河流以南森林茂密的地区屡屡遭到立陶宛和库尔兰掠夺部队的袭击，驻军必须在开阔地带发动反击，最好是在他们返回时,因为那时他们会被掳掠的牲畜拖慢。向他们的领土腹地追击要冒极大的风险。这一地区北面更开阔,山地也更多,小河交错穿过,一些老旧的入侵路线可通达往来。这一方向有更多的农田和村庄可供占据,而一系列山地堡垒也可以用于控制周边地区,比如特雷登的阿河(Treiden Aa,今高亚河)畔的塞格沃尔德、特雷登(Treyden)及文登(Wenden)、海滨的佩尔瑙(Pernau,今派尔努),以及北端的费林、多尔帕特和奥登佩,直到利阿尔(Leal,今利胡拉)和魏森施泰因(Weissenstein/Vissuvere)。突入这一地区之时,宝剑骑士团利用了他们拥有的全部技术优势。那些堡垒就是最重要的优势:方形的石质军营屯驻士兵和马匹,通常建筑在他们夺取的土堡垒之上,而其中一角还矗立着哨塔。全身护甲、弩与大型弩炮,在双方战争初期意义重大,1207年,宝剑骑士团依靠布置蒺藜刺伤对方骑兵的马匹,挫败了波洛茨克的一次入侵。攻城塔、投石机以及填城壕的柴捆,迫使费林在1211年投降,而一台"大型机械"帮助他们在1220年夺回基克霍尔姆。1210年,在里加湾被库尔兰人击败之后,骑士团不再使用小型舰船作战,转而使用科格帆船,他们于1215年利用这些战舰击败了厄瑟尔的敌人,而他们的敌人无法制造这种舰船。

但多神教徒向来拥有人数的优势,也对本地的境况更加了解,他们很快开始仿制对方的攻城器械,使用他们缴获的盔甲,或者从无视教宗禁令的商人手中购买。入侵者不能仅仅依靠精良的武器。他们的强大源自能够获取本地居民的支援。而要获取支援,仅靠威胁是不够的,语言说服的效果也有限:利沃尼亚的亨利明确表示,若是没有其他的劝诱,那么愿意放弃旧神、为上帝而战的人永远是少数。在战争期间,受洗是依附于十字军的结果而非起因。实现依附,要靠以下几项现实利益的劝诱。其一是庇护他们对抗主教的竞争者,即罗斯人和立陶宛人;其二是支持十字军,利沃人和拉特人将得到掠夺爱沙尼亚人的机会,他们可以借机解决旧日的纷争,并获取财富;其三是主教是德意志商人们的合作伙伴,而德意志商人是他们最重要的贸易对象,用银钱、武器装备和奢侈品与他们交换毛皮和蜂蜡,而如果必要时,他可以封闭河口航运。因此利沃尼亚的居民起初或者是被争取为同盟,或者是在同盟者的支持下被征服;而后他们会接受洗礼并接纳驻军,臣服于占据这一地区的神父和地主等精英。但他们在后一个阶段会持接受态度么?甚至1237年之前,就已经有许多人发动了叛乱,而在此后还会有相当多的人叛乱。接下来的50年之中,这种殖民地上层体系的稳固性遭到了极大挑战。

这种漫长的混乱很大程度上要由宝剑骑士团负责。他们在控制这些地区之时,按照1204年的协议,理论上只能获得三分之一的征服领土,余下的领土交给主教。然而土地的产出相当有限,战争的花费则颇为高昂。他们企图压榨农民,导致1222年爆发大规模的叛乱,而且他们也遭到了教宗洪诺留三世的指责。他们试图获取补偿,夺取丹麦国王在爱沙尼亚的领土,但教宗特使要求他们归还这些土地。在特使离开之后,他们再度夺取这些土地,并开始侵吞主教掌控的土地,在德维纳河上收取过路费。抱怨传到了罗马,1230年时,宝剑骑士团已经声名狼藉。另一位教宗特使,欧讷的鲍德温(Baldwin of Aulne),认为他们已经完成了使命,失去了作用,报告称应当出兵弹压他们。然而在率领麾下骑士试图从骑士团手中夺回丹麦的堡垒雷瓦尔之时,鲍德温兵败被擒，只得返回意大利，开始起诉对抗。团长福尔克温开始意识到危机，试图说服在名誉上无可指摘的条顿骑士团承认宝剑骑士团为他们的教友。在一番监察之后，一批条顿骑士向召开于马堡的分团全体大会提交报告，指出宝剑骑士"自行其是，不守戒律，只想获得全权委托，而且不会轻易允许外人监管"[5]。他们应当已经发现，宝剑骑士在与教宗特使争执之时，甚至逮捕了自己的团长。

罗马的诉讼对福尔克温的骑士团不利，条顿骑士拒绝在获得教宗同意之前出兵支援。而后，在1236年夏天，团长被支援的十字军说服，对立陶宛发动入侵。在普斯科夫王公支持下，他抵达了绍勒（Saule，今希奥利艾），而后发现十字军因为担心马匹陷入周边泥沼之中而拒绝作战。立陶宛人发动进攻，按照韵文历史的记述，这些部队"如砍倒妇女一般"被尽数歼灭。福尔克温和他麾下的五十名战友被杀，宝剑骑士团就此终结。他们只能依靠丹麦国王和教宗支援，却与丹麦国王和教宗为敌。而1237年，残存的宝剑骑士转而由条顿骑士团管理，普鲁士分团长赫尔曼·巴尔克接管了利沃尼亚防务。

分团长巴尔克和教宗特使摩德纳（Modena）的古列尔莫前去拯救这个地区。他们布道召集十字军，援军从普鲁士向北进发；而丹麦国王因为拿回爱沙尼亚而停止了敌对；里加大主教也被说服，同意获取被征服领土的三分之一，而非三分之二。至1255年，利沃尼亚的分团长们夺回了1236年丢失的德维纳河以南的领土。他们说服立陶宛国王明道加斯接受洗礼，与他们结盟，而后他们共同出兵，迫使普鲁士的萨姆兰地区臣服。

一如既往，这种支配地位的基础就是和边境政权建立同盟关系。骑士团用武力向库尔兰人、瑟米加利亚人和萨莫吉希亚人宣示自己实力更强，但他们开出的臣服条件并不苛刻。这些边境民族被迫接受洗礼，但可以保留自己的堡垒并维持自治；若是他们为骑士团而战，骑士团也会为他们而战。他们需要提交人质，作为忠诚的唯一保证。

这一体系在1259年崩溃，萨莫吉希亚人背弃了停战和约，在库尔兰的斯霍滕（Schoten）击败了利沃尼亚分团长布尔夏德·冯·霍恩豪森，杀死了33名骑士团成员。瑟米加利亚人和一些立陶宛人随即站到了对面。当1260年霍恩豪森试图走捷径进入普鲁士寻求支援时，他的部队在杜尔贝（Durbe）被伏击歼灭。他和150名骑士团成员被杀，而他身亡的消息让所有立陶宛人以及大部分普鲁士人放弃基督教信仰，对条顿骑士团宣战。厄瑟尔的爱沙尼亚人不久之后也加入叛乱，而罗斯人在立陶宛人的支援之下夺回了多尔帕特。

叛乱似乎源于政治考量，而非对压迫的反抗。在德维纳河谷地和维斯瓦河谷地，由条顿骑士团直接管理的居民依然忠实。叛乱者来自那些驻军或军役负担最轻的地区。但骑士团若是被萨莫吉希亚人击败，必然威信扫地。接下来的30年间，利沃尼亚的骑士们以不懈的残忍继续作战，旨在完成两个目标：夺回绝对军事威权，并剥夺此前臣服他们的部族的政治独立地位。第二个目标拖延了很久，因为第一个目标难以实现。1262年、1270年、1279年与1287年，利沃尼亚的骑士团都遭到了惨败，四名分团长阵亡，而利沃尼亚元帅维勒金（Willekin）则被俘虏并火刑处死。敌人的数量更多，也有能力战胜他们，因此他们只能在征服的领土上永久驻军，并依靠焦土政策，人为制造一道防护线。库尔兰在1263年臣服,而瑟米加利亚人从未被制服。他们的贵族大多被绑架并斩首,平民则被赶出这一地区,逃亡立陶宛,留下一片由孤独的城堡守卫的荒芜沼泽。瑟罗尼亚人依然居住在没有工事的森林之中,利沃尼亚和立陶宛的掠夺者都宣称对这一地区拥有主权。萨莫吉希亚人依然是条顿骑士团未曾征服的侵略性对手。然而1290年,从杜纳堡(Dunaburg,今陶格夫匹尔斯)到梅梅尔(Memel,今克莱佩达),已经建立了十几座堡垒,南面则留出了一片荒芜之地。这条稳定的边境线能够将立陶宛人拦在外面,保证境内的传教,并让骑士团依照《路加福音》(11:21)的经文行事:"壮士披挂整齐,看守自己的住宅,他所有的都平安无事,但有一个比他更壮的来,胜过他……"

普鲁士

基督徒的"普鲁士地区"始于1200年前后,当时来自波兰沃克诺(Łekno)的僧侣前去传教,并得到了英诺森三世的支持;此后主教克里斯蒂安在丹麦人的帮助下进一步推动传教,但最终实现目标的却是同时在两条战线作战的条顿骑士团:一方面对抗普鲁士多神教徒,一方面对抗可能的基督徒竞争者。

后一条战线时而会爆发战争,例如1242—1248年,他们与东波美拉尼亚的但泽公爵斯威托波尔克(Świętopełk/Swantopelk)开战。然而通常来说纷争还是以外交为主。在征服期间,条顿骑士团必须谨言慎行,以免其他势力在骑士团的领土上宣称所有权或建立据点。吕贝克想要建立滨海殖民地,而后在埃尔宾实现了目的。多布任的骑士们想要保住他们在普鲁士南部边境的土地。

波兰的王公们想要索取在普鲁士征服的土地，作为他们支持的回报。而德意志的君主则希望完全拥有这一地区的主权。教宗特使想要让主教们获取更多土地，也想要让皈依者获取更多的权力，但这些都超过了骑士团容许的范围。德意志殖民者也并非总是顺从的。而且，如果吕贝克、波兰、教宗特使和殖民者不提供支持，征服战争就无从谈起。骑士团可以说是相当幸运且明智的，他们最终仅仅分出了尽可能少的统治权来安抚主教。

即使如此，他们也花了50年的时间完成这一任务。普鲁士人数量更多，也比德维纳河畔的居民有更好的率领者，而在骑士团抵达之前，他们已经抵挡了波兰人征服并强迫他们皈依的尝试。1220年前后就发生过武力征服和强制皈依的努力，而波兰历史学者文岑蒂·卡德伍贝克（Wincenty Kadłubek）对此事件的描述是："压迫越强，维持越短。"（Tanto brevior, quanto coactior）[6] 1217—1223年，教宗洪诺留三世和主教克里斯蒂安艰苦努力，组织一支强大的十字军进攻普鲁士人，然而其结果只是徒劳地在边境的海乌姆诺聚集了一批德意志骑士与波兰骑士，而后遭遇多神教徒毁灭性的报复。这也是马佐维亚公爵康拉德请求条顿骑士团支援的原因。宝剑骑士团在利沃尼亚的范例，让条顿骑士团获悉了取胜之道。他们首先在河畔建立一系列堡垒作为基地，十字军盟友可以借此威胁或者劝诱河畔或者滨海地区的部族。而后，他们便可以征服、驻军并打开通往内陆的道路，溯涅曼河向东推进。

他们于1230年在海乌姆诺的波兰堡垒开始行动。

此前，所有入侵的军队都向东进入内陆的林地，然而海乌姆诺的骑士团军官赫尔曼·巴尔克，则将军力集中到西部的维斯瓦河畔。他于1231年发动的第一次远征，稳固了海乌姆诺上游的河流控制权，并且在流经普鲁士中部的维斯瓦河支流德尔文察河（Drwęca/Drewenz）的河口处对面建造了托伦城堡。次年，一支波兰与德意志十字军集结在此地，向海乌姆诺东北方向进军，建造了马林韦尔德城堡（Marienwerder/Kwidzyn），而另一座城堡雷登（Reden/Radzyń）则保护海乌姆诺以东的库尔默兰地区（Kulmerland）。下一拨十字军在年轻的迈森边区伯爵率领之下，袭扰周边的波美萨尼亚普鲁士人，直到他们最终同意签署和约，并给赫尔曼提供了两艘大型河船。他利用这两艘船从马林韦尔德向北推进，在维斯瓦河三角洲上建立了埃尔宾（今埃尔布隆格），在杰日贡湖（Dzierzgon）畔建造了基督堡（Christburg），掌控马林韦尔德以东的地区。波美萨尼亚人以及波格萨尼亚人担心他们的主要贸易路线被切断，就此和骑士团签署了和约。1239年，埃尔宾东北方向35英里处，弗里舍浅潟湖（Frische Haff）畔的巴尔加（Balga）配置了驻军，而分团长在这里等待新一批十字军前来，完成包围。

到目前为止，波兰和德意志十字军投入了绝大部分战斗，而骑士团仅仅建造了小型的木堡。损失很有限，赫尔曼甚至能够派部队占据利沃尼亚。但当不伦瑞克（Brunswick）公爵带着更多的志愿者抵达，劫掠以及征服巴尔加周边的部族，并留下殖民者在这一地区定居之后，骑士团才发现自己在维斯瓦河三角洲两面受敌。但泽公爵斯威托波尔克此前是骑士团的盟友，但他发现托伦、马林韦尔德和埃尔宾的新贸易社群在和他治下的商人竞争，而巴尔加则威胁着他对弗里舍浅潟湖沙嘴的控制。1242年，斯威托波尔克和普鲁士人和谈，而后结成联军，几乎摧毁了三个骑士团堡垒和据点，并蹂躏了库尔默兰。

为期十年的战争随即开始，斯威托波尔克在维斯瓦河拥有20艘舰船，他建造堡垒阻拦骑士团的驻军，并持续袭扰德意志居民。普鲁士人很快便学会了反制骑士团进攻的方法，分别于1244年在伦森（Rensen）、1249年在克吕肯（Krücken）歼灭了条顿骑士团的军队，击杀了两位元帅。重甲骑士、高头大马以及弩，让条顿骑士团在木栅可及的平坦而干燥的地区拥有相当的优势。在其他地区，敌人可以困住条顿骑士，将他们切分成小股部队，或设下埋伏。然而普鲁士人进攻堡垒的手段就只有强攻或者封锁，而骑士团的弩手和补给船只则会挫败普鲁士人的进攻。战争仿佛陷入了僵局，特别是在1246年，斯威托波尔克没能在托伦城外的伏击中歼灭一支骑士团部队，双方进一步僵持。

让战局向不利于斯威托波尔克的方向转移的因素，是教宗特使以及其他波兰王公向骑士团提供援助。波兰人想要将斯威托波尔克赶出维斯瓦河河口，而教宗特使希望斯威托波尔克与骑士团合作对抗多神教徒。教士们开始组织十字军对抗斯威托波尔克，后者被迫和谈，同意与条顿骑士团共享维斯瓦河三角洲。骑士团得到了解救，却也付出了代价。为了获取教宗和德意志领主的支持，分团长冯·格吕宁根被迫许诺在他征服的土地之中分出三个独立的主教区，给所有皈依基督教的土著以公民自由。为了让后续的征服活动得到支持，他必须向吕贝克和波兰王公们许诺回报，他无法阻止教宗许诺将萨姆兰半岛交给挪威国王哈康四世（Håkon Ⅳ）——只要他能够首先征服这里。三个意料之外的盟友让骑士团免于履行这些承诺。其一是波希米亚国王奥托卡尔，他在1254年前来参与十字军，并出资在萨姆兰建立了一座城堡，该堡命名为柯尼斯堡（意为"国王堡垒"），以示对他的敬意。其二是立陶宛国王明道加斯，他皈依基督教，让骑士团得以在涅曼河畔安然建立两座新堡垒：梅梅尔和格奥尔根堡（Georgenburg，今尤尔巴尔卡斯）。1259 年，萨姆比亚（Sambian，即萨姆兰）的普鲁士人被迫向条顿骑士团臣服——而非波兰人、吕贝克、教宗使节和挪威人；然而萨姆兰能否免受其他基督徒的争夺，还是悬而未决的问题。

第三位"盟友"，罗斯王公加利西亚的丹尼尔（Daniel of Galicia），本不想援助条顿骑士团，他想要把普鲁士据为己有。不过，1248—1254 年，他和两位波兰公爵塞莫维特（Semovit）与博莱斯瓦夫从布格河盆地出发，溯纳雷夫河而上发起复杂进攻，迫使最强大的普鲁士人部族约特文吉亚人（Yatwingians）臣服，而骑士团则借机占据北方的地区。这一压力也迫使立陶宛的明道加斯与德意志人保持友好关系。此后十年间，布格河的罗斯驻军以及时而出现的蒙古人，让明道加斯的继承人无法夺取普鲁士。

利沃尼亚骑士团于 1260 年在杜尔贝战败，随后普鲁士的骑士团也在本地臣民的大规模叛乱之中濒于军事崩溃。许多驻军和居民遭到屠杀，而第一批十字军援军在波卡尔维斯（Pokarwis）被歼灭。教宗乌尔班四世本试图组织十字军对抗蒙古人，此时他请求所有领受十字的人北上，解救骑士团，并许诺无论服役时间长短，都能完全赦免罪孽。然而到 1264 年，已有两位普鲁士分团长阵亡，骑士团仅剩下几个最坚实的堡垒。甚至马林韦尔德也被攻破，柯尼斯堡也仅仅靠着利沃尼亚的援军才免于陷落。

这一次，各个普鲁士部族在"首领"（capitanei）的组织下集结起来，并装备了攻城武器和弩。他们学会了德语，借此渗透到敌人的营地之中，并得到了公爵斯威托波尔克之子梅斯特温（Mestwin）的支援，还得到了摆脱罗斯人统治的约特文吉亚人的领导。他们在河战、野战和围攻战中均表现出色。骑士团几乎被完全逐出普鲁士；然而他们再度被德意志十字军拯救，特别是1265年的不伦瑞克公爵、1265年的图林根封邦伯爵（landgrave）、1266年的勃兰登堡边区伯爵，以及1272年的迈森边区伯爵。

各堡垒的围困被解除，水路再度开放，而各个"首领"的大本营则因系统性的破坏而陷入贫困。各部族或者被迫臣服，或者被迫迁移，如果他们臣服，他们就必须接受当地驻军，他们的首领也沦为骑士团的附庸。与此同时，主要堡垒被重建为砖石结构的城堡，柯尼斯堡在13世纪60年代重建，马林韦尔德和马林堡（Marienburg）在70年代重建。教宗特使没有前来干预普鲁士重新臣服的历程，骑士团也没有和波兰或者周边其他王公签订协议，立陶宛人则只能接受并安置逃往东边的普鲁士人。普鲁士中部的部族在1277年已全部臣服，部分巴尔蒂亚人（Barthians）、部分斯卡洛维亚人（Scalovians）和所有的纳德罗维亚人（Nadrovians）离开了他们的故乡，前往涅曼河畔的新家园；而同年，最后一次试图取得独立的波格萨尼亚人难民也来到此地投奔他们。到了1283年，甚至连约特文吉亚人也无法承受破坏了，一位领主率领1,500名战士接受了骑士团的统治，另一位领主则率领余下的部族转往立陶宛。战争转为在无人地带的一系列小规模游击掠夺战，条顿骑士团并没有雇用德意志十字军执行这一任务，而是组织改信的古普鲁士人去袭击，因为他们更擅长突袭与秘密屠杀。改信的普鲁士人在1286年和1295年又发起了两次愈发无望成功的叛乱,并且都寄希望于骑士团的外敌——吕根岛王公和立陶宛的统治者——出兵支援。但为时已晚,条顿骑士已经巩固了统治。

征服的第三阶段就此结束,骑士团无可争议地控制了普鲁士,仅有几块飞地由瓦尔米亚(Warmia,德语称 Ermland)和波美萨尼亚主教控制。萨姆兰主教则由骑士团推举的人选担任。

这种控制本来难以建立,然而骑士团的主要恩庇者,即罗马教宗和神圣罗马帝国皇帝,却忙于互相争斗,无暇监管征服。双方都计划将普鲁士民族连同他们的修道征服者纳入自己的统治,然而双方互相猜忌,让他们宁愿竞相与条顿骑士团保持友好关系,也不敢冒险约束他们的自由行动而将他们推向另一边。教宗与皇帝的对峙,让萨尔察的赫尔曼于 1226 年获得腓特烈二世授予的治权,又在 1230 年获得格里高利九世授予的治权;让条顿骑士团得以在此后吞并多布任的骑士团,接管宝剑骑士团;让教宗于 1234 年宣布将普鲁士归属圣彼得的《虔诚之邻》(*Pietati proximum*)教谕,以及皇帝于 1245 年宣布将库尔兰、瑟米加利亚和立陶宛封为帝国封地的维罗纳帝国诏书,均成一纸空文;也让 1249 年的《基督堡条约》赐予普鲁士皈依者的自由大打折扣。在教宗的支持者和霍亨斯陶芬王朝拼死相争之时,大团长则借机获得了特权,此后的教宗和皇帝们也纷纷承认或再认他们获取的权利,或者认为他们是"帝国政府强壮的臂膀,皇帝的柔软的植株和万物"(哈布斯堡的鲁道夫的特权令,1273 年),或者认为是"我们深爱的子与教友,此前多年之中他们为信仰的事业献出智慧与生命"(卜尼法斯八世,1300 年)。

爱沙尼亚

丹麦国王重整军事体系并征服文德人的故事，前文已有提及。1185年之后，通过破坏滨海地区和建造教堂的并列行动，他们究竟能将统治区域扩展多远，仍是未知数。教宗亚历山大三世向所有北欧的天主教徒指出向东的道路；与诺夫哥罗德和波洛茨克的贸易额增加，则意味着消灭萨姆比亚人、库尔兰人和爱沙尼亚人的海军力量是愈发诱人的目标，而迫使这些海盗的领土臣服，是保证这一点实现的可行手段。此时的丹麦已经是繁荣统一的王国，有大量的商人、骑士和僧侣，能够承担战争的耗费。国王克努特六世（1182—1202年在位）和瓦尔德马尔二世（1202—1241年在位）组织了一系列向东的探索，继续他们父亲瓦尔德马尔一世于1170年对爱沙尼亚人的掠夺。丹麦舰队在1191年和1202年袭击芬兰，在1194年和1197年袭击爱沙尼亚，在1206年袭击厄瑟尔，在1210年袭击普鲁士。这类袭击或许造成了一些破坏，迫使一些多神教徒改信，却也仅此而已，无法在这些地区设立长期臣服的领主，也无法安排僧侣定居；丹麦传教士和定居者，都不打算建立类似迈因哈德在于克斯屈尔所建的独立前哨。同样值得怀疑的是，在1216年之前，征服东波罗的海对丹麦国王而言究竟有多大的重要性。在此之前，丹麦忙于争夺易北河与波美拉尼亚之间的土地，获取更丰厚的回报。在吕贝克到但泽之间的波罗的海沿岸地区承认了瓦尔德马尔二世的最高领主权之后，他就要考虑吞并更难通达的东部地区了。

这一时期，十字军的概念开始生根。格里高利八世呼吁收复耶路撒冷的《惊闻教谕》，刺激七位丹麦显赫贵族在1191年前往巴勒斯坦,而且还有许多人加入了1188年出发的北德意志十字军。一位挪威作家写下《丹麦进军耶路撒冷》(*De profectione Danorum in Hierosolymam*),描述1191年的远征,其中声称大主教阿布萨隆的兄长埃斯贝恩(Esbern)向国王和贵族们演讲,批评同时代人追求低俗的物质利益,且仅仅为了自己的荣誉而征服,他号召丹麦人参与"更伟大也更有益的征战","让我们'共享圣人的遗产',与他们同样劳作"[7]。最终,有超过1,000人响应了他的号召。1197年、1216年和1225年都有十字军出发。与此同时,国王和大主教也关注着不来梅的哈特维希在利沃尼亚的传教,好奇于在距离家乡更近的地方,低俗的物质利益与圣徒的功业是否可以结合起来。

他们学到了一些有益的经验。1206年,瓦尔德马尔二世和大主教安德烈作为阿布萨隆的亲属与继任者,率领一支准备周全的部队起航前往厄瑟尔岛,迫使爱沙尼亚居民臣服。他们建立了木堡,但没有人自愿在这里驻守,因此他们只能在撤离之时将其焚毁。在舰队返航时,安德烈和石勒苏益格主教尼古拉斯向南到里加越冬,而在他们返回丹麦之时,他们更清楚要如何保证当地人臣服:靠木堡和夏季巡行是不够的。然而,丹麦已宣称占有之权:瓦尔德马尔自此认定爱沙尼亚人乃至利沃尼亚人法理上是他的臣民。然而接下来的12年间他几乎无所作为,而主教阿尔贝特和宝剑骑士团则在稳步向爱沙尼亚进军,让他的宣称变得无关紧要;他控制了吕贝克和波罗的海西部,他们的一举一动都需要他的默许。这一时期仍在记述丹麦历史的萨克索,用牵强的故事给叙述增色,那些故事讲述国王的先祖如何占据了普鲁士,征服了德维纳河,统治了爱沙尼亚人和芬兰人;英诺森三世也写信鼓励,将瓦尔德马尔视作教会的模范先锋。

1218年,洪诺留三世向瓦尔德马尔许诺,他可以占据他从多神教徒手中征服的全部土地;同年,主教阿尔贝特忧惧于诺夫哥罗德的入侵,亲自前去请求丹麦国王进攻爱沙尼亚人。1219年,他调动舰队,联合吕根岛海军,和他的大主教、三位主教以及吕根岛王公维茨拉夫(Wizlav)——亚罗马尔的继任者,抵达爱沙尼亚北部沿海。他们在一处头等港口林迪尼瑟(Lindinisse)登陆,此处位于雷瓦勒(Revele)海滨区,属于哈里亚地区(Harria,今哈尔尤);并建立起一座城堡,爱沙尼亚人称之为塔林,丹麦人和德国人称之为雷瓦尔,而罗斯人称之为科雷万(Kolyvan)。爱沙尼亚人发起了进攻,但是被击败并且损失惨重。在城堡建成之后,一批骑士、神父和主教进驻城堡,而国王则起航返回。次年,国王率领增援部队以及多明我会的修士们前来,丹麦人和宝剑骑士团共同袭扰北部的爱沙尼亚人,迫使他们臣服;而瑞典国王约翰则征服了西北方向的滨海地区罗塔拉(Rotala),并在利阿尔建造堡垒。结果便是征服者们就管辖范围问题发生卑劣的争执,并提请罗马教廷裁决。利沃尼亚的亨利描述丹麦人在各地竖立起大型十字架,宣示他们的统治,并把圣水交给各村的首领,让他们随意给村民洒圣水,而德意志的传教士则尽职尽责地完成他们的工作。[8] 不过应当指出的是,亨利是效力于里加的。情况随着罗塔利亚人将瑞典人赶出利阿尔而有所简化,瓦尔德马尔随后封锁了立沃尼亚十字军与吕贝克之间的联系;主教阿尔贝特被迫同意将爱沙尼亚北部,即哈里亚、维罗尼亚(Vironia)和耶尔瓦(Jerwia,今雅尔瓦)交给他,以换得吕贝克开放,只是因为市民们不同意,才没有把利沃尼亚也一同交出。宝剑骑士团忠实地把自己征服的爱沙尼亚南部领土交给了阿尔贝特。瓦尔德马尔拥有强大的海上力量，弥补了他其他方面的劣势。他没有军事僧侣，无法长期在东方作战，愿意为他控制土地的潜在殖民者也很少，但只要他掌控着波罗的海，这一地区就不会摆脱他。

各方也几次尝试驱逐丹麦人，而一位德意志王公在1223—1227年偶然绑架了国王，他们几乎取得成功。瓦尔德马尔在耶尔瓦的驻军被叛军俘虏并开膛，而这些部队是当地统治者的核心力量；诺夫哥罗德的驻军围攻雷瓦尔四星期之久，而1225年，宝剑骑士团暂时夺取了哈里亚和维罗尼亚。雷瓦尔在1227年被宝剑骑士团攻破，不过此后，雷瓦尔以及哈里亚和维罗尼亚，按照1238年的《斯滕斯比条约》（Treaty of Stensby）交给条顿骑士团。教宗依然希望丹麦领导北方十字军，而丹麦也依然拥有最强大的海军力量，想让瓦尔德马尔保持对这一地区的关注，就必须允许他掌控爱沙尼亚。

因此，丹麦人得以掌控爱沙尼亚，并不是靠勤奋的传教士，不是靠英勇而奉献的驻军，不是靠众多的忠实殖民者，而是靠能够随意支配的约200艘舰船，使其能够及时运输必要的部队，在教宗授权的其他势力之前抵达。他的相当一部分土地由主教阿尔贝特的部下征服，而后被萨克森移民控制，许多移民在1238年之后被驱逐，被更可信的移民取代——绝大多数来自荷尔斯泰因和威斯特伐利亚。新建立的雷瓦尔和里加一样高度德意志化，而在涅瓦河以东与罗斯"异教徒"继续作战的任务，交给了附庸的地主们，丹麦王室的干预相当有限。然而只要国王的军官依然掌控雷瓦尔城堡，国王就可以收税，并确保当地大片王室私人地产的收益。这个城市堡垒建在多岩的危险海岸之上，控制着一片开阔港口,海上交通也保证这座城堡能在后方陆地丢失之后依然安全。这里是丹麦统治的核心,是军械库、马厩与财库,1227年这里便储存了400件锁子甲衣,豢养了250匹军马和200匹驮马。绝大多数的武器装备和部队在"小城堡",驻军军官也在此地停驻;而"小城堡"建筑在"大城堡"的西南角,主教的驻地、封臣们的住宅和圣玛利亚主教座堂都在城墙之中。主教座堂也让这座卫城被称为杜姆堡(Domburg),即"穹顶堡垒"。城墙之下与护城河的对岸是新建立的城镇,包括多明我会的修道院、西多会的圣米迦勒修女院、八座教堂、两座礼拜堂、一处麻风病院、一处救护院、几座行会会馆,以及浴室,这些是基督徒城市的便利设施,预备着抵抗围攻。围城者可能会经过通向纳尔瓦的道路,在此路线中途伫立着韦森堡(Wesenburg,今拉克韦雷),建造于1252年;纳尔瓦的防御工事则直到1329年才成功巩固。只有在这三座堡垒庇护之下,市民才能够安然生活。

瓦尔德马尔二世解决了与条顿骑士团的纷争,他的大主教也和利沃尼亚的主教们划分了边界,确立雷瓦尔主教区,然而依然存在的问题是,国王的权力究竟还能向东延伸多远,能否进入诺夫哥罗德控制的沃德地区。教宗特使要求瓦尔德马尔和条顿骑士团合作,在1240—1242年对罗斯人发动十字军战争,似乎在战争的最初阶段国王还试图独自占据部分罗斯领土。他派儿子阿贝尔(Abel)和克努特与爱沙尼亚封臣一同参战,与他们一同到来的还有一群平民,"耕种被鞑靼人破坏的土地,并定居于此"[9];马修·帕里斯声称这引发了丹麦人将再度入侵英格兰的流言。然而入侵失败,国王的部队就此限制在纳尔瓦河以西。

1244年,瓦尔德马尔的儿子埃里克四世领受了十字,直到

1254年，罗马教廷仍希望丹麦再度向东进军。事实上，爱沙尼亚人维持当前占据的领土已是颇为困难，而丹麦人的舰队在1268年与1270年驶向雷瓦尔，都是为了应对罗斯人和立陶宛人发动的大规模入侵。瓦尔德马尔二世的继任者们忙于国内的事务，无暇顾及罗斯方向；曾经统一的王国，正随着对立的王公贵族和主教的内讧而濒于瓦解。在获利颇丰的殖民地经营上，他们乐于当甩手掌柜，把爱沙尼亚土著的压制和改信难题交给当地地产主和教士。1219年与1220年的十字军，因为宗教责任与政治投机结合而得以成行，此后再也未能重演。

芬　兰

丹麦并不是唯一既有征召舰队又对东波罗的海感兴趣的政权。瑞典国王们也拥有类似的动员体系，而他们的臣民也要面对更严峻的海上威胁。丹麦向东的航运，以及最偏远的布莱金厄地区可能遭到袭击，但瑞典漫长的海岸线都可能遭到波罗的海对面的敌人破坏劫掠，这些敌人距离瑞典仅有150英里，而且中途还可以到哥得兰岛和奥兰群岛补给所需。在瑞典统治者开始发起成规模的征服或惩戒进攻之前，库尔兰人、厄瑟尔爱沙尼亚人和卡累利阿芬兰人已经对滨海地区掠夺了多年。

第一章已经提及，对瑞典国王而言，海盗带来的损失与报复掠夺和贸易的收益差不多对等，因此他并不急于改变现状。关于12世纪仅有的三次向东的远征，有可信的证据显示瑞典国王更希望从海盗行为之中获利，而不是消除海盗行为本身。

1142年，按照《诺夫哥罗德编年史》的说法，"瑞典的王公和一名主教带着60艘舰船，袭击返回的三艘商船。船员徒劳地试图抵抗，没能成功，瑞典人抢走了这三艘船，杀死了150人"。[10] 这种冲突可能发生在东波罗的海的任何一片海域。1164年，瑞典人率领55艘舰船，试图夺取拉多加湖的堡垒，以失败告终，在沃罗涅日河（Voronezhka）畔被诺夫哥罗德王公击溃；1195年或1196年，他们前去支援利沃尼亚的主教迈因哈德，然而却顺风转往爱沙尼亚进行掠夺，直到当地人缴付贡赋之后才离开。这些都是旧式的维京海盗掠夺行为，而这一时期也不只是瑞典人如此掠夺：1186年，挪威国王斯韦雷的兄弟埃里克资金短缺，便"到波罗的海多神教徒的土地上劫掠"。他劫掠了罗塔利亚与德维纳河河口，而后返回哥得兰岛，抢掠了两艘萨克森人的科格帆船，带着大量财富返回家乡。

此后的传说声称，1155—1160年，瑞典国王埃里克"九世"对芬兰发动全面进攻，征服这一地区并迫使居民改信，此后，这次行动被称为"第一次芬兰十字军战争"。这一传说见于《圣埃里克生平》（Vita Sancti Erici），被归为1328年或1329年去世的韦斯特罗斯（Västeras）主教伊斯拉埃尔·埃兰森（Israel Erlandsen）所作，而他本人和传教士与十字军圈子关系密切。事实上，这一作品显然是文学创作，无法视为历史记述。该作描述国王和来自乌普萨拉的主教亨利在芬兰登陆，而后许诺给芬兰人和平与基督教信仰。芬兰人拒绝了基督教信仰，对亨利发动攻击，但被他击败（之后人们发现亨利因为许多有可能皈依的人死亡而流泪），而后他再度向他们传教并大获成功；当他起航返回瑞典时，他在芬兰留下了一个基督徒社群。[11] 主教亨利的传奇故事提到他任职不久便被皈依者用斧头杀死；不过至少可以肯定，13世纪时埃里克和亨利分别被尊为瑞典和芬兰的守护圣徒。然而这个传奇故事是十字军编造的宣传,并非事实。

我们有理由相信瑞典国王埃里克确实劫掠过芬兰,因为英诺森三世给埃里克的孙子埃里克十世(1210—1216年在位)的信中,称芬兰为"你著名的先人从异教徒手中夺取的土地";[12]而几年前,亚历山大三世给瑞典大主教和伯爵写信,提到他得知了一个不安的消息:"芬兰人在敌对军队威胁之下总会许诺皈依基督教,并急切地寻求布道人和教授基督律法的人,而军队撤走之后,他们就会背弃信仰,蔑视布道人,并加以深重迫害。"如果此处提到的是"圣埃里克十字军",则表明,这类十字军行动并非只有一次,而且每一次都失败了;然而教宗显然还希望取得进展,提出在未来芬兰人要交出"一切他们可能拥有"的堡垒,或者其他良好品行的担保物。然而没有明确证据显示瑞典国王曾在1200年之前统治芬兰。这一地区依然开放。

1209年,英诺森三世给大主教隆德的安德烈(Andrew of Lund)写信表示感谢:"一片名为芬兰的土地……近期在高贵要人的努力下,皈依了正信。"[13]他所说的或许是1191年与1202年丹麦舰队发动的掠夺,或者是此后的传教行动。教宗允许安德烈委任一位私生子担任这片"新垦地"的主教,因为其他人不肯接受这一职务。据说在这里,殉道的可能性比获取俗世的荣耀更大。即使如此,基督徒社群还是在索米人(芬兰西南部居民)之中建立起来,1215年,皈依基督教的芬兰人彼得·卡库瓦尔德(Peter Kakuwalde)已经在爱沙尼亚担任神父了。

在掌控了爱沙尼亚之后,丹麦就立即失去了对芬兰的兴趣,与此同时,瑞典人也停止掠夺爱沙尼亚,开始对芬兰产生兴趣。

一批瑞典农民和地主来到一个名叫萨卡昆达（Satakunta）的地区定居，并加入皈依基督教的索米人，和索米神父们组成基督徒社群，受主教管辖。这次移民并非王国政策，却带来了政治影响，让瑞典王国开始尝试将基督教向原初"芬兰"之外的中部湖泊地区传播。

关于瑞典人进入索米人居住地区的动机，以及索米人接受天主教、向主教缴付什一税的动机，我们只能猜测。这一地区土地肥沃，气候温和，而且交通便利，村民们划着小船，途经奥兰群岛，便可以抵达这里。在港口奥布（Åbo，今图尔库），双方的商人都可能定居，按照惯例分享自治权；毛皮与海产贸易或许在更小的定居点进行，并从偶尔的交易发展成常年的贸易。荒芜的内陆地区可供移民在夏季放牧，索米人也可以在此打猎。而前往芬兰人居住区的神父，以及此后的托钵僧侣，或许找到了唯一可行的机会，逃离瑞典家乡那些由大地主掌控的教会；按照大主教安德烈的说法，"世上任何一个地方的教会都没有受到傲慢无礼之人的如此压迫"[14]。他指的是，本地那些资助教堂建设的完全保有权地产主（freeholder）们，可以依据法律，把堂区神父当成自己的雇工对待。而身处芬兰人之中，一名神父可能殉道，但也能获得自由。索米人与瑞典人互相也颇为熟悉，他们或许将瑞典人的社群视作贸易利润的来源，这些社群对自己的独立地位和经济繁荣没有什么明显的威胁；他们甚至可能认为，瑞典人社群的存在，能够保证瑞典国王和他们的士兵不会对这些地区发动侵袭。

然而索米人只是芬兰人之中农业化程度最高的一个部族；塔瓦斯蒂亚人的情况则有所不同，他们的生活方式与瑞典人的差异更大，而且往往需要做毛皮贸易兼掠夺东部荒原上的卡累利阿人、沃德人以及罗斯人定居点来补充收益。也正因如此,诺夫哥罗德王公与沃德人和卡累利阿人建立联系,并在1200年树立起事实最高领主权,并导致芬兰境内的各民族之间出现间歇的战争。如果瑞典人掌控了塔瓦斯蒂亚人,他们将有义务参与这次战争;而且他们已经在遭受卡累利阿人的夏季袭击,这些团伙在波的尼亚湾的东北侧入海,而后向南驶向瑞典控制的礁岛。1227年,诺夫哥罗德王公雅罗斯拉夫"派出司祭主持卡累利阿人的洗礼,很快所有居民都受洗了"。[15] 这次冒险不久之后,天主教徒又对等地向塔瓦斯蒂亚人传教,由英格兰籍的芬兰主教托马斯主持。然而1237年时,教宗格里高利九世得知塔瓦斯蒂亚人已经拒绝了基督教,因此要求所有基督徒加入十字军对抗他们。突然之间,教会和瑞典国王都决定要动用武力来维持芬兰政治与宗教上的平衡了。

他们第一次联合远征是在1240年。在涅瓦河与伊若拉河（Izhora）的交汇处,诺夫哥罗德王公亚历山大·涅夫斯基决定性地将其击溃。而后,更紧迫的任务似乎便是将塔瓦斯蒂亚人纳入拉丁教会,而多明我会修士们的到来,传达了格里高利九世对塔瓦斯蒂亚人发动十字军战争的请求。托钵修士们前来的目的是传教,芬兰主教托马斯、乌普萨拉大主教亚勒（Jarler）,都对他们态度友好,而崛起的权贵比耶·芒努松（Birger Magnusson）也对他们态度友善,他是1220年在厄瑟尔被多神教徒杀死的"雅尔"卡尔的兄弟。在这些盟友支持下,国王"口齿不清者"埃里克十一世（Eric the Lisper）决定集结全部征召舰队,交给他的姐夫比耶"雅尔",在1249年出征芬兰。

"第二次"与"第三次"芬兰十字军,见于瑞典韵文史书《埃里克编年史》（Erikskrönikan）,[16] 该书或许在1322—1332年由比耶"雅尔"的孙辈们的追随者撰写。作者表达了这一时期掌控瑞典的新骑士地主阶层的态度，而他们的态度，与希望参与十字军的其他欧洲骑士基本一致——多少受排外主义与社会现实的影响。作者相信十字军的理想，对条顿骑士也是尊敬之至，称他们为"上帝的骑士"；而当他描述芬兰十字军时，明显直接把基督徒与多神教徒的对立等同为"敌我"对立，将塔瓦斯蒂亚人、卡累利阿人和罗斯人都混为一谈，称为异教徒。比耶"雅尔"负责指挥1249年的征战，"因为他想要增添声望"；然而人们想当然地觉得这位"雅尔"的声望增加，上帝的声望也会随之增加。多明我会修士的传教对瑞典世俗社会的影响，似乎只是改变了瑞典人敌人的称呼。《埃里克编年史》从未将1249年与1292年的远征称作十字军，或者暗示参与者期望完全赦免罪孽；作者将其和条顿骑士的圣战类比，是希望参与者在阵亡之后能够升入天堂，然而这种类比有些牵强。似乎他和他所在的圈子，用波罗的海十字军为例子，是来鼓励他们和芬兰人与罗斯人作战。叙述1249年远征的故事中，战利品、冒险的吸引力，与传教相当。

> 妇女们挥着手满怀悲伤
> 将送别的歌谣高声吟唱
> 为男人们出骑而欣喜
> 他们要彰显天主的荣光
> 无数把先祖留下的古剑
> 让墙壁难以承受重量
> 如今战士们取下佩好
> 成群结队登船驶向远洋

> 战士们互相致敬与握手
> 许多年轻人被海岸亲吻
> 世上从未有吻如这样
> ……
> 异教徒也备好了武装
> 他们清楚基督徒的方向
> 基督徒指向港口并登陆
> 让他们毁灭并共同颂扬
> 见到镀金船头不计其数
> 异教徒们全部目瞪口呆……[17]

此处的港口或许指赫尔辛基。瑞典人在这里登陆,沿河流推进,击退遭遇的芬兰人。

> 我相信战士们能够取胜
> 获得金银与无数的牛羊
> 基督徒战胜了多神教徒
> 塔瓦斯蒂亚人逃往远方
> ……[18]
> 若是他们愿意屈膝投降
> 接受洗礼与基督徒一样
> 他们就会保住生命财产
> 在和平之中无忧安享
> 但若是异教徒否认天主
> 他们的结局便只有死亡

> 基督徒于这里建立堡垒
> 留下挚爱亲人在此驻防
> 堡垒名为塔瓦斯特许斯
> 异教徒们全部惊异非常
> 他们和基督徒一同定居
> 我相信他们会永葆信仰
> 这片土地就此归属我们
> 罗斯国王因此难掩悲伤[19]

情况就是如此,并非因为塔瓦斯蒂亚人臣服于他,而是因为他们和索米人现在接受了瑞典人的统治,而奥布和塔瓦斯特许斯(Tavastehus)的城堡巩固了防卫。诺夫哥罗德和他们的卡累利阿人盟友,此时可能遭到瑞典人和西芬兰人的联军进攻。塔瓦斯蒂亚人从芬兰南部高原进军到涅瓦河口掠夺;而如果瑞典人在这里建造新的城堡,他们将可以向所有通过芬兰湾往来诺夫哥罗德的罗斯商人和德意志商人收取过路费,同时在诺夫哥罗德和卡累利阿人之间插上一个楔子,而诺夫哥罗德的相当一部分出口商品就是来自卡累利阿。如果瑞典传教士们有办法,这些卡累利阿人就可能从希腊教会转到拉丁教会,而1257年,教宗亚历山大四世授权瑞典国王征服他们。令人不安的是,卡累利阿的毛皮商人们正在显现独立的迹象,不但打算将挪威税官赶出拉普兰(1271年之后),也打算和德意志商人签署独立协议,他们将凭借协议绕过诺夫哥罗德,直接向西欧市场提供毛皮。

王公德米特里在1278年再度入侵卡累利阿,确立了罗斯的宗主权;五年之后,瑞典掠夺者便在涅瓦河上与来自拉多加的部队交战了。1291年对诺夫哥罗德而言颇为不幸，洪水与霜冻导致粮食减产、马匹死亡，而次年春季，一批冒险者进入塔瓦斯蒂亚掠夺，寻求物资补充。作为回应，比耶"雅尔"的孙子，瑞典国王比耶在1292年发动远征，是为第三次芬兰十字军。教宗授权他抗击卡累利阿人，因为后者干扰了芬兰的基督徒，然而只有一半的入侵部队参战（《诺夫哥罗德编年史》称有400人）；另一半部队前去诺夫哥罗德以北约70英里处的涅瓦河的支流伊若拉河，袭扰当地住民。他们的首领是瑞典最大的地主托伊尔斯·克努特松（Tyrgils Knutsson），他还是国王的亲属，拥有新设立的"元帅"头衔。两支部队都没有取得多少胜果，不过元帅在班师之前，在芬兰建立了瑞典的第三个据点。

1295年3月4日，瑞典国王比耶向吕贝克和其他汉萨同盟的商人宣布，他成功让卡累利阿人皈依了基督教，而且"靠着大军与辛劳准备，我们建立起维堡（Viborg/Viipuri），献给上帝和圣母，既为了保卫我们的王国，又为了让海上的水手享受安全与和平"。[20] 按照这个说法，卡累利阿海盗似乎在长期干扰"安全与和平"，他们不但抢夺基督徒的财物，还会将俘虏的基督徒男女剥皮与开膛。此后，海湾将允许所有的商人通航，不必缴付过路费，只要他们不向诺夫哥罗德出售武器，或者允许三人以上的罗斯人乘船。换句话说，瑞典国王比耶是想要自封为欧洲东北部主要贸易路线的庇护人，借此成为罗斯人与德意志人都无法回避的强权。在这条关键贸易路线上的权威，足以保证他无论是与瑞典城镇中的汉萨同盟商人，还是与极北之地的罗斯-卡累利阿毛皮商人做生意，都能占上风。为了给吞并这一地区正名并合法化，国王宣称他的动机是让异教徒皈依，保护被迫害的基督徒，甚至是保证天主教信仰的统一。

大部分瑞典人从这次征服之中获利甚微,不过还是有一些完全保有权小地主借此摆脱了新生的封建土地所有制的压榨。这些人也是1250—1300年间进入芬兰沿海地区居住的主要瑞典移民,他们将这里变为尼兰(Nyland),意思是"新国家"。如果说和芬兰人作战产生了收益的话,那么它们也都落入了骑士、主教和权贵手中,但开销则要由他们的依附农承担。我们很难估计通过控制与诺夫哥罗德主要贸易路线上的土地,获取的商业利益究竟有多少。在新建立的市集和港口,有形财富的最大获益者似乎是国王。而领土吞并的受益者则是部分贵族和教士,他们得到了什一税、信众和地租。这次行动本质上是一群政治精英的举动,似乎也给人数更多、地位较低的其他群体带来了间接利好,包括许多受益的芬兰人。为了控制这片土地,国王和他的幕僚必须从没有多少海外作战经验的军人阶层之中调集夏季的征召军与芬兰的驻军,并且他们很可能会担心,在这片陌生而不安稳的土地上遭遇"芬兰野人"或者诺夫哥罗德军队。

这些困难,外加独自忍受饥饿和湿雾,对借助自制和折磨来修行的职业僧侣而言是家常便饭,然而在芬兰作战的士兵并不是苦行僧。他们早已习惯了黄油、牛肉、新鲜鲑鱼、大麦面包和供应充足的啤酒,他们被当地的芬兰人称为"贪吃的瑞典人",并不是毫无理由。当时的骑士们听着亚历山大大帝、亚瑟王和查理大帝的骑士传说成长,在骑士竞技之中赢得胜利,并享受炫富的权贵们提供的进口奢侈品。那些想要到远方寻求救赎,以赦免他们无法承受的罪孽的人,没有什么理由前往芬兰,毕竟前往耶路撒冷朝圣更有吸引力,也更流行。只要肯抵押土地,修道院便会给那些愿意前去朝圣的人提供借款。1259 年的吉斯利·彼得松（Gisli Petersson）、1282 年和一群朝圣者一同出发的林雪平（Linköping）主教，都是前往耶路撒冷，而 1293 年也有许多人在乌普萨拉领受十字，响应教宗尼古拉参加十字军前往圣地的号召。有两名地产主加入了条顿骑士团。卡尔·乌尔夫松（Karl Ulfsson）于 1260 年或 1261 年在利沃尼亚作战时被杀，《埃里克编年史》花了不少笔墨赞扬他的虔诚与英勇；约翰·埃洛夫松（Johan Elofsson），朝圣者圣徒英格丽德（Ingrid）的兄弟，在 1281—1295 年是条顿骑士团的一员。不愿意为国王与罗斯人和卡累利阿人作战，既有宗教上的理由，也有物质上的理由。

因此，为这场战争添加宗教上的重要意义，可谓至关重要。于是，他们在 1257 年与 1273 年迁葬埃里克圣骨，宣扬"圣埃里克"崇拜，不久后又创作出埃里克的传奇故事；瑞典教士们在这位正直战士身上融合了英格兰的圣奥斯瓦尔德、圣埃特尔伯特（Ethelbert）和圣埃德蒙的原型，为此后向芬兰的远征军设立了模范。他投入战争，是为了拯救被征服者的灵魂，从而争取对抗罪孽的荣耀胜利。而他的主教亨利，因为试图按照教会法律惩罚一个杀人的皈依者而被谋杀，葬在奥布以北的诺西艾宁（Nousiainen）。王室家族和乌普萨拉的高阶教士们此后都发誓要让芬兰人皈依天主教，而所有虔诚的瑞典人也都必须继续参与战争。教宗的教谕授权他们与塔瓦斯蒂亚人和卡累利阿人作战，进一步巩固了这种传统，而教廷的辞令将诺夫哥罗德的劫掠推断为对基督教信仰的进攻，就此把 1292 年苦累的边境战争纳入十字军的范畴。《埃里克编年史》本身就是这一说法的宣传，它无视事实，强行论证与罗斯人作战能够同时彰显骑士价值与宗教价值。

因此，在拉多加湖的一侧，"上帝将会让这些灵魂升上天堂，若是他们在悲惨杀戮之中死亡"。而在另一侧，"赐予您的国安宁吧，尊敬的主，让那些为了神圣智慧在堡垒外抛头颅者灵魂安宁"。[21]

第五章

神权政治试验
1200—1273

教宗与特使

上帝将敌人留给了忠诚仆人（即使他仅凭话语就能毁灭这些敌人），这是他的仁慈之证明，为了让他们前来支援居住在敌人周边的众多信徒，展现上帝的仁爱，也让他们报答上帝为他们所行之事，可获得宽恕与救赎。

这段如今看来不合时宜的话语，源自1230年9月12日的教宗教谕。教宗格里高利九世在教谕中授权条顿骑士前往普鲁士，这段文字也成了十字军运动的发起人与执行人之间婉转辞令的范例。官僚体系自有一套行话。13世纪时负责制订教宗政策且雄辩的意大利法学家们，若是得知文书教士们使用这些滔滔不绝的官场套话来发布指令，应该可以安息了。这份教谕是这些官场套话的散文体应用，将日常政治事务和对永恒真理的信仰联系在一起。

对比这些特许令，我们可以发现罗马教廷处理每次新圣战时的方法，即不同的陈词滥调相互叠加，构成一种表达范式。其内容大致如此：首先，传教士们"用布道来撒网，旨在抓住蛮族的灵魂"，这样"神圣而雄辩的号角就能在这些蛮族的脑海深处回响"，"信仰之泉将清流引入被偶像崇拜蛊惑的地区"。而后，一些蛮族会"加入上帝的大家庭"，"让信仰在新垦土地之上生根发芽"，而且他们或许将在未来和虔诚的基督徒一样"喜爱善良，与他们和谐共事"。然而有时，"野兽会集结起来，咧嘴吞噬人群，相信自己能吞没约旦河水，基督徒势必要与他们对抗"，因为"异教徒会狂性大发"，"俘虏年轻人，并让他们不停歇地从事骇人的劳动，并用邪恶之火连同头戴鲜花而遭嘲笑的贞女来献祭，还会杀死老人，屠戮儿童，用飞镖刺穿他们的胸膛，将他们撞死在树干上"。这样的情况下，那些"拿起武器对抗这些野蛮异教徒的人"，"以英勇的气魄将他们击退"，"左手与右手都得到上帝的庇护"，应当听从"宗徒圣座，一切教会之母"的命令，后者会"倾听虔诚者的请求，提供庇护"；参战者应当铭记，"在这些地方应当更加勤谨地虔信敬神，以免更不敬的事件发生"；他们也必须担负战士的"职责"，让教会得以向他们"支起帐篷扎营的地方"传教，而他们也可以"召集贫穷者、残疾者、跛脚者和失明者来到万王之王的婚宴之上"，"曾经只有猫头鹰栖居的土地上将再度郁郁葱葱"。

十字军就是由这些话语所集结及指引的。这些文字不只是表面文章。欧洲各地都有经验丰富的相关人士会回应这些话语，并将话语变为行动，因为他们会把自己的专业技能、信仰与个人利益交给教宗差遣。关于12世纪的教宗以何种手段发动北方十字军，前文已有提及。在亚历山大三世之后，教廷便愈发关注欧洲东北部，而在英诺森三世在位期间（1198—1216年），这种关注呈现出新形式，即依照"教宗君主制"理论，干涉一切可能之地。这一理论认定教宗作为基督在凡间的代理人，有权负责全人类的精神与政治福祉，有权利用俗世力量与宗教权威来拯救全人类。即使神圣罗马帝国皇帝以及一系列国王强烈反对，尽管许多人已经证明罗马教廷的权力并非无限，也不能胜任一切，但英诺森的继任者依然继续依照这一理念行事。洪诺留三世（1216—1227年在位）、格里高利九世（1227—1241年在位）、英诺森四世（1243—1254年在位）、亚历山大四世（1254—1261年在位）、乌尔班四世（1261—1264年在位）和克雷芒四世（1265—1268年在位）都想要管理北方，并准备以战争、外交、宣传、行政手段、斡旋、敲诈和贿赂，来实现这一目的。北方十字军是他们的手段之一，不过其他人的利益也与之相关，十字军的运用需要靠妥协与合作来实现。仿照僧侣统治原则建立新政府则是他们的另一个手段，因为若是以教化新皈依的教众为目的建立社会，让僧侣和主教们统治，理论上更能够拯救灵魂。

相比于此前数个世纪，早已建立的北欧教会现在与这些政策更加合拍，此时北欧居民不再完全听命于国王，而是愈发接受教权自由的信条。在12世纪，从法国迁居而来的修道院长埃伯尔霍特的威廉（William of Ebelholt），就惊讶于丹麦教士对教宗的尊重，以及毫无怨言地将钱财交给教廷；不过丹麦人此举的背后也确实另有原因。对于抱怨什一税、时而欺压和排斥教士的地区，教廷代表着自由、正义与稳定。在文德海滨殖民地的新建教会之中，罗马教廷也找到了仆从。不来梅大主教出行之时不必再担忧强势的萨克森公爵，因为旧的公爵领已经在1181年瓦解了。管理波美拉尼亚教会的卡明主教免受中间教会机构的管辖，而直接听命于教廷。在整个波罗的海地区，教会法庭负责约束教士的纪律，也约束俗世人的道德，在遵守教会法的地区，罗马就是其最高上诉法庭。此外，教宗可以依靠新型的托钵修士团体。多明我会和方济各会在1250年时已经在北方建立了一系列修道会，并负责为十字军布道，收取捐赠。

除了借助庞大的教会体系在各地的具体组织，教宗也可以通过派出特使，将教会中心的意愿直接传达到教会的最边缘。在12世纪之前，罗马教廷的特使会前往特定的地区执行有限的任务。而1200年时，"枢机特使"（legati a latere）作为教宗的全权代表出使各地，即使教宗逝世，他们也依然有权继续执行任务。与教宗关系密切的高阶教士们希望成为"永久特使"，可以处理各省最高教会法庭送来的申诉，然而"枢机特使"却是教宗"躯体的一部分"。他们作为协助者、监察者、改革者、审判者、将军和使节，通常会得到处理北方十字军与骑士团相关问题的明确指示。这一时期，有四名教宗特使给北方带来了重大影响。

枢机主教萨比纳的古列尔莫是来自意大利的前任教宗书记官，也曾是加尔都西会（Carthusian）的僧侣，认同多明我会，也曾任摩德纳主教。他在1225—1226年、1228—1230年和1234—1242年作为教宗特使出使。西多会僧侣欧讷的鲍德温，在1231—1234年任职，首先作为普通使节，而后成为全权特使，并奉命前往利沃尼亚处理教务。列日（Liège）助祭长雅克·庞塔莱翁（Jacques Pantaleon），在1247—1249年到普鲁士重组教会。曾担任阿马（Armagh）大主教的阿尔贝特·聚尔贝尔（Albert Suerbeer），于1246—1250年作为教宗特使出使罗斯与波罗的海地区，并在1254—1273年以教宗特使身份担任里加大主教。这些人抵达波罗的海沿岸，就等于教宗本人亲自抵达，甚至国王和条顿骑士也必须前来聆听教诲，有时还必须遵守命令。假装他们是"用假教谕冒充的假特使"，没有任何好处，宝剑骑士团就在欧讷的鲍德温到来时犯下了这个错误。教廷会给当地的机构送信，确认特使们将奉命前来，而需要解决重大宗教问题或政治问题的当权者则往往欢迎他们到来。

靠着上述各种机构，教廷能够时不时像统辖欧洲的其他地区那样管理欧洲东北部，不过鉴于欧洲东北部的政治与经济状况，教廷的影响力在这里或许更大。教宗可以对海员、朝圣者和商人施加特别庇护，让海难救助的旧法律更加人性化；可以禁止与多神教徒和罗斯人进行武器贸易；反对吕根人的债务劳役；将用于维护教堂的什一税用于支持十字军；或者将旧图书馆中的藏书用于传教。这些只是随意举出的罗马教廷干预的几个范例，总而言之，他们几乎成了无处不在的监管者，即使这些地区的权力主要应本地权贵的要求而行使。

此时，读者或许会问："那么，教宗是不是真正在意欧洲东北部的局势呢？"他们在意大利中部守卫自己的地产，与神圣罗马帝国的皇帝交战，维持在基督教世界更开化地区的教会权利，并向更富裕的人收税，这些确实足够多吗？确定优先考虑了对穆斯林发起十字军？

我给出的答案是，教宗深深地卷入了意大利的纷扰，因此不敢忽视一切对此有影响的因素。在波罗的海沿岸"宣扬基督信仰"不能放任自流，因为德意志人对这一任务最为关心，无论僧侣、商人还是领主都是如此；他们的利益与封建关系都和皇帝腓特烈二世相关，而在1236—1250年，他是教宗的劲敌。随着越来越多的土地加入基督教世界,教廷可以获得新的收入来源,而这个世纪的教宗们也开始向前所未有的广大地区与愈来愈多的机构索取财政支持了。新建造的教堂就是新的财源与新的资助,不久之后,这些地区的付费诉讼者便来到罗马教廷,让教宗的府库愈发充盈,并支持他在意大利的战争。与罗斯北部地区的希腊教会基督徒之间的关系不能由当地当权者自行决定,因为如果罗斯人决定脱离东正教会,那么其教会领导者归顺罗马教廷的日子就更近一步,在东方建立起一个真正的"拉丁帝国",将会打破教廷与不服教廷管束的神圣罗马帝国之间的实力平衡。诺夫哥罗德与基辅的宗教联系,源自基辅与君士坦丁堡的宗教联系,它们也因此与地中海的权力斗争联系起来。对伊斯兰世界发动的十字军战争依然要优先进行。洪诺留三世希望里加主教出资支持收复耶路撒冷,即使那时的利沃尼亚还未完全臣服;在教会看来,北方十字军是次要任务,要利用有限的资源,尽可能促使周边的异教徒悔悟。然而这个事实也让他们成为十字军运动的重要组成部分,德意志绝大多数"领受十字者"(crucesignati)能够到北方履行誓言,而不必付出巨大开销,经历一番艰辛前往圣地。

出于这些原因,教宗们在1198—1268年坚决要求掌控波罗的海地区。他们的顾虑在两个问题上展现得最为明显:试图在征服的土地之上建立起教权统治,与试图迫使罗斯人接受天主教信仰。

改信的战争

英诺森三世明确表示,在利沃尼亚的十字军战争,以及未来的十字军征服战争之中,主教应当拥有最高的政治与宗教权威,而僧侣骑士们的角色则是主教的助手与仆从，可保留他们夺取的土地与战利品的三分之一供自用。所有被征服的多神教徒都要归没有武装的传教士照管，皈依者则将在这个新建立的神权国度之中获得政治自由，在这里，权力的行使只能服务于基督教的法律与教义。1212年，他宣布利沃尼亚已经"顺从我们"。[1] 1224—1234年，他的继任者试图依靠教宗特使，将这一地区的所有或大部分土地变为"圣彼得的土地"，由教宗的封臣统治。

但这个计划并没有在利沃尼亚实现。在主教阿尔贝特去世之前，宝剑骑士团已经越权获取了更多的土地与权力，此后不但敌人要畏惧他们，他们的盟友也要忌惮他们了。1234年，格里高利九世得知，在其他的种种恶行之外，他们还于近期将他的特使所招募来推行教廷政策的100名教士杀死，而且：

> 他们将教士们的遗体堆在一起，将一位忠于教会之人的遗体放在其他遗体之上代表教宗，而且违背教会的意愿，不允许任何人安葬他们。这样，此后的皈依者和其他居民都能看到这个骇人的景象。他们向皈依者、罗斯人、多神教徒和异端宣示，宝剑骑士团比罗马教廷更加伟大。[2]

他们此前已经召集了罗斯人和多神教徒，到多尔帕特支援他们与利阿尔主教对战。他们杀死了401名皈依者，殴打杜纳明德的西多会修士，掠夺主教的土地，阻止慕道者接受主教的洗礼，还将其他人掳为奴隶。总而言之，他们给周边的基督徒以及教宗造成了价值4.05万马克的损失。犯下这些罪行的宝剑骑士团从未遭受切实的审判或惩罚，而他们的不法行为决不能就此无视，即使在被条顿骑士团取代之后，其恶劣影响依然存在。各基督徒政权控制之下的利沃尼亚依然是一个并不和睦的地区，统治者相互争斗，被统治者则痛苦呻吟。

1253年，里加主教区被提升为大主教区，由教宗特使、普鲁士大主教阿尔贝特·聚尔贝尔转任里加大主教。此前六年间，他都在忙于打压骑士团。他试图继续在利沃尼亚做斗争，但仅凭他自己的力量，不可能取得突破。

1267年，他开始与北德意志的领主什未林伯爵贡策林结盟，对抗多神教徒与条顿骑士团。他注意到，自己在东波罗的海地区最高宗教权威的地位，正在被条顿骑士团逐渐削弱，而且他更希望和他所选的俗世支持者分享权力，而不是与修道会合作。联军准备开战。然而次年，利沃尼亚的分团长被迫迎战亚历山大·涅夫斯基的儿子德米特里率领的诺夫哥罗德人入侵部队。在他让这一地区免遭臣服之后，他利用他对哥得兰商人的影响力，夺走贡策林发动政变所必需的征召部队与运输船只。伯爵只得撤兵返回，分团长则逮捕了大主教，直到他许诺不向罗马申诉报复，也不在此后与骑士团为敌，才将他释放。聚尔贝尔成为大主教与教宗特使之时，是教廷权威、主教豁免权和皈依者权利的狂热支持者；而当他在1273年结束任期之时，他已成强弩之末，无力控制他的城堡和教会，更无法约束条顿骑士团。里加依然让条顿骑士团如芒刺在背，但里加大主教从此再也无法成为教廷权威在波罗的海地区的基石了。

普鲁士在1234年成为"圣彼得的财产"，但英诺森四世给条顿骑士团的权力，超过了格里高利九世所能接受的范围。到13世纪后半叶，骑士团便独立于两个本地主教之外，并且控制了第三位主教。他们向所有的皈依者强加军役，摊派劳役，施加司法审判，只有与他们关系好的当地权贵能得到政治自由作为特权。他们决定保留未来征服地区的三分之二，而且除了战争和强迫受洗之外，拒绝使用其他手段让多神教徒皈依。普鲁士已经出了问题，然而问题不只是一个不服管束的骑士团违背教宗的意愿，毕竟骑士团、传教士以及此后的教宗们，都无法持守英诺森三世的纯洁信条。当地的实际境况，以及罗马教廷之中的政治现实主义者，都在推动骑士团变异。

英诺森在利沃尼亚的安排，并没有解决如何维持不受欢迎的传教的问题。他相信，武力只能作为传教时的保护，他也反对旧日在白刃之下洗礼他人的理念。但在里加和维斯瓦河畔，传教士所在的地区，每年都会发生惯例的袭击掠夺。传教士或者要掘壕固守，围起木栅并安排守军，希望慕道者们主动前来皈依（从普鲁士主教克里斯蒂安的情况来看，这样传教的速度会极度缓慢）；或者主动涉足政局，支持其中某一方，在提供洗礼之外也提供武器与军事援助，并建立统治（这种情况下的传教进展可能相当迅速，利沃尼亚主教阿尔贝特就是如此）。然而如果以后一种手段传教，建立起的政权不太可能对皈依者有利。皈依者会成为一个军事社会之中的征召兵，这里的军事胜利比正义与教导都要重要。

即使如此，罗马教廷还是试图保证本地的居民能够在这种社会之中享受一定程度的自由。1225年，教宗特使萨比纳的古列尔莫巡游利沃尼亚，向新皈依的基督徒们解释他们实际拥有的权利，并约束宝剑骑士团的征服。这里只有教会的什一税，没有其他税收；征服者只有审判权，但无权施加神判试炼或处死刑；他们可以受劳役，但不能超过限度。古列尔莫如此解读洪诺留三世的总体命令:"你要保护所有归属罗马教廷特别统治的臣民,并允许慕道者获得一定的自由。"[3]这一点被格里高利九世重申:"如果任何奴隶,或者任何受其他人统治的人决定受洗……你就必须减轻他的劳役负担,保证他能够自由地忏悔罪过,以及前往教堂聆听弥撒。"推动这个最小限度的安排之时,罗马教廷得到了当地权贵出于自身利益考虑的支持;如果他们想与数量处于绝对优势的多神教军队相抗衡,他们就必须赢得臣民的忠诚,或者至少得到臣民的默许。格里高利九世在1239年给古列尔莫的信件中提道:"领受基督标记的人,生活决不能比作为恶魔爪牙之时更差。"[4]

教宗特使雅克·庞塔莱翁从13世纪40年代普鲁士皈依者的叛乱中学到了这个教训。他要求条顿骑士团在1249年授予皈依者一份"权利清单"。他们可以完全保有资产,若没有男性子嗣,可以安排近亲继承,而不是如多神教徒那样归部族所有。他们可以和德意志人与波兰人一样做买卖、诉讼和敬神。他们有资格成为骑士或教士。若是他们自行建造教堂,条顿骑士团要出资支持。结果就是改信活动得以稳定持续到1259年。条顿骑士团与波罗的海的独立政权结盟,而托钵修士们报告称他们教导了大量的慕道者。在内陆地区、河畔和海滨都建起了新教堂。在普鲁士安排大主教区的尝试失败了,但1251年,里昂的教宗法庭安排条顿骑士团和主教之间达成整体和解,双方将在此后协作执行传教任务,而不必再争执权力划分问题。这也是此前的教宗特使萨比纳的古列尔莫取得的最后成就。

然而1259—1263年的叛乱,以及随后20年里为生存而发动的战争,终结了教宗特使对普鲁士和利沃尼亚传教的直接干预。结果便是条顿骑士团获得了统治的自主权,他们将《基督堡条约》

的自由授予少数普鲁士人,比最初教廷所期许的更少——只授予最忠诚与有权势的本地家族,而非整个部族。对那些获利的合作者而言,基督徒身份给他们带来了物质利益,比如财产权、继承权、免受部族和社群法规约束的自由等。如果说,被征服的地区的居民,生活条件在条顿骑士团的统治下并没有改善,其原因并不只是受到骑士团的压迫。随着战争继续,波罗的海居民所面临的选择,并不是臣服于条顿骑士团或是自由,而是选择依附于哪一方:条顿骑士团还是立陶宛。无论如何选择,他们都必须为一部军事机器而战,而战争与他们的灵魂拯救关系不大。

因此,教宗曾试图监管并约束欧洲这个角落的居民改信,但这个尝试没能取得成功。整体而言,受洗依然是军事失利的后果,而加入天主教会就意味着臣服于胜利者。利沃尼亚与普鲁士都没有成为"圣彼得的土地",却也都没有成为完全由条顿骑士团控制的地区。教宗试图维持里加大主教及其下属教士的独立,建立起多明我会(在海乌姆诺、埃尔宾、里加和雷瓦尔)和方济各会[托伦、海乌姆诺和布劳恩斯贝格(Braunsberg)]的修道院,并不是毫无效果。只要这些教堂和修道院依然在发挥作用,条顿骑士团对待皈依者的方式就将继续受到监察与批评。

与教会分裂派的战争

直到约1200年,东方与西方教会之间的仪式与教义观点的争议,似乎对欧洲东北部的影响都相当有限。这些分歧没能阻止罗斯、北欧、德意志和波兰的统治家族之间联姻,也没有阻止哥得兰和诺夫哥罗德的混居社群出现东正教会与天主教会并存的情况。

罗斯王公也没有因此阻止天主教士迈因哈德代表拉丁教会，前往德维纳河下游传教。

当这种以传教为目的的扩张转变为军事统治之后，北方的罗斯人首次意识到了扩张的罗马天主教会可能带来威胁。不仅罗斯人对拉特人和爱沙尼亚人的宽松统治被武装力量终结，而且拉丁教会也坚持要这些居民向里加大主教缴付什一税，这就意味着东正教会不可能参与向他们传教的事业。不过，也没有证据显示罗斯教士曾努力在这一地区传教。里加的天主教神父们为了给自己的排外正名，讥讽东正教传教的无为：在他们看来，希腊教会"向来是不育的母亲"。[5] 对主教阿尔贝特和宝剑骑士团来说，在传教事业上缺乏有力的竞争者，意味着不必立刻把他们与罗斯王公之间偶尔发生的战争升级为对东正教会的战争。罗斯人是极具价值的贸易主顾，也是极度棘手的侵略者，若无必要，犯不上与他们为敌，只要能说服他们保持与拉特人和爱沙尼亚人的距离，里加政府就心满意足了。同样，罗斯王公们也忙于内部的纷争，无心关注西部边界之外那些不甚可信的纳贡者，与新来者的贸易弥补了纳贡的损失。双方都愿意在边界之上维持守势。

与此同时，君士坦丁堡也落入了拉丁十字军的手中，英诺森三世试图在这里宣称主权，并迫使整个东正教会接受拉丁教会的仪式。他失败了，然而他的继任者都有志于效仿他做出的榜样，特别是在拜占庭世界的西部边界，以及里加大主教区与诺夫哥罗德大主教区之间的边界。

1222 年，洪诺留三世坚持要求在拉丁教会控制区内禁止希腊教会的宗教仪式。[6] 1224 年，多尔帕特被攻破后编入拉丁教区，奉献给圣彼得，而教宗特使萨比纳的古列尔莫命令当地主教进入罗斯,在他看来这是前景光明的传教之地。诺夫哥罗德人屡屡收到天主教会改信的邀请,但他们不为所动;1234 年,王公雅罗斯拉夫洗劫了多尔帕特,而后开始阻拦拉丁教会的传教士在芬兰活动。当古列尔莫在 1237 年以教宗格里高利九世特使的身份再度前来时,他决定停止劝说,转而诉诸武力,并开始组织拉丁十字军进攻诺夫哥罗德。

有观点认为,是蒙古金帐汗国势如破竹的进军,让他受到鼓舞决定发动进攻。蒙古人在 1236 年抵达伏尔加河畔,而在 1237年以及 1238 年初逐步向诺夫哥罗德方向推进。但这个观点想当然地假定罗马教廷对罗斯腹地未来局势的发展,要比罗斯人自己了解得都多。罗斯中部弗拉基米尔和梁赞的王公在蒙古人到来之时完全没有做好防备,足以说明他们并不清楚蒙古军队的进攻方向;蒙古人随时可能再度南下转往基辅,而在其抵达距离诺夫哥罗德仅 60 英里的地方之前,没有人能预知蒙古人会如此行动。事实上,诺夫哥罗德王公亚历山大·涅夫斯基对蒙古人的到来无动于衷,完全没有做任何迎战的准备。按照诺夫哥罗德编年史家的说法,拯救这座城市的是祈祷,而不是王公。1239 年,蒙古大军已经确定无疑地转向南方,离开了罗斯境内;而直到 1240 年,格里高利发动的十字军才出动,瑞典人开始溯涅瓦河劫掠,丹麦人和条顿骑士团则开始进攻伊兹博尔斯克(Izborsk)和普斯科夫,并在那里停滞不前。当亚历山大·涅夫斯基率领部队在 1242 年进军利沃尼亚之时,蒙古人已经调转矛头:他们突入波兰与匈牙利的腹地,教宗乞求条顿骑士团南下支援防守。

不过,萨比纳的古列尔莫决定在 1240—1241 年发动十字军,确实可能因为他认定这一时期诺夫哥罗德暂时处于虚弱状态;但这种虚弱是源自王公亚历山大与其他罗斯王公之间的纷争，以及与他臣民之间的纷争——他们在他击败瑞典人之后驱逐了他。相比难以预料的金帐汗军，这些威胁更为实际而急迫，而格里高利九世的计划，也因此至少有成功的希望。对他有利的另一个因素是，条顿骑士团和丹麦国王瓦尔德马尔二世都想要趁宝剑骑士团在1237年瓦解之机，占据利沃尼亚与爱沙尼亚的部分乃至全部领土。只有教宗才有权下令解散这个声名狼藉的骑士团，并分配此前被骑士团占据的领土。在1238年，他将爱沙尼亚的一半土地交给瓦尔德马尔，将利沃尼亚交给条顿骑士团，让双方都满意，并欠了他的人情。支持他对罗斯人的十字军行动，显然是协议的一部分，尽管事实上任何一方都无法全力提供支持。条顿骑士团此时正在普鲁士忙于另外一场圣战，余下的军力即使守卫利沃尼亚都可谓勉强；瓦尔德马尔此时则更在意恢复他在爱沙尼亚的权威，剥夺不服管束的封臣的土地，而不是继续向东进攻。

然而这场进攻还是开始了。瑞典人溯涅瓦河而上，向拉多加湖进军，而后于1240年7月被击退。9月，条顿骑士团的部队占据了伊兹博尔斯克和普斯科夫。普斯科夫由一个友好的罗斯长官管理，而1241年初，十字军占据了诺夫哥罗德与芬兰湾之间的沃德（Vod/Watland）和英格里亚（Ingria/Izhora）。而后，诺夫哥罗德市民召回了他们的王公，形势随之逆转。1241年秋，入侵者已经被赶出了沃德；而1242年初（按照《诺夫哥罗德编年史》卷一的记述）：

> 亚历山大王公掌控了通向普斯科夫的所有道路，而后夺取了普斯科夫城，俘虏德意志人和爱沙尼亚人，将他们披

枷带镣囚禁在诺夫哥罗德，他本人则继续前去进攻爱沙尼亚人。当他们来到爱沙尼亚人的领地内时，他放宽了禁令，允许全军自由抢掠……而后王公返回湖畔［佩普西湖/楚德湖］，德意志人和爱沙尼亚人尾随而来。见此情形，亚历山大王公和诺夫哥罗德全军在"渡鸦之岩"附近，在湖畔的乌兹曼（Uzmen）集结起来；而德意志人和爱沙尼亚人催马发动冲锋，如同楔子一般冲进他们的军阵。德意志人和爱沙尼亚人损失甚大。上帝、圣索菲亚、殉道圣人鲍里斯和格列布啊，诺夫哥罗德人为他们而流血牺牲——因这些圣人向上帝做伟大祈祷，上帝决定支持亚历山大王公。德意志人纷纷阵亡，爱沙尼亚人则纷纷逃走。随后他们在冰上一路追击到距离苏布尔［Subol，西北方的］海滨仅有七俄里［约 7.5 千米］的地方。不计其数的爱沙尼亚人以及四百名德意志人阵亡，另外还有五十名德意志人被俘虏，押往诺夫哥罗德。他们在四月五日，星期六，殉道者塞奥多罗斯（Theodulos）的纪念日，为圣母赢得荣耀。[7]

利沃尼亚的韵文编年史作者则有不同的说法。他提出条顿骑士团只留下了两名骑士成员防守普斯科夫，而亚历山大在湖畔取得胜利的原因是，条顿骑士团在人数上处于 1∶60 的绝对劣势，被完全包围。一些爱沙尼亚部队——来自多尔帕特，而不是丹麦控制的爱沙尼亚领地——幸运逃走，不过伤亡也并不算严重：有 20 名骑士团成员被杀，6 人被俘。灾难性的结果则是普斯科夫因此丢失，而不是条顿骑士团受损严重，或者诺夫哥罗德免于毁灭。此时向东的进攻似乎已经停滞了。如果教宗特使想要一战夺取诺夫哥罗德,那么他没有集结足够的部队,也低估了敌人的军事潜力。

格里高利九世的继任者英诺森四世没有试图继续对罗斯人的征服战争,而是希望以其他手段拉拢他们皈依天主教。1245年之后,他忙于与布格河畔土地的统治者加利西亚与沃里尼亚王公丹尼尔处理一场精细的外交谈判,试图以王冠和对抗蒙古人的军事支援为报,让他加入天主教。丹尼尔对鞑靼人并不甚担忧,因为他的公国此时也要和立陶宛人、匈牙利人、波兰人和其他罗斯领主开战。然而他也不愿放弃获得任何有利的机会。直到1257年,他才明确表示愿意接受拉丁教会赠予的王冠,却依然想要保留希腊教会的信仰。在此之前,罗马教廷仍有可能兵不血刃地赢得罗斯西部地区,可这一时期的绝大部分时间,教廷都没有关注诺夫哥罗德。

英诺森逝世之后,教廷试图重启战端。3月19日,亚历山大四世命令他的大主教特使聚尔贝尔前去主持纳尔瓦河以东的多神教徒的洗礼,并在诺夫哥罗德控制的省份沃德、英格里亚和卡累利阿建立主教区。[8] 丹麦国王的两个爱沙尼亚封臣告知他,这些地区的居民渴望加入拉丁教会,而聚尔贝尔也回信赞同。教士团教士弗雷德里克·哈瑟多夫(Frederick Hazeldorf)被任命为卡累利阿主教,而1256年,多明我会奉命布道宣传普鲁士和利沃尼亚的十字军,准备新的进攻。然而随后的征战证明,教宗收到的信息与这一地区的实际情况大相径庭。根本没有迹象表明"异教徒"打算加入拉丁教会,而前来的十字军也只有少量的瑞典人、芬兰人和爱沙尼亚人,由此前给教宗写信的地主基韦尔的迪特里希(Dietrich of Kiwel)率领。迪特里希的土地位于爱沙尼亚的东

奥劳斯·芒努斯著作中的地图，展示了斯堪的纳维亚半岛西北海岸的各种海怪。图中标有"芬马克"和"拉普人之地"，出版于约 1539 年。

奥劳斯·芒努斯著作中的地图，斯堪的纳维亚半岛东北段，图中标有"滑雪芬兰人之地""拉普人之地""比亚尔米亚人之地"等。

瑞典国王芒努斯二世，曾发起对诺夫哥罗德的十字军战争。瑞典宪法抄本标题页插图。

莫斯科大公伊凡三世。在崛起的莫斯科大公国面前，利沃尼亚的骑士团只能负隅顽抗。

利沃尼亚分团铸币，1525年，金币上的人物是坚守利沃尼亚的沃尔特·冯·普勒滕贝格。柏林货币陈列室（Münzkabinett）藏。

条顿骑士团大团长康拉德·冯·永京根的印章，华沙中央历史文献档案馆（AGAD）藏。

波兰国王瓦迪斯瓦夫与条顿骑士团大团长米夏埃尔·库赫迈斯特·冯·施滕贝格签订的和约，1416年，华沙中央历史文献档案馆藏。

沃尔特·冯·普勒滕贝格敬拜圣母。圣母是骑士团、普鲁士、利沃尼亚的庇护圣人。

条顿骑士劫掠村庄,波兰画家沃依切赫·科萨克(Wojciech Kossak)绘,1909年。

条顿骑士团大团长温里希·冯·克尼普罗德,他任职时期是条顿骑士团的黄金时代。

条顿骑士团大团长乌尔里希·冯·永京根,在坦能堡一战中惨败身死。

立陶宛大公约盖拉,后成为波兰国王瓦迪斯瓦夫四世。

立陶宛大公维陶塔斯,受洗后领名亚历山大。

格伦瓦尔德(坦能堡)之战。扬·马泰伊科(Jan Matejko)绘,1879年。画家将红衣的维陶塔斯置于中央,或许是以为他是此战的第一功臣。左侧大团长乌尔里希身骑白马,遭人围攻。波兰华沙国家博物馆馆藏。

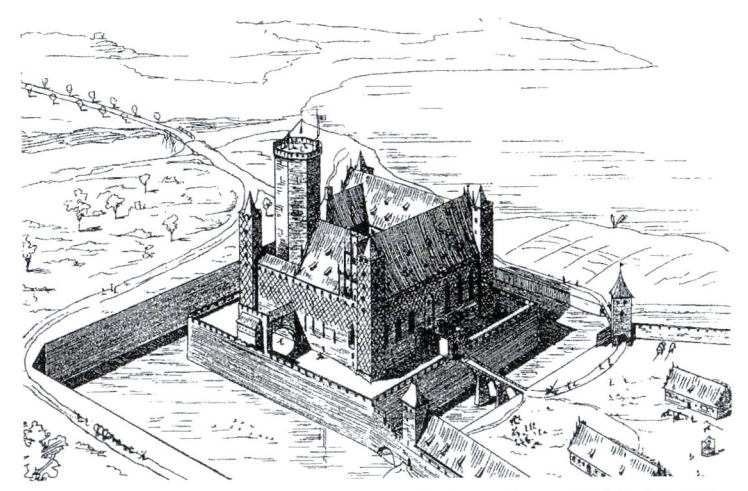

条顿骑士团在雷登的堡垒，方形主楼，有护城河环绕。四个翼部是礼拜堂、宿舍、食堂、修士会堂。复原图，C. 施泰因布雷希特（C. Steinbrecht）绘。

条顿骑士团马林韦尔德城堡，位于今波兰克维曾（Kwidzyn）。

昔日条顿骑士团的总部，华美的马林堡，位于今波兰马尔堡（Malbork）。

马林堡高堡的圣安娜礼拜堂，门上尖拱形半月楣浮雕装饰。

部边境,进攻纳尔瓦河对岸的沃德人可以让他个人获利。他并不打算让教会分裂派改信,也不打算与他们开战,只是利用他的部队在纳尔瓦河右岸建立了一座堡垒,而后在冬季到来之前便撤走了。当亚历山大王公率领诺夫哥罗德的部队赶来时,他已经找不到可以一战的拉丁军队了。王公无视爱沙尼亚,借机北上进入瑞典人控制的芬兰地区掠夺。教宗教谕、十字军布道以及征战,被一个胆大妄为的边境领主玩弄于股掌之间,他狡猾地利用了教宗痴迷于让罗斯拉丁化的理念,为自己谋利。

此后,罗马教廷转向瑞典国王,寻求实现这一理念的支持。1257年,亚历山大四世授权他们征服卡累利阿——接下来的一个世纪里,他们也一定程度上完成了这一任务。整体而言,在诺夫哥罗德和利沃尼亚的殖民地之间,贸易上的联系过于紧密,双方都不愿意长期争战;教宗的干预只不过给了拉丁人一个借口,去发动平时他们不敢或者不愿发动的入侵,而诺夫哥罗德的居民则会因此愈发坚定地支持希腊教会。教宗此前没能征服他们,此后也彻底失去了说服他们的可能。1240—1241年的十字军,成了诺夫哥罗德市民意识中的一段记忆,让他们相信政治独立与宗教独立是一体而等同的。[①]利沃尼亚人也并不急于继续向南发动十字军,溯德维纳河进攻波洛茨克,双方都不希望干扰河道运输,因此在13世纪的绝大部分时光里得以保持和平。1305年之后,波

[①] 拜占庭帝国版的圣战,是由统治者为维护东正教而发动,并由牧首赐福,使用东正教的圣像、圣物和神圣旗帜——这一观念大约在14世纪初传到了诺夫哥罗德,见于亚历山大·涅夫斯基以及普斯科夫王公多夫蒙特(Dovmont)的颂词之中。不过诺夫哥罗德教士对此比较消极,详见第七章。——作者注

洛茨克的公国转而被立陶宛人统治。

教宗或者皇帝都没有放弃对天主教东北部边境的关注，14世纪与15世纪，教宗与皇帝都继续宣称自己有责任推动天主教向罗斯与立陶宛传播。然而，履行这种责任的可能方式，在实际行动中只有支持条顿骑士团和妨碍条顿骑士团两个选择，而鉴于权威的双方都想要战胜对方，他们在这里所能做的也自然有限。无论如何，这一地区的进展尚可谓顺利，教宗创立了塑造此后波罗的海世界的三个组织机构：进攻多神教徒的十字军、进攻罗斯人的十字军，以及修道十字军政权。在风平浪静的波罗的海周围，教宗理念的船只残骸在岸边搁浅——它们或者已经风干，或者正在腐烂，或者依然保有生机。

第六章

立陶宛十字军
1283—1410

就这样，到13世纪末，波罗的海成了拉丁教会的海，天主教划定了新边界。第一章所描述的北方各文明之间的均衡，被从西欧与中欧前来的新理念、新居民、新政府与新发明打乱，而这些新事物沿着相互连接的河道与海路来到北方，北海、莱茵河、易北河、奥得河以及维斯瓦河，都是促成这些变化发生的渠道。并且此后，人员、财富与革新依然会继续从这些渠道输入。然而新建立的波罗的海诸教省，现今则需要面对广大东部河流流域的茂密森林：涅曼河、德维纳河以及流入楚德湖、伊尔门湖与拉多加湖的河流流域。他们在这里遭遇了天然障碍，这一点在前文已有提及；同时，他们在这里遭到了陌生社会的阻拦。诺夫哥罗德与立陶宛政权依靠附近广阔的纳贡地区提供人力与物力，并有效地利用这些资源服务政权。为此，这些政权会从森林与平原地带顺流而下，向波罗的海进发，而沿主要河道的贸易更是给了他们前进的动力。拉丁教会的信徒们不可能安享他们的战利品，而且也并不打算与河流上游的这两个强权和平相处。双方都向边境方向施加部分盲目、部分有组织的压力，压力在变大，圣战依然在继续。

接下来的两章将依次描述14世纪时拉丁教会政权试图复兴十字军理念，以十字军之名发动边境战争，首先是与立陶宛开战，而后是与罗斯人开战。本书并不打算完整地记载这一时期条顿骑士团在普鲁士的政权发起的所有战争与联盟，或与波兰漫长的纷争，以及与汉萨同盟还有北欧王公之间的关系。这些因素影响着北方十字军，然而本书的篇幅并不足以充分讨论这些内容。

冲突爆发，1203—1309

按照条顿骑士团的编年史家杜伊斯堡的彼得的记载，1283年标志着骑士团对普鲁士人的征服战争结束，以及与立陶宛人之间的战争开始。[1] 在他写作之时，即14世纪20年代，战争依然在继续，而后断断续续的冲突持续到了1422年《梅尔诺湖和约》（Treaty of Lake Melno）的订立，其结果是条顿骑士团被迫彻底放弃争夺立陶宛北部和萨莫吉希亚。此外，杜伊斯堡的彼得所记述的起点，1283年，不完全准确。里加的宝剑骑士团早在1203年便和立陶宛人交锋了，而在征服利沃尼亚和普鲁士的历程之中，条顿骑士也几次和立陶宛人开战。因此，条顿骑士团与立陶宛这个被一些人认定拒绝基督教的政权，在这200多年间要么确实在打仗，要么就风闻将会开战；而在这一时期的绝大部分时间里，十字军从德意志和西欧赶来，做好了支援条顿骑士的战斗准备，为基督教世界的扩张事业做出贡献。

但立陶宛人究竟是谁？在第一章里，他们被归为"波罗的人"，与普鲁士人和拉特人属于同一语族，而1200年时，他们的生活方式和政权组织方式，与其他的波罗的语民族基本一致。他们是农民，生活在普鲁士以东的涅曼河、内里斯河与维利亚河密林丛生的流域，接受骑兵阶层的统治；各拥有一块家庭土地的五到八户人家，便组成一个小村落——他们似乎严格保持着与外族通婚的习俗——而这类小村落向当地的地产主，即此后所谓的"波雅尔"（boyar），缴纳农产食品作地租，并款待后者。波雅尔们征召他们的亲属以及较为富裕的农民加入他的武装扈从，这些扈从就被称作"伙友"（friends）。在古立陶宛的九个地区之中，世袭的王公或者小国王便在每年春季率领这类武装扈从出发掠夺，并带着掳获的牛、奴隶、白银和武器返回。如果他们的邻近势力报复他们，他们就躲进这一地区的堡垒，和斯拉夫人的"格勒"（gorod）类似，其名称也是类似的"伽拉达斯"（garadas）。

立陶宛人并不控制海岸线，境内没有盐资源，铁矿也相当有限；相比他们的普鲁士亲戚，他们的人数或许更少，经济繁荣程度也显然不如。他们的实力之所以不足，不仅在于地处偏远，而且还因为马匹不行——富人拥有良马，相对贫穷的战士则只能骑乘田间拉来的挽马。1200—1250年，他们此前掠夺的区域，逐渐被更有组织的军事强权占据，北面是条顿骑士团，以及亚历山大·涅夫斯基的诺夫哥罗德政权，南面则是马佐维亚、小波兰和沃里尼亚的封建领主们。而金帐汗国那些装备更好、马匹更优良、训练更严格的蒙古骑兵，从13世纪四五十年代开始在立陶宛人的家乡劫掠，让立陶宛人的境况雪上加霜。未来仿佛一片灰暗；然而在接连不断的破坏与流血之中，一个强势的王朝成功团结了民族，组织他们与周边政权开战，并开始吞并邻近领土。

这个家族的领袖是明道加斯，他自世纪之初开始统治，直到

1263年被谋杀。按照《沃里尼亚编年史》的记述：

> 他独裁统治立陶宛人的全部土地……在他开始统治陶宛之时，他试图杀死所有的兄弟与侄辈，他把其他人赶出领地，开始独自统治立陶宛。他变得格外傲慢与虚荣——他认为其他任何人都无法与自己相提并论……[2]

1219年时，他只是大约20位立陶宛领主之一，而在他身亡之时，他已经成为人数大为减少的立陶宛领主之中地位最高者，并动员了领土之中所有的自由人，作为骑兵或者步兵为他和他的儿子们作战。他的骑兵模仿蒙古人的战术，但武器是短投矛和剑，而不是弓箭，同时身披链甲防护自己。他的步兵则使用长矛和斧，他的拉特仆从军则使用来自宝剑骑士团的弩。和约特文吉亚人的联盟让他获得了有丰富的与条顿骑士团作战经验的援军，而波兰王公与罗斯王公的财富与技术也都为他所征用。他曾为东欧所有强权而战，也曾与所有强权开战，让他们卷入自己家族的纷争，也不会与任何一方长期保持和平。所有强权都希望控制住他，或者通过战争，或者通过联盟，而他有时也会向武力或者外交手段让步。

1249年，他的兄弟投奔加利西亚王公丹尼尔，而他的侄辈则和利沃尼亚的条顿骑士联盟，并受洗。丹尼尔对波兰人演讲称："现在是我们与多神教徒开战的时候了，因为他们正在自相残杀。"[3]但明道加斯主动派使节前往里加开始谈判，自行和条顿骑士团谈判结盟并受洗。他给骑士团赠送大片土地，并宣称如果自己绝嗣，就把遗产赠送给骑士团。他接受了来自英诺森四世的王冠，并邀请德意志的商人、托钵修士与定居者进入他的领地。与丹尼尔王公、鞑靼人、诺夫哥罗德和波兰人的战争仍在继续，而萨莫吉希亚的居民持续不满，让他与德意志的联盟关系在1260年时不复明朗。在他统治的最后时日，明道加斯无法阻止他的亲属们对周边的基督徒政权发动无差别的侵袭。立陶宛人的武装力量将骑士团赶出了库尔兰（Courland）、萨莫吉希亚和约特文吉亚，并在1263年突入了德维纳河的河口处。明道加斯的侄子特莱尼奥塔（Treniota/Troinat）在这里的一场月下的夜战之中，击败了骑士团与里加市民武装，随后开始在整个普鲁士与马佐维亚侵袭破坏。国王威胁乃至杀死所有亲属的政策，最终逼迫绝大多数幸存者们团结起来与他对抗，他的连襟（道曼塔斯）在同年将他杀死，特莱尼奥塔则于次年在浴室中被杀。

明道加斯的统治生涯与"现代化"独裁政府的模式类似。他消灭在立陶宛境内的对手，引入外国的技术与方法，使用外族仆从军，并持续扩张领土，这些政策让立陶宛国家得以统一，并给立陶宛社会留下了无法抹去的印记。此后，他的继承人们率领军队沿着发源于他们领土中心的主要河流向下游推进，建立起庞大的纳贡体系，吸纳所有西部罗斯政权的财富。14世纪之中，普斯科夫、波洛茨克、平斯克（Pinsk）、基辅以及沃里尼亚-加利西亚这些相对繁荣的城市与庄园文明，被出身于森林腹地的立陶宛政权所奴役，被迫支持他们愈发庞大的军事体系：立陶宛大公（grand-prince）、大公的诸子和附庸诸王公以及他们的堡垒和扈从、波雅尔及其扈从、外来的技工，还有宫廷官员。大公骑马巡查他的辽阔地产以及防御坚固的城镇特拉凯（Trakai）和维尔纽斯（Vilnius），把征服的领土赏赐给麾下的王公们以得到支持，亲自掌控国家军事机器从而保证政权稳固。在他宣扬自己的英勇，以海量的宴会与打猎（一天的宴会办了 12 小时，一次性打猎 100 头野牛，等等）与统治阶级一同娱乐之时，他的士兵们则在外面和农民一同饮食，他的堡垒则由征召士兵轮流防卫。在战时，他或他的亲属会率领装备精良、机动灵活的部队迅速前往边境，突入敌方领土深处轰赶劫掠，掳走一切活物，不留下一间房屋、一株庄稼。这些掠夺的威胁带来了稳定的白银、蜂蜡与毛皮输入，但在缴贡之后，臣服的各地居民便可以进行旧日的贸易，保留原有的宗教信仰。各民族的定居者都可以来开拓森林，让维尔纽斯以及其他王公要塞向外拓展，愈发繁荣。战争中的胜利让波雅尔们得到财富，并渴望更多的财富；而需要消耗大量酒、盐、海鱼、羊毛制品和新鲜蔬菜的他们，极大促进了沿着河流与商队路线的进口贸易，也迫使他们的君主关注附近所有距离最近的补给来源，或者与之贸易，或者将其武力吞并。

从条顿骑士团及其臣民的角度来看，立陶宛的扩张可谓喜忧参半。一方面，维斯瓦河、涅曼河与德维纳河上游的市场愈发繁荣，这一地区出产的货物不断向外输出，而波罗的海沿岸的货物则不断输入。大约 1275 年时，明道加斯的儿子瓦伊什维尔卡斯（Vaisvilkas/Voishelg）与里加的市民和骑士团达成了某种贸易协议。随后，有证据显示双方长期在做买卖，立陶宛人出售毛皮、蜂蜡、蜂蜜和白银（通过向蒙古人出售奴隶获取），而德意志人则出售马匹、盐、武器、面包、布、卷心菜、辣根、洋葱与水果。这种贸易在 14 世纪持续进行，无论战争还是和平都不曾间断，而汉萨同盟在西欧、金帐汗国在东方分别创造的有利局势，让德意志商人们受益，他们很大程度上掌控了贸易。

然而立陶宛的军事力量终究是一种威胁，骑士团与大公也都在试图吞并大河周边的领土，并将这些领土纳入他们的殖民体系之中。由于立陶宛劫掠者已经抵达了普鲁士和利沃尼亚的沿海地带，所以立陶宛显然是有可能将这两个地区纳入统治的，而在立陶宛强权扩张之时，条顿骑士团也就成了这个东欧优势强权扩张之路的绊脚石。明道加斯的领土大体呈圆形，以维尔纽斯为圆心向外扩展，半径约 120 英里。百年之后，他的后继者阿尔吉尔达斯（Algirdas）掌控了一个庞大的半圆，向南与向东的半径超过 400 英里，而波兰与条顿骑士团的领土则成了西面与北面的缺口，距离大公的家乡依然近便。双方的体系都是依靠吸纳边境的部族与小政权来扩张，并围绕对约特文吉亚人、萨莫吉希亚人、库尔兰人和瑟米加利亚人的征服而展开争夺。即使这场争夺随着 13 世纪晚期形成一条荒废地带而结束，但双方依然有机会召集足够多有战力的军队夺取对方政治中心，最终继承全部土地。

此外，立陶宛大公和他麾下的战士依然是多神教徒。明道加斯接受了基督教洗礼，然而《加利西亚编年史》对此却不以为然："所谓的受洗只是表面文章，他依然秘密地向内纳代（Nenadey）、特里亚维尔（Telyavel）、野兔神迪威利克斯（Diveriks）和美迪那（Meidein/Medeina）这些多神教神祇献祭。当明道加斯骑马前往战场之时，若是一只野兔从他的必经之路上横穿而过，他将不敢进入树丛之中，甚至不敢折断一条细树枝。他会向神祇献祭，烧毁祭品，并公开举行多神教的仪式。"[4] 即使如此，他的众多臣民与一系列亲属都对他这种名义上的改信不满，按照《利沃尼亚韵文编年史》的说法，特莱尼奥塔和萨莫吉希亚人给他送终，并声称：

萨莫吉希亚人为您和您的名誉而哀悼,现在若是接受他们的建议,则会对您更为有利,因为……那些传教士教授的,让您偏离正道的一切都是谎言。您的父亲是伟大的君主,在他统治的时代无人可以与他相比,那么,您是否想要给您和您的孩子们披上枷锁,即使您完全可以永远获得自由呢?您犯下了大错。如果基督徒征服了萨莫吉希亚人,您的荣誉与财富都会丢失,您和您的孩子们将沦为农奴。您是何等的盲目啊……如果您想要摆脱基督徒的奴役,那么就和忠于您的萨莫吉希亚人站在同一阵营吧,您必须同意放弃基督教……[5]

13世纪中期,萨莫吉希亚人已经夹在了利沃尼亚与普鲁士之间。他们愈发担忧条顿骑士团与基督教信仰,而立陶宛大公在未来也必须在宗教选择的问题上更加谨慎。成为基督徒的劝诱从未间断,毕竟他们大多数的臣民是信仰东正教的白罗斯人(White Russians),教宗也时不时希望将他们纳入拉丁教会,为此做馈赠与外交劝诱;但只要他们的权力依然要依靠立陶宛骑兵,他们就不会确认自己倒向希腊教会或拉丁教会。尽管他们从来都没有公开的大祭司,也没有官方的多神教发挥着如同基督教会的社会与政治功能,但是大公们依然拒绝受洗,即使他的亲属和女儿们纷纷改信基督教。结果便是,他们的宗教被视作一种好战的多神教——这与事实相差甚远。

普鲁士人和立陶宛人都信仰一众神祇。他们将生存与死亡的每一个方面都拟人化并规范化。其中就包括前文引述《加利西亚编年史》时提到的四神祇:厄运之神、庇护死者的"遥远之灵"、天空之神，还有森林女神。1258年，当一群立陶宛人没能得到掠夺城镇的机会时，"他们哀嚎，啐唾，高喊'yanda'，乞求他们的神祇安代（Andai）、迪威利克斯和其他神祇"。[6] 立陶宛人和普鲁士人据说都崇拜火与雷电之神佩尔库诺斯（Percunos）、冥神皮科罗斯（Picollos），以及河流与泉水之神波特利姆波（Potrimpo）。哈特克诺赫（Hartknoch）在17世纪做了汇总，列举了十三类次要神祇，而他们相貌的种种细节则保留在民谣之中，不过他们从未被偶像化而受到崇拜。[7]

为了将神的世界和凡间联系到一起，波罗的人发展出了一种献祭、赎罪与狂欢的公共仪式。他们的统治者要把他们自己以及他们麾下的士兵置于仪式的中央，并利用这种复杂的信仰与姿势，将神与他们的政治与军事成功联系到一起。战场上的胜利者很容易宣称自己拥有超凡的力量。据说约特文吉亚人的军官斯科蒙德（Skomond）是个"占卜者与魔法师，速度如同野兽一般快"。最成功的战胜者会将规模可观的战利品——大约三分之一——用于宗教献祭，在公众场合邀请神祇来加入鲜血与火的宴会。在他的战士们享用胜利的盛宴之时，统治者们则从太阳崇拜，从牛棚里养的"幸运蛇"，从基督徒所谓的"异教信仰"中汲取力量。1377年的阿尔吉尔达斯、1382年的凯斯图蒂斯（Kestutis），在火葬之时带走了大量的陪葬品，以及他们马厩之中的全部马匹，这一行为重申了属于亡灵的天上国度确实存在，并保证他们的王朝将得到亡灵的庇佑。当条顿骑士团被俘的指挥官被活埋，或者被烟熏死时［比如见于记载的1320年的格哈德·鲁德（Gerhard Rude）、1365年的亨策尔·诺伊恩施泰因（Henzel Neuenstein）以及1389年的马夸德·冯·拉绍（Marquard von Raschau）］，他们便向公众展现了拉丁入侵者的失败。绝望的立陶宛人驻军宁肯被自己部族明智的女人杀死，也不肯落入基督徒手中［比如在1336年的皮伦（Pillen/Pilenai）］，这就是以一种最为极端的方式，证明立陶宛人相信他们的神祇与祖先将会在亡灵的世界回报他们的忠诚。[8]

此前有观点认定，立陶宛人自13世纪起因为条顿骑士团的残忍与贪婪而与基督教逐渐疏远。这个观点确有一定道理，却也忽视了这一时期立陶宛人的传统宗教本身的成功。立陶宛人的宗教比类似的普鲁士人与拉特人的宗教都要成功，这是因为立陶宛的政治体系更为稳固，政治体系与宗教相得益彰；条顿骑士团除了承认两者的存在，也几乎别无选择。立陶宛人并不是一个小部族，因此仅靠威胁或政府，无法保证他们纳入基督教会的管辖。而由于他们本身繁荣有序，周边基督徒世界的样板并不足以劝诱他们改信，蒙古人的情况或许提供了更直白的范例。多神教的信仰，让立陶宛人可以平等对待拉丁人、希腊人、犹太人和鞑靼人。如果条顿骑士确实坚持以军事征服迫使立陶宛人改信，并统治改信的人，这种政策对立陶宛人的信仰必定影响很小，因为骑士团根本没能征服他们。立陶宛大公约盖拉（Jogaila）最终在1386年受洗，他是被赢取波兰王位的前景所驱动的，就此也可消除条顿骑士团军事入侵的惯用借口。传教活动在1386年之后的立陶宛境内进展缓慢，说明在波雅尔们受洗之后，那里依然有根深蒂固且广受支持的另一宗教信仰。

骑士团和立陶宛人之间最初爆发冲突的原因是，双方都想要征服拉特人和普鲁士人。这种情况在1283年之前结束，骑士团将最东部的普鲁士人或征服或赶走，在臣属于条顿骑士团的土地与臣属于立陶宛大公的土地之间制造出一片无人区。在这一时期，立陶宛人的远征军数次进入利沃尼亚，并数次取得大胜［1270年在瑟尔韦（Sworbe）附近的卡尔基（Karki）击败分团长奥托·冯·卢特贝格、在1279年的阿舍拉德击败分团长康拉德·冯·福伊希特旺根］，此外也遭受过惨败［1272年在杜本纳河（Dubenaa）畔战败、1278年在新建造的杜纳堡战败］，但终究无法阻止条顿骑士团在这一地区巩固统治。然而这里的陆地边界脆弱难守，涅曼河流经这一区域，双方都可以使用河船运兵。只有控制维利亚河汇入处以下的全部涅曼河下游流域，普鲁士才称得上安全；而要巩固利沃尼亚地区，同样要往上游进军德维纳河谷地的深处。因此，在1283—1296年，双方在这两条河边进行了一系列交锋，互相试探对方的军力。利沃尼亚的骑士团成功控制了瑟米加利亚，而普鲁士的骑士团则在涅曼河左岸建造了两三座堡垒，摧毁了右岸的几座立陶宛堡垒。立陶宛人掠夺库尔兰和萨姆兰，在1295年煽动了普鲁士的短暂暴乱。这场战争的形势在条顿骑士团大团长们看来称不上严峻，他们没有为此请求十字军的帮助。

而在1297—1299年，明道加斯的玄孙维滕尼斯（Vytenis/Withen）大公与里加市民结盟。他占据了利沃尼亚，击败并杀死了分团长布鲁诺，还派出一支牵制分队突袭破坏普鲁士中部。1298年新建立的定居点施特拉斯堡（Strasburg，今布罗德尼察）的居民被全部屠杀，1299年这里又有250人被掳走。直到那时，骑士团才意识到自己的殖民领土陷入了危急的困境，于是向骑士团大团长以及德意志的王公们请求发动十字军。他们自己就是依靠巧妙利用河道而征服了普鲁士，因此他们需要集中全力，防止外来势力故技重施。此外，利沃尼亚与普鲁士之间唯一的陆上交通线便是从梅梅尔到库尔兰的滨海新道路,会穿过一片防御薄弱的乡村地带,无法防备萨莫吉希亚人的掠夺。

但情况也并不是如此简单。普鲁士显然正在遭受攻击,无疑需要增援。然而骑士团真正的麻烦是在利沃尼亚,而麻烦的来源不只是立陶宛大公维滕尼斯的掠夺,还有骑士团、大主教与里加市民之间演变的内战状态。这是骑士团历史上最大的丑闻之一,也是中世纪规模最大的内乱之一,因此值得探究一番。

事态的发展让利沃尼亚变成由五个势力共治,即大主教、大主教麾下的三位主教(库尔兰主教、厄瑟尔主教和多尔帕特主教)以及条顿骑士团。主教们和条顿骑士团都各自分封世俗封臣,而这些封臣也形成了一个愈发独立的阶层;大主教就在里加给一个市民社群授予特许状,社群的规模、财富与权力均在不断增长,直至进一步形成独立的政治力量。对当地土地的争夺,以及对德维纳河贸易的争夺,意味着这些势力无法和平共处,也削弱了这一地区由骑士团所负责的军事组织。1290 年,分团长哈尔特·冯·霍亨巴赫给普鲁士分团长写信,后者希望他协同参与冬季侵袭(reysa),他说:"您清楚,今年夏季我们曾六次恳切至极地向这个省份的领主们请求,请求他们出兵支持远征。"而在三天的恳求之后,所有人都无理由地拒绝出兵,仅有大主教本人提供了 18 名德意志骑士与 300 名本地士兵。信中还提道:"而我们在德维纳河对岸地区,包括库尔兰、爱沙尼亚和河流周边地区,能够组织起来的所有的德意志士兵和本地士兵,总计也只有 1,800 人。"[9]

摩擦在接下来的几年之中进一步恶化。当大主教离开之时,里加市民决定在河流上游建造河堰,防止春季的洪水损害他们在里加周边的财产。河堰能够挡住大片浮冰，让河水通过，却也会阻拦河中的航船，还会影响上游那些条顿骑士的土地与市集。此外这一方案也意味着擅入大主教自己的属地，而大主教又碰巧委派条顿骑士团在自己不在时管理他的地产。双方随即爆发了暴力冲突，条顿骑士团拆毁了通向建筑工地的桥梁，市民报复之，发生流血事件。双方互相焚烧房屋，扣押货物。大主教返回后站在了市民这边。条顿骑士则坚守其土地，并封锁了河道。

正在扩张的城市与周边土地的地主之间，难免会出现类似的争端。市民需要更多的土地，而条顿骑士团不肯任由自己的土地受损；大主教希望控制城中的居民，支持他们对抗条顿骑士团便是控制的手段之一。让这一矛盾爆发的症结，在于三方的总部都在里加城内，因此三方都可以为了有限的利益发动致命一击。而后，市民便请求立陶宛大公维滕尼斯出兵支持。立陶宛人进入里加城中，摧毁了条顿骑士团的城堡。而次年，即1298年，他们进一步侵袭了骑士团及其控制的土地。里加市民从不否认他们应当对1297—1299年招来立陶宛人负责，但当立陶宛盟友撤走之后，里加人在诺伊尔米伦（Neuermühlen）被条顿骑士击败，此后他们的抱怨便愈发强烈了。

市民的抱怨、骑士团的抱怨以及大主教的抱怨，都报告给了教宗卜尼法斯八世，教廷有义务裁决。市民们声称骑士团试图从其合法领主即里加大主教的手中夺走这座城市。而在市民们试着向罗马申诉之时，骑士团声称"我们就是你们的教宗"，杀害市民并焚烧其房屋，破坏周边的农田，威胁强迫市民的妻子到骑士的磨坊里磨粮，还谋杀了八名贫穷的朝圣者。他们建造了一座新城堡以镇压市民，并试图垄断立陶宛贸易。他们并不在乎与异教徒的战争，只在意如何借此获取钱财。

大主教约翰三世也支持这一说法。他声称，骑士团获取利沃尼亚，本是为了帮助周边地区的土著皈依基督教，并阻止多神教徒的入侵；然而他们却欺压皈依者，妨碍改信的工作，并拒绝与立陶宛人开战。教会没能让立陶宛国王明道加斯的保持信仰，此事的责任全在条顿骑士团；而正是骑士团的"野蛮、残忍与暴戾"，才会让瑟米加利亚人决定放弃基督教信仰。他们倒向德意志君主，而不是教宗；他们拒绝承认立陶宛主教们的权威；还曾经围攻并囚禁里加大主教，接连八个月的时间只给他面包和饮水，还洗劫了他的财产，让他一贫如洗。厄瑟尔主教声称骑士团入侵了他的土地，一边打着休战旗，一边掳走了他的 80 名教众，并把他围在利阿尔城中，直到他同意交出所有的城堡与世俗权利之后才允许他离开；他们还破坏圣坛、圣像、救护院和收容所。库尔兰主教则自行列出了对戈尔丁根（Goldingen）的骑士团军官的控诉。他杀死主教的教众，盗窃他的粮食、衣物、30 双鞋以及一瓶圣餐用的红酒，甚至将主教的圣餐布交给女仆改成头巾。[10]

听上去情况颇为恶劣，但这终究只是一面之词。条顿骑士团的大团长应召前往教廷答复这些指控，卜尼法斯试图对双方进行调解。他似乎认为，无论骑士团做了些什么，利沃尼亚终究需要防御，而维持防御必须得到利沃尼亚地方权贵的支持。1300—1303 年，他命令骑士团交还非法占有的一切财产，并补偿受害者，但没有起诉他们。争议一度平息，但是又随着本笃十一世派遣新任里加大主教而爆发，而骑士团递交的另一份内容更加全面的诉状送到了教廷。教廷必须答复这一起诉；而在 1306 年年中起草的一份文件[11]之中，我们看到了另一方的说法。

骑士团声称，他们只是在维护60年前教宗教谕授予他们的权利。他们被指控饥渴地侵占土地与财富，但这些是教宗给他们的，也是他们用鲜血换来的——仅在库尔兰，便有200名骑士及2,000名仆从阵亡，但那里的主教却只知道抱怨自己丢了鞋。里加大主教空缺之时，他们有职责管理大主教的土地，而占据大主教的城堡，是作为大主教封臣借贷的担保。他们被指控的恶行，比如焚烧骑士团的死者，杀死伤者与使用巫术，全都是造谣中伤；而且他们还与大主教联合建造了40座新教堂，绝没有妨碍传教。他们自费在瑟米加利亚建造了米陶（Mittau）城堡，在驻军遭屠杀之后他们才进攻当地居民，而且主教和市民们也在这场战争中支持了他们。在当地皈依者的要求之下，他们才控制了大主教在德维纳河畔的土地，保护这一地区免于立陶宛人的侵袭。他们确实和立陶宛人贸易，这是教宗1257年颁布的特许状[12]中所授权的，但他们在战时会停止贸易；而里加的市民们无论双方是否开战，都会给这些多神教徒提供武器和粮食，实际上已和他们结成了军事同盟。至于忽视传教工作的指控，任何人询问利沃尼亚的土著"是否相信上帝"，得到的回答都是："我相信上帝，相信圣母马利亚，以及上帝与罗马教会的神圣教诲，相信教理问答，和其他真正的好基督徒一样。"更何况，数据本身足以说明问题：在利沃尼亚，超过10万人在不到一个世纪的时间里皈依了基督教，而在爱沙尼亚、罗斯、厄瑟尔和瑟米加利亚这些骑士团无权管辖的区域，只有背教者、教会分裂派和多神教徒。

争议并没有就此结束。然而这场争议足以说明，条顿骑士团领土之中的紧张情绪，迫使他们尽一切可能继续他们前来此地时肩负的任务：与多神教徒与教会分裂派开战，让他们改信天主教。

没有教廷的许可,他们就无法在邻近的基督徒政权之中立足,也无法抵御立陶宛人;而获取教廷许可的唯一手段,就是推行十字军运动,并尽一切可能吸引外来的十字军来协助他们,以获取领土,并提升他们在天主教世界之中的地位。

两个重大的政治事件,让整个条顿骑士团无可避免地投入立陶宛的战争。其一是1291年阿克陷落,骑士团已经无法在圣地继续作战,只得将总部搬迁到威尼斯。威尼斯是几乎所有德意志十字军或朝圣者前往东方的出海港,条顿骑士团选择此地停驻,是为了此后收复圣地的十字军做准备。然而这场十字军战争终究未能发生。与此同时,普鲁士的骑士团成员们竭尽所能将骑士团的资源向北方分流。大团长康拉德·冯·福伊希特旺根曾经担任普鲁士分团长与利沃尼亚分团长,还在1295年亲自来到普鲁士提振士气;分团长普鲁士的扎克以及麾下11名指挥官给康拉德的继任者写信,声称大团长不能继续忽视这一地区的危险处境,必须严肃对待他们的难题,否则他们无法为一切后果负责。大团长戈特弗里德·冯·霍恩洛厄(Gottfried von Hohenlohe)在1302年来到北方,他试图要求骑士团成员更加严格地遵守戒律,随即遭受强烈反对而被迫辞职。他的继任者西格弗里德·冯·福伊希特旺根发现自己四面受敌:立陶宛人发动进攻,利沃尼亚的居民起诉他,而普鲁士的骑士团于1308年夺取了东波美拉尼亚的港口但泽,波兰与勃兰登堡似乎也要加入围攻条顿骑士团的大联盟了。

更令他担忧的是,一年前圣殿骑士团大团长在巴黎被逮捕,并且在1307年11月22日,教宗克雷芒五世授权逮捕全欧洲的圣殿骑士,剥夺他们的财产,搁置对圣殿骑士团行为调查的结果。法国的圣殿骑士在次年5月宣布拒绝接受处罚,而当年夏季,与迫害圣殿骑士的法国国王腓力四世关系甚好的克雷芒五世来到法国境内居住。这种荒谬的指控，以及圣殿骑士团在除西班牙和部分德意志地区之外迅速消亡，让条顿骑士团处于危险的境地。如果说，圣殿骑士因为有勾结穆斯林、违背戒律的嫌疑，就可以被逮捕并火刑处决，那么被多次指控种族灭绝与杀害朝圣者的另一个骑士团，又会落得什么结果呢？此外，自1305年起，法国国王腓力四世便不断宣扬彻底废止所有军事修道会，并已经事实上废止了一个骑士团。做了最坏准备的西格弗里德·冯·福伊希特旺根离开了威尼斯，1309年9月，在马林堡（今马尔堡）建立条顿骑士团的新总部，这里位于他控制的普鲁士腹地，远离一切世俗君主。

他的未雨绸缪可谓及时。次年6月，克雷芒五世颁布新教谕《主的葡萄园》(*In vinea domini*)，命令不来梅大主教以及米兰教士团教士阿尔贝特调查对条顿骑士的全部未决指控，因为：

> 哀哉！他们冒犯了救主基督，让所有虔诚者蒙羞，破坏信仰，成为基督国家的敌人，成为敌人的朋友，不以基督之名对抗信仰的敌人，而是骇人听闻地，以各种各样狡诈的借口，为对抗基督的人而战。[13]

1312年，克雷芒委派的宗教裁判官绝罚了里加的利沃尼亚条顿骑士，不过次年绝罚的命令被取消，当地的骑士团也已经处于瓦解的边缘。因此，在西格弗里德·冯·福伊希特旺根去世之后，条顿骑士团选择了特里尔的卡尔继任，绝非偶然，毕竟此人"法语如同自己的母语一般流利，与教宗和枢机主教们谈话之时不需要口译员。他和蔼可亲且能言善辩，就算是敌人也愿意听他发言。"[14] 然而他麾下的骑士们还是在1317年把他赶回了特里尔。

普鲁士成了整个条顿骑士团重点关注对象，而全部的十字军组织则投入到罗斯人和立陶宛人的边界。条顿骑士团大团长此时成了统治领主，需要担负三个主要的政治目标：拓展领土，将普鲁士与利沃尼亚互相孤立的教会领土或世俗领土连成一片；巩固但泽与东波美拉尼亚，抵御试图收复这些领土的波兰人；还要消灭立陶宛政权以及独立的罗斯诸王公，因为他们是多神教徒与教会分裂派。与此同时，他还要打宣传战，应对教廷之中接连不断的诉讼战，并向天主教徒证明条顿骑士能够履行军事修道会的职责——战胜异教徒并让他们皈依天主教。战争必须继续下去。

十字军的品行与征召

还有一个问题需要回答。战争是让异教徒皈依的合法手段吗？经院学者对这个问题的争论已经持续了多年，许多人认定答案是否定的。托钵修士罗杰·培根（Roger Bacon）就持否定态度。在他1268年写成的《大著》（Opus majus）之中，他声称布道是让异教徒诚心皈依的唯一手段，这些军人僧侣，"因为向来热衷挑起战争，并希望获得完全的君权"，事实上在妨碍传教。他特别谴责了条顿骑士团："多年以前，他们用花言巧语欺骗罗马教会。"他声称，此后骑士团的记载证明了他们的虚伪。他从占星学的角度出发，认为：

当基督徒和多神教徒，比如普鲁士人和其他邻近的民族讨论神学问题时，基督徒可以轻易说服多神教徒皈依，让他们意识到错误……他们会欣然成为基督徒，只要教会愿意保证他们的自由，允许他们安然享有财产。但迫使他们皈依的基督徒领主们，特别是条顿骑士团，则渴望将他们变成自己的奴仆。全德意志的多明我会与方济各会的修士，以及其他正直的人，都清楚这一点……[15]

在1274年的里昂公会议上，十字军的品行遭到了多方质疑。罗芒的安贝尔（Humbert of Romans），多明我会的前会长，写下了致教宗格里高利十世的《三部论》（*Opusculum tripartitum*），他认为和穆斯林的战争应当继续，

> 但那些在北方与我们相邻的偶像崇拜者，比如普鲁士人，以及类似的民族，我们依然有望说服他们皈依，就像此前说服与他们相邻的……波兰人、丹麦人、萨克森人、波希米亚人，等等。无论如何，他们没有惯于进攻我们，就算进攻我们，他们也没有多少力量……因此基督徒只要在他们入侵之时去勇敢抵抗，就足够了。[16]

这样的论断在罗马颇具影响力，而并不依附于骑士团的托钵修士和受过教育的教士把这种论断带到了波罗的海沿岸。他们会被如何反驳呢？

一份报至教宗的反驳意见来自一位更为公正的见证者，奥洛穆茨（Olomouc）主教。[17] 他指出，立陶宛人和普鲁士人都不是完全无害的，他们给波兰的教堂带来了深重破坏，而波兰的教堂

"就与我们的住所相邻,它们若是着火,我们的利益也必然受损"。德意志领主们之间的分歧太大,忙于内讧的他们无暇守护自己领地的边境,更无暇为圣地而战,就算他们决定前往海外王国,他们自己的领土也必然因此陷入危机。这就是这一时期的"多米诺理论"。而对立陶宛人的军队影响范围内的居民而言,这一理论的说服力远胜过安贝尔声称北方的多神教徒"衰弱"而无害的论断。按照《沃里尼亚编年史》续作者的记述,在1305年的和约之前,立陶宛人和萨莫吉希亚人给波兰带来了极大的破坏,掳走了整批波兰人和马祖里人(Masurians),波兰人在立陶宛和白罗斯被当作商品出售,价格为1格里夫纳(4盎司银),或10立陶宛格罗什(groshi),立陶宛人还用波兰奴隶来交换牛马。[18]骑士团自己也记录了立陶宛人的劫掠。

另一个反对意见源自立陶宛领主们对基督徒传教士的态度。他们曾经一度宽容,并明显展现了同情。1322—1324年,立陶宛大公维滕尼斯的兄弟兼继承人格季米纳斯(Gediminas)允许自己的女儿受洗以与波兰人达成同盟,并对天主教政权做出了一些示好的举动。他给托钵修士、汉萨同盟城市以及教宗送信,邀请移民者、商人、工匠、士兵和传教士进入他的领地,在他的庇护之下居住。他请求教宗做自己的父,也宣称愿意与教会和平共处。然而与此同时,他完全怀疑支持基督教义的说法,无论这些说法是何等温和,当教宗的使节最终在1324年11月要求他皈依天主教之时,他的答复却是:"让恶魔来为我施洗吧!"[19]次年1月,两位西多会的修道院长[20]证实,格季米纳斯此后杀死或奴役了在他领土之中或周边地区居住的8,000名基督徒——而此时他还和条顿骑士保持着和平。他刚露头的改信姿态就是欺诈;或者说,是可以理解的外交策略。这个事件并不能说明战争能够更有效地保证传教，但足以说明，面对强势而明智的多神教徒统治者，战争与传教都不太可能起到什么效果。

　　骑士团的观点是，他们自己的档案就是反对和平传教的最有力证据。他们来到此地，是因为教宗的教谕授权他们与多神教徒开战，并统治改信天主教的人，而整个《圣经》与教父的论著都已被爬梳，他们找出了文本和观点来支持他们的行为。无论学界如何评论，传统以及现状终究支持他们的行动。圣贝尔纳已经为修道骑士正名，格里高利九世命令他们前往普鲁士，教会法学家奥斯蒂恩西斯（Hostiensis）已经证明多神教徒没有享受自由与独立的权利：大家不可能无视这些人物的名字。人们同样无法无视特许状、骑士团戒律以及条约、为传教事业而付出的伤亡，还有花费的钱财。如果反对者认为骑士团所为越出了权利与责任规定，他们压榨合作者与臣民，特别是皈依者；那么骑士团也可以答复称，战争不可败，施行战时管制，甚至要求所有基督徒参与沉重劳役，是取得战争胜利必不可少的手段。事实上，在1299年之后，利沃尼亚的骑士团显然已经决定终结这一地区权力分裂的事实，而成为整个地区的统治机构之后，他们将能避免未来的内战。如果他们有权发动战争机器，那么他们就有责任保证战争机器尽可能高效——至少和立陶宛大公的军队的效率相当，而这一任务不是靠兄弟之爱就能完成的。

　　这两个论点的缺陷显而易见。之所以重复这些论点，是因为这是当时的基督徒的看法，也能够解释他们的行为。骑士团的情况或许没有说服力，然而他们的观点，在14世纪时还是足以说服数以千计的十字军前往普鲁士。

令人惊讶的是，14世纪，骑士团在已经征服了普鲁士和利沃尼亚，必须依靠十字军协助才能维系之时，却能够吸纳到比13世纪时范围更广的世俗十字军。其中一个原因当然是去东方的十字军人数减少了，或者说，在十字军誓言的教导依然盛行之时，前去巴勒斯坦履行誓言的机会却所剩无几了。每个教堂之中依然有十字军的捐款箱，每个王国依然收十字军税，仍有人定期布道提及这个话题，参与十字军获得豁免权、庇护权和其他特权的情况持续存在。此时，关于十字军的计划与理论思考极大增加了，因为组织十字军的旧方法已经不能满足需求。与此同时，法国与德意志境内长期惯常的战争培养出了格外多的专业或半专业的军人，在双方停战或和谈之后，这些人就必须寻找下一个雇主。条顿骑士团为确保他们前来普鲁士，一方面和来自欧洲各地的领主与战士们发展友谊，另一方面给"来客"提供十字军身份所能够获得的一切好处。

一些国王和领主也通过捐赠来分享功劳。神圣罗马帝国皇帝首先如此，此后欧洲绝大多数国王也都曾参与，包括英格兰国王爱德华一世（Edward Ⅰ）和爱德华三世。他们即使不会亲自参与十字军的征战，但也想获得十字军的名号。统治者往往发现发下誓言领受十字很合宜，履行誓言前去作战却是失策。而向参加十字军的骑士团做捐赠，就是解决这个难题的手段之一。友好举措也同样有效；1329年，因为与波兰国王敌对而得认可，西里西亚的所有公爵教友成为条顿骑士团的同侪骑士（confratres）。这些盟友暂时与骑士团站在一条战线上，也有其他人因为家族传统或者邻近骑士团的家族地产，或多或少地绑在了骑士团的战车之上。德意志的国王与皇帝都控制着施瓦本和莱茵河上游，而条顿骑士团在这一地区的强大影响力,让亨利六世和腓特烈二世开启的皇帝与条顿骑士团的紧密联盟关系得以保持稳固。波希米亚国王都继承了十字军国王奥托卡尔所结下的纽带,他们拥有条顿骑士团的波希米亚辖地,它提醒国王们记住这段联系。对于中欧与东欧的君主,比如波希米亚国王卢森堡的约翰(John of Luxemburg,1310—1346在位),以及他的儿子波希米亚与德意志国王、皇帝查理四世(Charles IV,1347—1378在位),双方的联盟关系紧密而互利。这些统治者们利用来自德意志条顿骑士团各修道院的骑士,而骑士团则利用德意志统治者及其臣属来维持在普鲁士的统治。

在30年的中断之后,14世纪初出现了首批前往普鲁士的十字军。他们来自莱茵兰,由洪贝格(Homberg)伯爵率领。他们的土地环绕着大团长的私人属地科布伦茨(Coblenz),他们的行动或许也体现了骑士团作为当地产主的影响力。莱茵兰的领主们于此后不久卷入了瓦卢瓦王朝与爱德华三世的战争,也加入了卢森堡的约翰的战事,利益关系网的拓展让参与十字军的习惯传播开来。波希米亚十字军在1323年来到普鲁士,阿尔萨斯十字军在1324年前来,英格兰、瓦隆(Walloon)十字军在1329年前来,奥地利、法兰西十字军在1336年前来,巴伐利亚、荷兰十字军在1337年前来,匈牙利、勃艮第十字军在1344年前来,而在14世纪后半叶,奥克人(Occitanians,奥克西坦人)、苏格兰人和意大利人也纷纷前来参加十字军。

这个风尚的引领者是波希米亚国王约翰,此人三度远征普鲁士,并将许多小王公带上了这条道路。他在1328—1329年出征,一方面是为了巩固自己对波兰王国的权力要求,帮骑士团对抗当时的波兰统治者"矮子"瓦迪斯瓦夫一世（Władysław Lokietek），另一方面他也笃信条顿骑士团的理念。他在一份特许令的前言之中写道：

> 他们值得赞扬的国家以及值得铭记的生命和名望的神圣吸引着我们。他们为了传播正信，需要经受难以忍受的沉重辛劳，付出极大的代价。如今他们已经成为坚不可摧的城墙，守卫信仰，抵御立陶宛人和他们的爪牙，无论是谁——基督可鄙的敌人！我们清楚这一点。他们每一天都要无畏地出生入死，冒着被包围、分割、无情屠戮与折磨的危险！[21]

这是此时条顿骑士团的自我认知；而像波希米亚国王约翰这样的人物公开认定赞同这种认知，就可以帮助他们。1328年，他邀请法国诗人纪尧姆·德·马肖（Guillaume de Machaut）加入他的随员；纪尧姆记述征服不信基督（mescrean）的立陶宛人并使他们皈依的故事[22]，正是条顿骑士团所需的宣传，而这种宣传的传播范围可能很广。1341年，弥留之际的条顿骑士团大团长迪特里希·冯·阿尔滕堡将骑士团交给约翰庇护；而那时的约翰几乎失明，几乎没有土地和钱财可以提供，他的臣民也已经抛弃了他，然而他身为骑士的名望极高，以至于这样的联合安排能够刺激类似的狂热者前往普鲁士。

爱德华三世的堂兄兰开斯特公爵亨利（Henry of Lancaster）就是其中之一，他在英法百年战争停战期间前往普鲁士，但他前来的1352年，并没有夏季侵袭；他抵达斯德丁，兑现了誓言。他的孙子德比伯爵亨利，此后的亨利四世，在1390年和1392年两度远征普鲁士，而他的这些远征花费的详细账目，说明了这些权贵提供的军事支援能够给骑士团节省相当可观的开销。1390年8月至1391年4月，亨利养着13名骑士、18名侍从、3名信使、10名工兵或技师、6名吟游诗人以及其他60人，总人数约100人，另外可能还有50人以上的志愿者。他花费了4,360英镑，或者约1.3万普鲁士马克——这比骑士团拿下整个哥得兰岛的花费还多。其中，564英镑为薪酬，馈赠花费超过400英镑。1392年，他在6个星期之中花费了239英镑。他得到了礼物与款待，但这些与他的开销无法相提并论，他为自己父亲冈特的约翰（John of Gaunt）以及他的堂兄国王理查二世（Richard Ⅱ）的荣誉而大肆挥霍钱财。他在当地制造银器与炊具，花费75英镑，还雇用航船、马匹与车辆运输大量私人物品。他的父亲不得不帮他支付这笔开销，然而兰开斯特家族的地产无法填补如此亏空。[23]

这个体系的缺点在于，领主们时而会借参与十字军之机，利用骑士团为自己谋求政治利益，或者要求参与军事指挥。前者称不上严重的威胁，因为靠协议或交易可以避免或缓和其影响；但后者的问题在于，如果领主带来了500名骑士——1391年的迈森边区伯爵就是如此，那么他对条顿骑士团元帅应当如何安排行动的意见就不容忽视，然而与立陶宛的战争又容不得任何失误。如果天气过于潮湿或寒冷，那么无论马林堡城堡的空地里挤进来多少焦躁的十字军，就一定不能出征；然而总会有一些十字军打算冒险，并招致灾难。马堡的维甘德（Wigand of Marburg）提到1378年，温里希·冯·克尼普罗德为了洛林公爵的"荣誉"而发动冬季侵袭，因为他刚刚带来了70名骑士。这一战取得了成功，但当奥地利公爵和克莱沃（Cleves）伯爵抵达时，他被迫在12月初为他们发动一次特别突袭,而这一行动顶多只能说是为期一周的游猎,让他们在圣诞节之前履行自己发下的誓言。[24] 但为博取"虚名"而努力是值得的。

为了吸引普通骑士前来普鲁士,骑士团既要依靠领主们的榜样作用,也要依靠在德意志辖地之中的亲属关系。不只是封邦伯爵、边区伯爵或伯爵,易北河上游各支流流域——图林根、迈森和福格特兰(Vogtland)——的军人阶层,都或多或少与骑士团存在紧密联系。这一地区出了九位大团长,以及不计其数的骑士团成员,并提供了大笔捐赠。[25] 如果这些骑士想要布施,或行仁爱之举,那这一地区的三个条顿骑士团救护院就给了他们契机;如果贵族家族的幼子们希望献身于荣耀(任神职),但他们自己的教会荐职权(patronage,恩庇教会者可指派教士人选)又不够格,便可以去当地的骑士团修道会中申请加入骑士团成为神父成员。如果他们想要迁居,大团长可以给他们土地。普莱瑟兰(Pleissenland)是普鲁士的骑士团俗世封臣之中势力最强的家族,而冯·施坦格(von Stange)家族则于1285年在基督堡附近的施坦根堡(Stangenburg)建立了定居点。如果他们想要参与十字军,普鲁士便是显而易见的目标。在复杂的关系网之中,骑士团在德意志的辖地如同海绵一般吸纳社会上层人员,通过许多孔洞,引领他们获得救赎。在美因河与莱茵河汇合处的情况也是如此,拿骚(Nassau)、法尔肯施泰因(Falkenstein)和卡岑埃尔恩博根(Katzenellenbogen)涌现了如此之多的骑士团军官,以至于当地社会自动将赎罪与骑士团等同起来。在其他地区,比如布赖斯高(Breisgau),以及西里西亚和瑞士北部,条顿骑士团的角色则由医院骑士团扮演,而圣殿骑士团和它在不伦瑞克和哈尔伯施塔特竞争，直到1309年；但只要骑士团在这里建立了稳定的分部，那么相比其他修道会，骑士团就展现出能够提供各种各样赎罪方式的优势。

征召平民十字军士兵时，骑士团主要依靠富裕者自发前来，他们可以带来自己供养的随从；还依靠人们对以十字军誓言来赎罪的普遍认可。一个年代较早的范例是，1252年，荷尔斯泰因伯爵洗劫了石勒苏益格城，而他的一些部下冲进教堂。在北欧的战争中，这样的行为比较寻常，但一名荷尔斯泰因士兵突然倒地暴毙。他的一名弩手同伴内心受冲击，懊悔不已，于是前去主教面前，发誓自己会成为十字军前往普鲁士，终生不再向基督徒射出弩箭。[26] 这些忏悔者想必是条顿骑士团发动季节性侵袭之时基层士兵的主要来源；他们需要参加一种特定的战争来赎罪，而这类战争距离他们最近的战场，就是这里。

其他人则寻求替代的赎罪方法。罗斯托克的一个市民卢特贝特（Lutbert）在1267年订立遗嘱之时，决定将他的财产以及一半的船只交给儿子约尔丹（Jordan）。如果约尔丹想要获取全部船只，就要前往普鲁士或利沃尼亚，让他的父亲得到赦免；而若是他不愿去，就必须把他父亲的所有船只——包括他拥有的那一半——全部出售，把这笔钱付给为他父亲赎罪的人。[27] 平凡的悔过者被鼓励组队应募骑士团，直接受骑士指挥。针对这类人的规章首次出现于1292年，按照圣殿骑士管理他们在东方的仆从部队"突厥后裔"军（Turcopoles）的习惯制定。在德意志，这些前去赎罪的人被称为"扈从"（Knechte），他们可能是志愿者，也可能索取薪酬。无论如何，他们要和骑士修士一样遵守严格的戒律，居住在修道会之中，远离他们的妻子，一旦违反戒律就必须忏悔苦修和受罚。加入骑士团扈从时，他们必须宣誓忠诚与顺从，许诺不会擅自离开，甚至不能进酒馆；最重要的是，没有接到命令，任何人都不能杀戮。志愿者必须和骑士团正式成员一样剃平头发和胡须，在第一年得到两拜占庭金币（bezant）的酬劳，而若是此后继续服役，酬劳将涨到四金币。[28]

通过上述方式，骑士团撇去浮油，让相对贫困的十字军留下来，并保证他们的贫穷不至于影响他们的战斗力。如果他们不需要参战，他们就可以到任何骑士团的修道会中履行义务。而无论参战还是在修道会中服务，他们的罪都将得到宽恕。在行军之时，他们作为先头部队以及侧翼部队；而在作战中，当骑士修士冲锋之时，他们集结在辎重附近，守卫元帅的旌旗。他们和担负劳作任务的"准成员"类似，并不是骑士团的正式成员，却在军事行动中不可或缺。

普鲁士给各个阶层的十字军都提供了履行军事职责的机会。他们前来的原因与他们自己的身份有关。如果认为他们所有人或者绝大部分人都是基督教世界的高尚勇士，为寻求上帝的宽恕而出生入死，那么他们未免太闲了。付华萨（Froissart）指出："重甲兵不可能只靠宽恕生存，而且他们也只在生死之际才格外在意宽恕。"他这段话确有所指，而事实上大团长曾经许诺为领受十字的人支付薪酬，以吸引十字军前来。与此同时，似乎没有人因为和立陶宛人作战而发财，绝大多数人的付出似乎比他们得到的回报更多。1349年，40名英格兰骑士决定在立陶宛边境建造城堡和礼拜堂，以接纳皈依者，抵御异教徒。[29]他们或许被误导了，然而他们不可能是刻薄的投机商。怀有敌意的诗人海因里希·德·泰希纳（Heinrich der Teichner）反对普鲁士的战争

（Praussenvart），认定这浪费了本可以在故乡行善的钱财。

战争与政治，1304—1409

在十字军的帮助之下，骑士团开始攫取土地。1304年前来的十字军参与了1305年初的冬季侵袭。他们骑马来到涅曼河畔，在格罗德诺（Grodno）周边地区破坏，并在格季米纳斯的新堡垒对面扎营，旌旗从破晓飘扬到正午时分，以示挑衅。在旌旗之下，洪贝格伯爵以及其他的十字军接受勃兰登堡指挥官的仪式性骑士受封典礼。次年，他们摧毁了格罗德诺堡垒旁的城镇，100名骑士团成员以及6,000名十字军骑士还试图强攻堡垒，但未能成功。1307年，更多的十字军与新任的普鲁士分团长海因里希·冯·普罗茨克一同抵达，而卡尔索维亚（Carsovia）的立陶宛人在次年投降，三个立陶宛堡垒被摧毁。1308年与1311年，立陶宛向普鲁士发动了报复性劫掠，但维滕尼斯最终还是在沃普劳肯［Woplauken，拉斯滕堡（Rastenburg）附近］战败，他在涅曼河流域的土地遭受的压力也从未缓和过。一次劫掠行动越过边境线50英里，深入敌境的沙尔奇宁凯（Salcininkai），在维尔纽斯以南不远处；其他的进攻，则侵扰着立陶宛边境地区的每一片土地，而1313—1320年，这种侵袭每一年都在进行。

1315年继承兄长的大公之位的格季米纳斯，准备发动决定性的反击。1322年，他没有直接对普鲁士的夏季侵袭以牙还牙，而是出兵破坏利沃尼亚的多尔帕特主教区，并与教宗、波兰国王以及里加市民开始谈判——这三方出于不同的原因，此时都和条顿骑士团关系不佳。1323年最初几周格外寒冷，十字军无法发动冬季侵袭。当格季米纳斯的兄弟普斯科夫王公达维（David）入侵爱沙尼亚并牵制住利沃尼亚的部队之时，立陶宛人的主力军直扑无人防守的涅曼河河口，攻破了梅梅尔。8月，他在萨姆兰破坏，9月时又到多布任破坏。10月时，条顿骑士团派使节前往维尔纽斯请求停战。据说在这一年半的时间之中，立陶宛人杀死或掳走了两万名基督徒。

骑士团与诺夫哥罗德结盟，依靠新来的十字军在边境线上重新开始一系列的攻击，并在普鲁士内陆地区建造六座新城堡以巩固防御。新任条顿骑士团大团长维尔纳·冯·奥瑟恩逮捕了格季米纳斯的使节，并说服教宗约翰二十二世颁布发动十字军的教谕，宣布接下来三年之中（自1325年6月20日起），与罗斯人、鞑靼人以及多神教徒作战的人罪孽将得到完全宽恕。格季米纳斯的回应是进攻条顿骑士团的盟友，与波兰国王瓦迪斯瓦夫合兵进攻勃兰登堡与马佐维亚；而后在1329年，里加市民请求他前往利沃尼亚，帮助他们赶走骑士团。结果便是立陶宛军队再度突入北部地区。然而在格季米纳斯在内陆劫掠之时，利沃尼亚的骑士团分团长埃伯哈德·蒙海姆直接对里加发动围攻，并在次年攻破该城；大团长维尔纳则率领大批十字军，包括波希米亚国王约翰在内，对波兰发动夏季攻势。控制了里加之后，骑士团可以据守，并从北面出兵报复立陶宛；在南面，波兰国王瓦迪斯瓦夫被迫在1332年求和，骑士团得以维持十年的安全。自此他们足够安稳，可在边境地区进行破坏、围攻、城堡建设与伏击，从利沃尼亚和普鲁士两路出击，也不必担心敌人大规模越境进攻。格季米纳斯甚至在1338年与利沃尼亚签署和约。

在这一时期结束之时，双方再度开始准备全面战争。格季米纳斯此时已经逝世,他的儿子阿尔吉尔达斯统治普斯科夫,利沃尼亚再度遭受两个方向的威胁。大团长得到皇帝路德维希的授权,获准征服整个东欧;普鲁士的骑士团则开始修筑进入立陶宛的三条军事道路,从德意志召集更多的十字军,并得到了波希米亚国王的儿子摩拉维亚边区伯爵查理的支援。1342年,阿尔吉尔达斯和他的普斯科夫部队入侵利沃尼亚,顺德维纳河抵达于克斯屈尔,而后被牵制住,遭到利沃尼亚与爱沙尼亚部队的联合反击。然而次年,爱沙尼亚的农民反叛他们的领主——丹麦国王的封臣们,而利沃尼亚的分团长布尔夏德·冯·德赖勒本被迫请求普鲁士派630名骑士团成员前来镇压暴动。格季米纳斯诸子之间的内战让立陶宛无法立刻趁火打劫,但阿尔吉尔达斯和他的兄弟凯斯图蒂斯于1345年掌控了维尔纽斯之后,立陶宛人便发动了大规模进攻。这一年,条顿骑士团大团长卢多尔夫·柯尼希无法阻挡立陶宛人蹂躏萨姆兰,当十字军因此灾难而指责他时,悲愤过度的他陷入疯癫;入侵者随后北上,在里加附近渡过德维纳河,蹂躏利沃尼亚中部,并掳走600名俘虏。1346年,大团长杜斯默尔的巡逻防守部队离开之后,立陶宛人立即出击,萨姆兰再度遭受劫掠。而1347年,凯斯图蒂斯和他的兄弟纳伦蒙特(Narimont)两度发动入侵,向南推进到巴尔蒂亚。这一次有数千俘虏从普鲁士被掳掠到立陶宛,边境线完全敞开;如果突袭继续进行,那么骑士团或许只能被迫屈服了。

然而,1348年这个"奇迹之年"的胜利拯救了他们,黑死病则是另一个救星。胜利源自向立陶宛发动的"预防进攻",来自英格兰和法国的十字军让条顿骑士团元帅及大指挥官温里希·冯·克尼普罗德得以发动破坏性的冬季攻势,在涅曼河以东冰冻的斯特雷瓦河（Strawen）上击败赶来反击的罗斯-立陶宛部队。与此同时，利沃尼亚分团长冯·赫克蹂躏了希奥利艾附近的萨莫吉希亚北部地区并掳走居民，还巩固了他在德维纳河以南的防御。大团长杜斯默尔发动夏季侵袭，从涅曼河畔的韦尔伦（Welun，今韦柳奥纳）解救了1,500名受洗的奴隶，并让他们定居到普鲁士，而立陶宛人直到1352年才发动报复。那时，双方力量都已经因为黑死病而大为削弱，立陶宛人已经丧失机会，无法继续1345—1347年的攻势了。阿尔吉尔达斯和凯斯图蒂斯依然想要夺取骑士团的土地，然而此时继任大团长的温里希·冯·克尼普罗德已准备好守住他的领土。

他在任职的31年间，以一系列新造和重建的城堡巩固边境与本土的骑士团辖区；征召越来越多的十字军，特别是西欧的十字军前来作战；同时对立陶宛的防御保持持续的压力。他大额投入砖石建筑与娱乐设施，被视作条顿骑士团在他的治下腐败的象征，而他也受指控将十字军变成了残忍的骑士娱乐。但温里希是现实主义者，他只是将自己在14世纪40年代担任普鲁士的元帅与大指挥官时学到的经验应用于实际。在这场消耗战中，他拥有两个优势：更精良的攻城器械与防御工事建造技术，以及一群无薪的后备兵员。他的敌人拥有更多的资源，控制更广大的地域，他们对骑士团造成的相应破坏，比骑士团对立陶宛造成的破坏更大——只要立陶宛军队能够顺利通过隔开双方的荒野。这种情况此前颇为寻常，而在温里希继任大团长之初，也出现了类似情况：1352—1354年，立陶宛人抵达弗里舍浅潟湖，破坏瓦尔米亚，此处距离马林堡仅有30英里；而1356年，他们毁掉了阿伦施泰因（Allenstein，今奥尔什丁）附近的17个村庄。因此，骑士团必须封锁他们进军的道路,必须在维利亚河汇入后的涅曼河下游,肃清全部立陶宛人的城堡,而马祖里地区的湖泊周边也必须安排城堡,阻拦试图绕道进军的敌人。这样,涅曼河上游的立陶宛堡垒与拥有安稳防护的普鲁士地区之间,便出现了 90 英里宽的无人区。大规模的入侵部队无法安然通过这一地区的密林与泥沼,因此骑士团可以在涅曼河下游集中军力,或者向北进入萨莫吉希亚,或者向东进入立陶宛本土。这些突袭的目的在于尽可能拓展这片无人区,破坏乡村,乃至清除这一地区的人口,保证把立陶宛人的军队困在他们自己的领土之中。

温里希·冯·克尼普罗德以外交手段削弱敌人的行动也大获成功。波兰人与立陶宛人的联盟,以及里加大主教及其下属寻求独立的行动,此前让骑士团陷入危机之中,因此必须阻止。波兰国王卡齐米日三世(Casimir Ⅲ)在 1357 年与立陶宛和谈,而 1350 年,教宗的裁决确认大主教除了里加城堡还拥有整个里加城市的主权。即使如此,温里希还是设法阻止了波兰人和立陶宛人的积极合作,其手段主要是和波兰公爵们联盟,这些公爵反对权势不断增长的卡齐米日国王。1366 年,依靠《但泽和约》,温里希让利沃尼亚的骑士团和里加大主教之间达成协议,骑士团此后有权要求市民履行军事义务。

立陶宛王公们试图反制。1358 年,凯斯图蒂斯向皇帝查理四世派出使节,提出以受洗为条件,换取骑士团交还从他和他兄弟手中夺取的全部领土,但查理坚定支持条顿骑士团,没有认真考虑这个提议。立陶宛统治家族之中的分歧让温里希得到了反击的机会。1365 年,他拉拢了凯斯图蒂斯的儿子,让后者在马林堡的盛大庆典之中受洗,而 1380 年之后,他和阿尔吉尔达斯(1377

年逝世）的儿子约盖拉联盟，共同对抗凯斯图蒂斯。只要能够换取足够的利益，他随时准备与曾经的敌人和谈——1372 年时他就和阿尔吉尔达斯与凯斯图蒂斯签约交换俘虏，并在 1379 年和凯斯图蒂斯签署了十年的停战协议。他与这个异教老君主打了许多年的交道，早在 14 世纪 40 年代便在和他作战，而且 1361 年还将他俘虏，羁押在马林堡八个月。和上帝的敌人讨价还价很危险，毕竟圣战在理论上是永无止境的，但他可以辩护称，这是取得胜利的唯一办法。无论如何，当对方狡猾地利用某种手段时，温里希不可能弃之不用。

温里希的成功，让他的任职时期成了普鲁士条顿骑士团的黄金时代，同时代的利沃尼亚分团长冯·赫克、菲廷霍夫和弗里默斯海姆，也因此受益，因为涅曼河畔的有利局势拖住了他们的主要敌人。他们得以巩固东南边境，建造新的城堡，并从北面发动突袭，深入萨莫吉希亚，并经常与他们的普鲁士战友协同行动。在 1346 年，大团长杜斯默尔借给他们 1.9 万马克，让他们可以从丹麦国王手中购买爱沙尼亚，而温里希此后并没有催他们还款；1376 年之后，当他拿回了四分之一的欠款，他就放过了他们。他们对普斯科夫、波洛茨克和立陶宛的侵袭，对他的意义比归还所有欠款更重大。

1356 年之后，仅有一次针对利沃尼亚的进攻抵达里加附近（1361 年），而普鲁士腹地也仅受过一次顺涅曼河而下的突袭威胁。在 1370 年这次突袭行动之中，凯斯图蒂斯在萨姆兰的鲁道（Rudau）被迫与骑士团交战，在一场血腥的战斗之后，他被迫撤退，条顿骑士团则有 26 名正式成员阵亡，包括元帅亨宁·申德科普夫（Henning Schindekopf）。当温里希在 1382 年逝世之时，凯斯图蒂斯发动了其生命中最后一次侵袭，一路抵达柯尼斯堡以东25英里之处的塔皮奥（Tapiau，今近卫军城）。但当年的夏季，骑士团的部队占据了维尔纽斯以西14英里处的特拉凯，而骑士团的盟友约盖拉更是占据了维尔纽斯，此人许诺随后接受洗礼。凯斯图蒂斯向他的侄子投降，并在当年8月被谋杀。针对立陶宛人的旷日持久的十字军运动，似乎到此要结束了。

在温里希的继任者治下，胜利在望的假象因为两个变局而蒙上阴影。其一是火炮的应用。骑士团在1381年的冬季侵袭之中首次使用火炮，而这种武器也作为礼物，在次年的缓和期赠给了约盖拉。这些重型的"射石炮"（bombard）只能使用船只长途运输，因此在此后的攻城战中，河流上游的势力对河流下游的势力存在天然的优势，立陶宛人可以更迅速地运输火炮到骑士团的城堡外，而骑士团拖运火炮攻击立陶宛人的据点则更加缓慢。1384年，约盖拉和他的堂兄维陶塔斯（Vytautas/Witold）再度和条顿骑士团开战，大团长策尔纳·冯·罗滕施泰因在当年的夏季于考纳斯（Kaunas）建造了一座砖墙城堡，马林韦尔德。当他返回之后，维陶塔斯对约盖拉说道："您拥有大片土地，您拥有大批臣民，带上火炮，我们的军队可以迅速夺取这里。"约盖拉回答道："或许大团长会攻击我们。"他的堂兄则说道："那也是一个月之后了，这些时间我们一定能完成想做的一切。"[30] 尽管马林韦尔德守军拥有一门火炮，操纵得极好，像"砸碎鸡蛋"一般击碎了一架旧式立陶宛扭力弩炮（ballistas）的平衡锤，城堡还是在6个星期的围攻之后陷落。策尔纳无能为力。次年在维利亚河的渡口，他遭到约盖拉的兄弟王公斯基尔盖拉（Skirgaila）部队的阻拦，后者拥有"不计其数的射石炮"；而1388年，他被守军的火炮赶出了斯基尔盖拉在维利亚河下游的一座堡垒。1390年，向维尔纽斯进军的大规模夏季侵袭持续了11个星期，德比伯爵亨利·博林布鲁克参与了这一战，但这次进攻仅仅夺取了该城周边的一座堡垒，而同年约盖拉则先援军一步攻破了格罗德诺。

另一个变局就是在1383年，在确信策尔纳准备将立陶宛一分为二，让他和维陶塔斯分治之时，约盖拉和骑士团决裂，更是在1385年登上了波兰王位。这样的变局并没有促成一个波兰-立陶宛超级强权，因为至少在接下来的五十年间，两国的统治者都维持着相异乃至相悖的政策，然而立陶宛的大贵族们还是纷纷受洗了。约盖拉受洗成为波兰国王瓦迪斯瓦夫四世，让波兰人重新燃起了收复条顿骑士团所占领土的希望；卡齐米日三世曾搁置对骑士团的攻势，现在波兰人又能重新发动。1392年，维陶塔斯和瓦迪斯瓦夫达成了协议，可以保留他父亲凯斯图蒂斯控制的土地，包括维尔纽斯。条顿骑士团只能无视立陶宛的统治者已经受洗成为基督徒并宣称推动臣民受洗的事实，继续发动十字军。

与此同时，与里加的旧有争执再度爆发。大主教约翰四世离开里加前往吕贝克，向教宗以及波希米亚国王西吉斯蒙德请求庇护。条顿骑士团占据了大主教的城堡，而西吉斯蒙德则占据了条顿骑士团在他王国之中的地产，利沃尼亚分团长文内默·哈森坎普·冯·布吕根艾厄则奉召前往教廷，答复大主教的指控。

在大团长康拉德·冯·瓦伦罗德（1391—1393年在任）与大团长康拉德·冯·永京根（1393—1407年在任）治下，条顿骑士团以领土扩张政策来应对这些艰难境况。旧日的边界已经不足以维持政权运转，因此他们决定靠武力征服和购买土地，尽可能向外拓展。1390—1395年，条顿骑士团向当地的公爵直接出资,买下了瓦迪斯瓦夫北面与西南面边境的多布任公爵领和奥波莱(Opole)公爵领;1400—1402年,买下了整个勃兰登堡的诺伊马克(Neumark),限制瓦迪斯瓦夫西北方向的行动。对立陶宛的征战一再发生,部队规模越来越大,十字军与雇佣兵一同行动,这让维陶塔斯决定让步,出钱给骑士团,以免沦为他堂弟的臣属。1398年他在萨林韦尔德(Sallynwerder)签约同意放弃他在萨莫吉希亚的权利,换取"长期和平",以及涅曼河下游西岸的一块长条形荒地。

萨莫吉希亚的波雅尔们并未直接参与这次和解,也没有受洗。康拉德·冯·永京根在余下的大团长任期中,继续进攻这些波雅尔,维陶塔斯时而提供一些支援。然而1406年,波雅尔们最终同意臣服,并在次年请求按照普鲁士的城市法律来生活,但是遭到了拒绝。条顿骑士团将多布任交还给瓦迪斯瓦夫,与他言归于好,并且在接下来的三年之中,瓦迪斯瓦夫、维陶塔斯与条顿骑士团联合行动,进攻新兴的莫斯科大公国。到了大团长康拉德·冯·永京根的兄弟乌尔里希(Ulrich)继任之时,似乎敌人只剩下教会分裂派的罗斯人了。

然而,无论波兰还是立陶宛,都没有放弃收复失地的打算,并且两国的君主都清楚,瓦伦罗德-永京根的扩张政策让条顿骑士团的普鲁士臣民不满。市民以及国王的封臣不满于战争税以及兵役,十字军在1396年之后兵员短缺,大批法国、英格兰和德意志的骑士转而与奥斯曼人作战,他们离开了立陶宛前线,加入了尼科波利斯(Nicopolis)的十字军。1409年,萨莫吉希亚人发动叛乱,并得到了前领主的支持。大团长乌尔里希对波兰发动报复,重新占领多布任,并袭扰马佐维亚。这一行动,与他兄弟于1397

年给一位德意志选帝侯的信件之中的说法相符；所有支持多神教徒的人，都是条顿骑士团的敌人。[31] 但萨莫吉希亚人还是多神教徒吗？如果他们依然是多神教徒，那么条顿骑士团此前十年间，在他们统治的领土之中，又在做什么呢？当年 8 月，瓦迪斯瓦夫和维陶塔斯发表联合宣言，对抗共同的敌人。其中，他们宣布萨莫吉希亚人是值得赞扬的皈依者，他们亲自主持了萨莫吉希亚人的洗礼，而普鲁士的本地人在条顿骑士团统治近 200 年之后，依然是半异教徒。他们宣称，条顿骑士团根本不在意传教，只在意和邻近的政权争夺土地，若是上帝不阻止他们，他们便想要征服世间所有的领主。[32]

这段宣言，为波兰-立陶宛联军发动入侵铺下道路，强大的联军足以击败条顿骑士团能够组织的一切武装力量。自此之后，这场战争的模式便改变了。战争不再是对抗多神教徒，并为此暂时占据基督教世界周边的土地；而是波兰和立陶宛共同进攻条顿骑士团，收复被骑士团夺走的土地。在战场上的交锋之外，他们也在智识层面发动攻击，质疑修道骑士的理念与作用。

战略与战术

与立陶宛多神教徒之间的战争，此前被描述为消耗战，但这样的概括无法说清战争的具体情况。战争延续了 100 余年，期间交战双方都愈发富裕而强大，因此，骑士团与立陶宛都称不上"消耗"了对方。从 1283 年到 1406 年，几乎每一年都有一定程度的战斗，花费大量的人力物力，杀戮与破坏也接连不断——双方的战争机器都足够高效，反而没有破坏对方的资源基础。

要解释这种矛盾，就需要审视这一地区的地理情况。如第一章所述，在这一时期，这一地区绝大部分的土地被浓密的落叶林覆盖，林地从波罗的海沿岸延伸到别列津纳（Beresina），从普里皮亚季（Pripet）的边境区延伸到德维纳河。立陶宛人以及向他们纳贡的罗斯附庸就居住在这一地区的中心，即涅曼河上游、维利亚河与德维纳河上游地区。他们在密林之中清理出的土地，足以供养规模可观的人口，但此地依然留出了大约100英里宽的带状林地，将他们与条顿骑士团在普鲁士和利沃尼亚的定居区域分隔开。在带状区域之中行走非常艰难：不但有作为萨莫吉希亚周边地区屏障（bege）的乔木、矮树与灌木丛，还有湿地、泥沼、湖泊以及几条大河不计其数的支流，中世纪的军队想要在这一地区运输物资，维持补给，可谓棘手的难题。存留至今的《立陶宛道路报告》(*Die Littauischen Wegeberichte*，成书于1348—1402年）[33]汇编了普鲁士与立陶宛之间的道路资料，明确地展现了交通的困难。比如，如果要从杜比萨河（Dubysa）——从萨莫吉希亚发源，汇入涅曼河——上游附近的别特加拉（Betygala）出发前往考纳斯以北的万焦加拉（Vandziogala），乌鸦需要飞行21英里，当代的道路长度为35英里，而中世纪时，这趟行程共27英里，路况如下：首先要通过一片灌木林地（damerow）之中的小路；然后是一大片树林，你需要清理出道路；而后穿过一片荒地；再通过一片"一弩箭射程宽的林地，这里你也必须自行清理出道路"，便抵达了又一片荒地；而后又是一片林地，通过这片宽达3英里的林地，需要更艰苦的开拓。这条道路位于真正的"荒芜之地"的边际，从普鲁士低地前往涅曼河上游的道路便与这一路线相交。普鲁士土著侦查员所发现的一条道路，见于《立陶宛道路报告》收录的一封信之中,从普列戈利亚河(Pregolya)畔的因斯特堡(Insterburg,今切尔尼亚霍夫斯克)发出。其中写道:

尊敬的元帅阁下:

我们向睿智的您回报,在上帝的恩典下,格杜特(Gedutte)和他的同伴已经安然返回,完成了您要求我们完成的所有任务,标出了涅曼河这一侧四又二分之一英里的道路,以及渡过涅曼河,通向这一地区腹地的道路。[34]

他们这段艰苦的旅途,若走直线距离不到70英里,却需要行走九个路段,每个路段都要耗费一整天的行程,以"宿营过夜"结束。而且这些人还是经验丰富的护林员,他们会尽可能迅速地完成任务。他们报告称"荒野之中有许多居民和许多房屋",而《立陶宛道路报告》列出的可选小路,说明"秘密而适宜的小路"数量不少,但未必为外人所知;但这些小路绝非适宜大军或商队行走的公用道路。偏离了预定路线或者落单的骑士,几乎必然被当地居民杀死,或者死于饥饿;而林中行动的军队时常迷失方向,无法找到敌人交战。天气好时在荒野之中走一整天,大约能行进12英里;而从考纳斯前往维尔纽斯需要一个星期的时间(直线距离仅有55英里),从梅尔津(Merkine)到特拉凯要花费四天(直线距离43英里),从特拉凯到特拉比(Traby)则需要花费六天(直线距离52英里)。只有在涅曼河与德维纳河上走船运,才是通过这些林地进行大规模运输的唯一可靠手段,两条河流也时常用来支持军事行动,用于运输补给品、建筑材料、攻城器械、马匹以及增援部队。然而问题依然存在。德维纳河上游部分流域水流湍急，河岸陡峭，因此河上的航船必须以拉纤的方式逆流而上，而立陶宛人的军队前往波洛茨克时，仅有一次取道水路。在立陶宛境内的那些位置偏南的支流，距离较短，水位也较浅。涅曼河则格外平静且蜿蜒，一些河曲的弧度极大，据说 15 世纪时的船夫可能要花一天的时间通过一道河曲，但在点夜营的篝火之时，只需要步行一小段距离就能用上昨夜的余烬。[35] 如果要在这里建造一座城堡，或者敌人的距离仅有几英里远之时——1283 年之前时常出现这类情况，则通行缓慢问题不大；但如果要通过这些河曲，到河流的上游或者下游处战斗时，这就是极为不利的因素了，而天气情况更时常要求部队迅速行动。普鲁士人和立陶宛人都在涅曼河畔备好驳船和长船，有时他们利用这些交通工具来劫掠与战斗。这些工具对维持骑士团在蒂尔西特（Tilsit，今苏维埃茨克）地区的城堡的补给意义重大，但在时间受限的夏季侵袭中，依靠水路运输大规模的军队前往河口或河源都不现实。有时人们会发现捷径，1376 年巴尔加的指挥官走陆路抵达涅曼河岸边，而后建造可载六人的渡船，而 1393 年骑士团元帅使用马车运输船只通过长达 36 英里的陆路。但这些权宜之计，只能从两种缓慢而笨拙的交通方式之中挤出一丁点的时间差。整体而言，在经验丰富的"林中人"（leitzlute）引领之下骑马远征，依然是走小路进入敌人领土唯一有效的手段，而若是连小路都没有，部队就只能步行了。

天气进一步限制了这些远征。这一地区向来频发暴雨与暴雪天气，而在没有道路的区域行进的话，暴雨和暴雪足以让军队无法行进。1322—1323 年之交的冬季严寒让骑士团无法进攻立陶宛，普通士兵在行军时直接倒地身亡，利沃尼亚与普鲁士种植的大量果树也因为严寒而枯死。1376 年 2 月，因为积雪太深，出征的立陶宛部队只能排成一列骑行，而当年3月，立陶宛人因为恶劣气候损失了1000匹马。在其他的年份，比如1387年，积雪太厚，任何人都不会试图通行。然而"暖冬"情况更加恶劣，如果地面没有冻结——当代这一地区平均每年的霜冻期为120天——那么人员和马匹将无法通过，也无法作战。降雨让河流涨水，也浸湿泥土。而积雪消融、河冰碎开之时（3—4月），河道交通将再度中断，而秋季的降雨量又可能过大。无论双方如何急切地希望开战，天气往往会将他们分隔开。因此，1394年，勃艮第公爵腓力给大团长写信，询问次年是否会出征时，康拉德·冯·永京根只能如此答复：

> 我们无法对这个问题有任何的期许，无法期望荣耀的上帝或凡间的任何人，因为我们无法真正预知未来的意外事件，特别是我们在远征之中必须通过凶险的道路，渡过大河，穿越广阔的荒地……因此这些行动的成败往往取决于上帝的意愿与垂青，以及天气情况。[36]

只有在两种天气下才能够进行重大的军事行动，而这两种天气都不会必然持续超过两个月。其一就是"硬"冬季，或"好"冬季，不会因太冷而让人难以在野外方便，或者因积雪太厚而无法骑马；却又足够寒冷，冻住了泥沼，让土地坚硬，且河流封冻。比如在1364年："这一年是硬冬，持续了三个月，我们得以发起几次顺利的侵袭……"[37] 另一种是有烈日干风的天气，此时可以同时进行陆路与水路运输。这种天气会出现在4月至10月之间的任何一个时期，却不能保证必然出现，持续时间不太可能超过一个月。两种情况下,如果天气突然发生变化,很可能招致灾难。夏季洪水或者冬季解冻,可能让一支军队被彻底困住无法动弹。1332年8月,波兰国王瓦迪斯瓦夫三世就被困在了马佐维亚的两个涨水的湖泊之间,而1348年斯特雷瓦河上的河冰消融,让时任元帅温里希·冯·克尼普罗德追击的立陶宛人无法迅速逃到河对岸。这些风险,将大规模军事行动完全限制到涅曼河与德维纳河流域,只有这里拥有可靠的撤退路线,也只有这里的战争能够以建造城堡与围攻城堡的方式进行。谨慎的指挥者同样会将大规模的入侵军队分为几支分队,减少遭灾的机会。骑士团早就开始这样谨慎地行动了,毕竟他们的人力太少,经不起折损。

不同的天气情况和季节,让交战双方采用不同的方式作战。冬季侵袭应当是200—2,000人的劫掠突袭,粮秣直接驮在马鞍之上运输;侵袭的目的是来到某个特定区域,抢劫、破坏、减少人口,尽快完成任务。抵达敌方领土之后,他们会搭建简易棚屋(maia),储藏补给和战利品,而后再分散开,尽可能破坏,既不建造堡垒,也不攻击堡垒,而且绝不停留太久,以防敌人发动大规模反击。在每天的劫掠结束之后,他们返回驻地过夜,第二天白天继续行动。冬季侵袭要成功,必须突然出击,也必须在敌人赶来或者天气变化之前撤走。瓦特贝格的赫尔曼(Hermann of Wartberg)记载了1378年的一次成功的冬季侵袭:利沃尼亚的部队在2月进军立陶宛,在这里宿营(suwalky)九夜,掳走了531头牛和723匹马。[38] 与此同时,马堡的维甘德记载提到普鲁士的部队也发动了"一次成功的侵袭"(una bona reisa),掳走了100名俘虏。通常,冬季会发起两次侵袭,一次在12月,另一次在1月或2月,留出庆祝圣诞节的时间,因那时白昼仅有7个小时,很难劫掠。至少条顿骑士团行动的惯例就是如此，他们在冬季作战时比立陶宛人更有规律，或许因为他们的基地距离波罗的海海滨更近，不像立陶宛人的腹地更容易被积雪拖住。立陶宛人也曾经发动大规模的冬季入侵，特别是1322—1323年的那次侵袭，当时条顿骑士团因为天气过于寒冷而无法进攻立陶宛；1356年、1370年、1382年，凯斯图蒂斯也发动了冬季进攻，但绝大多数情况下，他们认为以驻军反击入侵的条顿骑士，比主动越境劫掠更有杀伤力。和尼古拉一世一样，他们信任"一月"将军和"二月"将军。

夏季侵袭的规模通常更大，普鲁士分团长和利沃尼亚分团长调动全部军力，发动全面进攻，而大公则集结起波雅尔的扈从、城堡主及其征召军，结成大军（karias）作战。通常，双方都会试图摧毁敌方的城堡，并在敌方的领土之中建立起新的堡垒，巩固新据点，然而往往也涉及破坏、劫掠与袭扰行动，有时还会有小规模的先头入侵部队，在目标据点附近区域实行削弱打击并清光资源。条顿骑士团的元帅似乎能收集敌人准备情况的报告，并基于这些情报来制定计划，因而《立陶宛道路报告》中提到了格罗德诺以东40英里处杜比什基（Dubitshki）、瓦西里什基（Vasilishki）、热卢多克（Zheludok）和瓦尔卡维斯克（Volkovisk）的情况，"它们相互之间的距离分别是36英里、45英里和54英里，各地都有大片耕地，而且这些地区尚无部队出现的报告"。[39] 而当温里希在1362年出兵围攻考纳斯时，他参考了前一年收到的侦察报告。

由于必须穿行过荒野，所以部队在夏季作战时必须携带食物，和冬季时一样。1365年，温里希坚持准备可供所有人食用一整月的粮食。然而夏季作战时获取草料相对容易，而且先期行动（letzlute）标出的道路也会通过"水草充足"的区域。即使没有夺取敌方据点，也至少可以掳走大批俘虏和牲畜。1376年，凯斯图蒂斯从普列戈利亚河返回之时，从因斯特堡周边的配种农场掳走了50匹母马、60匹公马和900名俘虏。而1378年，拉格尼特（Ragnit）的指挥官从萨莫吉希亚带走的战利品装满了40辆车。然而劫掠的部队有时会走得过远。1314年9月，普鲁士的元帅海因里希便推进到了格罗德诺以东100英里处的新格鲁多克（Novogrudok），而他在预定的返回路线上布置的棚屋，被格罗德诺城堡主、格季米纳斯的兄弟达维席卷一空，他留下的面包与驮马落入敌人手中。他的部队在返回普鲁士之时只能杀掉坐骑，并挖掘各种野菜充饥，许多人饥饿而死。[40]

劫掠邻近德维纳河与涅曼河流域的土地总归更为安全，这些地区附近总会有船只、城堡以及城壕吊桥，这里也是绝大多数战斗集中发生的区域。双方都试图占领（在德维纳河）或夺取（在涅曼河）一段河道，并以此为基础建立起防御工事，布置驻军，以此作为荒野之外进入敌方领土的可靠入口。这意味着对一片本身几无经济价值的地区滥施越来越多的资源，而在双方停战之前，人们根本无法在这个地区定居或开垦。如果能够成功劫掠富饶的农业区，那就能够弥补在河流周边或者边境地区围攻或建造城堡所消耗的粮秣与物资。然而在14世纪绝大部分时间，这样的举措往往让战争拖延下去，而不是加速战争结束。直到温里希成功将控制的涅曼河流域推进到考纳斯汇合处，一方才取得明显的优势，接连不断的劫掠才能够转化为攻破并占据敌方本土的进展；然而这种优势，也因为火炮的应用而打了折扣。这个历程拖延了太久，骑士团花了93年才从拉格尼特推进到考纳斯,而这两地的直线距离仅有75英里。进展如此缓慢的原因,在于双方的大量军力都消耗在了艰难的路途之中,而打不出歼灭战,而且双方不断从离前线很远的经济后方汲取资源。

劫掠造成的破坏规模很难确定,因为做估算的编年史家或者政治吹鼓手,往往要抹黑敌人,夸大己方的成就。当条顿骑士一方的编年史记述者马堡的维甘德记载1364年的侵袭(有英格兰十字军参与)之时,仅仅轻描淡写地声称当地的农民受损比平时更加严重,实际上他们是攻击了一个不设防地区,实行了无人性的蹂躏。[41] 不过,居住在常年遭受攻击地区的居民,自然也学会了隐匿与逃跑,而且将他们掳走,或者赶到荒野之中,都比屠杀他们更为有利。最可能被全部屠戮的便是外围堡垒的驻军,然而波希米亚国王约翰在1329年坚持宽恕6,000名投降的萨莫吉希亚士兵,此后这类屠杀也渐渐减少了。条顿骑士团并不统计自己侵袭之时杀死的农民人数,但应当可以推测他们杀死了相当多的居民,足以吓退荒野之中的定居者,平衡立陶宛人攻击造成的损失。然而仍有相关的记载存留。条顿骑士团的记述声称,格罗德诺王公达维在1322—1323年的大劫掠,让爱沙尼亚损失了4,000人,多布任损失了1万人(其中至少8,000人被杀),马佐维亚则损失了2,000人。凯斯图蒂斯据说在1352年掳走了2,000人,1353年掳走500人,1376年掳走900人——这样的数字虽然不太可能准确,但并非不可信。整体而言,遭遇入侵者的农民更可能沦为俘虏,而不是被杀,毕竟他们活下来的价值比死去更高。即使如此,条顿骑士团也时常以屠杀来迫使政权屈服,征服普鲁士人时的情况就是如此,而14世纪90年代在萨莫吉希亚的战争也是如此。行军期间，俘虏的生命也可能轻易被牺牲。1311年，指挥官格布哈特·冯·曼斯费尔德（Gebhard von Mansfeld）就杀死了全部俘虏与掳走的牛，以免被立陶宛军队夺回；1377年，巴尔加的指挥官屠杀了200名俘虏，因为在撤退之时，带他们通过意料之外的融冰地带极为麻烦——但一同被掳走的百余匹马和上千头肉牛却得以保全。如果认定这一时期立陶宛的战争比同时期在法国和西班牙的战争更不人道，那么未免有些武断。然而由于双方都在向对方的领土迁移人口，手无寸铁的居民确实更可能被杀。

在季节性的侵袭之外，边境的大胆的指挥官和城堡主，或者本地的游击武装力量也不断发动小规模的袭扰。马堡的维甘德提到1372年的因斯特堡的指挥官：

> 他率领一百名精选的士兵穿过荒野，劫掠并袭扰多神教徒，他们在舍苏佩河（Sesupe）畔下马饮食，而后上马并渡过涅曼河，进入四座村庄。已经准备入睡的村民们对他们的到来毫无防备，他们搜出的人，无论男女老幼都被杀死。[42]

小规模的古普鲁士人民兵，所谓"拉特伦库利"（latrunculi）或"施特鲁特雷"（strutere），自13世纪60年代起便获准侵袭荒地以及周边地区了。因为他们是条顿骑士团侵袭之时的向导与仆从部队，所以他们卑劣的恶行被正面记录下来。屠杀在洗浴、饮宴或安眠的立陶宛人，被当成竞技游戏。由于普鲁士民兵清楚所有的隐秘小路，通常步行出动，他们往往可以悄然通过森林地带摸进村子，任何一个定居点都无法避免他们的袭击。

另一方面，在这个世纪，双方的军人都倾向于更多地考虑对方。观念上，双方依然决死相斗，绝不让步或请求让步，向来有献身战斗的英雄们以身作则，坚持战斗到最后一人，拒绝敌人的仁慈。比如出身古普鲁士的尼古拉斯·温德凯姆（Nicholas Windekaym），徒劳地扑向凯斯图蒂斯，即使自己无法伤害到身穿护甲的他，还是叫喊着："我为什么不会报复多神教徒？"而1363年，在返程之时，尽管元帅申德科普夫主动与立陶宛军官加斯托特（Gastot）握手，他的部下还是扑上来将加斯托特刺死。[43] 然而此时西欧的骑士之间并不会如此相待，而骑士团越依赖这些来自西欧的士兵，他们就越要接受西欧所尊崇的战争习俗。1350年，双方都在出资赎回俘虏，而温里希任职期间，双方会在战场之上举行仪式性的会谈，停战协议之中也涉及俘虏交换；条顿骑士团会提出出资赎回被敌人俘虏的全部十字军，即使他们是被普鲁士之外的匪徒所掳走。而如果十字军与雇佣军俘虏了地位高于骑士的立陶宛人，他们就必须以规定的价格将俘虏卖给条顿骑士团：1390年，在骑士团与雇佣兵军官斯特拉梅尔（Strammel）、曼陀菲尔（Manteuffel）的协议之中，国王的价格是500普鲁士马克，公爵的价格是100马克，伯爵的价格是50马克。考虑到这两个雇佣兵军官及其随从每年要拿到5,400普鲁士马克的薪酬，这个价格并不高；而大团长可以通过转手来获取可观的收益。[44]

这种习俗庇护富人，但不保护普通士兵。在突袭夺取城堡时，驻军依然可能被全部屠杀。立陶宛人有时会许诺受洗而保住性命，但考虑到这场战争的最终目的，这种情况在记载之中并不多见，或者这些多神教徒坚持信仰，或者条顿骑士团的士兵无法抑制自己的嗜血杀戮。

而西方的十字军只要自身无恙，那么他们就不愿意在战争中彻底破坏。骑士精神的种种内容，信使、停战、挑战、赎金、全副武装的野餐，都与其所发源的军人阶级密不可分，然而骑士依然可以在平民定居点杀戮与纵火，毫不留情或自责——无论是在立陶宛还是在法兰西。对许多人而言，条顿骑士团的季节性侵袭的吸引力并不在于赦免罪孽，而是有机会得到军事训练和经验。布锡考特（Boucicaut）元帅年轻时三度来到普鲁士，"因为在他看来，当时的法国缺少类似的战争……而他也得知这个季节的普鲁士必然会有一场好战斗"。1390 年，他想要和波旁公爵一同参与地中海的十字军，却被国王禁止，国王要求他前去参与条顿骑士团的季节侵袭作为代替；他等待了整整一年，才得以参与康拉德·冯·瓦伦罗德的第一战，然而他甚为满意，因为"他认为这是重责大任，是可敬的战斗"，与"来自法国和其他地区的骑士、侍从和贵族伟大集体一同参与"。[45]这种"骑士周游"让立陶宛十字军的宗教意义顿失；布锡考特的传记作家几乎不用圣战的修辞来记述布锡考特的这些征战。然而对条顿骑士团及其臣民而言，这样的修辞必不可少，因为他们是宗教团体，拥有政治权力仅仅是权宜之计，是为了让他们完成十字军传教使命。拉丁基督教世界能够承认在普鲁士的战斗会带来灵魂救赎，对条顿骑士团意义重大。因此，当奥利瓦（Oliva）的西多会修道院的编年史家得知克雷西之战的惨重伤亡之时，他写道："所有这些战士涌动的鲜血被不信神者所玷污，他们能否为保卫天国与天主教信仰而战？！"若是如此，天国的居民将因此欢欣；但他们只是为了凡间的王国而死，"恐怕地狱的居民要为此欢庆了"。[46]

战争的实际走向和条顿骑士团的自我辩护之间存在反差，1386 年之后这种反差愈发明显；而 1409 年时，这已经是维陶塔斯和瓦迪斯瓦夫手中最有力的一个武器了。在这一时期，条顿骑士团的政策被称为"幻想"：将立陶宛人当成萨拉森人，以保证十字军继续前来，并继续从基督徒领主手中夺走土地。然而也应当指出，所有参战者都利用类似的"幻想"达到目的。波兰人的是政治幻想，认定此前的波兰国王转让的所有土地，其根本主权依然归波兰王国所有，而波兰王国的扩张是符合正义而虔诚之利益的。立陶宛人的幻想是，维陶塔斯更在意萨莫吉希亚地区居民的灵魂拯救，而且他此前也从未和条顿骑士合作。他坚持条顿骑士占据萨莫吉希亚是无德，却也无法掩盖一个事实：正是条顿骑士团的支持，才迫使瓦迪斯瓦夫在1392年承认他为立陶宛大公。真正的问题是，究竟哪一群"幻想者"的军事力量最强呢？

第七章

诺夫哥罗德十字军
1295—1378

当条顿骑士团在利沃尼亚与普鲁士的边境无休无止地争战时,北德意志和北欧的领主和商人们与诺夫哥罗德和普斯科夫的罗斯人,那些"教会分裂派",卷入了复杂紧张的关系中。双方的关系在一定时间,出于一定的目的,转变为另一种"十字军"战争关系。第五章讨论了13世纪的教宗如何将发动十字军的任务专门交托给瑞典国王,而本章则讨论这些国王们如何在14世纪执行他们的使命。

争议地区

在瑞典征服芬兰之后,天主教控制的区域推进到了亚北极地区的边缘。这片广阔的土地环绕波的尼亚湾,西起罗弗敦群岛,东到白海。在这片土地上,为生存本身所做的斗争比其他一切纷争都更为重要,甚至超过了天主教与东正教的信仰之争,以及诺夫哥罗德和挪威与瑞典王国之间的对抗。恶劣的天气、贫瘠的土地与稀少的植被,让当地居民很难扩展政治与宗教体系,以发起全面战争。即使如此,仍有全面战争的尝试,而十字军作为主要的刺激,让这些王国接连不断而毫无收益地争夺或许是欧洲最贫瘠荒芜的土地。

诺夫哥罗德与瑞典都通过占据遥远北方的内陆地区而获得更多的财富,他们的繁荣也要依赖与更富饶的地区的富裕商人保持贸易。他们因此可以通过占据贸易路线之上的重要据点获利,而瑞典占据了维堡之后,争夺便愈发激烈了。接下来的战争,可能是争夺拉多加湖的控制权,乃至直接进攻诺夫哥罗德城。而就算双方都没有足够的资源来征服并吞并拉多加湖以北更遥远的土地,向这些方向开拓,终究是有利可图的。

这一体系可以获得某些商人难以获取的动物产品,他们为此来到波罗的海的主要贸易城市开出高价求购而不得。这类贸易的历程相当困难,还存在若干层中间商,但依然是值得的,因为天气越寒冷,当地动物的毛、皮与脂肪就都越厚实;而居民的数量越少,野兽和鸟类的数量也越多。北极狐、北极兔和鼬类动物甚至生活在终年积雪的大山之上,相比山下的"亲属",它们的毛皮更洁白、致密与精美。这里也居住着狼獾,它们"黄褐色带黑色的皮毛闪着亮光,斑驳的图案如同大马士革的织物;而精巧的裁缝会让它们愈发华美,并通过染色,让它们可与任何衣料相衬。只有王公和权贵才能穿上这种皮毛制成的冬装,他们把它做得好像束腰外套。"[1] 在山脚下还有貂、水獭、河狸和白鼬,其中白鼬皮也是贵族专属的装饰,例如瑞典的圣布里奇特(St. Bridget)的儿子查理觐见教宗之时,便穿着"由上到下完全由白鼬皮缝制的披风,在他行走之时,仿佛一群白鼬在他的身上奔跑一般;每一只白鼬的颈部都拴着镀金的小铃铛,口中衔着金环"。[2] "你是这世界的子。"教宗如是评论道。所言不虚,这一身确实富贵,但白鼬皮在瑞典还是相对便宜。河狸的皮毛更容易获得,河狸肉味美,而且相对易于捕捉;这一时期的大肆猎捕让它们在北欧低地绝迹。在13世纪之初,更多追寻河狸皮毛的商人与捕猎者们来到遥远的北方。除了最易得的松鼠皮,其他所有皮毛在南部都愈发难以获得,而这些向北方探索的皮毛贩子,人数与重要性均有所增加。

夏季聚集在伊纳里湖(Inari/Enara)和其他湖泊的鸟类,早在阿尔弗雷德一世的时代便被猎捕取肉与羽毛,它们依然是重要的皮毛替代品,满足了富裕的商人们模仿贵族的偏好,而对柔软的床垫、绒被与靠垫不断增长的需求。而随着猎鹰技巧和活动在骑士阶层中流行,北方的矛隼便成为重要的猎捕对象。波罗的海与北海的近海鱼群被猎捕一空之后,北冰洋的海豹与鲸就成了北欧唯一的廉价油脂来源。而流向波的尼亚湾的河流以及拉普兰的湖泊之中的鱼群,此前捕起只能依靠风干、熏制或腌浸储存,然而荷兰人本克尔松(Benkelszoon)在14世纪末发明的盐腌新技术传入波的尼亚湾之后,这些鱼群就成了有利可图的食物来源。在接下来的100年间,托尔尼奥(Tornio/Tornea)成了重要的国际鱼类贸易市场,罗斯人、拉普人、卡累利阿人、芬兰人、瑞典人、诺夫哥罗德人和德意志人,或者带来鲱鱼、鲭鱼、狗鱼和鲑鱼出售,或者前来购买这些鱼。鲱鱼较小,鲑鱼或有7英尺长,狗鱼晒成的鱼干要用锤子砸碎。

就像动物会互相猎捕,有的人类也靠着猎捕动物为生。为了让西欧或罗斯地区每一个想要身披皮毛衣、吃上腌渍鲱鱼、睡在羽毛大床之上的人满意,每个族群都处于剥削和被剥削的境遇中。在剥削链条中最底端的是拉普人,他们被归类为海洋拉普人、森林拉普人和山野拉普人（fell-Lapps），这取决于他们居住在北冰洋边、波的尼亚湾的河流边还是两者之间的山脉之中。不断涌入的外来定居者迫使他们离开在14世纪前居住的波的尼亚湾和白海的海滨，越来越多的拉普人开始到内陆放牧驯鹿，或者打猎为生，而他们的迁移范围拓展到了极北之地的渔场和猎场。他们迁移的区域，从挪威中部的多夫勒山（Dovre Fjell）到科拉半岛（P. Kola）的末端，形成一个宽度达1,200英里的广阔弧形地带。他们生活在气候与海拔无法让其他任何一个民族生存的地区，然而他们也从属于这些地区边缘定居者的经济体系之中。几个世纪以来，他们或者用皮毛来交换织物和金属制品，或者将皮毛作为岁贡缴付给挪威北部的大地主们。这些地主在国王的授权之下，以及东方诺夫哥罗德代理人的支持下，经营所谓的"芬兰贸易"。而在13世纪，"芬兰贸易"渐渐终止运作，一波新的生产者迁入，而卡累利阿人是其中的主导者。这些不速之客的狩猎技术更高，给毛皮开出的价格也更高。他们换取的则是更多的货物以及更紧密的人身依附关系。那些生活在荒野边际的拉普兰人被迫成为迁移农民，如同"智慧牲口"一般，用皮毛和肉类换取使用附近牧场的权利，以及一定程度的庇护。可以说，欧洲市场需求的变化，以及从农耕世界的边际前来的外来者，都改变了他们的生活。这些交流也改变了周边民族对极北之地的看法，那里不再是不来梅的亚当作品之中的陌生荒野，而是存在潜在价值的土地。对挪威人而言，这一地区依然是他们控制的"芬马克"，挪威的商人、渔民与滨海定居者们可以随意出入，因为芬兰人，即他们所谓的拉普人，某种意义上是他们的臣属。但在13世纪，诺夫哥罗德的市民开始声称科拉半岛是他们的一个省，取名"特尔"

（Ter），并声称拉普人——他们称之为"萨姆人"（Sam）——是臣服于他们的卡累利阿人的臣属。14 世纪时，定居到波的尼亚湾河口处的号称"比尔卡拉"（birkarlar）的瑞典中间人，与拉普人订立协议，瑞典国王就此称呼这些河流的上游地区为"拉普马克"（Lappmark），并基于自墨洛温王朝时起欧洲君主们对荒野的诡秘权利，自称这些土地为瑞典国王所有。然而芬马克、拉普马克、卡累利阿和特尔，都没有明确的边界，只是不同地区的人怀着同样的目的——剥削拉普人——对大致同一片土地的不同称呼。

在剥削链条中更高一级的是卡累利阿芬兰人，绝大多数情况下，这些人可以在拉普兰自由出入，作为移牧者与拉普人争夺牧场与猎场。在季节性的迁移之中，卡累利阿人似乎会对从挪威山区到科拉半岛一路上的拉普人群体征税并与之贸易；但他们的出发地，是瑞典人控制的芬兰以及诺夫哥罗德控制的边境地区，而1295 年时，他们臣服于这两个纳贡体系中的一方。和拉普人一样，他们要向他们的宗主缴付皮毛以及其他产品的贡赋，不过和拉普人不同的是，他们装备精良，组织严密，可以互相劫掠，或者掠夺邻近地区，并把他们的战利品带到芬兰、瑞典或罗斯的市场之中出售。1252 年，挪威国王与诺夫哥罗德王公同意将极北之地交给两国的税官与商人共管，却没有因此得到和平：挪威人此后时常遭到卡累利阿人的侵袭，而罗斯与瑞典对卡累利阿地区利益的争夺，让这些掠夺者的活动范围更广阔。就这样，卡累利阿人就如同夹在殖民定居区和亚北极世界之间的一股电流，每当一侧发生摩擦时，就会将电击传导到另一侧。

除了卡累利阿人，从 13 世纪晚期开始，其他各民族的边境居民也纷纷来到此地。渴求土地的农民从瑞典和芬兰前来，向波的尼亚湾的东海岸与西海岸推进；德意志探险者，则沿河向北端进发；挪威渔民、农民和商人沿着北冰洋前来，在1307年时甚至抵达了瓦尔德（Vardø）；罗斯"船夫"和农民则通过拉多加湖与奥涅加湖（Onega），向白海海滨推进。饥饿与贪婪驱使他们进入一片生存条件恶劣至极的土地，他们的生存几乎完全要依靠毛皮、鱼类出产，以及和拉普人的贸易。换言之，他们成了猎人、渔民或者商贩。

因此他们必然要与自己的故乡保持联系，那里是更有组织、阶层分化更明显的社会，给他们提供了唯一有利可图的市场，并通过税收与军事义务来宣称政治主权。他们付的人头税和什一税税额更低，并可以把自己开垦的土地据为己有；他们可以借"比尔卡拉税"（birkarlaskatt）——"比尔卡拉"们向拉普人征收的税款——弥补支出，但他们依然要购买南方运来的谷物、黄油、盐和金属工具，才能够在拉普兰的边界地区维持生活。

诺夫哥罗德、瑞典和挪威是亚北极地区产品的主要消费者，统治这些地区的富足精英，其绝大部分的财富也是来自更为安稳的农耕经济，但他们并不是这一剥削体系的顶端。1300年时，三个政权的经济维系都在一定程度上仰赖汉萨同盟的态度，这个商人联盟由北德意志与波罗的海东南沿岸城市的商人们结成，占据特权地位，掌控着国际货物的进出口贸易，甚至在挪威取得了垄断地位。汉萨同盟的商人，是北欧与英格兰、法国、佛兰德和德意志之间必不可少的贸易中间人，在14世纪，他们依靠海军和军事行动维持他们的特权。他们是波罗的海贸易路线的掌控者，罗斯人和瑞典人都要讨好他们；挪威国王和丹麦国王抵抗他们的尝试则归于徒劳，毕竟只有他们拥有足够的组织、资源和信誉，将庞大的贸易区统一为一体。

这个体系能够维持运转，但既不平稳又不和平。有很多事项都可能引发争端，争端可能来自挪威北角的猎人和税官遇袭这样的偶发之事，也可能是波罗的海沿岸陆海军的全面战争。战争的主要模式有两种，主要交战区域也有两个。其一是产品的基本生产者之间的竞争，在整个拉普兰、卡累利阿与波的尼亚，小规模的劫掠团体互相攻伐；其二则是对芬兰湾顶端的领土的争夺，双方通过破坏、围城与建造城堡，以及水陆入侵来实现目的。这些领土有萨沃拉克斯（Savolaks，拉多加湖西北方向）、加斯基斯（Jääskis，拉多加湖与维堡之间）和艾拉帕（Ayräpää，维堡与涅瓦河之间的滨海地区）三个州（volost/gislalagh），这些地区居住着卡累利阿人；还有涅瓦河以南的英格里亚或伊若拉；以及卢加河（Luga）两岸的沃德或沃特兰，有时被称为科波里耶（Koporye）省区。这些土地是拉普兰的产品与波罗的海贸易商品进入诺夫哥罗德的通道，也是诺夫哥罗德的产品向西欧出口的通道。极北之地的战斗与猎场、渔场和牧场相关，仅靠划分边界来分析未免过于简化；然而在争夺涅瓦河与拉多加湖的战争中，确有明确的边境线存在，两个政权也确实在争夺这些地区定居人口的治权。

政治控制意味着宗教从属关系，毕竟在统治者和被统治者之间建立文化认同的手段相当有限。如前文所述，沃德人、英格里亚人和卡累利阿人改信基督教，是标定政治所有权的重要手段。他们所改信的具体基督教教派，标志着他们所属的不同政权。双方都继续着 13 世纪时的传教活动，试图将这些新信徒全部纳入他们各自的教会体系之中。

对拉丁教会而言，这意味着让尽可能多的卡累利阿人依附到芬兰西南部相当紧凑的四五十个堂区之外有限的几个边境教堂中，让他们按照所谓"屈勒法"（law of Kyrö）的安排缴付固定的实物什一税，以示臣服。至于奥布的多明我会在其中扮演的角色，就只能推测了。在当地的居民确定臣服之后，这里的托钵修士与主教似乎都没有冒险向教区之外的地区行使主权，传播教义。如果在卡累利阿人与英格里亚人居住的区域已建起新主教区——13世纪时有过如此的计划，那情况就会有所不同；但事实上，芬兰的天主教徒将资源聚集在国家人口最为密集的一角，而主要依靠行政手段维持边境地区。在方济各会于1402—1403年进驻维堡之前，天主教一方没有建立任何新的宗教机构。

而对于皈依希腊东正教会的罗斯人而言，赢得了这些人口稀少的待开发地区，意味着很多信徒在蒙古统治之时所坚持的修道和传教的使命，得到了实践的机会。约1250年时，诺夫哥罗德城中以及附近地区已经有至少17座修道院了，这还不包括旧拉多加的圣格奥尔基（St. George）修道院。此后这一数量进一步增加，特别是在各省份之中。1329年之前，拉多加湖北端的瓦拉莫岛（Valamo，今瓦拉姆岛）建立了宗教社群，而其他的"黑衣教士"（东正教僧侣，"白衣教士"为教区教士）也纷纷向卡累利阿、英格里亚与沃德迁居。15世纪末时，罗斯人控制的卡累利阿人有10座修道院、7个堂区，总共有26座教堂。在诺夫哥罗德的王公主权愈发独立之时，诺夫哥罗德大主教分担了更多君主权力，也将这一地区纳入了他的财政体系。与他一同管理政府的一群强势波雅尔，既要开发边境经济，也想要通过建造教堂与资助教会来巩固威望。和西欧的情况一样，改信之后，殖民者便接踵而至。

因此，13世纪时的教宗与十字军曾武断地把"拉丁教会"与"希腊教会"区分开来，而这一行为的影响在接下来的历史时期愈加明显。在维堡的辖区与诺夫哥罗德的拉多加湖和科波里耶前哨之间有争议的土地上，这一影响就更加重要了。

罗斯-瑞典边界的形成，1295—1326

1295—1314年的劫掠活动让这一地区不得安宁。这些劫掠的肇因是元帅托伊尔斯·克努特松坚定地要将自己新占据的维堡作为征服涅瓦-拉多加地区的跳板，而发起劫掠的目的就是要把各地区统合到新的军事前哨的管辖之下。

1295年，这位元帅派出舰队，溯涅瓦河进入拉多加湖，瑞典人在湖西岸的凯克斯霍尔姆（Keksholm，芬兰语作 Kekkisalmi，今普里奥焦尔斯克）建造了堡垒。同年，瑞典驻军及其指挥官西格·洛巴（Sigge Loba）被诺夫哥罗德人发动反击歼灭，城堡则被罗斯人夺取。显然，从维堡需要通过200英里的水路才能到达的城堡，不可能长期维持，尽管陆路距离只有50英里。瑞典人的下一次进攻保守得多。元帅率领1,000余名士兵来到涅瓦河河口，今圣彼得堡附近，并建造起一座新城堡，名为兰斯克鲁纳（Landskrona）。当时是1299年。次年，兰斯克鲁纳的驻军向南北两方向发动突袭，进入拉多加湖、卡累利阿和英格里亚，然而瑞典人再度被补给问题击败。1301年，诺夫哥罗德人围攻这座城堡，并将其夺取。托伊尔斯在1305年失势，并于此后被斩首。双方暂时都没有占据兰斯克鲁纳，但诺夫哥罗德巩固了对涅瓦河南北两侧的控制，于1297年建造了科波里耶堡垒，并于1310年在旧日的凯克斯霍尔姆建造起一座新的"卡累利阿人城镇"。而后新任王公,来自布良斯克(Briansk)的德米特里·罗曼诺维奇(Dmitri Romanovich),率领罗斯人从海路发动突袭,沿着瑞典人控制的芬兰沿岸,来到赫尔辛基与维堡之间的中点处,一路破坏两地之间的道路旁的定居点。1313年,瑞典人发动另一次向西的突袭,再度返回拉多加湖,一路烧杀抢掠;而1314年,卡累利阿人反叛罗斯人的短暂暴动,让瑞典人得以重新控制凯克斯霍尔姆,但他们在不久之后便被击退。"卡累利阿人城镇"依然是诺夫哥罗德的前哨,由友好的卡累利阿的波雅尔掌控。托伊尔斯元帅的计划完成了一半,维堡作为瑞典人最东端的据点,让涅瓦河门户大开;诺夫哥罗德则稳固控制着拉多加湖以及相邻的滨海土地。

在极北之地,双方都没有机会实施类似的巩固行动,因为他们无法通过海运向前哨据点输送补给,而当地的居民人数少,外加迁移频繁,很难维持定居统治。在这一地区,卡累利阿人、罗斯人和挪威人的小规模部队,只能发动无关痛痒的掠夺与报复。《冰岛编年史》在1271年、1279年、1302年、1303年和1316年的记载都提到了类似的情况,卡累利阿人在拉普兰的山区之中勇猛取胜,而挪威人则成功守卫了在北方滨海地区的定居点。

而后在1319年,罗斯和斯堪的纳维亚半岛同时发生的政局变化,促使双方的敌对行动升级。瑞典国王比耶和挪威国王哈康五世逝世之后,哈康的外孙、比耶的侄子芒努斯继承了两个王国,是为挪威国王芒努斯七世兼瑞典国王芒努斯二世。当时他年仅两岁,接下来的十年,他的母亲摄政,权力由母亲英厄堡(Ingeborg)以及挪威和瑞典的贵族会议共同掌控。成年之时,他成为一位受到谨慎教育的瑞典-挪威国王,他的贵族和主教已经牢固地掌控了政府利益，他一生都未能有效祛除其控制。在他执政时期，国王和摄政与这些权贵之间的冲突接连不断；不过，双方分歧最小的问题，就是与诺夫哥罗德开战。因此，继续这场战争，对维持双重君主统治的稳定愈发重要。

瑞典的大主教和主教们出于以下多个原因，希望在东方继续进攻。其一是十字军理念依然兴盛：他们相信自己有义务将罗斯人、卡累利阿人、英格里亚人和沃德人纳入天主教，继续教廷在1223—1257年的未竟之业。另一个原因是他们可能会因此增加收入和恩庇，扩张奥布主教区，或许还能在卡累利阿建立新的主教区；更多的皈依者能够带来更多的什一税——1329年的瑞典宗教会议下令所有卡累利阿人和塔瓦斯蒂亚人缴纳什一税，而更多的领土也意味着教会可能获得更多地产。这些机遇在1309年之后愈发诱人，因为此时阿维尼翁教廷发起了一系列筹款行动，在欧洲北部开征十字军什一税，名义上是组织向东方的新十字军。这笔钱财实际上却用于各种各样的政治目的，比如在意大利与维斯孔蒂（Visconti）家族对抗；而且教宗也足够现实，国王们只要允许教廷使节和财政人员进入他们的国度，就可以分得这笔收益的一部分。这些收款者不知疲倦，并且有时效率极高，什一税的征收范围甚至包括了冰岛和格陵兰岛。教士们自然而然地认定，如果他们要为十字军出钱，那么国王和他的士兵就应当为十字军出力，借此获得直接利益。

瑞典的大权贵和小贵族们也能够在征服之后，从新增的封地和官职之中获益。芬兰已经让一系列权贵和冒险者获取了利益与权力。芬兰的公爵领需要地方管理者，奥布、塔瓦斯特许斯和维堡这些据点需要头领，还需要拥护人（advocate），还有大片封地和辖地需要管理。凯伦的吕德（Lyder of Kyren）、两兄弟苏内·荣松（Sune Jonsson）和彼得·荣松、马蒂亚斯·克蒂尔蒙松（Matthias Kettilmundsson）、卡尔·奈斯科农松（Karl Näskonungsson）和耶哈德·许特（Gerhard Skytte），这些人出色地管辖着在13世纪时被征服的土地，王权几乎没有什么机会干预。而如果继续东进，他们将获得更多的利益。此外，地产主也希望涉足那些此时依然由臣服于罗斯人的卡累利阿人控制的猎场。在摄政期间，乌普萨拉大主教奥洛夫（Olof）宣布拉普兰定居者近期开垦的所有土地拥有可继承的免税权，国王的大总管则宣布在国王成年之前，奥卢河（Ulea）畔的所有定居者都免税。[3] 若希望这样的让步带来利益，瑞典就必须实际控制这些新土地，而这又必须通过军事行动实现。

极北之地的挪威定居者与国王的官员们，急于报复罗斯-卡累利阿人在芬马克的偷猎，他们认为这一地区是挪威领土；他们也希望借此改善挪威不容乐观的经济状况，因为自13世纪中期开始，国家逐渐贫困。挪威在西面的附庸地区，在13世纪60年代有一半被苏格兰夺走，而冰岛、格陵兰和奥克尼群岛提供的收益相当有限；然而他们此时仍有可能挽回芬马克，毕竟德意志商人的贸易垄断无法在极北之地有效运作。此外，王国之中权势最大的贵族，埃尔林·维德昆松（Erling Vidkunnson），就是最北的哈洛加兰（Hålogaland）的大地主与大商人，他出于个人利益，自然想要拓展挪威王国在这一方向的利益。他在1323—1332年担任大总管，并且是摄政者和芒努斯国王本人的朋友，他的身份让他能够促成行动。

与此同时，诺夫哥罗德的变局也促使城邦的统治者们前所未有地决心守住这些殖民附属地，并尽可能扩张之。1318年，蒙古人册封莫斯科王公尤里（Yury）为全罗斯人的大公（弗拉基米尔大公头衔），尤里派他的兄弟来到诺夫哥罗德，估计是要求诺夫哥罗德效忠，以准备与特维尔（Tver）王公的争霸战。此后，尤里不得不在必要时向诺夫哥罗德提供军事援助，展现领导能力，以打消当地居民的疑虑。这让波雅尔们和大主教得以组织起规模更大、装备更好的军队，比仅靠自己的财力所能组织的军队更强，更何况他们自己征召的部队在此前的海陆进攻中，已经足以匹敌瑞典人。1318年，他们一路向西抵达奥布，登陆并掠夺了周边地区，还焚毁了主教座堂。瑞典没能立即报复，但显而易见的是，诺夫哥罗德和瑞典-挪威联合政权，此后都不打算承认1292年时的局势了。

组织十字军的迹象在1320年出现，瑞典摄政会议重申瑞典与条顿骑士团的紧密关系，慷慨地宣布条顿骑士团在瑞典境内的地产全部免税，这些地产由位于斯德哥尔摩以南滨海地区奥斯塔（Årsta）的指挥官负责。此后不久，他们又请求教宗允许征用瑞典教会向教廷支付的年金，用于守卫瑞典王国，对抗罗斯人和他们的盟友；而1321年，一支瑞典军队再度试图夺取凯克斯霍尔姆的"卡累利阿人城镇"，却以失败告终。诺夫哥罗德人得到了尤里大公支持，展现了相当可观的军力。1322年，他们抵达维堡，围攻一个月，吊死了一批俘虏之后撤走；次年，他们在涅瓦河自拉多加湖流出处的奥列霍夫岛（Orekhov island）建造了一座新堡垒［瑞典语称讷特堡（Nöteborg），后改称奥列舍（Oreshek），后又称彼得堡垒（Petrokrepost）］，巩固了拉多加湖的防卫，还从卡累利阿派出了一支劫掠部队，穿过拉普兰袭扰哈洛加兰的挪威人。

同年年初，教宗约翰二十二世鼓励挪威人反击，允诺将十字军的全部特权，授予所有与"被称作芬纳人（Finnar）的异教徒"作战时阵亡的人。[4]

然而奥列霍夫堡垒建成之后，涅瓦河方向的战争就此结束。尤里大公相信战果已足够，而且诺夫哥罗德人还有更急迫的任务——与立陶宛人以及德维纳河流域北部的部族作战；瑞典贵族会议和摄政者发现，此后发起进攻，只有先包围新建造的奥列霍夫堡垒才能进入拉多加湖，这就意味着他们不再可能轻易取胜了。他们对凯克斯霍尔姆发动那次失败的进攻时，应当是认定尤里大公会忙于与特维尔王公作战，无暇支援诺夫哥罗德；既然这个估计有误，那么他们就应该和谈。1323年8月12日，双方签署和约，如今这份和约有三个不同的名字来指代：讷特堡和约、奥列霍夫和约和佩金内萨里（Pekkinsaari/ Pähkinäsaari）和约。

瑞典人和诺夫哥罗德人同意停止战争，"依照旧日的条件"维持和平。尽管和约原件已经散佚，但瑞典语、罗斯语和拉丁语的转写本还是留存至今。[5]诺夫哥罗德将卡累利阿的三个西部省份萨沃拉克斯、加斯基斯和艾拉帕（见地图6）交给芒努斯国王，双方同意不再在卡累利阿境内建造新城堡；也同意维持一条类似边境线的分界，从涅瓦河河口附近的芬兰湾向北，穿过芬兰中部，抵达波的尼亚湾的北端。然而这条边境线的具体位置并未明确划定，仍存在模糊之处。仅有南段存在确定的分界线，即确定归属瑞典的卡累利阿省份的边界；然而瑞典和罗斯并没有划分北方的宗主权之间的边界。如果这是政治意义上的领土划分，诺夫哥罗德将就此获得瑞典人和臣服于瑞典人的芬兰人渗入的卡累利阿北部广大土地。1323年时，这样的划分或许表示旷野的边界，在边界内，罗斯的卡累利阿人可以自由进出传统的渔猎地带，无论领土的实际所有权如何。1500年时，瑞典人已经在萨沃拉克斯建造了新城堡——奥卢夫斯堡（Olufsborg），并在这一地区确立实际统治；然而此时，这份协议还是意味着双方的停战。

瑞典就此退出了战争。大总管埃尔林管理之下的挪威，虽然稍显迟缓，然而在1326年也同意停战，维持"旧有边界"。这些边界，应当是1251年亚历山大·涅夫斯基与老哈康确定的，显然不是泾渭分明的政权分界线，而是双方拥有有限财政权的区域界线。从特罗姆瑟（Tromsø）以东的灵恩峡湾（Lyngen Fjord），到科拉半岛南部海滨地区，双方都有权每年向每张"弓"——代指成年的拉普人男丁——征收五张白松鼠皮。在这一地区的东端，挪威人有权向拉普人母亲所生的卡累利阿人索贡。

两份和约都没有改变政治形势。唯一的新变化就是奥列霍夫城堡的建立，以及诺夫哥罗德对拉多加湖的控制更加稳固。这意味着此后瑞典人的远征必须规模更大、装备更为精良，而这是此时的瑞典无法做到的。战争只是暂时休止。

芒努斯国王十字军

在20余年间，瑞典和诺夫哥罗德都没有做好在涅瓦河畔全面开战的准备。1326年，诺夫哥罗德摆脱莫斯科，转向寻求立陶宛的庇护；1333年，他们把西部省份的监护权交给了格季米纳斯之子纳伦蒙特王公。尽管莫斯科大公谢苗在1340年重申对科波里耶城的统治权，但是直到40年代末，纳伦蒙特的儿子亚历山大依然控制着科波里耶，而且立陶宛和莫斯科都不打算对瑞典发动进攻。

它们互相过于猜忌。瑞典摄政者对领土的野心，随着1332年从丹麦手中获取斯科讷而有所满足，挪威和瑞典的权贵们则在此后忙于内部的纷扰。成年的国王芒努斯急切地希望恢复王室在国内的权威，并在1343年之前从丹麦手中获取更多的领土。在这样的情况下，罗斯-瑞典边境的纷扰，对两国政府而言，不过是疥癣之疾。

因此，当维堡的瑞典军官大胆地协助1337年反叛罗斯人的卡累利阿人时，诺夫哥罗德人的反应是比较克制的。他们首先在奥列霍夫与军官谈判，直到军官斯滕（Sten）依然支持卡累利阿叛军，掠夺奥涅加湖周边地区以及拉多加城时，他们才出兵报复。罗斯人突袭瑞典人控制的卡累利阿地区，斯滕在进攻科波里耶之时被击退。但境况还没有失控，罗斯人的使团前去觐见芒努斯国王，在1339年修补了一份和约，让斯滕无法再兴风作浪。他们宣称："如果我们的卡累利阿人逃到你们那里，就把他们斩杀或吊死；如果你们的卡累利阿人逃到我们这里，我们也如法炮制，这样我们之间就不会再生不睦了。"[6]边境地区的居民的独立行动只会干扰有利可图的贸易，而不会让任何一方获取足以抵消战争费用的土地和权力。

然而，就算目前的政治局势意味着和平更为有利，十字军理念却仍有死灰复燃的可能。教廷的税务官依然以十字军的名义从两个王国收取钱财，而1324年他们重复了与法国国王和英格兰国王达成的协议，许诺将一半钱财交给瑞典国王处置。1329年，他们收集了4,340英镑，将其中的2,158英镑交给摄政者；而14世纪30年代，所征钱财的数额越来越少，显然，他们需要更坚定的王室支持，才能够提升此后的征收额度——而这也意味着要将更大一部分钱财交给国王。交税的教士们因此依然希望十字军在距离他们更近的地方活动。乌普萨拉的登记档案之中有一条记载，提到"为对抗卡累利阿人的十字军而布道"[7]，是1340年宗教节庆中要向虔诚信徒宣讲的话题之一。在14世纪40年代，国王的远亲布里奇特时时提醒宫廷勿忘十字军和其他宗教职责。她是王后侍女的负责人，因为能够预言而颇有名望。

于布里奇特去世之后汇编的《启示集》(Revelations)，显然包含了1344—1348年时关于十字军的思想。[8] 她的主要目标是改革并净化上层阶级，就像圣贝尔纳一样，认定圣战是国王和骑士们能够履行上帝赐予的战斗义务的最佳方式。在14世纪40年代初芒努斯尝试占领丹麦王国但失败之后，她告诉芒努斯，他的战士们在这次失败的冒险之中丧生，是因为上帝不希望他从其他基督徒王国夺走土地。因此，他更应该"派出封臣和臣民到异教徒的土地，在那里有机会扩展天主信仰，增加天主仁爱"。国王不应该让他的臣民因税负而困苦，只为发动让上帝不满的战争，而是应该为自卫或者对抗异教徒而收税。当她询问基督是否会命令芒努斯发动十字军时，基督借圣母之口回答：

> 如果瑞典国王打算对抗异教徒，我建议他——而并非命令他——首先保持良善之心与健康之体。如果他出发的唯一动机是虔敬上帝与拯救灵魂，他就会拥有良善之心；如果他定期斋戒与劳动，他就会拥有健康之体。其次，他要努力保证臣属和骑士是自愿前来，是正直之人……因为任何渴望让其他人进入天国的人，首先要改正自己的过失。

基督还建议国王征召博学的教士同行，他们可以教导多神教徒，并坚称十字军必须人数不多且经过选拔。大规模的军队之中必然包含罪人，而罪人是无法踏入应许之地的。按照1452年一群爱国者编纂的韵文编年史《连辞》(*Förbindelsedikt*)[9]的说法，圣母要求国王不允许任何异族一同前去，但《启示集》之中的说法，似乎意味着布里奇特反对任何形式的雇佣军，而不是反对异族。

这支自愿认真集结起来的精选军队将编排在两面旗帜之下：象征和平的基督受难旗，与象征战争的正义之剑旗。至关重要的是，多神教徒应当首先获得和平、正信与自由的许诺，军队在他们面前树立起第一面旗帜；而在他们拒绝提议之后，军队再打着第二面旗帜出征。战败之后，他们将被迫接受洗礼，皈依拉丁信仰，免于死亡。即使他们被杀，对他们的灵魂也会更好，而不是让生命陷于罪恶的错误之中。

有关十字军的空想，在14世纪并不少见，而这种从闺房中发出的战斗口号，其虚妄与同时代的其他十字军号召也相差无几。布里奇特的观点因为她的社会地位与人际关系而格外有力，她的兄弟伊斯拉埃尔·比吉松（Israel Byrghisson）是瑞典国王最出色的仆从之一；而最在意东部省份的主教奥布的赫明（Hemming），则是她的朋友，也推动了她之后封圣。然而进攻诺夫哥罗德的决定是国王做出的，既然他并非布里奇特所假设的那样愚蠢，他的行动必然是出于政治考虑，而不是宗教狂热。

毕竟，此时的诺夫哥罗德似乎处于两面为难的境地。1346年，立陶宛大公阿尔吉尔达斯控制了诺夫哥罗德南部的土地，而莫斯科大公谢苗没能成功阻止；诺夫哥罗德市民因为两个波雅尔派系之间的争执而分裂，被迫以冒犯立陶宛人的罪名处死了他们的前市长。另一方面，瑞典和诺夫哥罗德此时正处于和平之中，丹麦国王瓦尔德马尔四世也与双边保持和平。瓦尔德马尔前往耶路撒冷朝圣，从而树立了虔诚的榜样。芒努斯确保了继承安排，让他的一个儿子埃里克统治瑞典和斯科讷，而另一个儿子哈康则成为挪威的继承人。他暂时处理了内部的困难，并开始起草国家法典。他靠自己任命的王室最高法官管理瑞典的行政事务。此时，应当发起一场成功的征服战争了。但人们普遍认为国王若是想要集结全部兵力到海外作战，首先要取得国内权贵们的同意。靠着教士和关注芬兰与极北之地的大地产主的煽动，他们或许会同意与诺夫哥罗德的战争；而当芒努斯在1347年向挪威人透露这个想法，遭遇一定的反对之时，他靠着宣布这一计划为全面十字军行动，而堵住了反对者的嘴。他在当年秋季航向芬兰，而后在那里越冬，他的使节则到各地准备次年征战。

有些出人意料的是，诺夫哥罗德编年史之中，芒努斯给罗斯人的信是这样的：

> 让你们的智者前来商谈，那么我就会派出我们的智者，他们将讨论信仰，确定哪一种信仰更好。如果你们取胜，我就会改信；但如果我们取胜，那么你们也要改信，我们将就此融为一体。但如果你们不能一致同意，那我就会率领全部军队进攻你们。[10]

人们通常认为，编年史作者写错了瑞典使团前来商谈的问题，真正的问题其实是讨论双方的领土边界，并索要新的领土。然而这个故事也并非完全不可信，毕竟如果芒努斯公开宣布他的目标是扩展拉丁教会的区域，那么他就更可能从阿维尼翁教廷得到支持十字军的教谕。布里奇特也正是如此建议的，让他以和平劝说作为开始；更何况涅瓦河畔的信仰问题，主要还是两套殖民体系之间的争夺。芒努斯是否希望成为诺夫哥罗德的庇护者，取代立陶宛和莫斯科王公的地位，我们不得而知，毕竟想要劝说诺夫哥罗德人改信，则可以说挑战他们的信仰是最下策。他们回复称，如果他对神学感兴趣，那他应该去找君士坦丁堡牧首。而后，他返回了瑞典，按照《连辞》的说法，集结起十字军，其中包括丹麦人和德意志人仆从军，以及荷尔斯泰因的一位伯爵伦茨堡的亨利（Henry of Rendsburg）的部队。亨利此前在1345年短暂到立陶宛作战，似乎愿意前往任何能够获取钱财与战利品的地方。他曾在1355年得到英格兰国王爱德华三世的津贴，为国王提供波罗的海周边的情报。大军在1348年6月8日出征，当诺夫哥罗德的使节抵达，准备重启谈判之时，他们也已抵达维堡。罗斯人的记述再度宣称芒努斯坚持要传教："我对你们并没有任何怨恨。接受我的信仰，否则我就会率领全军发动进攻。"

使节们仓促赶回奥列霍夫，接踵而至的十字军则蜂拥进入涅瓦河，要求当地居民在死亡和受洗之间做出选择。按照罗斯人的记述，许多人被迫受洗并"剃须"，《连辞》也如此宣称；[11] 奥列霍夫的驻军被孤立并包围，而一些入侵者向南进入英格里亚和沃德。围攻在6月24日开始。一个月之后，诺夫哥罗德人的突袭部队在科波里耶附近击败瑞典人，然而围攻仍在继续，守城者最终在8月6日投降，10名波雅尔沦为俘虏，余下的罗斯-立陶宛驻军则获准返回家乡。

这些成功源自诺夫哥罗德及其盟友缺乏协同。立陶宛人理论上应当继续防卫科波里耶，但他们此时忙于在立陶宛抵御条顿骑士团，完全没有在围攻期间出兵援助奥列霍夫。莫斯科大公谢苗则被他的宗主金帐汗拖住，他的兄弟伊凡来晚了。芒努斯的部队似乎也拥有数量优势，因为他在征召部队之外，还组织了外来的仆从军，然而这个优势没能长期维持。对于绝大多数参与者而言，征战一个夏季就足够了。国王本人在攻破奥列霍夫之后不久便返回瑞典，留下的驻军数量很少，以至于诺夫哥罗德城邦的部队加上普斯科夫派来的援军就足以消灭他们。城堡再度遭受围攻。入冬之后，普斯科夫的部队撤走了，这让瑞典人窃喜；然而诺夫哥罗德部队却坚持作战，在 1349 年 2 月夺取了城堡，杀死或俘虏了所有守城者。

芒努斯为何放任此事发生？他清楚在入冬之后就没有办法为当地的驻军解围，他清楚诺夫哥罗德不会任他控制涅瓦河畔的土地。或许他希望获取利沃尼亚人的支持，他们也确实在当年的冬季进攻了伊兹博尔斯克；或许他认为罗斯人会在发动反击之前，会先派出使团来到瑞典谈判。无论原因如何，他都误判了形势。但如果他真的如圣布里奇特所称那样，仅仅征召虔信的战士参与这一战，或者如一个世纪之后的《连辞》所说，屠杀城中的全部东正教徒，情况也不可能有什么改善。[12] 他在胜利之后不久便返回瑞典，而没有向拉多加湖和诺夫哥罗德继续进军，他唯一取胜的机会似乎就此丧失，然而他在很久之后才意识到这一点。

1349 年，黑死病传播到了瑞典，瑞典王国暂时无法报复在奥列霍夫的失败，至少无法进行军事报复。芒努斯试图吁请每一位臣民给当地的主教座堂捐赠一枚便士，祈祷圣母会早日终结瘟疫；他试图禁止他的盟友汉萨同盟与诺夫哥罗德贸易，借此削弱罗斯人。他似乎认定瘟疫是上帝的怒火，因为他没有坚持与多神教徒作战，他愈发坚定地要在未来形势转好之时继续战争。此时的罗斯诸政权依然缺乏统一领导，诺夫哥罗德显然也无法在西欧的经济封锁之下坚持。如果条顿骑士团、利沃尼亚主教和汉萨同盟都能出手相助，这样的禁运就能起效。教宗克雷芒六世已被说服支持禁运，并为组织新的远征而安排十字军税和十字军教谕。挪威人在大瘟疫期间遭到罗斯人的劫掠，劫掠者甚至抵达了大总管在比亚凯（Bjarkey）的私产，因此他们前所未有地急于支持他们的国王。

1350年8月，当第一批瘟疫的受害者被安葬之后，另一批十字军已经集结起来，国王再度溯涅瓦河来到奥列霍夫。他这一次的行动完全被现存的同时代资料所忽视，除了《冰岛编年史》中的一段引文[13]，关于1350年的远征的整个记述，就只剩下一个世纪之后的罗斯僧侣编造的《芒努斯国王遗嘱》。[14] 当代史学家不愿过多采信这份文件，仅仅推断其中对1350年的事件概述，其真实性与1348年的记述差不多，即芒努斯在奥列霍夫受挫，而后向南转往科波里耶。他或许试图转而攻击这座城堡，却再度失败，只得向西来到纳尔瓦河河口；他的舰队在这里遭遇风暴，而后解散了。这场失败或许称不上严重，因为这次远征的目的或许只是袭扰，而非征服。芒努斯这次指挥的部队应当比1348年更少，显然他是希望通过干扰贸易，而不是直接入侵，来取得胜利。然而他损失舰船依然是极大的挫败，这意味着他未来与罗斯人战争的胜利要完全依靠德意志盟友。芒努斯没有就此返回瑞典，而是在1350—1351年的冬季到爱沙尼亚和利沃尼亚越冬，竭尽所能试图说服或者强迫条顿骑士团、主教和当地商人继续封锁，而他在教廷的特使也说服了教宗支持新的进攻。

1351年1月15日，多尔帕特的商人向吕贝克报告，芒努斯在雷瓦尔越冬，坚持让利沃尼亚当局逮捕所有违反禁运令的商人，并没收他们的货物。当雷瓦尔和多尔帕特的市民表示不满之时，他"告诉他们应当准备为这些违禁商人带来的损害而向他提供补偿"。两位市民询问国王，他是想要指控所有商人，还是仅指控违禁的商人，国王答复称："我们并不清楚'所有商人'是指什么，但我们要指控所有与诺夫哥罗德贸易的人。"[15] 人们用拖延与模糊的话来搪塞他，而他的禁令也不太可能严重影响罗斯人的贸易。即使如此，他还是激起了众人的厌恶。他强行扣押汉萨同盟放在瑞典口岸准备运往诺夫哥罗德的全部货物；他提醒利沃尼亚的主人，自己对爱沙尼亚公国有一些所有权，这个权力是不久之前从丹麦国王瓦尔德马尔那里买来的；他给里加赐予名义上的特权，以此宣示他的势力；同时也给爱沙尼亚的帕迪斯（Padis）的西多会僧侣授予更实际的特许令，让他们在芬兰获得恩庇、土地和渔场。此时已经开春，阿维尼翁和瑞典都传来了好消息。克雷芒六世同意让芒努斯征收并借用四年的十字军什一税的一半来支持接下来的征战。北方的大主教和主教们奉命，在瘟疫势头减弱之后立即开始为新一轮进攻罗斯人的十字军而布道，[16] 条顿骑士团要全力支援。[17] 他们用豪言壮语论述这场远征的目的，特意向所有虔诚者呼吁动员。

按照克雷芒在1351年3月颁布的教谕，所谓的"卡累利阿人"和"英格里亚人"已经意识到他们身为异教徒的错误，请求芒努斯前来帮助他们加入基督教。芒努斯则有力地保护他们免受敌视天主教的罗斯人对他们的伤害与压迫。然而在国王给他们受洗并撤走军队之后，这批罗斯人决心消灭他们，便突然入侵了这片土地以及天主教世界的其他土地，展现了野兽一般的凶残。一些天主教徒被罗斯人斩杀，一些人被吊死，还有人被饿狗咬死，或者被其他骇人听闻的酷刑残杀。被残忍奴役的卡累利阿和英格里亚的幸存者被迫再次恢复旧日的盲信，而国王则因为大瘟疫而无法驱逐这些入侵者。因此，所有坚持正信者都应当拿起武器，解救这些不幸的人！而在此时，罗斯人再度开始进攻，入侵芬兰，围攻维堡，并在一番破坏之后近乎毫发无损地返回，这个真实消息又把那些编造的故事渲染得有模有样。

北欧教士的反应甚大，在延雪平（Jönköping）的主教会议同意教宗的财政安排之后，他们几乎没有机会拒绝支付什一税。1351—1352年，国王的大总管们和其他为教宗使节服务的王室官员，从他们手中盘剥了2,937英镑银，比1324—1329年榨取的钱财更多。然而除此之外，再无人有兴趣继续支持芒努斯发动战争，双方在1351年6月交换俘虏，结束了战争。挪威和瑞典的权贵愈发厌恶他们的君主，而支持他的教宗克雷芒六世也在1352年逝世。当与诺夫哥罗德之间的争执被拔高为圣战之时，对几乎所有相关人员而言，这个行动都是不切实际、无利可图的，而且充满虚伪。1355年，教廷突然要求交还这笔钱财，此举或许是针对丹麦国王瓦尔德马尔四世的阴谋。次年，一场反对芒努斯国王的叛乱在瑞典爆发，他被迫和自己的儿子埃里克共享王权，而在他余下的统治时期，政治危机接连不断。他生前目睹了斯科讷被丹麦人夺回，瑞典与挪威的联盟瓦解。对他最后的羞辱发生在他逝世之后，15世纪某个佚名的诺夫哥罗德僧侣写下了所谓的《芒努斯国王遗嘱》，并收录进《诺夫哥罗德编年史》的第四卷。按照这份记述，芒努斯在被废黜并流放之后，因为沉船而流落到了拉多加湖中的瓦拉莫岛修道院，并在这里皈依东正教，成为僧侣格里高利，度过余生。在弥留之际，曾经的国王向他的儿子以及他想象的兄弟发出严正警告，绝不要企图入侵罗斯，并简述了1240年之后的罗斯-瑞典关系史，点明了寓意。

对近一百年瑞典人在陆上和海上遭遇的灾难，忏悔的国王认定这一切是上帝发怒的明确证据，而他自己的可悲故事最后也证明了，对罗斯东正教徒的十字军不可能带来任何的好结果。因此他的继承人必须：

> 和平且仁爱地生活，避免一切的背叛与虚假，放弃奢华、酗酒以及其他所有邪恶癖好，不要对他人不公，也不要对他人使用暴力，不要背弃亲吻十字之时定下的协议，只要罗斯人依然保持和平，依然亲吻十字，就不要进攻他们，因为我们不会因此得到愉悦，却会因此失去灵魂……

这些确实是好建议，但前提是芒努斯确实皈依了东正教。在拉丁世界中，和罗斯人作战是值得称道的，而如果他对这个问题存有什么疑虑，也会被她的"预言家"亲属布里奇特打消。即使十字军失败，之后布里奇特依然宣称基督希望国王和他的大主教征服"多神教徒"，让他们皈依天主教。第一次征战的失败，是因为她的指示没有被正确遵守，但基督的话语足够明白："我将这片土地交给你，因此我要你为此负责。"[18] 布里奇特对十字军参与者的道德要求太高，以至于对罗斯人的实际远征绝对不可能让她满意。如果天主教徒为基督而战必须拥有一颗纯洁之心，那么诺夫哥罗德的东正教徒便可以高枕无忧了。

芒努斯逝世之后的那个世纪，外来统治者治下的瑞典与挪威国力日衰，东部边境之上的领土争端不可能再转变为征服与改信的战争了。掌权的梅克伦堡王朝和丹麦王朝与罗斯人做贸易的获利，远大于战争可能带来的利益。瑞典国王阿尔贝特在1375年和利沃尼亚的条顿骑士结盟；而1378年，教宗乌尔班六世授权瑞典主教，宽恕所有此后参加对抗罗斯人的十字军或者出资支持的人，[19] 却毫无效果。瑞典和芬兰边境的居民在1395年、1396年和1411年都发起了小规模的征战，却没有取得什么成果。罗斯人和卡累利阿的劫掠者在15世纪40年代与挪威人爆发冲突，然而哥本哈根政府对此几乎无动于衷。在这个世纪行将结束之时，一群瑞典贵族宣布脱离丹麦国王统治而独立，推举斯滕·斯图雷（Sten Sture）为摄政，形势随即发生了变化。莫斯科大公国向西的扩张，以及斯滕巩固统治的野心——确立瑞典对芬兰的统治，甚至谋求占据利沃尼亚，让北方重新积累起战争的阴云。1496年6月22日，教宗亚历山大六世最后一次颁布十字军教谕，在瑞典征召十字军战士，但仍是徒劳。摄政的敌手丹麦国王约翰截获了教谕，而斯图雷在真正挑起终结战争之前就被废黜。甚至在波罗的海沿岸，维持现状的重要性已经超过了圣战。16世纪40年代时，流亡的瑞典大主教奥劳斯·芒努斯回忆起旧日的好时光：瑞典国王在即位之后分封"黄金骑士"，要他们发誓保护教会；"而他们通常也忠实遵守誓言，只要得知对信仰的敌人宣战，特别是对王国东部边境的莫斯科教会分裂派……他们就会立即自费出征，集结成强大的武装力量，为天主而战……"不过，下一位瑞典十字军国王，就是古斯塔夫·阿道弗斯（Gustavus Adolphus）。

第八章

欧洲东北部的十字军政权

政府体系

拉丁十字军设计了三种方式来统治他们在波罗的海地区占据的领土。作为外来政权用以控制新领土的政府体系，它们取得了各不相同的成果。瑞典和芬兰维持了近600年的联合状态。条顿骑士团在普鲁士和利沃尼亚维持了近300年的统治。丹麦国王在爱沙尼亚北部的统治则维持了不过一个世纪。决定其维系时长的，并不是单一因素，后勤、经济、殖民者人口密度以及文化渗透，都与管理效率一样重要。

最短暂的政权正是对当地干涉最小的那个体系。丹麦国王仅仅两次决定性地干预爱沙尼亚，一次是1219年征服这一地区，另一次是在1238—1242年建立定居点。此后，他派出一名军官和一名主教来到雷瓦尔，作为王室和教会利益的监管者，并允许当地的封臣自行缴付什一税和土地税，并向新国王效忠。理论上，瓦尔德马尔二世在爱沙尼亚的王权和他在丹麦的王权相同；事实上，他的继任者们拥有的权利相当有限，将权力委托给他们的萨克森代理人"德意志骑士"（Ritterschaft）来行使，而当地的统治者在协商与法律约束之下维持政府运转。1248年,"德意志骑士"和雷瓦尔的市民已经在一些问题上具有立法权了;1252年,一些封臣依据德意志的封建法自动获得继承权。丹麦人自己的继承习俗从未在这一地区生根。1282年时,封臣的会议已经是当地长官的顾问团;1315年,所有的"德意志骑士"都可以按照自己制定的法典生活、继承与统治封地。人们认为公爵领属于国王,铸币权也属于国王,然而1242—1319年,丹麦君主们试图维持并拓展王权来对抗教会与封臣的尝试,没有在爱沙尼亚取得任何结果。各省份地主的忠诚,源自他们自己的经济利益,以及土地保有权的保障。

这样的安排或许本可以持续更久,然而丹麦君主制在14世纪30年代瓦解,而40年代时,恢复统治的瓦尔德马尔四世又遭遇了财政困难。国内问题的严峻压力,加上无法打破汉萨同盟在海上的贸易垄断地位,促使瓦尔德马尔衡量后认为,继续维持在这一地区残存的君权,不如将这一地区出售更有利。他以1万马克的价格将爱沙尼亚出售给条顿骑士团,这一地区也成了骑士团大团长的附庸,和利沃尼亚省份一样维持着宽松的封建关系。雷瓦尔以及封臣联盟维持了旧有的特权,但相比距离遥远的丹麦君主,利沃尼亚分团长的统治更为高效,索取也更多。事实上,丹麦在这一地区的统治被农民暴动所削弱,而条顿骑士团平息了暴动(见本章下文)。

另一方面,在芬兰,瑞典国王试图将新地区与旧王国融合,他们对这一地区的控制基于一系列的联系,这些联系是在更长的征服时期内所构建的,并通过更紧密的交流来巩固。瑞典移民以及芬兰皈依者的社群,在13世纪40年代瑞典比耶"雅尔"自立为国王之前，就已经存在于芬兰西南部，而这一社群成了殖民社会的典型。社群之中的居民如同完全保有土地（freehold）的混合瑞典农民一样，遵守类似的法律，接受瑞典主教的管理；国王和他在奥布的军官可以在这里宣示主权，和在瑞典时一样，并逐渐向辖区之外拓展权威，吸引更多的索米人和塔瓦斯蒂亚人皈依。

大多数本地的完全保有农并不归属于某个封建贵族，爱沙尼亚的情况也是如此；芬兰大部分地区的居民——除了奴隶（orja），都结成了几个有一定特权的团体，各自与国王建立直接联系。他们之中存在权贵，但并非明显高人一头，他们的地位取决于他们身为管理者的能力。王室在奥布、塔瓦斯特许斯和维堡的城堡是权力中心，拥有地产和财政权利，而这些权力会授予封臣，他们是城堡驻军指挥官或王室的拥护者，再由他们任命下属的地方官与邑官（bailiff）。比如，1340 年瑞典国王芒努斯二世授权丹尼尔·尼尔松（Daniel Nilsson）掌控：

> 我在奥布、塔瓦斯特许斯和维堡的城堡，掌控土地、乡村以及其他附属物，以我的名义实行连续四年的统治……条件是他要每年把芬兰以及奥兰群岛的贡赋全额上缴，无论是皮毛、现款、黄油、牛还是"国王的蒲式耳"，而他可以留下依照其他权利获取的收入，而我在这些地区的要求，显而易见，是扩建之前提到的城堡，并担负他本人以及其他城堡主的开销。[1]

将王室的土地与权利外租给代理人，实行有条件的任期制管理，即所谓"县制"（Län），是将瑞典权贵团结到国王身边的方法，在瑞典和芬兰都是如此，而且他们也由此发展成统一而强势的阶层，这意味着瑞典贵族可以在芬兰壮大势力，也让两个地区共用同一个精英体系。1284—1291年以及1302—1318年，都是国王的兄弟担任芬兰公爵和指挥官，而1320—1348年，维堡的指挥官由比耶尔克（Bielke）、斯托拉尔姆（Stålarm）、格里普（Grip）、瓦塞（Vase）、邦德（Bonde）和托特（Tott）家族的成员担任，而邑官则可能来自斯帕雷家族（Sparre）、纳特奥赫达格（Natt och Dag）家族。

这些权贵管理者的以及主教的武装随从由完全保有农提供食宿，有时他们之中也有人获得土地，与境况较好的本地人或者殖民者通婚，并获取"贵族"（frälse）身份，即拥有世袭的免税权的人。他们是旧芬兰以及塔瓦斯蒂亚本地社会的领袖，无论战争还是和平时期，他们都拥有配置有防御工事的会堂、庄园、家族纹章以及印信，但没有完全的权力，也不一定是瑞典人。他们和国王的官员们合作参与行政管理与战争，支配本地完全保有农群体，但他们是这个政治体的成员，而不是政治上的独断者。

在他们之外还有教士，他们高度集中于芬兰西南部，不过瑞典人和芬兰人都可以担任芬兰的教士，而且这些教士的特权与瑞典教士的完全相同。1291年，芬兰人毛努斯（Magnus）成为奥布主教；这个世纪之中，瑞典、芬兰、英格兰与德意志裔的神父和托钵修士共同传播天主教。他们的行动巩固了王权，起初是让所有的基督徒习惯于缴税——国王要从主教手中收取，而后让瑞典和芬兰共同参与对抗罗斯人的十字军运动。他们的财富很大程度上来自什一税（按照定居点的密度和经济情况有三种征收额度），而这种税收模式和教会法律的传播，帮助这个组织松散的省份统一到一个政治体系之中。

1400 年时，武尔夫斯比（Ulfsby/ Björneborg，今称波里）、劳马（Rauma）、奥布、博尔戈（Borgå，今波尔沃）、维堡以及佩诺（Pernå/Pernaja）这一系列新城镇的市民们组成了一个新的特权阶层，寻求国王的庇护；而尼兰的定居者按照地区来组织，设有司法集会，社会习俗与瑞典基本相同。乡村的大部分完全保有农生活在公共法律约束之下，无论通行的法典是芬兰语还是瑞典语的，当地人都要参加公共集会，并通过纳税和军役与王室直接联系起来。地方政治之中存在的差异，也说明了芬兰西部与东部城堡辖区之间的差异。在维堡，当地驻军军官的主要任务是守卫边境，并约束分散居住且时常迁移的稀疏臣民。他与卡累利阿各地的部族首领与军事首领联络，也与边境的毛皮商打交道，而这并不符合芬兰-瑞典社会的奥布模式。对他而言，王权的意义除了通过毛皮缴付的人头税，以及偶尔在战争之中的指挥地位，几乎别无其他。相对而言，芬兰西部则被分为一系列堂区、百户区以及"舰船征召区"（snakke laghar）。

这种各不相同的交流，意味着芬兰的王权情况与瑞典高度相似，而某种意义上，芬兰成了瑞典的"东部省份"（Osterlande），接受同一位君主的管辖。1362 年，"东部省份"的"司法官"奉命率领教士与俗人组成的代表团，和旧瑞典的七位"司法官"一同参与瑞典新国王的选举与效忠仪式，参与仪式也成了重要的特权。联盟因为瑞典的自治政府传统而繁盛——恶劣的交通、稀疏的人口与文化上的差异，促进了这种自治。从国王和权贵这些统治精英的角度看，这意味着在芬兰无法实行高效的统治，也没有这种必要。瑞典国王芒努斯的国家法典并没有在这里成功推行，"司法官"无法巡查、监理所有的司法集会，而维堡的长官在相当程度上是自治的。阿尔贝特国王统治期间，瑞典权贵布·永松·格里普（Bo Jonsson Grip）个人掌控整个芬兰，而他的继任者丹麦女王玛格丽特花了十年的时间才得以控制芬兰；然而这种难以管理的特性，并没有让这个省份与瑞典分离，反而刺激了瑞典机构的发展，以保护本地人的利益。15世纪的档案中记录的各种司法集会（lagmansting、vinterting、sommarting、häradsting、skatting、fiskting），以及1435年之后世俗官员和教士官员的会议（landzræth）——在圣亨利夏季节庆（6月18日）前一星期到奥布集合为高级法庭，就是如此。

瑞典的统治因此让很多或许绝大多数芬兰人获得了人身与财产的相关权利，无论他们是芬兰本地人还是瑞典人后裔；这一地区的自然环境也让这一权利更加稳固。这些权利包括蓄奴权，而奴隶的生活状况不会因为这一体系而明显改善；但大多数农民的负担仅有封建税、什一税和军役，而司法集会，即"庭"，给了他们申诉的机会。

普鲁士以及利沃尼亚的系统则相当不同。这些地区的政府有一套复杂的管理体系，而在其中任职的统治阶级可谓训练有素，他们是从远在500英里之外的其他国家征募而来的。行政管理只是条顿骑士团这一更大组织的职能的一部分，而其形式由修道的指挥结构所支配。这一体系的目的不只是统治与作战，也要为天主教会担负传教任务。1309年之后，条顿骑士团的总部迁移到了普鲁士，这一体系依然意味着本地人、殖民者以及来自欧洲各地的外来者接受同一个军官等级团体的统治，他们致力于一项事业，并不只是统治一个国家。某种意义上，如此构建的政府可以说是颇为高效的。

骑士团政府的顶层保证了延续与奉献。普鲁士和利沃尼亚都不会遭遇中世纪政府屡屡遭遇的危机，比如继承争议、幼主、摄政，以及统治者平庸无能。在大团长逝世或无法执政之时，骑士团的戒律会规定一项基本不会出错的程序，以发现并推举合格的继任者。副团长召集各地区的主要指挥官参与选举会议，会议先选出 1 位议长，而后议长提名 12 人组成选举团：7 位条顿骑士、4 位军士（serjeant）和 1 位骑士团神父，通过递进增补来选拔。在多数的选举人同意支持某一位被选举人之后，少数的选举人要无条件服从，全体向新团长致敬。1303 年时的大团长冯·霍恩洛厄在普鲁士逊位之后，尝试在德意志卷土重来而没有成功，而新选举的大团长冯·福伊希特旺根得到了众人的一致支持。大团长冯·奥瑟恩在 1330 年被某个疯狂的骑士团成员谋杀之时，普鲁士正在和波兰作战，而且失去了教廷的信任，也没有十字军前来支援，然而骑士团并没有陷入危机。选举人并没有仓促行事，在三个月后选举了一位大团长，骑士团便回归正轨了。1345 年，军事危机让大团长卢多尔夫·柯尼希发疯，他刺死了一个打扰他祈祷的人之后，副团长杜斯默尔安排将他软禁到恩格斯堡（Engelsburg），召集选举人，被选举为新任大团长，随后立即继续与立陶宛人作战。柯尼希此后恢复了理智，继续在骑士团之中担任职务，但他从未挑战过杜斯默尔的大团长权威。

这一体系之中也出现了一系列优秀的统治者，因为直到 1498 年，骑士团都通常选择有高级管理经验，并证明了自己能力的人担任大团长。比如不伦瑞克的卢德尔，在就任之前曾经担任了 16 年的骑士团高级官员，而杜斯默尔、温里希和策尔纳均曾任职 10 年。他们家族的财富与地位似乎对选举人的影响相当有限，即使卢德尔这样的贵族也未必就能成为骑士团的高层；萨克森公爵阿尔贝特加入条顿骑士团之后，仅仅担任了边境的指挥官，此后再未晋升。1309—1525年，只有一位大团长因为管理不当被罢免，他正是海因里希·冯·普劳恩，1410年让骑士团免遭消灭的人。并非所有大团长都是模范君主，一些人得到了"高傲者""自负者""专横者"的绰号，[2]但并没有怠惰、优柔寡断或者缺乏远见的大团长出现。

这一点意义重大，因为对大团长权力的制度性约束最初就写进戒律之中，但在事实上从没有完全实施，在1309年之后更是成了一纸空文。在迁往马林堡之后，大团长亲自统治普鲁士，在东波美拉尼亚拥有私人领地，而此后四个德意志辖地的收入也直接汇入他的府库。他对普鲁士指挥官们的掌控，意味着他能够控制条顿骑士团在埃尔宾的全体大会，而且他也可以利用这一点，直接批准他的提议：无论是颁布新法令、委任高级官员，还是批准他人加入骑士团。会议的作用就是让条顿骑士团的印信——圣母圣子像的一半——与他所用的印合在一起，合成完整的圣母圣子像。

条顿骑士团的重要官员（见前文，第三章第一节）成了普鲁士的主要管理者。大指挥官任马林堡的城堡主，司库官也随同大团长行动。元帅驻在柯尼斯堡，医护官驻在埃尔宾，司衣官驻在基督堡。身为僧侣，他们比世俗王国之中的封臣或者领薪官员更加团结与服从，在14世纪20年代时，他们已经找到了利用这一地区的一切资源来服务骑士团的手段。粮食由马林堡的大指挥官属下的"大牧官"（Gross-Schäfer）负责，他监管维斯瓦河畔的种粮耕地，即所谓"高地区"（Oberland），而后委任名为"臣子"

（Lieger）的代理人根据实际需求买卖粮食。东普鲁士即所谓"低地区"（Niederland），由元帅属下的大牧官负责，他在柯尼斯堡办公，而他属下的"臣子"（三人在东普鲁士，另外吕贝克和布鲁日还各配驻一人）以及负责买卖的售货员（Wirte），主要负责琥珀贸易。每年的政策在马林堡制定，每年的账目上报给司库官整理，负责买卖的人员需要按照他们每年的配额来交易。其他的收入来源——常例的粮税、森林、铸币厂、过路费、市场税、司法费用、渔场和澡堂，都由大团长和各个指挥官在辖区内负责利用开发；但14世纪的绝大部分时期，骑士团不在各地直接征税，而是由汉萨同盟将一笔关税（Pfundzoll）交给大团长，大团长也成了同盟的一分子。

为了支持这些经济管控，骑士团将普鲁士分为一系列指挥官辖区（Kommende），由一些军官驻城堡管理；他们最初称为"分团官"（preceptores），后称为"指挥官"或"拥护人"，这取决于他们管理的土地是归属于僧侣骑士还是主教。这些军事修道院院长为了大团长而施行统治，依靠与他们一同生活的骑士修道院来行使政治与军事权力，同样也维护修道院的利益。条顿骑士团的每座修道院都组织成为宗教社群，也是一支军事骨干力量和官员部队。其中许多官员专管财务，每星期向属地的指挥官报账。尽管各个修道院财务自理，高级官员依然可以通过查询他们每个月上报的账目，判断各个修道院的财务效率。所有14世纪的宗教团体都要考虑世俗的问题，而西多会和本笃会设立监管僧侣以及众多其他的地产管理人员，被视作腐败的迹象；然而一个骑士团将政府职能视为一项主要职责，则这个骑士团里的官员激增在所难免，也合理合法。由于绝大多数的骑士修士并非来自统治家族，因此将行政的经验机会广泛分布则比较可取，而官职等级体系可以作为晋升之梯，让能力最强的人登上最高位。

在14世纪，普鲁士和利沃尼亚的普通条顿骑士被称为领主，而不是修士，人们持续提醒他们曾经发下的修道誓言。新的法令禁止他们穿着精美、古怪或紧身的服饰，他们不能侵吞修道院采购的剩余款项，出行时不能过度炫耀，不能使用个人印章、聚敛钱财、口出不逊、密谋、求买官爵或私自养狗。[3] 新法令中禁止的内容，应当是此前被他们违犯过的。即使如此，骑士团的监管和惩罚体系还是保证骑士团成员继续群体生活，遵守命令，支持政治体系。他们组成了真正的统治阶级，致力保证其他人各司其职，并约束他们的行动。

这一体系在军事上的效率，可以通过骑士团的战争记录来判断（见第六章）；而在经济上的效能则很难分析，因为我们没有普鲁士政府在14世纪收支的总体数据。然而购买土地、建造城堡和教堂、借款和征战的相关记录，证明骑士团在经济上境况甚好。直到这个世纪即将结束之时，他们才开始在普鲁士征收普遍的战争税，而直到15世纪初，他们才出现了经济危机与严重债务的迹象。困扰丹麦、瑞典和北德意志诸公国的难题——收入减少、权贵反叛、领土瓦解——在普鲁士和利沃尼亚得以避免，或者至少是推迟了。

这种稳定并非源自严格的中央集权或者整齐划一。骑士团在普鲁士、利沃尼亚和德意志的机构结构大体类似，但其担负的任务却又相当不同，其政治与经济运行几乎各自独立，不过最终又接受大团长的统治。在普鲁士，相对臣服的萨姆兰和瓦尔米亚主教允许骑士团自由建设和管理政权；而利沃尼亚的分团长（由大团长从利沃尼亚的指挥官们推举的两位候选人之中指定一位）则必须面对分权的问题，要与独立性更强的里加大主教，以及库尔兰、多尔帕特和厄瑟尔的主教，还有爱沙尼亚的骑士和主教达成妥协。1330年之后，分团长埃伯哈德·蒙海姆占据了整个里加城，骑士团更紧密地掌控了这个政治体，而分团长的财富与军事实力增长也增加了他们的独立性。他们也设置了自己的司库官、元帅和大指挥官，也在德意志拥有私人地产。尽管他们仍和条顿骑士团大团长合作，但他们往往首先考虑本地的事务，只有马林堡的政府能管理他们，且必须依靠机巧和劝说。而1422年之后，统治利沃尼亚必须得到每年召集的当地议会（Landtag）的同意。

居民状况

土　著

　　波罗的海东部地区的征服者试图将当地社会的传统模式重组。他们希望这一地区更"基督教化"，即更类似于他们的家乡，或更类似于理想的天主教世界，同时还希望社会体系便于管理。基于同时代西欧正常情况做出的各种假设，给他们提供了指导，但他们还必须根据已有的社会模式以及一系列的本地困境——气候恶劣、人口稀少、土地贫瘠、经济不稳与交通困难——做出让步。1300年，他们已经建立起新秩序：俗人与教士、领主、农民与市民、管理者与被管理者，各种区分已经在各省份出现，而在1200年则没有这些情况。然而和其他边境地区一样，许多人无法纳入这样的划分之中，而每一种划分都具有东波罗的海的特色。

　　最明显的情况就是芬兰，这里的社会变化规划最少，渐进性最明显。在芬兰西海岸持有耕地的农民，其财富和地位与斯德哥尔摩附近居住的瑞典农民可能相差无几，而且要缴付同样的税；然而事实上他和他所属的群体，或许主要的收益来自代代相传的捕猎权，即到河流上游50英里处捕猎。而为了捕猎，他们会在特定的季节离开农场，留下妇女劳作。在卡累利阿，绝大多数自由人口频频前去远方打猎，以至于富裕而颇有地位的家族在税官看来可能也是居无定所。1316年，瑞典国王比耶坚持要求卡累利阿的妇女拥有与瑞典妇女相同的权利之时，[4] 他似乎忽略了一个事实，即尽管卡累利阿妇女不能够继承土地，但她们同样练习打猎、战斗，和男性一同劳作。一个拉普人若是没有土地，或许会沦为奴隶，困在特定的农场之中；然而他每年或许只去一次农场，且可以利用范围比同时代英格兰一个郡还大的广阔自然资源。他们的一个堂区与意大利一个主教区一样庞大，但其资源可能仅能勉强供养一名神父。

在更南方，征服者与被征服的土著之间区别更明显的地区，以及在德意志人到来之前领主统治已经成为主流的地区，新的统治者们可以进一步按照自己的模式重组社会。13世纪最迫切的问题之一，就是如何改动已有的控制模式，而不至于引起混乱和不满。本地的贵族已经掌控了统治地位，新政府如果想要存续下来，那就必须利用旧贵族，而教宗和皇帝都要求他们赋予皈依天主教的土著一定程度的自由。

起初，1249年的《基督堡条约》规定了所有接受基督教的普鲁士部族自由民的一系列公民权利。他们拥有婚姻权、继承权、贸易权、诉讼权，也有权进入教会或成为骑士；剥夺他们的遗产必须通过适当的法律程序。任何违背基督教法律与习俗的行为都会遭到剥夺公民权的惩罚，条顿骑士主持的教会法庭也因此起到了一定的政治监督作用。然而在此之外，条约建立的新秩序之中还是保留了不少旧秩序。

而后便是1260—1283年的叛乱与背教，期间，许多普鲁士人失去了土地、权利和生命，许多贵族迁居他国。结果便是社会的组织更加严密，与骑士团关系更好的市民拥有明确的权利，地位居于普通自由民之上，这让他们与开始迁居到这一地区的德意志地主结盟。这种重组的过程没有颁布任何协议规定，但从骑士团档案之中保存的一些个人特许状可以推断出其大致情况。最早的一份特许状由分团长雷希贝格于1262年授予特罗波（Tropo），其条件格外慷慨。[5]

他获取了两块土地，以及两个定居点，对两个地区均拥有完全的司法权，而他的男性与女性后代均可以继承这些权利。他免于缴付什一税或服劳役，此外还能够以私人身份统治萨姆兰的九个宗族。他唯一的公共义务就是提供部队（人数不定）参与三种义务：远征（hervart）、防卫本地（lantwern）与建筑防御工事（borchbuunge）。特许状赐予他的土地，或许已经事实为他所有，这个特许状仅仅是规定了他能持有权利的条款，而鉴于他的忠诚显而易见，这些权利让他能够"像领主一样生活"。其他特许状中赐予的权利更少，比如1267年，分团长巴尔德斯海姆给古普鲁士人六兄弟颁布的特许状。[6] 他们获得48海得（hide）①的土地，被免除他们应该承担的什一税，但他们必须为所有的耕种地块缴付"谷物税"（census/grain-tax），而且由条顿骑士团负责他们领土之

---

① 英格兰土地单位，60—120英亩不等，各地不同。

中农民的司法审判，领地之中的农民也可以自由迁移。他们需要承担上述三种军事义务，而且他们必须给骑士团的城堡供给粮食。原文提到，只有他们同意这些条件，"他们背教的恶行才能得到宽恕"。忠诚得到了回报：这些人从其领土所得要少于特罗波。另外还有一份 1299 年的文件[7]，其中，萨姆兰的指挥官记录了所有在背教时期之后没有犯罪记录的本地贵族（witingi），而萨姆兰依然有一地区有大量古普鲁士人地产主。其中相对富裕的那些开始模仿德意志封建主，建起庄园与别墅，购置城镇产业，并设计家族纹章；他们和移民通婚，使用他们的语言。然而许多出身显赫的普鲁士人依据封建权利保留着他们的土地，他们享有在他人之上的权利，近乎当地的封建领主。他们事实上没有被德意志人同化，仍按照部族法律与亲属分享有限的财产；履行军事义务时也不像封建骑士，而是结成一群粗莽的骑兵参战，装备着"普鲁士人的武器"，即盾牌和长枪，而没有全身护甲。只要与立陶宛的战争仍在继续，他们便是指挥官与基层部队之间不可或缺的纽带，而他们战斗的方式也意味着他们的文明程度必然有限。

在利沃尼亚，德意志人定居点更稀疏的地区，拥有封建权利和贵族身份的本地人士兵似乎更少，而这一地区的相对落后，让本地人的社会得以长期维持现状。14 世纪，库尔兰有一位受政府承认的本地贵族，他受"库尔兰人封建法律"的保护，这一法律让当地的几十名乡绅自封"国王"，这一状况甚至维持到了 18 世纪。在其他地区，德意志骑士有优势地位，吸纳了一系列忠于骑士团的小国王，并让其他的本地居民渐渐沦落到农民的地位，而其中那些拥有更好装备的人会受征召参与季节侵袭。在爱沙尼亚，丹麦国王和宝剑骑士团争夺统治权力，导致各个"定居区"纷纷被移民封臣瓜分。到了13世纪30年代时，国王名下只有一位地主克莱门特，他是爱沙尼亚人。

大多数本地居民为他们领主的特权付出了代价。《基督堡条约》让许多普鲁士人服从于波兰法律，而波兰法律的封建统治对农民颇为严苛。农民要护送领主，给领主提供运输的车辆，提供各种劳役，铺路架桥，做布恩工（boon work），出席领主的会堂，看护并管理领主的资产，款待领主，缴付牲畜税和犁税——这两种税的税额按照农民动产的价值征收；还要进贡，在不同的情况下，提供一头公牛、一头母牛或所有的狗、海狸和猎隼。[8] 以任何标准来看，这些都可谓严苛，而且鉴于这一地区政府的主要需求是军役和现款，这样的索取堪称荒唐；更何况，这样的法律只能在完全实现庄园制的地区才会盛行。1250—1350年，更多的古普鲁士人接受了条顿骑士团的封建统治，然而他们得到的条件比波兰的法律宽松得多。急需劳动力来耕种与开垦的地主们，必须尽可能减少捐税徭役以吸引佃农，而普鲁士人也因此得到了德意志农民以及其他外来人口所获得的有利条件。

还有些居民居住在很久之前就有人定居的地区，他们的生活情况可以从1340年波美萨尼亚颁布的德语法典之中窥知。[9] 这些法条提到了两种人口：自由人和非自由人。非自由人的司法权归属他们的领主，他们接受《农民法》（Gebauersrecht）的管理，这属于一种私法。自由人之中也有农民，但他们拥有公民权利，不能被私设法庭判处死刑，需要依照成文的法典审判。他们聚成家族生活，接受一位负责任的世袭头领管理，而这些家长组成的共同体，构成最低阶的法庭，规范着村庄的经济生产。这种法庭在自由人的村落或者非自由人的村落都存在，前者由村落首领"长老"（Starost）管理，后者则由领主委派的管家负责。

非自由人有许多不同的种类。一些人就是农民，拥有土地，但因为与领主的法庭诉讼而缺乏自由，领主的官员可能处罚他们，但他们并不是农奴或者奴隶，也可以在诉讼之中自辩。另一种是小土地持有农（gerthner），耕种领主所有的小片土地，领主也可以赶走他们。还有"扈从"，没有人身权的雇佣劳工，但他们有权索取合法的报酬。一些领主通过私设公堂获益，但他们的统治未必比同时代类似的部分英格兰领主更苛刻，也不像法国与德意志的许多封建主那样严苛压迫。波美萨尼亚存在自治的村庄，村民有自己的权利。那些干涉司法的人，包括拒绝出庭、伪造特许状，或是对领主的管家进行虚假指控，都会遭到最严苛的惩罚。

即使如此，条顿骑士显然认定古普鲁士农民应当待在他们的土地上。波美萨尼亚法典的附录提到，普鲁士人和德意志人共同饮宴时，普鲁士人要先饮酒——以防下毒。如果普鲁士人按照德意志法律被判有罪或无罪，不能依照普鲁士法律扭转判决；如果普鲁士人杀死德意志人，需要支付的赔偿额是杀死同乡的两倍。他最可能改善境况的机会就是离开波美萨尼亚这些繁荣的地区，定居到距离边境更近的地区，接受更有利的德意志法律统治。和自己的同族共同居住时享受的自由，并不能消除身为普鲁士人本身的不利，骑士团的政策——"让普鲁士人保持普鲁士人身份"（Lasset Preussen, Preussen bleyben），并非出于仁慈。

许多评论者，包括瑞典的圣布里奇特，[10] 因为普鲁士的皈依者仍是半向着异教、举止粗俗且目无法纪而感到惊异，他们推断这些方面的疏忽是为了让土著更易于从军事方面来管理。或许如此，他们将成为更好的战士，也不像德意志定居者那样更容易为权利问题而抱怨。加尔都西会的修士于 1428 年抱怨称,当他们来到法庭上试图作证时,"领主只是坐在那里大笑"。[11] 而波兰的批评者向来尖锐地指出,即使经历了 200 年的修道统治,古普鲁士人也仅仅是名义上的基督徒。从这方面,以及其他方面看来,骑士团履行的是骑士而非修士的职责。只有两位古普鲁士人此后担任了重要教职,他们是萨姆兰主教雅各和大团长的礼拜神父绍尔(Saul)。

在丹麦人控制的爱沙尼亚,大约 80% 的土著臣服于移民封建主,向后者缴付"什一税",并担负军役。地主在政治危机导致粮价下跌之时强行提高什一税税额,让爱沙尼亚人忍无可忍。1343 年 4 月 23 日,爱沙尼亚人开始发起暴动,杀死他们的领主。德语资料记载称有 1.8 万人因此被杀,这不大可信。在雷瓦尔的杜姆堡的幸存者,向利沃尼亚分团长冯·德赖勒本求援(此时丹麦的驻军军官已被他俘虏),他杀死了数以千计的叛乱者,恢复了秩序。他们俘虏了爱沙尼亚人推举的一位国王,而当冯·德赖勒本询问他为何反叛时,他回答道:"他们被残害压迫了太久,已经忍无可忍了。"那么为什么他们要杀死帕迪斯的 28 名无辜的西多会僧侣呢?"他们一定是罪有应得,所有德意志人都应当杀死,连两英尺高的孩童也能不放过。"叛军提出要向利沃尼亚分团长臣服,条件是此后再没有"容克地主或领主"压迫他们,但这个提议被拒绝了,国王则被吊死示众。[12]

这就是一个实例,说明不受限制的"殖民政策"可能的发展方向:欺压一群武装人员,还迫使他们担负军役,既危险又自相矛盾。然而 1347 年条顿骑士团购买了爱沙尼亚之后,没有证据显示土著得到了更好的对待,通过杀死并消除所有的潜在敌对领袖,叛乱的可能性随之减小。15世纪时，相对自由的爱沙尼亚人，或者成为德意志领主的附庸，或者移民到雷瓦尔，给德意志市民当车夫、脚夫、船夫、看守、仆人和学徒工。他们无法成为"德意志骑士"，在城市之中，他们也只是"外来者"（inwaner），而非普通市民。绝大多数人是小土地持有农或农奴乃至奴隶（drellen, ora），一些人相对富裕，另一些人相对贫穷。富裕者因为他需要担负的公共义务和私人义务而被束缚在土地之上，包括"远征役"（malewa，骑士远征义务相对应的农民义务）、谷物税、给领主的各种捐税、什一税以及教士索取的费用；贫穷者则或者代代为奴，或者被庄园或商会占有。他们之中绝大多数人，相比此前本民族军事领主统治时期，在德意志人统治之下的生活是否更加艰难，我们无法确知，但有证据显示，确有一些人的境况愈发凄惨。比如，1425年雷瓦尔的托钵修士抱怨称，绝大多数贫苦的爱沙尼亚人被他们的主教和堂区教士抛弃，得不到任何教导；然而穷人死去之后，如果死者家人没有向教会支付丧葬费用便自行在教堂的墓地中下葬，神父就会命人挖出尸体，挂到教堂的大门外，直到死者家人交付费用为止。[13] 如此的侮辱不可能经常发生，然而若是没有皈依教会，则根本不会发生。

1350—1500年，爱沙尼亚的经济愈发繁荣，其中，在区分"德意志"与"非德意志"之时明确倒向德意志人一方的那些人，才能够享受财富与自由。只占少数的骑士、教士和市民，若无这样的歧视体系，则不太可能保住财产。

利沃尼亚的拉特人和爱沙尼亚人，向居于优势的德意志人的臣服，相比之下没有如此苛刻。整体而言，梅梅尔河以北、芬兰湾以南移民最少的区域之中，土著的情况更差。有利于农民迁居至这一地区的种种条件，让普鲁士和芬兰成为更适宜被征服民族生存的地区。

殖民者

在芬兰，王室几乎不需要鼓励移民。饥荒以及新的庄园压榨，驱使大批瑞典人涌向东方。但在普鲁士和利沃尼亚，这些地区起初的苛刻境况，以及常年的恶劣天气，对来自德意志的移居者几乎没有吸引力，特别是他们也可以向中欧地区迁居时。条顿骑士团需要世俗贵族体系来控制乡村地区，以及可观的农业人口来帮助开发。他们因此向所有前来接受他们统治的德意志人提供了颇为吸引人的条件。

给骑士们的封地格外慷慨。1236 年，赫尔曼·巴尔克分封给一名骑士一座堡垒、300 佛兰德海得的土地以及周边的渔场，还有三个村庄的什一税，而且这些都可以由他的男性或女性继承人继承。作为回报，受封者每年要提供一磅蜂蜡、一马克银币和十分之一的谷物；由于此人出身高贵，他并不需要履行任何特别的骑士义务，但如果他出售这片土地，买主此后必须提供两名骑士和一名侍从，未来所有拥有这片土地的人也都要履行这一军事义务。[14] 上述是普鲁士地区的情况。而在利沃尼亚，骑士团急需人员，所以在 1261 年，利沃尼亚分团副团长许诺，所有支持他对抗库尔兰人的骑士和市民，将获得 40 海得土地，每带上一名侍从还额外增加 10 海得，此外还能免除 6 年的什一税。1280 年，利沃尼亚分团长授予参与十字军的安德烈亚斯·克诺林（Andreas Knorring）8 块地产，并安排他与一位女继承人成婚，转承她继承的遗产，而他需要履行的义务只有每年提供三名骑兵。[15] 1350 年定下协议，爱沙尼亚的骑士们持有封地，需要履行军事义务，统一比例为每100"乌西"（unci，共约3,000英亩）的封地，需提供一名德意志士兵和两名爱沙尼亚士兵参加远征。此外，还有骑士受封的是什一税而非土地。出现上述这些条件的原因是对这一地区的占领太过仓促，所以当最初的征服结束之后，这类情况就不再发生了。然而早年的赏赐还是让爱沙尼亚和利沃尼亚——特别是利沃尼亚的主教区——以及西普鲁士的部分土地上出现了实力强大的贵族家族，骑士团若是想要限制当地的权贵，就只能等待他们绝嗣之后，履行收回绝嗣遗产的权利（Heimfallsrecht），或者出资回购地产。在利沃尼亚，领主无权实行监护，索取贡金、代役税，安排婚姻或索取救助款，他无法阻止其封臣转让封地，也无权确定地产是由子女共同继承，还是要在兄弟之间分割。长子继承制在1200年时已经在萨克森地区成为惯例，但没有在利沃尼亚推行。

在普鲁士绝大部分地区，封臣受到更为严格的控制。他们必须履行更多的军事义务，而条顿骑士团对他们封地的控制力度也更大。直到15世纪时，普鲁士的低级领主们才结成了统一的阶级，以寻求更大的政治独立性。而他们之所以取得部分成功，也是因为普鲁士的市民阶层以及波兰国王的支持。

城市与乡村之中，绝大多数的德意志移民接受市民法律的管理，即《吕贝克法》《库尔姆法》《马格德堡法》（Lübischer/Kulmischer/Magdeburger Recht），这些法典赋予定居者的权利，比德意志西部绝大部分地区都要丰厚。只要每年支付一笔租金，并履行一定的军事义务，定居者就可以占有规模可观的城镇地产或耕地；他所在社群的政治独立受到限制，但他本人的人身自由和经济自由会得到保障。[16] 他的地位源自他作为战士和耕作者的价值,而不是出身或者目前的职务。

主要城市雷瓦尔和里加,其军事义务相对有限,但整体而言,所有的市民和农民都要参与战斗,无论是出征还是防卫;根据拥有的财产是否多于 40 海得,决定是作为全副武装的骑士还是作为轻装骑兵参战。给农民定居者的土地,通常不少于 1 海得(约 53 英亩),有时更大;他们的税额很低,而且最初还能够减税,以鼓励他们开垦和建造。他们需要出席庄园主的法庭,然而他们遵循的法律是所谓的《库尔姆法》或《马格德堡法》,而不是私人领主的法规或者封建庄园法规;需要给庄园主提供的义务劳动或者进贡都相当有限。这种情况,在 1250—1400 的普鲁士殖民地区盛行,而此后准备迁居这些地区的人也能够得到同样的条件,无论是最初前来的德意志人还是之后前来的普鲁士土著,以及再之后的波兰人、鲁塞尼亚人(Ruthenes)和立陶宛人,均是如此。他们的情况表明,在整个圣战时期,劳动力和战士是供不应求的。

市民们从条顿骑士团手中获得的权利之中,最重要的就是"富裕"的权利。他们得以免于遍布欧洲北部各地的农村捐税和城市税费,他们在普鲁士和利沃尼亚的贸易不必支付过路费,而且也可以加入德意志城镇的汉萨同盟,并一定程度上与其他同盟成员竞争。只要普鲁士仍在扩张,那么市民、封建封臣和定居农民,就都能够从条顿骑士的统治之中获益,也会与条顿骑士团合作,而不必接受更苛刻的统治。在经济境况恶化、条顿骑士团的索取增多之后,比如 1380—1410 年时,德意志居民便开始不满,一些市民会策划阴谋,而西普鲁士的骑士在 1397 年结成了联盟。15 世纪时,条顿骑士团失去了军事威权,波兰军队开始沿维斯瓦河推进，市民和世俗骑士也寻求进一步的独立，并取得了相当的成功。1410年，普鲁士社会仍是贵族社会，群体与个人的地位高低，依然直接取决于他们对修士领主的价值；而到了1414年，普鲁士人已经组建了世俗骑士与市民的阶层，拥有法律规定的权利和参与政府的权力。

就这样，三个波罗的海地区领地殊途同归，最终走向了基本类似的政治情况：君主和殖民地的利益集团分享权力，保证了各方有权利通过集会来商议、谈判。在芬兰，这一权利源自移民带入的存在已久的北欧传统，并在有利于自助与自治的气候环境之中成熟。在利沃尼亚，独断的权力由少量德意志精英掌握，划分到半自治的地方贵族手中，而战争的需要以及占人口绝大多数的本地居民的威胁，迫使他们合作。在普鲁士，条顿骑士团创造的复杂而多样的社会，以及广泛分布的自由，是军事与经济扩张的代价，这令专断的统治愈发困难，而大团长维持专断统治的措施也导致了15世纪的社会动荡与内战。即使如此，在境况尚好之时，条顿骑士团还是掌控了普鲁士与利沃尼亚的超过90座城镇，以及千余个村庄。

文 明

征服与皈依，让波罗的海东部和西部之间的距离愈发紧密，也拉近了这一地区与整个欧洲的关系。所有的征服战争之中，拉丁文明的各种特色形式生根发芽，然而其繁盛的程度却各不相同。

天主教的芬兰在很多方面都与天主教的瑞典基本一致。但两国的文化生活相比其他天主教地区都更为贫瘠。这一时期，瑞典缺少受过教育的人、书籍、教堂、城镇、艺术和学校,而在芬兰则更加匮乏。这一地区的广阔面积以及经济状况,让这种缺乏成为必然。这两个地区绝大多数的居民都过着艰苦而原始的生活,远离基督教文化。1460 年,托钵修士以及绝大多数的神父聚集在西南方向的 36 个堂区,另外还有 12 个堂区分布在南部海岸。瑞典控制的卡累利阿地区,在维堡以外总共只有四所教堂。尽管奥布主教都是由学者担任,比如巴黎大学毕业的赫明,或者在布拉格求学的毛努斯·塔瓦斯特(Magnus Tavast, 1412—1452),然而当地的教众以及乡村神父依然无知。在 14 世纪的瑞典出现了文学与艺术的繁荣,教士和俗人创作了一系列瑞典语和拉丁语的作品。但芬兰既缺少文艺的赞助者,又缺乏文艺的受众。芬兰主教和军官的随从们,无法与瑞典国王和高阶教士的儒雅博学的随从们相比,绝大多数人使用的口语尚无书面语表述,书写文本仅仅用于极度实际的管理任务以及礼拜仪式。

然而,吸引芬兰人担任当地神父(中世纪晚期芬兰的所有主教以及绝大多数教士团教士都是本地人),确实可谓重大成就,普鲁士和利沃尼亚都无法与之相比。这些圣职候选人被召唤来所做的事业,很大程度上是量入为出,即催促堂区信众交出小捆毛皮、麻、成桶黄油,以及奥兰群岛上十取一的海豹。然而这些教士也是将芬兰、瑞典与拉丁文化融合在一起的关键。

他们工作的成果,并不见于某些响亮的姓名、重要的著作或宏伟的建筑。奥布主教座堂学校的教育资源全用于为各堂区提供神父,派偶见的出色者前往巴黎大学(15 世纪 30 年代,芬兰人奥劳斯·芒努斯在此担任院长)进修。也有其他学校存在,然而主教康拉德·比茨(Conrad Bitz)在 1482 年发表警告,声称这些学校境况相当恶劣,以至于管理者时常靠勒索学生获取钱财、粮食和皮毛来维持生活。[17]当1318年罗斯人焚毁了奥布主教座堂以及主教的库西斯托(Kuusisto)城堡之时,他们或许毁掉了芬兰的绝大部分书籍和档案。此后的主教又建立起规模可观的图书馆,赫尔辛基大学图书馆的残存古籍证实了这一点,然而中世纪存留的长篇抄本只有事务记录:《奥布主教区登记册》(*Registrum ecclesia Aboensis*),这是约1480—1560年的主教区记录;还有斯库克洛斯特的"奥布抄本"(Skokloster *Codex Aboensis*),这是15世纪80年代塞尔基拉赫蒂(Särkilahti)地区总铎(dean)的私人手抄本。[18]还有塔瓦斯蒂亚人的"判决书"[19],即1443—1510年芬兰中部的司法会议记录;以及国王埃里克十三世的税收记录,记载始于1413年;余下的资料就只有一本奥布的宗教仪式书,以及少量宗教相关的记述。考虑到此后的火灾与掠夺造成的资料散佚,这些存世资料足以说明,中世纪的芬兰得到了外来学术食粮的滋养。

建筑师、雕刻匠和画家提供了宗教崇拜和军事防卫所必不可少的劳动成果:主教座堂、两家修道院、80座宗教改革之前的教堂、诺登达尔(Nådendal,今楠塔利)的布里奇特会(Brigittine)修女院、六座城堡,以及献给圣母和圣亨利的各种圣坛与壁画。这一时期没有编年史家,只有少量概略的记述存留在16世纪时主教尤斯滕(Juusten)编纂的《芬兰主教区编年史》(*Chronicon episcoporum Finlandensium*)之中。对殉道者亨利的崇拜,让这一地区有了本地的宗教故事主题:瑞典主教被芬兰人谋杀,而后在天堂为芬兰的和平与福利而奉献,这个故事存留于拉丁语的传说、仪式、圣歌《橄榄绿枝》(*Ramus virens olivarum*)和继抒咏

《看那伟大神父》(*Ecce magnus presbyter*)之中，也有芬兰的一篇诗作《主教亨利亡诗》(*Piispa Henrikin surmaruno*)讲述此事。相比中世纪的爱尔兰，虽然其总量上不算可观，但之前这一地区绝大多数人都不是基督徒，没有读写能力，也没有君主统治，这里却在两个世纪之后成为所有人承认的天主教社会。

在普鲁士和利沃尼亚，基督教文明也试图模仿西欧的范例，但其过程并不顺利，有时甚至徒劳无功；然而征服与定居这一模式引入了文明的种子，取自比瑞典这棵树更加茂盛的大树，又在更肥沃的土壤中培育。早在1270年，在巴黎受训的宗教学者雷瓦尔的莫里斯（Maurice of Reval），就在向爱沙尼亚的多明我会讲学。由于文化上的革新者，无论是汉萨同盟的商人、托钵修士、条顿骑士还是传教主教，都源自德意志的组织，所以他们带来的新文化也都是德意志风格。由于他们或者是独身者，或者奉行内婚制，所以他们对被征服臣民以及他们的对手罗斯人和波兰人的文明模式，抱着抵触乃至敌视的态度。即使他们早已不在圣战上投入精力和期望，但他们的文明依然展现出两个特征：天主教的最高权威与德意志人的团结一致。这种文明的决定性因素是战争与积累财富。其孕育地与庇护所是城堡和市镇，其传播的媒介是德语和拉丁语，而其架构则是源自神圣罗马帝国内部已有的文化模式。

加固的塔楼取代木堡，城堡再从塔楼发展而来，所有的城堡模式都宣示着城堡的起源。其中最精巧的范例就是马林堡，那里不但是防御据点，也是宫殿、修道院、议会厅、政府办公地、武器库和圣城，给予他人感官冲击与精神震撼。在骑士和骑士团神父的修道院之中，大家聚在大礼拜堂里接连不断地唱着弥撒，大团长行事保持着王公般的状态，而大指挥官和司库官在各自的套房里操办骑士团的事务。内堡即所谓"中央堡"（Mittelschloss）与"高堡"（Hochschloss），在1400年时占地面积超过五英亩，两侧都配有一座外堡以及规模可观的附属城镇。1412年来到马林堡的吉尔贝·德·拉努瓦记载称，马林堡之中储存的武器和补给"足以供一千驻军支用十年，供一万驻军支用一年"。[20] 这一全能的建筑体系，事实上不过是遍布普鲁士和利沃尼亚各地的堡垒模式——主塔楼与四边形城墙防御体系——的精心发展。

方形的主塔楼，在利沃尼亚称之为"斯托克"（Stock），包含了军事与修道生活的基本设施：礼拜堂、食堂（Remter）、宿舍以及指挥官的房间。中央的四方地是防御工事环绕的场院，内有厨房、马厩、作坊、军械库，有时堂区教堂也设在这里。将教会、财富与权威的所有设施保护在城墙内，这种需求导致人们在平定区重建和扩建建筑。这意味着建筑物或者要统一保持方正，或者要因地制宜建造塔楼或加高屋顶，然后用一系列的方形组成更大的矩形。这类重建工作，绝大多数是在14世纪由外来的德意志建筑师监管下完成的；而在普鲁士更安定的地区，他们颇具独创性的简约建筑设计，非常直白地表达了骑士团团长的最高权威。从外侧看去，人们只能看到平滑的砖墙组成的哨壁，耸立在平整过的地面（parcham）之上，望之蔽目，几乎与城垛一样高。城堡门楼镇守着入口，而加固的公共厕所（dansker），如同截断的高架桥一般从城垛之上伸出，羞辱外敌："地上的恶人必都喝这酒的渣滓，而且一滴不剩。"（《诗篇》75：10）城堡内部宽大的拱顶房间，是集体生活所必需的，如马林堡、阿伦斯堡（Arensburg）、海尔斯贝格（Heilsberg）和阿伦施泰因的食堂就是如此，其暗示高大的房间可以容下巨人；屋顶连成的复杂轮廓，象征着"山丘之上的城"。

普鲁士边境地区的堡垒规划则更加简单，利沃尼亚的边境堡垒也是如此，石材是最常用的建材，方形的布局最为常见，也没有太多的机巧。即使在里加，"骑士团城堡"（Ordensschloss）依然是简单的大四边形，外加两座低矮塔楼作为防护。然而只要是条顿骑士团和传教的主教们统治的区域，都有这种令人生畏的军营，以彰显统治者的权威和文化。

城堡之外，这种外来文化的印记集中在城镇之中——维斯瓦河畔和滨海的城镇规模相当可观，而在余下的地区城镇比较小，在利沃尼亚则比较稀疏。城镇中有主教座堂、教士团教堂、救护院、市政厅、行会会馆、托钵修会和礼拜堂，一切都模仿威斯特伐利亚或德意志北部滨海地区的盛行模式，并为了适应防御体系而有所简化，显得相对粗糙。水手们可以在海中眺望到的高耸尖顶，让市民想起吕贝克的圣玛利亚教堂（Marienkirche），许多市民应当都造访过那里。庞大的门楼阻拦着闯入者；而如果城镇规模扩大（比如埃尔宾），各个新的堂区都会竖起城墙和栅栏，阻隔两种常年可能发生的危险：火灾与外敌。所有的公共建筑都展现出德意志和圣战的特色。

城堡和教堂的建造者都强调两种简单的外形：矩形和三角形。在普鲁士和利沃尼亚，这两种外形展现得节约而直接。弗劳恩堡（Frauenburg）和柯尼斯堡的主教座堂，但泽、布劳恩斯贝格、沃尔姆迪特和罗塞尔（Rössel）的大型教堂，以及桑托彭（Santoppen）和法尔克瑙（Falkenau）较小的教堂，都采用长方形布局，耐雨雪、安全而且结构坚实。塔楼向周边乡村宣告着它们的存在；而渐升并配有角楼的花纹山墙，似在向市民们保证，他们的税款既用于建造矩形的平实城墙，又用来建造三角形的别致砖墙。但宽阔的"高直式"窗或者伸出的侧廊或礼拜室，以及浮华的法式扶壁，这些妨碍建筑稳固的样式都不能存在。简洁的砌砖就如瓦楞铁皮一样运用。其结果，既有完美又有敷衍。

在建筑内部，木雕匠人和石雕匠人的作品，可以教化人、愉悦人和迎接人。本来阻隔在城堡外的光线，透过内侧四方场院的众多窗户射进来，教堂的房间有时因为漆工和彩釉瓷砖而光辉炫目。地下的火炉让热气在地板之下循环，回廊给流浪漫步者带来舒适和愉悦。如果说，条顿骑士团的建筑是为了震慑他人，那么他们所用的内饰便是要让他们自己与客人们安心，始于马林堡的精美绘画、雕刻与瓷砖装饰风尚，向其他的主要城堡以及教堂、市民的厅堂传播。捐赠者委派来自西里西亚、图林根、波兰和普鲁士本地的工匠，装饰各种宗教建筑，添加十字架、三联画、雕刻饰板、圣像、雕带（frieze）以及装饰柱。14世纪绝大部分的时光之中，他们创作粗壮、明亮而栩栩如生的雕像，让教会的信条与传说直率地展现在参观者大睁的眼中。这些作品完全没有委婉、时髦或复杂的风格。"家妇式"（Hausfrau）的圣母像以及方形下巴的大天使，符合福音书中的文字记述，也与街道的建筑风格相衬，但并未迎合这一时期法国北部和东盎格利亚标志性的优雅而理想化的风格。这些雕像现今只剩下些许残余，收藏于格但斯克（但泽）的博物馆，如同谦恭而虔诚的教堂信众，身穿最好的礼服。信仰在庞大的防御体系之中接受庇护，展现着朴实与随和，完全符合宗教改革前夕伟大的多明我会史学家西蒙·格鲁瑙（Simon Grunau）所记述的普鲁士人的虔诚。那时的风尚已经变化，艺术家们开始在作品之中注入浓烈的情感。

上述图景描绘的就是条顿骑士团领地之中基督教文明的发源地。它们如结节一般屹立在道路和殖民开拓地的网络上，又伸展到待开发的森林、沼泽和灌木丛之中。这一网络充满破洞与缝隙，异族臣民在可以看到教堂尖塔与堡垒城垛的地方维持旧信仰，道路网在东方的荒野处戛然而止。在普鲁士和利沃尼亚之间，基督教文化存在于原始森林与波罗的海之间的沿海条状地带。在利沃尼亚，道路网络如同蜘蛛网一般，在雷瓦尔和里加的码头之间以及边境的前哨据点之间延伸到极点。居住在这种脆弱的统治体系之中的居民，自然而然地更想以宗教崇拜与文学创作来表达自己，以融入天主教的主流，而不是让步于他们眼中的当地蛮族文化。

最主要的崇拜仪式就是圣母崇拜，圣母马利亚正是条顿骑士团、里加大主教区、利沃尼亚和普鲁士的庇护圣人。骑士团的一切行动都带有圣母的印记。例行的军事行动时间契合圣母的节庆时间，冬季征战通常在献主节（2月2日）开始，而夏季征战是在圣母升天节（8月15日）或者圣母诞生节（9月8日）进行。大团长温里希·冯·克尼普罗德便格外崇敬圣母，在每一次征战之前都如此要求；而大团长冯·福伊希特旺根早在1309年便要求骑士团成员在白昼的每个小时都要念诵一次《又圣母经》（Salve regina）或《圣母颂》（Ave）。圣灵感孕节，一个东正教会比天主教会更普遍庆祝的节日，在1340年被大团长迪特里希·冯·阿尔滕堡定为条顿骑士团的节日；而1390年，大团长策尔纳·冯·罗滕施泰因要求普鲁士在7月2日庆祝圣母往见节，以表示在教会分裂期间支持罗马教廷。13世纪时，马林堡、马林韦尔德和弗劳恩堡，都是因圣母马利亚而得名；而14世纪涅曼河畔建立的另一个马林堡、马林韦尔德,以及利沃尼亚的马林堡和马林豪森(Marienhausen),也是如此(Marien 即"马利亚的",Frauen 意为"女士")。

对条顿骑士而言,圣母主要是战争女神。利沃尼亚骑士团从主教阿尔贝特和宝剑骑士团处继承了这一信仰,并将圣母的圣像绣到分团长的战旗上;而普鲁士的骑士团也宣布将圣母作为庇护者,在马林堡的"高堡"礼拜堂的穹顶外侧,他们创作了 8 英尺高的圣母像镶嵌画,画中的圣母俯视着乡村(画作在 1945 年被损毁)。她能够让失败变为胜利。1330 年,她出现在波兰国王瓦迪斯瓦夫面前并质问他:"你为何破坏我的国度?" 1348 年的斯特雷瓦河之战、1370 年的鲁道之战,这两场奇迹般的胜利都被归功为圣母的亲自干预。斯特雷瓦河之战后,温里希·冯·克尼普罗德为了感恩圣母,在柯尼斯堡建造了西多会的修女院;而鲁道之战后,他在海利根拜尔(Heiligenbeil)建造了奥古斯丁会的修道院。

最受欢迎的男性圣人是军人出身的塞巴斯蒂安(Sebastian)、洛伦兹(Laurence)、莫里斯(Maurice)和格奥尔格(George),以及传教士安德烈(Andrew)和巴托洛缪(Bartholomew),对他们的崇拜反映了条顿骑士团的主要关切,却也不止于此。圣莫里斯被视作租住在利沃尼亚的汉萨同盟年轻商人的庇护者,他们建立了以他为名的行会,所谓的"黑头像"(Schwartzenhaupter)会,因徽章上这位摩尔人圣人的黝黑头像而得名。和欧洲其他地区一样,在这里,受难基督的形象超过了胜利者基督和审判者基督,成为最受人们关注的形象,特别是在对基督圣体和耶稣"五伤"(Five Wounds)的崇拜活动中。14 世纪 30 年代,大团长不伦瑞克的卢德尔坚持要在每个星期五聆听耶稣受难弥撒；展现基督伤口的圣像，生动地象征着异教徒给基督教世界造成的伤害——以及其他内容（见第二章）。

除了战争，这些内容就是条顿骑士团的殖民地之中最明显的信仰体现。崇拜活动之丰富和热烈，并不足为怪，毕竟这里是由僧侣和主教管理。1290年至教会改革时代，条顿骑士团统治的地区也诞生了比较丰富的文学作品。

骑士团的成员很少有学者，时常因为"文盲"而遭到嘲弄，但此处所说的"文盲"是不懂拉丁语。有证据显示，许多骑士修士能熟练运用德语搞艺术创作，而在骑士团的神父之中向来也有大量的拉丁语学者和教师。为了教化不会拉丁语的居民，以及撰写德语韵文作消遣，13世纪90年代开始，在普鲁士以外的条顿骑士团领地，地方语言文学开始发展；此后，普鲁士的修道院图书馆、学校（在埃尔宾和托伦）、写作者开始出现。圣母马利亚以及《旧约》的故事是德语韵文的主要主题。约1300年时，普鲁士地区完成了《受难记》(*Passional*)，收集了圣人们的生平与可用于赞颂圣母的受难事迹；还有《原罪之战》(*Der sünden widerstreit*)，主题是在圣母马利亚的支持之下，"精神女士"战胜了"原罪女士"。另外还有一系列与大团长卢德尔相关的诗作。大团长不仅本人创作了有关圣巴巴拉的韵文传奇（原文已佚，拉丁语译文尚存），还委托他人创作一系列表现《圣经》经文的韵文，比如有关《马加比书》《但以理书》《以斯拉记》《尼希米记》《以斯帖记》的韵文。大团长冯·阿尔滕堡执政期间，这种文学创作仍在继续，有人完成了一篇《约伯记》的阐释文，以及《古历史》(*Historien der alden ê*)，即一篇《旧约》与古历史的节略文，有

6,000 诗节。这些作品会在日常聚餐之时朗诵出来，激励骑士团的战友们效仿源自《圣经》的战斗英雄。

卢德尔执政时期，最值得注意的宗教著作是献给条顿骑士团大团长的《论七现身》（*Von siben ingesigelen*）。该书由萨姆兰的教士团教士蒂洛（Tylo）作于1331年，他每天写作78节韵文。该作是《七现身书》（*Libellus septem sigillorum*）的译写，阐释基督从道成肉身到审判日之间的七次现身，而且和其他类似诗作一样，带有对圣母的大量情绪化的赞颂，她象征着燃烧的荆棘、所罗门的王冠、亚伦（Aaron）的杖、丰饶的扁桃树、基甸的羊毛、挪亚方舟、通天的梯子、菩提树、葡萄和凤凰。诗文将圣父称为"亲吻者"，圣灵是"吻"，圣子是"胜过一切欢愉之唇"，读此就可体会流行于骑士团精神之中的激扬之辞。这是一场国际文学的聚会，但他们成功地将"上帝的言语"变为生动的德语散文。例如方济各会修士克劳斯·克拉内（Claus Crane）受骑士团元帅普鲁士的丹费尔德（Dahnfeld）委托，于1347—1359年翻译出《先知书》以及《使徒传》；还有散文体《启示录》，该书是基于图林根指挥官赫斯勒（Hesler）完成于1312年前的韵文《启示录》编写而成。散文风格在普鲁士延续下去，影响了14世纪晚期的《马可·波罗游记》中古高地德语译本，以及1401—1417年的《圣女多罗特娅生平》（*Leben der Seligen Frawen Dorothee*），1492年这本书也成了普鲁士的第一本印刷作品。

征服战争和十字军的故事也成了文学创作的灵感，催生了一批拉丁语和德语作品。所有作品都记录英雄事迹，赞颂圣母，并用《圣经》中的模范，特别是马加比家族的故事，来为骑士团的使命辩护。利沃尼亚的亨利首先完成了历史著作，记述里加传教的开始与发展，而普鲁士的拉丁语学者也效仿他，写了一篇条顿骑士早年战争的记述（已散佚）。骑士团神父杜伊斯堡的彼得引述了这些内容，并续写到1326年。彼得于1324—1330年在柯尼斯堡创作《普鲁士编年史》（Chronicon terrae Prussiae）。托伦和奥利瓦的编年史书，以及波西尔格的约翰（John of Posilge，活跃于1360—1405年）、康拉德·比钦（Conrad Bitschin，活跃于1430—1464年）与劳伦丘斯·布卢梅瑙（Laurentius Blumenau，逝于1484年）的历史著作，出色地将拉丁语历史书写的传统延续到了15世纪。这一时期对辩论家、法学家和外交使节的需求，让普鲁士成为汇聚各类拉丁语学术的知识中心。大团长策尔纳·冯·罗滕施泰因试图将海乌姆诺的学院变为大学，但没能成功，然而在海乌姆诺、托伦、埃尔宾和柯尼斯堡，人们接受学术训练，准备前往布拉格、莱比锡和新的德意志大学继续进修。

在波罗的海周边，包括北欧、北德意志以及骑士团控制的地区，史学家最有特点的记述形式便是韵文编年史。盎格鲁-诺曼作家盖马尔（Gaimar）在12世纪中期首创这一体裁，它将史诗与年代记融合在一起，成为博学者与寡学者都喜闻乐见的诗文。最早出现的便是《利沃尼亚韵文编年史》，由一位骑士修士或者好战的神父创作于13世纪90年代，其风格受伟大的中古高地德语叙事诗的影响。这一作品笔触有力而粗陋，记述了利沃尼亚直到1291年的历史，而1315—1348年的历史则见于巴托洛缪·赫内克（Bartholomew Hoeneke）以低地德语所写的《新利沃尼亚编年史》，目前只有其后的散文校订版存世。此后，里加再无韵文编年史问世；而与此同时，普鲁士的历史由大团长卢德尔的礼拜神父耶罗钦的尼古拉斯（Nicholas of Jeroschin）写为诗文。他的《普鲁士编年史》(*Kronike von Pruzinlant*)以杜伊斯堡的彼得的拉丁语文本为基础大规模扩写而成,但更加冗长,语调也更加情绪化。骑士团的传令官马堡的维甘德将内容续写到1394年,他的记述集中讨论围攻和征服。其原文大部分已经散佚,但波兰史学家德乌戈什(Dlugossius)于1464年组织翻译的拉丁语译文则留存了下来。

这些作品的创作目的和拉丁语编年史相同,即营造并肯定一种历史使命的概念,写出骑士团创造的神迹、英雄史诗,以及神授天命的证明。他们支持条顿骑士团的权威,通过文字宣传强调条顿骑士团的国际威望、牺牲、集体英勇以及骑士团敌人的野蛮无情。在这些作品背后,以及波罗的海地区所有基督教文化的表现形式背后,都体现着一种决心:不被他们在13世纪时征服的土地所同化,而是改变这片土地。

这种变化在某些地区,比如维斯瓦河下游,体现得格外强烈。1362—1394年,荷兰农民移民的女儿蒙陶的多罗特娅(Dorothea of Montau)能够因为出众的神圣而在一个全为德意志与天主教文化的社会之中扬名。她曾是但泽的一名工匠的妻子,守寡之后在马林韦尔德隐居。她能够梦到佳境,看见幻象并给出神启,赢得从大团长到普通农民所有阶层之人的尊重。她是普鲁士虔诚之花,是中产阶级的圣布里奇特,她的话语和神迹,证明上帝和圣母对这个地区的日常举动格外关注。尽管她批评骑士团,但骑士团依然尽力想办法让她封圣。然而为她的圣人事迹作证的260名宣誓证人中,只有一名古普鲁士人,尽管据称她已为皈依基督教的普鲁士人行了善事。从她详细的生平记述以及她本人的发言来看,很明显,她几乎完全生活在城堡、主教座堂与城镇之中,即天主教的"本营",而没有去过她的教会与普鲁士人的"迷信"、立陶宛的多神教或罗斯的东正教争锋的地区。

然而骑士团治下的许多甚至是大多数民众,都居住在这些地区。在普鲁士,东面的荒野成了阻挡"教会分裂派"和多神教影响的屏障,然而屏障以西的乡村之中依然存留着异教的风俗,犹太教和胡斯派也顺维斯瓦河伸及海滨地区。在利沃尼亚,与罗斯高度交错的边界令东正教得以传入,即使骑士团正在与他们对抗。在里加、多尔帕特、雷瓦尔和纳尔瓦都有罗斯人的社群,他们有自己的司祭和教堂;更何况,无论希腊教会和拉丁教会如何互相辱骂对方是"狗""渎神的家伙",他们的信仰、节庆和崇拜终究还是太相似了,特别是圣母、十字和圣格奥尔格(格奥尔基)。因此,在1425年的雷瓦尔,主教和堂区神父把罗斯人的教堂一同纳入连祷(Rogationtide)游行的站点,却忽视了"和猪一样吃麸和糠"的多明我会修士。[21] 在多尔帕特,尽管由主教统治,并建立了主教座堂、普通教堂、修女院和两个托钵修会,但天主教的繁荣却不利于贸易,也威胁了这一地区的和平。这座城市高度依赖罗斯商人,所以必须给他们的宗教和文化留出空间。在乡村,土著人口哪怕不信多神教,似乎也只是停留在半天主教的状态。在爱沙尼亚,旧信仰和新信仰在颇受欢迎的"全灵日"(Hinkepeve)节庆之中融为一体,人们以所有的灵魂为幌子,尊崇天上的神灵。在利沃尼亚,类似的前基督教神话和仪式的遗风存留在仲夏圣约翰节守夜活动中,并流传至今。

有的观点描述这些崇拜是"对外来压迫者的观念性反抗手段",或者声称因为当地多神教的存留,"德意志十字军的文化传布影响了当地人,这是无稽之谈"(Mugurevics语)。但这些观点忽视了中欧、巴尔干和罗斯存在的不同信仰层次甚至持续到现代，而这与德意志人和十字军关系不大。基督教与其他宗教的融合是长期存在的普遍现象，波罗的海的"双重信仰"问题并没有特别的显著意义。毋庸置疑，"文化传布"这个短语确实阴险，有条顿意味，而且老掉牙；但不可否认，这些"外来压迫者"终究成功建立起一套预料中的中世纪教会体系，它不完美但典型。

第九章

十字军终结
1409—1525

坦能堡之战及其后续，1409—1414

征服了萨莫吉希亚的大团长康拉德·冯·永京根，在 1407 年 3 月 30 日逝世。按照劳伦丘斯·布卢梅瑙的说法，他既是殉道者，也是预言者：殉道是因为尽管医生宣称他和妇女交合可以医治他的胆结石症，但他拒绝遵从医嘱，因而病逝；预言是因为他警告了自己的骑士团弟兄们，不要选他的亲兄弟乌尔里希继任大团长，因为他对波兰人的憎恶已无可救药。¹ 然而布卢梅瑙记述这些内容之时已经是 50 年之后，同时代的记述根本没有提到这两件逸事。乌尔里希当选为继任的大团长，两年后便和波兰宣战，原因并不是他厌恶波兰国王瓦迪斯瓦夫，而是因为他的兄长挑唆波兰与立陶宛交战的政策已经破产了。萨莫吉希亚人开始叛乱，并得到立陶宛大公维陶塔斯的支持，而瓦迪斯瓦夫则拒绝约束维陶塔斯。显然，他不打算听从条顿骑士团的命令了。1409 年，入侵多布任以及他的其他领土，便是一个虽不明智但符合逻辑的手段，有望迫使维陶塔斯降服。

乌尔里希误判了形势：他并不认为维陶塔斯和瓦迪斯瓦夫会结成联军对付自己；他也希望他的盟友匈牙利国王日格蒙德（西吉斯蒙德）能够进一步积极对抗波兰。但事实上，维陶塔斯和瓦迪斯瓦夫合兵一处，集结起了比条顿骑士团在普鲁士的总兵力还多的联军；而日格蒙德收了贿赂，决定按兵不动。在九个月的停战期之后，显然立陶宛和波兰至少想要夺回库尔姆，而条顿骑士的盟友都不会提供支援，甚至利沃尼亚分团长冯·菲廷霍夫都向维陶塔斯许诺，在与他开战之前三个月会递交警告书。

1410年7月1日，瓦迪斯瓦夫和维陶塔斯在维斯瓦河畔的切尔维延斯克（Czerwinsk）会合，随后率领一支由波兰人与立陶宛人组成的征召军，由捷克人、摩拉维亚人、瓦拉几亚人和克里米亚鞑靼人组成的雇佣军支援，迅速向北进军。他们在越过普鲁士边境几英里之后，遭遇了条顿骑士团大团长率领的普鲁士骑士以及十字军志愿者，双方于7月15日在坦能堡/格伦瓦尔德（Grünwald）展开决战。乌尔里希·冯·永京根显然希望圣母能够再度护佑信徒们，让他们以少胜多；但在这一天结束之时，骑士团的最高指挥部以及普鲁士的大部分部队被全部歼灭，大团长、骑士团元帅、大指挥官、司库官、其他一干指挥官和400名骑士团成员阵亡，余下的战士或者被杀，或者被俘，或者溃逃。这一战结束之后，波兰-立陶宛联军似乎就此消灭了敌人，普鲁士已经无人防守了。

然而，条顿骑士团凭借坚固的防御工事，以及波兰-立陶宛联军在坦能堡的损失，而得到了解救。此前负责防卫东波美拉尼亚的海因里希·冯·普劳恩[2]接手指挥余下的部队，在马林堡坚守了57天。当普鲁士主教和他们的封臣们向瓦迪斯瓦夫投降之时，冯·普劳恩拒绝谈判。他要等待恶劣天气、疫病、利沃尼亚的援军前来，又或者匈牙利国王日格蒙德出兵。9月19日，瓦迪斯瓦夫决定撤围：他的火炮没什么效果，军队之中爆发了痢疾，利沃尼亚部队调动的消息已经传来，日格蒙德也开始进攻他在西里西亚的盟友，而且他也没有资金来支付波希米亚雇佣兵的薪酬了。在返回途中，他俘虏了条顿骑士团的新任元帅米夏埃尔·库赫迈斯特·冯·施滕贝格，但乘胜夺取整个库尔默兰的机会已经不复存在了。1411年2月1日，他在托伦同意和谈，条顿骑士团保留了他们在1409年之前控制的大部分土地，仅有萨莫吉希亚交给维陶塔斯和瓦迪斯瓦夫二人终生统治。骑士团还要支付价值85万英镑的赔款——这超过了英格兰国王十年的平均收入。[3]

条顿骑士此前也遭受过惨败，但那时，他们的敌人是多神教徒，阵亡者被视作殉道者。阵亡的骑士战友的鲜血荣耀了骑士团，也刺激其他人加入骑士团，或参与十字军。坦能堡之战若可以被看作基督教的战败，则算不上是这般的灾难，因为志愿者就会纷纷涌入普鲁士挽救危局，然而此时条顿骑士团已经很难如此宣传了。尽管他们强调瓦迪斯瓦夫取胜的军队之中有异教徒鞑靼人和教会分裂派的罗斯人，但欧洲地区并不因此而愤怒；同时代的记述称这一战为不幸的悲剧，但这场悲剧条顿骑士团也有责任。一位吕贝克的编年史家声称，条顿骑士团被上帝的意志击败，因为他们傲慢，也因为"据说他们对贫穷的臣民过于严苛"。[4]一名英格兰的评论者的说法，被沃尔辛厄姆（Walsingham）引用，并由卡普格雷夫译出，其中提到"克拉科夫国王"请求"普鲁士人"支持他对抗萨拉森人，然而，他们却：

从他的背后发动进攻，只为了消灭他。看看他们对我们的信仰做了什么吧！他们本要奉命守卫我们的信仰，而现在他们却调转方向攻击他，要毁灭信仰！那位刚刚成为基督教之子的国王，决定要对抗这些背教者。他与他们作战，让他们溃逃，并征服了他们的所有据点，让他们遵守自己的旧法律和习俗。[5]

乌尔里希·冯·永京根的部队之中有不少德意志十字军。在圣格奥尔格的旗帜之下，部队的成分一如既往地混杂，还有来自威斯特伐利亚、施瓦本、瑞士和莱茵兰的志愿者队伍。神圣罗马帝国内部对这次惨败的反应是有利于条顿骑士团的，支援部队在不久之后开始前来，由维尔茨堡主教率领。然而，非德意志的十字军，在坦能堡之战前十年就已缺乏，蒙斯特勒莱（Monstrelet）记载称，只有少数来自诺曼底、皮卡第和埃诺（Hainault）的骑士前来；而英格兰和法国在这一战之后无动于衷，足以说明条顿骑士团的国际影响力大不如前。国王亨利四世是老资格的普鲁士十字军战士，向来自称是条顿骑士团的好友，也对波兰人1410年1月的宣言嗤之以鼻，然而他突然之间不愿为被英格兰海盗抢走的普鲁士航船支付赔偿了。条顿骑士团从未如此急需一万英镑的款项，但国王认为，普鲁士有可能落入异教徒手中，自己若支付赔偿就不明智了。[6]

一支勃艮第部队，包括吉尔贝·德·拉努瓦，在1412年出发"前往普鲁士抵抗不信神者"，并参加1413年的侵袭，与瓦迪斯瓦夫开战。然而这似乎是非德意志的十字军最后一次为条顿骑士团作战了。他们停止前来，一部分原因是英格兰与法国再度开战，让他们在接下来的几十年中全都忙于在西欧战斗；另一部分原因是，维陶塔斯和瓦迪斯瓦夫也成功说服欧洲其他地区承认他们天主教徒的身份，他们既不是"不信神者"，也不是"萨拉森人"。人们普遍认为，未来对抗异教徒——罗斯人和鞑靼人——的十字军活动，应该由普鲁士、立陶宛和波兰共同承担；让天主教政权互相攻伐，削弱天主教世界的实力，绝对称不上功劳。因此，《托伦条约》中有一个条款规定，维陶塔斯和条顿骑士团同意他们会在未来共同进取，征服异教徒，或令其皈依。若是东欧的三个天主教强权依然保持敌对，这些就不大可能发生。

对条顿骑士团而言，这便是坦能堡之战的一个严重后果；此后他们几乎要完全依靠德意志的盟友和志愿者了。这意味着德意志王公们的意愿对他们愈发重要，特别是1414年加冕为德意志国王的西吉斯蒙德（日格蒙德）。另一个问题就是普鲁士内部的危机，当地的市民、世俗骑士和主教开始反对条顿骑士垄断政治权力的行为，但泽向条顿骑士团宣战。大团长海因里希·冯·普劳恩（1410年11月即任）试图召开一次"地区会议"（Landesrat）来安抚臣民，召集各个城市与土地所有者阶层的代表和他共同商议政务，然而他真正赞同的政事是尽快反击波兰。但他麾下的指挥官、主教以及世俗封臣，都不想冒险再来一次坦能堡的惨败。他迫使他们在1413年9月发起一次短暂的征战，而后他的元帅在等级会议（Estates）的默许下将他罢免。此后，普鲁士的政府由条顿骑士团和等级会议共同管理，而双方都愈发厌恶对方。内部不和让波兰人得到了成功入侵的机会。

瓦迪斯瓦夫同意由西吉斯蒙德来裁决他和条顿骑士团的重大分歧。但1414年，这位国王的"布达判决"（Award of Buda）命令波兰承认《托伦条约》中的条款，保持和平，放弃声索普鲁士境内那些古老的波兰领土，于是波兰决定再度开战。大军向北进军，围攻德尔文察河畔的施特拉斯堡；新任大团长米夏埃尔·库赫迈斯特·冯·施滕贝格切断了瓦迪斯瓦夫的补给线，波兰人的战争沦为"饥饿之战"。教宗约翰二十三世的使节前来安排停战，入侵军就此撤走。

新任大团长库赫迈斯特高大壮硕，颇有学识，也擅长政治手腕，相比之前两位冲动的英雄人物，他更适合此时的条顿骑士团。[7] 1414年的战争让他确信，如果普鲁士想要免于被波兰征服，那他们就必须唤起欧洲其他地区的十字军本性，重新拉回权势的平衡。教宗约翰出于自身利益，自然不会批准对信仰天主教的波兰发动公开的十字军行动。西吉斯蒙德以及其他处境良好的德意志领主，也不肯冒险公开为条顿骑士团的利益而战。然而1414年11月，天主教欧洲的当权者和高阶教士集聚在康斯坦茨，讨论对抗胡斯派异端、结束教廷分立与改革教会的事宜；如果此次大公会议被说服确认条顿骑士团在普鲁士的主权，并重申支持条顿骑士团的十字军使命，那么瓦迪斯瓦夫就无法坚持他的权利主张了。一次成功的宣传将能让条顿骑士团避免一场他们无力取胜的战争。1414年12月，条顿骑士团的代表团在德意志分团长（Deutschmeister）和里加大主教的率领下来到康斯坦茨，随行的有11辆车，以及条顿骑士团大团长的代理人彼得·沃尔姆迪特（Peter Wormditt）的申诉书。

康斯坦茨会议上的交锋，1414—1418

　　沃尔姆迪特的回忆录[8]开篇是一段历史导论，他提醒听众们，撒旦的军队包围着基督徒世界，而条顿骑士团如同马加比家族一般，以上帝的名义与异教徒作战。他们让波兰人免于普鲁士人和立陶宛人的进攻，而整个天主教世界都愿意提供支持；普鲁士成了基督徒的国度，他们的骑士团则成了全欧洲的贵族与骑士的训练场。然而他们的繁荣招致了忘恩负义的波兰的嫉妒与怨恨，波兰国王和维陶塔斯以及异教徒结盟，想要消灭他们。国王失败了，看来同意维持和平，决定以《托伦条约》来终结一切敌意。

　　那么，之后又是如何呢？沃尔姆迪特继续讨论了条约的相关内容，以显示瓦迪斯瓦夫在精神上或行动上违背了所有条款。他的主教在罗马抱怨条顿骑士团，他的使节在整个欧洲中伤条顿骑士团。他没有按照约定释放战俘，他还阴谋与被废黜的大团长海因里希·冯·普劳恩一同颠覆普鲁士的政府，他越过了双方的边境，拦截商人。他此后又违背了国王西吉斯蒙德的判决，而后再度对条顿骑士团不幸的臣民施行恐怖攻击。这些骇人听闻的故事，沃尔姆迪特声称难以记述，但他还是努力地指控：谋杀，残害幼小，杀害神父，纵容鞑靼人掳掠奴隶，强奸，堕胎，纵火，亵渎圣物，如同冷酷无情的法老率领半异教的军队所为。

　　早年间，在信仰处于危险之中时，所有人都会拿起武器为信仰而战。"但现在情况不是如此了，此时人们自己的利益若是没有受损，就不会在意他人的损失。没有人在意远方发生的暴行。只要能够轻松生活，所有人都觉得自己足够幸运，足够安稳。"不过，沃尔姆迪特宣称，公会议应当注意普鲁士的防御情况，因为这里是神圣的土地，是他们的祖先以鲜血换来的土地，如维吉尔写道（引《牧歌》第1首，第70—72行）：

> 我们耕种这些，这些美好的田园，
> 难道只是为给蛮族，白白相让？
> 天啊，内乱竟带来如此灾难！

他向与会者恳求道："不要在我们处于危机时抛弃我们，免得你们教区的年代记与王国的编年史如此描述这场灾难：骑士团在你们统治时期灭亡。"[9]

沃尔姆迪特机巧而悲怆地描述了骑士团的情况，然而教宗不希望就此激怒尚未抵达康斯坦茨的波兰人。不久之后，他宣布维陶塔斯和瓦迪斯瓦夫为诺夫哥罗德和普斯科夫的教宗代理监督（vicar-general），庇护当地的全部天主教教徒，此举几乎等于宣布反对条顿骑士团了。他也废止了条顿骑士团对立陶宛的权利主张，无疑希望借此终止双方的战争，将波兰和立陶宛纳入十字军事业。然而这样的安排并非双方所望。1415年7月5日，波兰教会法学家帕维乌·沃德科维奇（Paweł Włodkowic/ Paul Vladimiri）发文答复条顿骑士团的指控，系统地批驳了沃尔姆迪特申诉所依凭的所有假定，甚至质疑十字军本身的合法性。沃德科维奇作为克拉科夫大学的校长以及著名的教会法学家萨巴雷拉（Zabarella）的弟子，这些使他能够采取独立的姿态，论述也能达到更严密的学术水平。

他的演讲——此后被整理为《论教宗与皇帝对异教徒的权力》（*Tractatus de potestate pape et imperatoris respectu infidelium*）[10]

发表——开篇也是历史导论，说法与沃尔姆迪特大不相同。其中他指出条顿骑士团不只和敌对的异教徒作战，也和基督徒以及其他保持和平的多神教徒作战，而相比之下波兰则成功地以和平方式让立陶宛人皈依了天主教。他随后审查了条顿骑士团的权力依据：首先，他们宣称自己是为教宗而战；其次，他们受皇帝的委派。

显然，教宗本人所不具有的权力，是无法授予条顿骑士团的，因此这类教宗授权条顿骑士团的文件都应当视作无效。骑士团只能按照教宗对他们的要求行动，从事教宗有权管辖的任务，仅此而已。主要问题在于："基督徒有权在教宗的命令之下进攻异教徒政权吗？"答案是肯定的，但进攻目标只能是圣地，即基督降世与生活的那片土地，而侵害其他任何和平邻国——无论是异教的还是基督教的——的产权，都违背了这一固有法则，教宗也无权批准这样的行动。教宗有权统御凡间的所有人，也有权惩戒异教徒，然而不能因他们违犯了他们所不了解的法律而惩罚他们。他可以就此要求基督徒以武力迫使异教徒改信吗？答案是不能：用武力迫使他人改信，与《圣经》和教会法要求的自由选择和真心皈依本就是背道而驰。结果的善不能掩盖过程的恶。因此作为条顿骑士团统治权法理基础的教宗教谕，或者本属无效，或者仅在和违背基督徒自然权利的异教徒作战时有效。因此，此时条顿骑士团已经严重越权了。

至于1226年与1245年的帝国特许令，即允许条顿骑士团令多神教徒改信，惩戒并统治他们，其基础在于假定皇帝有传播信仰的独立责任，但这个假定是错误的，此时所有宗教权威都认定他的责任是支持传教，而不是发动传教。"尊敬的皇帝陛下，汝无权传播福音！"这些特许令确实授权条顿骑士团对中立的多神教徒发动进攻战争，并吞并他们的领土；但皇帝无权发动这种非正义战争，也无权统治帝国公认边界之外的和平居民。腓特烈二世因而越界侵入了教宗的管辖范围，侵犯了他理当维护的自然产权。"噢！皇帝竟然拿其他人的财产来展现慷慨！"

第一轮抨击之中，沃德科维奇的武器，源自在条顿骑士团获得授权之后开启的二百年活跃的法学研究。从12世纪的"圣维克多学派"（school of St Victor）到萨巴雷拉，在历代法学教师的影响下，自然法（natural law）的理念愈发强大，也得到越来越多人的承认，而"正义战争"这一信条的定义也准确了许多。如果骑士团想要援引传统以及文献证据，波兰就可以靠逻辑与亚里士多德学说来反驳他们。然而，在教会法的核心中嵌留着伟大的法学家兼奥斯蒂亚（Ostia，即 Hostiensis）主教苏萨的亨利（Henry of Susa）的一条评注，这条评注本是1245—1254年间他对格里高利九世教令集（Decretals，Ⅲ，34，8）之一节的点评。他详尽地论述道：

> 在基督降临之后，所有的荣誉，所有的君权与所有的统治和司法权……就此与异教徒无关，为正信者所享有。这一说法的正义性，为《德训篇》（Ecclesiasticus）第10章第8节所证实："因着不义、伤害和贪财，以及各种欺诈，王权由这一民族转移到另一民族。"……而圣子将统摄世俗王权（regnum）与教权（sacerdotium）的至高权力交给了圣彼得和他的后继者。[11]

因此，教宗确实有权统治多神教徒，并且他们有资格将这一权力交给条顿骑士代理。7月5日沃德科维奇演讲结束时，公会议上所有训练有素的教会法学家一定会私下嘀咕这些。但沃德科维奇有备而来；7月6日，他做出反驳，此后将其扩写为册子《评奥斯蒂恩西斯》（*Opinio Ostiensis*）。[12]

他承认，奥斯蒂恩西斯确实认定异教徒无资格施行合法的政治权力，奥斯蒂恩西斯也确实有众多的追随者，比如罗马的吉莱斯（Giles），以及奥尔德拉杜斯（Oldradus）、安德烈亚（Andreae）和近期宣称"基督徒有权偷窃、盗取、抢夺和侵占异教徒的土地与财物，即使他们打算和我们和平共处"的安科拉诺的彼得罗（Peter de Anchorano）。如果情况确实如此，那么基督徒在和异教徒打交道时，就无权遵守教会法与基本法则了；但沃德科维奇"以研究者而非使节的身份"，总结了52条结论，证明奥斯蒂恩西斯的说法有误。他用《圣经》证明上帝要求教宗供养与庇护多神教徒，而不是毁灭他们，而罗马法律之中保护财产所有权的部分也必须尊重。他引述阿奎那的说法，证明异教徒的财产和主权与基督徒的一样不容侵犯。他说明圣地排除在外的原因，是提图斯（Titus）曾经发动"正义战争"征服巴勒斯坦，因此继承了罗马统治权的教宗，有权恢复那里的基督徒统治。所有穆斯林从基督徒手中夺走的土地都应当被收复，但剥夺他人财产的行为必须依照法律。教宗有权审判与惩罚异教徒，但前提条件是他们违反了基本法则——偶像崇拜、鸡奸、攻击基督徒、拒绝传教士入境，而且剥夺他们的财产只是避免基督徒受威胁的最后手段。而且，如果教宗确实审判和惩罚了异教徒，让他们皈依基督教并接受基督徒君主的统治，那么异教徒的财产所有权仍应当得到尊重。

此外，教宗对异教徒的权力也绝对不能直接由基督徒皇帝代劳，因此他们给条顿骑士团的特许令依然无效。改信应当靠劝说和善意来实现，因此条顿骑士和他们的十字军朋友们，在依靠战争来传教之时，不但误解了教义，也是犯罪。那些在北方十字军之中阵亡的人应当受谴责，除非他们忏悔，因为基督徒骑士在作战之前，应当确定自己为之而战的理念是否正义。这些战争不满足正义战争的五条必要条件之中的任何一条，此外参与这些战争的十字军也违背了不得在周日与宗教节日作战的根本禁令。这些罪恶的侵略行为的所得就是盗取他人的财产，因此这些财产不应当为这些侵略者所保有。英诺森四世就颁布过教令，即经过基督徒法官判决，异教徒可获许拿回失窃的财物。此外，基督徒君主（比如瓦迪斯瓦夫）依靠异教徒盟军守卫自己的领土完全合法：马加比家族不是也和信仰多神教的罗马人联盟了吗？以所有合理的根据为基础，显然多神教徒拥有自然权利，他们的君主也可以施行合法的统治；因此基督徒有责任驳斥奥斯蒂亚主教的论述，追随英诺森四世的观点，后者声称，"异教徒也拥有合法的统治权与司法权"，"应当强迫异教徒皈依"。

这是个有力的论述，足够挑战现有观点，却不足以服众。沃德科维奇并不想要拉拢他人的支持，只是想要陈述观点。一份《评奥斯蒂恩西斯》的抄本上留下了一句注释："你出色地鼓吹支持多神教徒对抗基督徒。"也就是说，多神教徒是和我们基督徒对抗的；这肯定是奥斯蒂恩西斯的大多数受众的反应。一些人自己就曾经参加条顿骑士团的季节侵袭，而更多人认定多神教徒代表恶，基督徒代表善。皇帝的臣民相信皇帝的主权没有边界，而教会法官则认为教宗的权力绝非如沃德科维奇所说的那样有限。然而这次会议还有其他的任务需要讨论：首先便是谴责约翰·胡斯并将他火刑处死。沃德科维奇和维陶塔斯用来指控条顿骑士团的理论依据有限。1415 年 11 月 28 日，波兰代表团抵达，一同前来的还有一群激愤的人，他们声称自己是真正的萨莫吉希亚人，急于加入罗马教会，却因为条顿骑士团的敌意与攻击而不敢如此。最终，多神教徒走上了证人席。与此同时，波兰国王瓦迪斯瓦夫致信给与会者，声称如果他没有被来自普鲁士的进攻所阻碍，他就会发动十字军与土耳其人作战。

萨莫吉希亚人在 1416 年 2 月提交了他们的控告，而一个星期之后，波兰人和立陶宛人的大使正式申诉，要求伸张正义，对抗条顿骑士团给他们的国家带来的不公。会议上没有做出任何直接的决定。而后条顿骑士团的辩护者，诺瓦拉的阿尔德奇诺·德·波尔塔（Ardecino de Porta of Novara），请求大会允许他暂不答复指控；大会试图宣读波兰、普鲁士和立陶宛送来的全部有争议的观点，然而其内容太多，一场会议无法完全表述，因此大会决定暂停宣读，转而处理布拉格的杰罗姆（Jerome of Prague）的异端问题。显然，想让大会就此支持任何一方，都相当困难，然而萨莫吉希亚人的争议带来了一些冲击，条顿骑士团没有办法轻松地驳倒他们。普鲁士政府怀疑他们只是维陶塔斯的传声筒，并不打算皈依天主教，然而这一点要如何证实？解决手段便是条顿骑士团屡屡应用的方法：诉诸暴力。这些萨莫吉希亚人在 3 月份大会结束后返程时被逮捕并囚禁，即使这完全违背国际法和惯例。

当年 9 月，瓦迪斯瓦夫和大团长都给大会写信，保证目前没有与对方开战的诉求，但他们的"智力部队"则全面开战了。沃德科维奇正在撰写文章准备更细致地抨击条顿骑士团，最后完成了《论十字军》（Articuli contra cruciferos），论证骑士团的政权不合法，同时他们的丑恶品行也与骑士身份和僧侣身份均不相符。圣杰米尼亚诺的多米尼科博士（Dr Dominic of San Gemignano）试图反驳沃德科维奇对奥斯蒂恩西斯的驳斥，而约翰·乌尔巴赫博士（Dr John Urbach）再次断定教宗有权发动旨在让异教徒皈依的进攻战争——这样的说法有大量的文字资料支持。[13]

乌尔巴赫是受雇于条顿骑士团的辩论者，但他并不是波兰国王遇到的态度最为激烈的反对者。同年秋季，多明我会修士约翰·法尔肯贝格（John Falkenberg）正在为他的作品《论教宗与皇帝的权力之教义》做收尾工作，要在大会之中指控沃德科维奇为传播谬论的异端。为了反驳波兰人对皇帝权力的蔑视，他使用亚里士多德的观点，证明俗世权力的合法性比教宗权更古老，也独立于教宗权之外，而后宣称皇帝是上帝在世俗领域的代理人，因此有权以上帝的名义，收复那些以不信基督、偶像崇拜、分裂教会与异端信仰来玷污上帝的人所掌控的土地。他们无论是否与世界的其他地区保持和平，他们都是上帝的敌人，奥古斯丁和伊西多尔都论证过，应当是由皇帝而非教宗负责与异教徒开战。当然，仁爱是必要的，但鉴于与异教徒作战的目的是保护基督徒，这样的战争也是仁爱的结果。"因此确定无疑的是，出于仁爱，通过与异教徒开战来保卫信仰，肯定会进入天堂。"而后，文章写道，条顿骑士和北方的十字军所作所为完全是正当的，因为他们遵守教会的教义，其行为也维护皇帝的合法权利。他们有权在圣母的诸节日作战，原因和基督在安息日医治一样："我在安息日叫

一个人全然好了,你们就向我生气吗?"(《约翰福音》7:23)

但波兰人利用不信基督的人去破坏基督徒的领土,这不只是肆意妄为,更是带有伪装的异端行为。奥古斯丁和"金口"约翰(John Chrysostom)在这个问题上态度一致:与恶魔为友绝非正义。因此所有在1410年和1414年支持瓦迪斯瓦夫作战的基督徒,应当永受诅咒,整个波兰王国也应当受教会谴责,失去政治独立,乃至消亡。由于瓦迪斯瓦夫和维陶塔斯明确表示他们打算征服普鲁士,而后占据整个中欧,直达莱茵河畔,他们应当遭受整个大会的谴责。

公会议运动让学者们在处理政治事务方面获得突出地位,这是他们以前很少享有的。我们不确定是否有人从中获利,而法尔肯贝格确实没有获利。他的作品证明了他的聪明,而他的行为则说明他"聪明过头"了。攻击沃德科维奇没问题,但不必要地攻击瓦迪斯瓦夫,就显得愚笨了。此外,在他发布这本《论教宗……》之时,他还把语言更为尖刻的作品《讽刺》(Satira)交给了索邦学院(Sorbonne)的教授们。这份作品,是他在大约五年之前,从波兰转往布拉格,再转往马格德堡成为宗教裁判官之后创作的。他坚持认定"雅格尔"(Jaghel),即瓦迪斯瓦夫,是一条立陶宛疯"狗",凶恶地迫害基督徒,甚至配不上波兰的王冠。他只是个"偶像",全波兰人都是偶像崇拜者。因为波兰人是偶像崇拜者,所以他们是叛教的异端;攻击他们的人,灵魂理当获得永生。因为他们从内部威胁教会,他们比多神教徒更恶劣;为了阻止他们传播异端邪说,真正的基督徒应当将他们全部或者大部分消灭,除掉他们的国王。如果他们如此行动,必然能够升入天堂。[14]

对当代读者而言，这篇文章似乎是对十字军理念或对总体的中世纪思想的讽刺，然而它并无此意，时人也不这么认为。法尔肯贝格用这篇文章攻击瓦迪斯瓦夫，而由于其中的诽谤显而易见，瓦迪斯瓦夫做出反击。1417 年，他被逮捕，囚禁，并被多明我会和公会议判为丑恶的诽谤者。他搬弄弑暴君的学说，被人们视作公敌，然而他更支持神圣罗马帝国、反对波兰的主张，还是赢得了一定的同情，特别是来自德意志的同情。波兰代表团发现，解决掉这个人的理念，比解决掉他本人要困难得多；尽管沃德科维奇发布了详细的驳斥文章，也紧急向公会议和新任教宗马丁五世申诉，但法尔肯贝格并没有被正式判为异端。在公会议即将结束之时，1418 年 5 月 14 日，他得到了满意的答复，三位枢机主教组成的委员会报告称，尽管这篇《讽刺》应当被"撕成碎片踩在脚底"，却并不是"异端论调"。他随后被押往佛罗伦萨和罗马，囚禁了六年。

不请自来的法尔肯贝格没能帮助任何一方。条顿骑士想要让公会议达成反对波兰的决议，结果却让大团长的政治诉求变成一张讽刺画而公开；波兰人决心要把厌恶波兰的人定成异端，并认定条顿骑士团雇用了法尔肯贝格，但他们的行为激起了许多本不反感瓦迪斯瓦夫的与会代表的厌恶。英格兰和西班牙的与会代表反对将他判为异端。1417 年，一系列的辩论者公开支持法尔肯贝格的至少两个观点：在特定情况下，对多神教徒发动进攻战争是合法而有功的；召集异教徒盟友对抗基督徒，是应受谴责的。1 月，辩护者诺瓦拉的阿尔德奇诺·德·波尔塔发表了《论述》(*Tractatus*)[15]，指出沃德科维奇的论述之中存在前后不一的问题，并提出了一条奇特的反多神教论述：既然是上帝授予多神教徒以他们居住的土地，那么他们就应当遵循上帝的律法；既然他们以偶像崇拜违背上帝的律法，他们就应当被上帝的代理人（教宗）惩罚，没收土地。阿尔德奇诺得到骑士团支付的薪酬，6月时对沃德科维奇做出官方回复的乌尔巴赫也是如此。但广受尊敬的独立思想者之中，也有两位支持条顿骑士团，一位是枢机主教阿伊的皮埃尔（Pierre d'Ailly），康布雷（Cambrai）主教，经验丰富的神学家与教会改革的支持者；另一位是罗德里戈城（Ciudad Rodrigo）主教，本笃会的安德列斯·埃斯科瓦尔（Andrew Escobar），曾经在维也纳大学学习。

阿伊试图简化争论，将其变为两个问题："天主教徒是否可以在异教徒的支持下，对基督徒发动正义战争？""条顿骑士团是否有权和异教徒作战以获取他们的土地？"他的结论是，并不存在绝对禁止使用异教徒盟友对抗基督徒的命令，无论是基督徒还是异教徒，都应当为自己的领主而战。另一方面，教宗或者皇帝都有权出于以下三个原因，命令基督徒与异教徒开战：收复基督徒曾经的领土，镇压发动进攻的异教徒，惩处以不合人情的生活方式"玷污创世者"并引诱基督徒的异教徒。否则，和平的异教徒应当可以保有和平，他们的统治者以及他们的财产，都应当视作合法。因此，如果瓦迪斯瓦夫调动的多神教徒是他的臣属，他征调他们来对抗条顿骑士团则是合理的；如果条顿骑士团的特许令授权骑士们基于上面三个好理由而发动战争，他们就是正义的。而后阿伊还补充道，法尔肯贝格的结论，即瓦迪斯瓦夫和波兰人应当被其他所有基督徒领主当作异端、偶像崇拜者和迫害教会者而杀死，这个说法完全正确——如果有合法权威经过审讯之后判定他们犯下这些罪恶。这个简短的意见[16]，可以说对双方都有所压制，但对沃德科维奇的压制比对条顿骑士团的更重。

埃斯科瓦尔则发布了打动人心而颇为传统的辩护文章，为十字军运动辩护，特别为条顿骑士团辩护。他重复了波兰王国与条顿骑士团直到1414年的交流历史，仿佛认定瓦迪斯瓦夫在妨碍一个合法的宗教团体运作。而后他更详细地论述了强迫皈依的相关问题。沃德科维奇声称传教和战争不可共存，因为任何人都不能被迫接受信仰；但发动战争的目的，并不是让人们在白刃之下受洗，而是要先让他们放弃渎神与偶像崇拜的行为，以预备改变心意，走向皈依。我们都是上帝的子女，如果一些孩子因为否认正信而冒犯上帝，那么余下的人就应当规劝他们改正，为了他们的灵魂也能得益。这正是条顿骑士团担负的使命，他们也这样做了，因为他们爱他们的邻居，也爱上帝。如果波兰国王决定召集异教徒来捍卫他的领土主权，对抗这些虔诚的人，那么他应当被剥夺权力和王冠，所有虔诚的基督徒都应当为此支持骑士团。[17]

为了反驳这些论述，沃德科维奇辩称条顿骑士团犯下所谓的"普鲁士异端"之罪，应当被视作非法组织，但这个说法影响甚微。他的方式过于激进，如果按照他的说法谴责条顿骑士团，那么教廷、神圣罗马帝国和绝大多数天主教君主的声誉都会受损。尽管他竭尽所能区分北方十字军、西班牙十字军和巴勒斯坦十字军，但这种划分的缺陷显而易见。十字军，以及有意向加入十字军的人，往往连为一体。然而，公会议不可能明确支持或反对任何一方，即便他们有更重要的事务要处理。新任教宗马丁对波兰国王的主张置之不理，结束了最后一次会议；此后又任命维陶塔斯和瓦迪斯瓦夫为他在罗斯的教宗代理监督，高调地再次确认了他们的天主教徒身份。

骑士团在普鲁士的存续与消亡，1418—1525

骑士团没什么理由对这两个结论不满，毕竟康斯坦茨公会议整体支持十字军，而且部分与会者对条顿骑士态度友好。条顿骑士团和法尔肯贝格没有被打成一丘之貉——他的说法直到1424年才被正式谴责，而且在辩论上也取得了胜利。至少，波西尔格的约翰《普鲁士编年史》的续写者在1418年如是写道："国王的使节们当着罗马人的国王和选帝侯们的面，向教宗以及整个公会议撒谎，用许多大谎中伤骑士团，不过他们的所有诉求都被真相驳回了，因为他们固执于谎言。"[18] 骑士们显然可以合理地继续拥有《托伦条约》赋予他们的权利。

然而事实上，他们已经没有足够的实力维持了。1418—1422年，库赫迈斯特面对瓦迪斯瓦夫对他西部领土的要求时，拿出了一系列非常体面的特许令，且他做出的答复让布雷斯劳（Breslau，今弗罗茨瓦夫）的帝国法院甚为满意；然而当瓦迪斯瓦夫失去了商议的耐心，再度入侵普鲁士之时，条顿骑士团仅仅抵抗了不到两个月，便被迫与他和谈了。在《梅尔诺湖和约》之中，库赫迈斯特的继任者保罗·冯·鲁斯多夫，将大片边境领土交给波兰，并就此放弃了条顿骑士团对萨莫吉希亚的残余主权。保罗·冯·鲁斯多夫曾向帝国求援，但波兰人进军速度太快，在十字军抵达之前，战争早已结束了。在和约签署一个月之后，1422年10月27日，帕拉丁伯爵（Count Palatine）莱茵的路德维希（Lewis of the Rhine），以及科隆大主教迪特里希·冯·默尔斯（Dietrich von Moers）率军进入普鲁士。他们在普鲁士越冬，而后便返回家乡了。他们是最后一批来到普鲁士的十字军，此后，连德意志十字军也再没有来过,条顿骑士团只能依靠其正式成员或者雇佣军(但骑士团已经负担不起),又或者普鲁士的征召部队(但他们都不再愿意服役)。

即使在波兰与立陶宛疏远的时期,比如1422—1447年,条顿骑士团也无法借机获取任何长期利益。大团长保罗·冯·鲁斯多夫,虔诚而多计谋,时刻都带着笑容,时刻都坚信胜利,在波兰被称为"圣灵"[19]。他与维陶塔斯及他的继承者斯维特里盖拉(Svitrigaila/Svitrigal/Swidrigel 等)关系愈发紧密,然而他1431—1435年对立陶宛继承纠纷的干涉并没有取得成功。波兰国王发动反击,派出胡斯派武装抵达维斯瓦河河口;胡斯派在普鲁士西部破坏了四个月,1435年12月时,保罗被迫和谈。他的臣民士气低落,深感不满;他信仰天主教的军队被一群异端大败;击败他的人因为驱使异端作战而被绝罚,巴塞尔的公会议也确认了条顿骑士团拥有的特权,然而这一切于事无补。

条顿骑士团的支持者,著名的拉丁语学者康拉德·比钦,为普鲁士的困窘而哀鸣。他在作品《致教会的哀歌》(*Epistola ecclesie deplanctoria*)[20]之中对敌人大加叱骂:"噢,可憎的波兰,愚蠢的民族,癫狂的人群!你们怎么可以忘记你们自己灵魂的拯救,而与如此邪恶的一群人结盟?"而后他开始描述他们对他的国度的肆意掠夺:"悲痛啊,优美的普鲁士,曾经富饶,出产各种水果、鱼以及其他各种美食的地方……"再之后他请求军事支援:"注意,天主教的骑士和士兵们,曾经从远方前来边疆获取丰厚报酬的人们啊,你们要注意,我恳求你们,听从召唤吧,因为这一次你们不只是要获取报酬,而是要参与战斗,而战斗的报酬就是上帝的恩典。"这些话语似乎还不够,没有人因此前来。普鲁士各阶层的居民怨恨军役和税负，天主教欧洲的骑士们则不为所动。只有利沃尼亚的骑士团继续作战，而他们也战败了（见本章下文）。

在《梅尔诺湖和约》签署之后，条顿骑士团交出波兰人索取的一切，就只是时间问题了。在接下来的四十年间，一再发生仲裁、辩论、诉讼和战争，最后一场十三年的内战让普鲁士分裂；然而最终，实力处于绝对优势的波兰-立陶宛联盟必将胜利。在签订《第二次托伦条约》时（1466年10月19日），大团长路德维希·冯·埃利希斯豪森被迫交出维斯瓦河下游的全部土地——于1309年从波兰人手中夺走；以及1250年之前征服的普鲁士"高地区"，包括骑士团的首府马林堡。他在柯尼斯堡继续统治东普鲁士残余地区，维持着政权独立，然而大团长本人要向波兰国王宣誓效忠，保证他们品行良好。

尽管条顿骑士团及其宣传者依然试图争取十字军支持，但是上述战争绝对不算是北方十字军的延续。唯一有可能对战的"异教徒"是罗斯人，但是和波兰的战争让普鲁士的骑士团不可能再和罗斯人开战。如果骑士团和波兰人联合行动，或许可以发动一次十字军，但只要他们之间还怀有强烈的敌意，那么圣战就会推迟。

然而圣战的理念却依然存在，因为这是普鲁士的骑士团政府的官方存在理由，直到1525年，这里依然由骑士僧侣统治。只要欧洲其他地区口头支持这一理念，那么普鲁士的领主们就有希望借此获利。直到1411年，十字军信念依然是颇为有力的黏合剂，会让骑士团、骑士团的附庸以及外来的"客兵"（guests）追求相同的政治目标，即使这些目标充满错误或难以自辩。此后，条顿骑士团便沉溺于这一理念，催动骑士团成员竭尽所能地维持难以持守的阵地，不但对抗波兰人，还弹压境内的市民、容克贵族与主教们。他们投身于不能再次完成的使命，至少在普鲁士，他们帮助维持了旧有的政府体系，却无法阻止骑士团的臣民厌恶条顿骑士，无法阻止骑士相互争执、违抗他们的戒律、拒绝听命于他们的大团长。骑士团成员此时完全是征募自德意志西部地区的贫困小贵族，没有市民或者普通骑士申请加入；在德意志，征募人数在1400—1450年减少了三分之一。那些前往普鲁士的人，被普鲁士社会视作"外来者"，他们高傲地看待"本地人"，如同"官员"（gebittiger）一般带着蔑视和嘲笑施行权威。当他们的臣民抱怨机构之中的某个骑士之时，那个骑士就会敲打抱怨者的脑袋，并说道："你看着，现在坐着的就是大团长！我就是你要见到的大团长，快跪下，你这贱种！"[21] 封臣们会追忆杜斯默尔与温里希·冯·克尼普罗德统治的美好往日，那时移民者还会得到尊重。正如库尔默兰和托伦的容克贵族在1438年向骑士团所说的那样："尽管你们的先辈将这一地区纳入了基督教世界，若是没有我们先祖的奋战，他们又怎么能胜利呢？"[22] 他们得到的答复只有："我们用剑征服了你们。"直到1454年，市民和封臣们自己拿起了剑，转而寻求波兰国王的协助。

这种态度，并非源自僧侣对俗人的不耐烦。相比15世纪，14世纪的管理体系与贸易耗费了骑士团更多的精力，他们要和普鲁士人的其他利益团体激烈竞争，而宗教与学术活动的文字记录相当有限——至少在骑士团机构之中是如此。此前马林堡会安排大规模的娱乐活动，以吸引十字军前来，而此时则完全没有必要，然而这些自以为是的单身汉还是要想办法打发时间，无休止地吃喝玩乐，并向当地居民宣示自己的权威。他们甚至不做每日的时祷，甚至几乎都不知道《主祷文》（Paternoster）。加尔都西会的修士在1428年的《劝诫书》（Admonition）中抱怨道："当人们在教堂歌唱时，领主们坐在地下室中自得其乐……机构之中不再有欢乐，修道院中不再有灵性，在生活与衣着方面都是如此。"[23]在和平时期，他们独断专行，勒索钱财，宴饮调情；在战争期间，他们一如既往地悍勇，然而战争的胜负取决于他们能否雇佣更多的部队，而不是骑士的英勇。他们之间也存在分歧：1410年之后，条顿骑士团按照"口音"分成了几个派系，争执不断。大团长海因里希·冯·普劳恩试图推行低地德语，而高地德语的使用者们对此表示厌恶，阴谋阻挠，他们认定普鲁士是他们的属地。保罗·冯·鲁斯多夫支持来自莱茵兰地区的成员，却激怒了来自施瓦本、巴伐利亚和法兰克尼亚的成员；这些人独掌行政机构。然而，尽管骑士团成员愈发怙恶不悛，难以管理，政治权力却从普通成员们的手中逐渐流失，愈发集中到大团长手中：起初，普鲁士的地产主表示默许，他们在1441年康拉德·冯·埃利希斯豪森的当选仪式上，向他个人宣誓效忠；此后，波兰的威胁导致骑士团委任来自德意志王室家族的"外来人选"，比如1498年的萨克森的弗雷德里克，以及1511年的勃兰登堡-安斯巴赫（Brandenburg-Ansbach）的阿尔贝特，这些领主们会利用条顿骑士团来为自己的家族获取利益。

1466年之后，所有的条顿骑士团大团长都试图改革骑士团，然而没有人成功召集全体大会，而这是改革之前必不可少的预备步骤。普鲁士骑士团的问题向来都不会被视作孤立问题，而是被视作整个团体衰朽的一个表征。由于利沃尼亚和德意志的分团长都不同意在总体改革之中协作,改革最终也没能成功推行。

更有远见的改革者或许会考虑两个激进的解决手段。其一是坚守十字军传统,承认北方十字军已经结束的事实,撤出普鲁士。而后骑士团将能与真正威胁天主教欧洲的奥斯曼土耳其对抗,也能够改革成为真正的军事修道兄弟会,不受政府与政治的影响。其二是普鲁士的骑士团成员切断与条顿骑士团的联系,放弃誓言,结婚并定居下来,成为普鲁士世俗统治阶层的一部分。

在15世纪,第一种解决方案得到了拥护。兼任神圣罗马帝国皇帝和匈牙利国王的西吉斯蒙德,急于阻止奥斯曼帝国在巴尔干的扩张。在1429年的卢茨克(Lutsk)会议上,他提出让条顿骑士团负责这一战线的军事行动。来自普鲁士的一支骑士团分队,在指挥官克劳斯·冯·雷德维茨(Claus von Redewitz)率领之下,再度占据了特兰西瓦尼亚的部分领土——骑士团曾在1211—1225年掌控这里并驻军,直到1432年,奥斯曼帝国的进攻歼灭了一半驻军。1437年时,西吉斯蒙德建议,在他本人、教宗与巴塞尔公会议的权威之下,将整个骑士团迁移到这一地区。在大团长于1466年臣服于波兰之后,波兰人也开始支持这一计划了。1497年,大团长约翰·冯·蒂芬从柯尼斯堡出发,行军到德涅斯特河(Dniester)畔的加利奇(Halicz,今属乌克兰),支持国王扬·奥尔布拉赫特(Jan Olbracht/John Albert)对抗反叛的封臣,瓦拉几亚的总督将军。然而他在抵达之后不久便患了痢疾,在利沃夫(Lwow)病逝。他率领的四千人立即返回了普鲁士,随后选举萨克森的弗雷德里克为大团长,证明那些厌恶与波兰合作、想要加强与德意志联系的骑士团成员占了上风。拯救欧洲免于土耳其人的侵扰是一回事,离开普鲁士是另一回事。直到普鲁士脱离条顿骑士团之后,骑士团才认真考虑整体投入东方战线,而直到1595年,在第一位来自哈布斯堡家族的条顿骑士团大团长,奥地利大公马克西米利安(Archduke Maximilian)率领之下,他们才真正付诸实践。

相比之下,留在普鲁士的方案在条顿骑士团内部依然是广受欢迎且实际可行的,即使1466年之后也是如此,毕竟能留下半个普鲁士也比失去普鲁士全境要好。臣服于波兰之后,在相对和平的时期,这一地区繁荣发展。16世纪的普鲁士编年史家保罗·波勒(Paul Pole)记述,在大团长冯·蒂芬执政时期,"普鲁士不亚于一处领主的乐园",而温和的冯·蒂芬因为治下的市民与农民吃饱穿暖而自豪,他拒绝以税收和战争来折磨他们。[24] 这片土地值得占有,即使这意味着骑士团成员将成为坏修士。直到宗教改革抨击整个修道理念之前,没有人认为他们应当彻底放弃修士身份,因为这个看上去简单的解决手段,会带来无法解决的困难。首先,只有教宗才能宣布解散宗教团体,而此后的教宗和大团长们坚持认定条顿骑士团可以改革。其次,普鲁士和利沃尼亚成为德意志贫困贵族的"收容所",只有这些地区的统治精英需要持续的外部补充之时,这种收容功能才能维持——独身的戒律保证了补员的需求。最后,世俗化并不能够保证他们保住普鲁士,背弃教会的人若是放弃了他们的戒律,又怎能继续保留他们的土地和特权呢?

最终,是条顿骑士团大团长推动了普鲁士骑士团的世俗化。他们推举勃兰登堡边区伯爵的儿子阿尔贝特继任团长。阿尔贝特是一位前景甚好的年轻军人,骑士团希望他的人脉能够阻止波兰国王向普鲁士扩张势力。阿尔贝特宣誓成为修士,并在皇帝马克西米利安支持之下,拒绝向波兰臣服。当马克西米利安背弃他之后,他便准备投入战争。利沃尼亚分团长沃尔特·冯·普勒滕贝格拒绝协助,但阿尔贝特依然希望德意志雇佣军,以及他们与丹麦或莫斯科甚或鞑靼人的联盟,可以挡住波兰人。波兰人宣战之后,他向圣母做传统的祈祷,赤足去拉斯滕堡附近的圣母圣坛朝圣,而后在柯尼斯堡举行庄严的列队行进仪式。然而随后的战争之中,普鲁士一方境况恶化,克拉科夫的火炮顺维斯瓦河而下,条顿骑士团的城堡被一座座攻破。皇帝查理五世在1521年安排双方签署停战协议,尽管效忠问题将留待裁决,但阿尔贝特清楚,自己几乎没有机会避免臣服。

更大的危机在于,普鲁士内部的安宁也受到路德宗之传播的威胁,许多俗人以及一些教区教士受到影响。在绝大多数的德意志邦国,路德宗引发了混乱与暴动,而对教会领主而言,路德宗是领地存续的直接威胁。阿尔贝特没有力量通过内战来维持旧秩序,更何况他麾下几位指挥官,以及他的主教萨姆兰的波伦茨(Polenz of Samland)都支持路德宗。他本人在1522年前往维滕堡(Wittenberg)与马丁·路德会面,找到了出路。在马丁·路德看来,所有条顿骑士都有义务放弃誓言,结婚成家,而阿尔贝特有责任在普鲁士建立起一个世俗的公爵领。这些手段会让阿尔贝特与反对修道制度的路德宗臣民和解,同时保全他在这片领地的统治者地位。在他说服波兰国王齐格蒙特一世分封他为世袭的普鲁士公爵,而他自己的等级会议和主教们都确认了这一协议,保证了与波兰之间的和平之后,骑士团之中反对变革的人也没有手段来阻止了。阿尔贝特放任骑士团的重要职务出缺,直到普鲁士的条顿骑士总数减少到55人。他召集其中的少数人,于1525

年 5 月到柯尼斯堡开会，会议批准了他的决定。其中大多数人都遭受了市民的威胁，以及阿尔贝特随从的怂恿。只有七人坚持誓言。经过几天的犹豫之后，这七人也表示同意，并扯下长袍上的十字，以免被人私刑处决。

终结普鲁士的条顿骑士团统治的，并不是骑士团精神的堕落，或者十字军理想的衰亡。此后，大团长克龙贝格（Kronberg）整顿德意志的骑士团辖地，以及骑士团参与哈布斯堡王朝对新教徒以及土耳其的进攻，这些意味着在 1525 年之后，武装僧侣依然为欧洲政治所接纳；而条顿骑士团在利沃尼亚维持到 1562 年，证明了波罗的海周边的修道团体依然存在一定的活力。普鲁士的骑士团没有与波兰王国达成政治上的满意和解，才让旧有的普鲁士政体瓦解。投奔了德意志领主之后，骑士团失去了维持修道团体的权力，也不再是这一地区军事防御必不可少的团体，这也是 16 世纪 20 年代宗教动乱之中的重要争议问题。"我们投奔普鲁士的领主们，就像是青蛙让鹳当它们的国王。"骑士团成员菲利普·冯·克罗伊茨（Philip von Kreutz）如此描述他所谓的"肮脏交易"。"现在各阶层都向他们臣服了，而我也看不到这种肮脏交易要如何改变，所以我也臣服了，为了保住我的财产，毕竟我受雇之后收入相当可观（他是因斯特堡的指挥官），超过了其他所有的条顿骑士团封臣。"[25] 值得注意的是，在普鲁士瓦解期间发生的辩论之中，十字军的道德问题很少被提及，条顿骑士团和他们的敌人争论的主要问题是修道制度的道德问题。[26]

唯一反对这位新公爵的普鲁士骑士团成员，是梅梅尔的指挥官，不伦瑞克-沃尔芬比特尔（Brunswick-Wolfenbuttel）的埃里克，他也是某个德意志地方世家的后裔。其他的普鲁士骑士都接受了变化。德意志境内的大多数骑士团组织对马丁·路德在 1523 年 3 月发布的《告条顿骑士团领主书》（Exhortation to the Lords of the Teutonic Order）充耳不闻，但许多人的地产在随后的农民战争中遭到破坏，而后又被支持新教的领主们没收。1527 年，德意志分团长克龙贝格成为条顿骑士团大团长，而骑士团作为哈布斯堡家族的盟友，投身德意志宗教战争，开启了新征程。

利沃尼亚与罗斯人，1400—1562

在利沃尼亚，条顿骑士在 15 世纪保住了他们的领土，比普鲁士的情况更加成功。这一地区境况尚好：雷瓦尔和多尔帕特的市民从他们所属的汉萨同盟手中，挖取了与诺夫哥罗德贸易的大块利润；里加则因为立陶宛的持续繁荣而获利；而条顿骑士团以及他们的世俗封臣则从黑麦出口贸易之中获益。这一地区沿着制度路线运转，各阶层人士组成的会议与分团长和主教们通过协商治国，维持得比普鲁士的政府长久得多，然而对骑士团有利的各方势力分界线逐渐发生改变。旧日分团长、里加大主教和里加市民三方之间的竞争，在 1394 年似乎就此终结，教宗卜尼法斯九世命令里加的教士团接受条顿骑士团的习俗与戒律；可这种竞争在每一代都会再度出现，直到这个世纪结束。可意志坚决的高阶教士几次三番发起的挑战，反而不过是确认了利沃尼亚分团长在当地的最高主权。

普鲁士的骑士团的困境，迫使利沃尼亚的骑士团几次提供援助。1410 年，康拉德·冯·菲廷霍夫率部南下，援助坦能堡战败之后的新任大团长；西索·冯·鲁滕贝格和弗兰克·冯·克斯多夫分别在 1433 年和 1435 年突袭杀入立陶宛，而分团长约翰·奥斯特霍夫·冯·门登奋力支援大团长投身 1454—1466 年的（十三年）战争。然而与此同时，这两个地区却渐行渐远。利沃尼亚的骑士征募自低地德语地区（威斯特伐利亚、鲁尔和尼德兰），而普鲁士的骑士蔑视这些地区。此外，他们的政治诉求也有所不同。与立陶宛的边境已经不再存在争议，波兰国王也失去了这一地区的领土主权，参与大团长的战争也不会让他们获益。当 1433 年冯·鲁斯多夫强迫他们接受弗兰克·冯·克斯多夫为团长，以及两年后冯·克斯多夫率领他们作战，惨败于维尔科梅日〔Wilkomierz，今什文托伊河（Sventoji）畔帕拜斯卡斯（Pabaiskas）〕之时，他们便完全自行掌控了此后的选举。他们不再确立两位候选人，让大团长从中选择分团长，而是直接推举一位分团长候选人，并且始终是威斯特伐利亚人，大团长只有批准接受其效忠的权利。

利沃尼亚的教友们，和普鲁士相比并没有更加灵性，也没有格外奋进。记载中同样提到了他们热衷贸易、享乐、地位和政治权谋。他们没有自行记录，也没有委托他人记录编年史或历史——连韵文编年史都没有，导致他们的历史遁入昏暗。我们只能靠条顿骑士团以及汉萨同盟城市的档案，以及波兰、罗斯和北欧的记述，来爬梳他们的历史。他们虽是哑巴狗，但至少他们能咬人。

14 世纪的利沃尼亚人，并没有和瑞典人一样做好了与罗斯人争斗的准备，毕竟与诺夫哥罗德和普斯科夫的贸易关系价值极高，他们不愿长期牺牲这一利益。边境的动荡时而会引发劫掠与报复行动，如在 1341—1342 年、1368 年和 1377 年，然而整体上，双方还是依靠商议与协议来解决分歧。1362 年，普斯科夫城扣押了汉萨同盟和利沃尼亚的商人，目的在于抗议多尔帕特主教臣民的侵占行为。1363 年，普斯科夫与多尔帕特的代表在诺夫哥罗德会面商谈，不过直到谈判结束也没有达成协议。而后多尔帕特便扣押了诺夫哥罗德的商人。然而诺夫哥罗德波雅尔组成的使团前往多尔帕特，说服了普斯科夫和多尔帕特同意释放扣押的所有商人。[27] 这或许是与罗斯相关的事件之中，双方长期保持消极态度的范例；双方尽管互不信任，心怀忌惮，时而在纳尔瓦河、卢加河和韦利卡亚河（Velikaya）两岸发生冲突，但都没有认真打算征服对方。这也就是为什么在这个世纪中期，利沃尼亚人不愿支持瑞典国王芒努斯的十字军；瑞典、丹麦和罗斯都宣称对利沃尼亚地区拥有主权，而条顿骑士更希望三方都保持距离。无论如何，对天主教地区来说，立陶宛的威胁比罗斯更紧迫。

在 15 世纪，立陶宛改信天主教，让利沃尼亚人有机会在强大的盟友支持下，再度尝试让罗斯人顺服。在 1409 年之后，当维陶塔斯入侵罗斯各公国，并和条顿骑士团协作之时，利沃尼亚分团长康拉德·冯·菲廷霍夫开始再度觊觎普斯科夫——这个狭小而繁荣的城邦已经不再和诺夫哥罗德紧密联系，距离莫斯科也相当遥远，而容易遭到立陶宛-利沃尼亚联军攻击。在维陶塔斯开始劫掠普斯科夫之后，分团长冯·菲廷霍夫便率部加入，他在 1406 年、1407 年与 1408 年对城邦发动了三次侵袭，在第二次侵袭期间消灭了普斯科夫的部队，然而每一次侵袭之后他都遭到了有效报复，而在维陶塔斯于 1409 年停止支持条顿骑士团之后，双方便安排和谈了。

1443—1448 年，分团长芬克·冯·奥弗贝根见诺夫哥罗德成为莫斯科和立陶宛争夺的对象,随时可能屈服于其中一方,便对诺夫哥罗德最西端的据点,卢加河畔的扬堡(Yamburg),发动了至少两次野心勃勃的侵袭。尽管他在1444年时使用了射石炮,却依然没有夺取扬堡。但是他破坏了直到涅瓦河畔的沃德地区,并在他的边境之上设置了贸易禁运。

这些冒险没有取得什么结果,或者说,其结果是双方达成和约,预期五十年。与普鲁士的关系让利沃尼亚骑士团无法与立陶宛达成实质性的谅解,分团长必须将可观的军力消耗在1454—1466年大团长的战争之中。即使如此,利沃尼亚还是日渐繁荣,这一地区的军事潜力,无论人数还是火炮数,也都在增加,完成1242年十字军未竟之业的可能性依然存在。罗斯人有更多的部队,更多的火炮,却需要河流与道路来运输;而汉萨同盟的船只可以将兵员更加迅速便利地从吕贝克运输到雷瓦尔或纳尔瓦。就这样,在约1430年,四名吕贝克船长给雷瓦尔支援了32门加农炮,以及火药和235枚石弹丸;1462年,某个但泽商人卖给雷瓦尔市民的废旧商船之上有6门加农炮;而1442年的旅行者发现,三座利沃尼亚的小修道院中,都各藏有6—8门加农炮。[28]

此外,此时还有一定数量的十字军前往利沃尼亚。在维尔科梅日之战中,波兰人俘虏了30名贵族志愿军,其中6人与骑士团团长、元帅或指挥官有亲属关系。1439年,格莱兴(Gleichen,在图灵根)的领主前来利沃尼亚当"客兵"。这些游荡的领主们,或许在严格军事意义上提供的帮助有限,但他们在莱茵河下游与威斯特伐利亚有宽广的社会关系,那里的人大多认为,利沃尼亚骑士团保护了通往诺夫哥罗德的商路上的汉萨同盟商人。1443—1448年的战争,起因是克莱沃(Cleves)公爵约翰的叔父,容克贵族格拉尔德（Gerard）——当时他正在分团长和大团长之间协商——雇佣的一名翻译遭遇暴行，此人被罗斯人斩断手脚后斩首。这位贵族坚持要求诺夫哥罗德补偿，五年之后，分团长冯·奥弗贝根以此为借口发动了战争。只要欧洲东北部的贸易路线上还存在海盗、劫掠和扣押的风险，利沃尼亚的分团长就可以在偶尔突袭罗斯之时，获取来自德意志的支持。

东正教与天主教在15世纪三四十年代的和好，完全没有改善利沃尼亚与罗斯人的关系。在1439年的佛罗伦萨会议上签署教会合并教令的东正教高阶教士之中，就有罗斯都主教伊西多尔，然而伊西多尔在返回家乡之后并没有受到欢迎，诺夫哥罗德编年史家抱怨称："他开始在宗教仪式之中念出罗马教宗的名字，还有自从罗斯人受洗之后闻所未闻的新玩意儿。"[29] 他最终被赶回了罗马。教宗尤金四世作为伊西多尔的庇护人，给条顿骑士团大团长冯·埃利希斯豪森写信，建议他，此时既然"不再受异教徒威胁"，那么他为了与东正教和解而收集的钱财，就应当用于制服里加大主教以及其他支持公会议权威而反对教宗者，或者消灭他们。教宗写道："消灭他们，否则他们会消灭你。"[30] 即使如此，利沃尼亚还是与诺夫哥罗德开战了。

这场战争的结果是双方停战，诺夫哥罗德和利沃尼亚的驻军在纳尔瓦河两岸对峙。在上游及楚德湖两岸，西面是骑士团和多尔帕特主教，东面则是普斯科夫。堡垒和反制堡垒标出了边境线：纳尔瓦河上游，骑士团的尼恩斯洛特（Nyenslot）堡垒与罗斯人的尼恩斯洛特堡垒对峙；湖南面，主教控制的尼恩胡斯/诺伊豪森（Nyenhus/Neuhausen）与伊兹博尔斯克相互对峙；最后是韦利卡亚河畔，对立双方分别是里加大主教控制的马林豪森，与普斯科夫的前哨维什哥罗多克（Vyshegorodok）和奥斯特罗夫（Ostrov）。普斯科夫对面的防线由三个互不统属、时而不和的组织负责防守，这让罗斯人占据了一定的优势，他们可以劫掠多尔帕特，而不必担心冒犯利沃尼亚的分团长。1458年，分团长冯·门登参与普鲁士的战争，促使普斯科夫决定劫掠利沃尼亚，而1463年罗斯人"使用各种怪异器械"[31]围攻尼恩胡斯，并夺取了城堡。冯·门登派出使节赶往意大利，警告教宗这一地区遭受的危险，但普鲁士的境况更加严峻。多尔帕特主教失去了大片边境领土，若是利沃尼亚分团长依然将军力用于解救被波兰人击败的大团长，那么这些领土就无望收复了。

在普斯科夫这个坚定的罗斯边境小政权背后，是不断扩张的东方强权，即莫斯科大公国，普斯科夫则是他们抑制诺夫哥罗德和立陶宛的重要据点。在攻破尼恩胡斯之后不久，双方立即正式签约结盟，莫斯科大公国的部队进入普斯科夫辖区，保证周边领土的安稳。此后，莫斯科大公只有接到诺夫哥罗德请求，或者情况十分紧急——比如1348年的瑞典十字军，才会出兵干预这一地区。通常他们忙于应付蒙古人宗主，无法实行向西进攻的政策，而且遥远的距离也拖慢和限制了他们的军事远征。从莫斯科到诺夫哥罗德距离为350英里，而到普斯科夫的距离还要多出140英里，因此攻击部队抵达之后，也只能发起一波短期的破坏了。

然而境况在大公伊凡三世执政时期发生了变化，此时他基本摆脱了蒙古人的统治，开始"聚集世袭领土"——也就是吞并附庸于莫斯科大公国的其他罗斯公国。他的祖先曾经在14世纪20年代以及1348年出兵解救诺夫哥罗德，此外尽管莫斯科大公国几次侵入，然而诺夫哥罗德城邦此后始终维持独立。1471年，伊凡决定终结这种不稳定的关系，并依靠强大的军事力量，将波雅尔寡头共治变为他的独裁统治。他的最终目标是把曾经归属罗斯的领土从立陶宛大公国手中夺走，因此必须除掉那些支持立陶宛的寡头派系。同年，他入侵诺夫哥罗德，击败城邦的部队，迫使波雅尔们交出那些被视为支持波兰-立陶宛的"拉丁国王"之人。1471—1489年，伊凡逐步削弱诺夫哥罗德，使其变为莫斯科的卑微而败落的附庸，不再有独立的议会，不再独立制定政策。普斯科夫自愿支持伊凡，而罗斯西北部的全部力量都可以推入和立陶宛的大战了。利沃尼亚的条顿骑士意识到自己受到了东正教强权的挑战，莫斯科大公可以如同波兰国王进攻普鲁士时一样，专横地反击利沃尼亚。此外，莫斯科大公国和利沃尼亚骑士团一样，将他们的扩张解读为"圣战"，他们前往罗斯西部与北部地区，解救那些被罪恶的拉丁教会仪式所统治的罗斯人。

他们在1471年便意识到了这一威胁，分团长沃尔瑟斯·冯·赫泽给大团长写信，如果普斯科夫和诺夫哥罗德与莫斯科结成联军，"我们将必须与他们言和，接受他们的条件，将他们索取的一切交给他们，否则我们就要和他们所有人开战了"。[32]

沃尔瑟斯计划与立陶宛结成反罗斯的联盟，但他在出征之前便被罢免了。他的继任者伯恩特（伯恩哈德）·冯·德·博尔格在伊凡三世于1478年迫使诺夫哥罗德再度臣服之时，试图将普斯科夫掌控在自己手中。在1480年的元旦，伯恩哈德集结了利沃尼亚的全部部队，来到韦利卡亚河畔，进攻普斯科夫城，然而除了夺得维什哥罗多克之外，他再没有取得任何战果。1月20日，他再度抵达普斯科夫城下，并洗劫周边乡村，而另一支部队则突袭了楚德湖东岸的格多夫（Gdov）。普斯科夫人请求伊凡出兵支援。2月时，一支莫斯科军队在王公安德烈·奥博伦斯基（Andrew Obolensky）率领之下，发起迅速而猛烈的报复进攻，攻入多尔帕特教区和骑士团的费林指挥官辖区，而后因为其他地方的军事需求而撤走。分团长对普斯科夫附近的伊兹博尔斯克发动侵袭作为反击，并来到湖泊的另一侧，据说他在科贝里耶（Kobyliye）杀死了超过3,000名罗斯人。

但他没能夺取普斯科夫或伊兹博尔斯克，并且伊凡拒绝牵扯进长期战争，这就意味着分团长此后也没有多少成功的机会。分团长伯恩特·冯·德·博尔格卷入了与里加大主教和下属骑士的争执，教宗西斯笃四世（Sixtus Ⅳ）因此颁布禁令，而后伯恩哈德被手下的指挥官们罢免。继任分团长的约翰·弗赖塔格·冯·洛林霍芬（1483—1494年在任），忙于处理和里加的关系，无力与罗斯人作战，但他还是果决地弹压了里加的市民，以至于在他的任期结束之时，利沃尼亚政权的纪律性比此前更强了。与此同时，伊凡三世决定在利沃尼亚边境配置常备的莫斯科大公国驻军，建造庞大的伊万哥罗德（Ivangorod）堡垒，从纳尔瓦河东岸与爱沙尼亚边境的纳尔瓦堡垒对峙。1491年，骑士团、主教和市民共同签署的沃尔马尔协议（*afspröke* of Wolmar），意味着利沃尼亚可以再度发动战争；一年之后建成的伊万哥罗德则让双方都可以开战，不过当时双方很快就重新谈判并签订了和约。

新任分团长，沃尔特·冯·普勒滕贝格（1494—1535年在任），是利沃尼亚体系的典型产物。他的家族是威斯特伐利亚的索斯特周边的地主，这一地区自12世纪便有许多骑士与商人前往波罗的海东部地区。这个家族在威斯特伐利亚和利沃尼亚都有支脉，在条顿骑士团中也有成员。他在10岁时便来到了纳尔瓦城堡，在骑士团之中步步高升，直到成为元帅。在成功敲打了里加市民之后，不惑之年的他于 1494 年被选为分团长，人们声称他沉默、精明、体面而老练。他担任分团长的最初七年之中，利沃尼亚笼罩在入侵逼近的阴影下。双方都准备发动进攻，和平随时可能被打破。

大公关闭了汉萨同盟在诺夫哥罗德的商会，囚禁了其中的德意志商人——对利沃尼亚而言未必算是坏消息，它将成为欧洲东北部贸易的中心，而一些利沃尼亚商人也被囚禁。为表示愤慨，雷瓦尔市民处死了两个罗斯人——罪名分别是使用劣币和鸡奸。分团长成功让皇帝马克西米利安向德意志领主们呼吁，支援利沃尼亚；少量志愿者也乘船来到了里加。次年，1496 年，伊凡和瑞典的摄政者斯滕·斯图雷交战，瑞典舰队从维堡出发夺取了伊万哥罗德，一些爱沙尼亚人帮助他们洗劫了堡垒。而在瑞典人离去之后，他们将堡垒交给了骑士团。不久之后，罗斯人便筹备在纳尔瓦河上搭桥，边境线上开始爆发冲突。冯·普勒滕贝格不得不面对这个事实：只能征召不到 1 万人的利沃尼亚，正在陷入和一个能够动员 2 万人军队的强权的战争。

他开始寻求盟友，前去与丹麦-挪威国王约翰（此时他也统治瑞典）商谈，然而约翰索取的回报却是归还原属丹麦的爱沙尼亚公爵领。约翰的父亲克里斯蒂安一世此前于 1456 年恢复了爱沙尼亚公爵头衔，然而想要获取公爵领地，就未免索取太多了。而后沃尔特前去请求伊凡的主要敌人，波兰国王的兄弟立陶宛大公亚历山大，在拜访维尔纽斯之后，他们于 1501 年 6 月 21 日签署了所谓《文登条约》，结成军事同盟。他说服了各阶层提供钱财雇佣军队，2,000 名德意志骑兵和长枪雇佣兵（lanzknechte）从吕贝克坐船赶来。他随后率领一队身披重甲的专业士兵，辅以缺乏经验的乡绅与本地佃农征召部队，进军对抗人数未知但必然更强的敌人；这是一种旧有的模式，此前并非全部成功，而此时要最大限度地尝试。此时，拉丁基督徒联合进攻罗斯人的梦想，有可能实现——如果立陶宛和利沃尼亚的部队能够协同行动的话。

但结果并非如此。因为他的兄弟逝世，亚历山大转而前去争夺波兰的王位。冯·普勒滕贝格进军伊兹博尔斯克，依靠野战炮在塞里察河（Seriza）畔赢得胜利，而后在韦利卡亚河畔的奥斯特罗夫，两军预定的会合地点徒劳等待。他最后于1501年9月7日摧毁了奥斯特罗夫，便撤走了。他的征服战争沦为竭力自保；莫斯科大公的军队正在向利沃尼亚进发，而冯·普勒滕贝格只能靠自己拥有的约430名条顿骑士以及人数减少的雇佣部队，应对罗斯人。罗斯人在11月抵达，并在接下来的六个星期之中兵分三路，对利沃尼亚中部进行了有组织的破坏，而冯·普勒滕贝格无力阻拦。当他在1月于沃尔马尔召开地区议会之时，三位主教和爱沙尼亚的封臣都没有参加。利沃尼亚政治体已经分裂了，一半国土沦为废墟，另一半国土士气涣散。此后罗斯人又发动了一次入侵，这一次他们得到7,000鞑靼人的支持，还带上了1,600条狗，用于搜寻逃亡者。当分团长向立陶宛求援之时，他的盟友仅仅让他自行坚持。

他的坚持成为此后几个世纪波罗的海的优势德意志人自豪感的来源，冯·普勒滕贝格也因此成为德意志民族主义者眼中的英雄。他的军事能力不容置疑，然而他对莫斯科大公国发动进攻的计划，究竟是不是灾难性的误判，值得具体分析。与立陶宛的同盟确实可以让他获得军事支持，然而战败或者盟友失约的风险总归存在，而无论哪一种，对利沃尼亚而言都意味着灭亡，至少是屈服。另一方面，1500年时利沃尼亚和莫斯科大公国之间的战争已是不可避免，而且无论进攻还是防守，他们都不太可能取胜，冯·普勒滕贝格抓住了唯一的机会，试图有所作为。他理论上可以臣服于伊凡，但实际上身为利沃尼亚骑士，他认定这不可想象，臣服会让他失去太多，而且十字军对抗教会分裂派的悠久传统也禁止他屈服。这位分团长几乎别无选择，只能拼死一搏。幸运的是，他的雇佣军、野战炮和手持枪（handgun，火门枪），让他和骑士团的前辈一样保有技术上的优势，过去他们屡屡利用这个优势战胜数量更多的敌人。

1502年8月，惊恐的等级会议集会并同意动员民众发动一场新的战役。在圣母诞生节（9月8日）之后，利沃尼亚举行了为期三天的斋戒与祈祷，而后冯·普勒滕贝格率领全部的骑士团成员，约3,500名雇佣兵，一批火炮，以及利沃尼亚的征召部队，向普斯科夫进军。在斯莫利纳湖（Smolina），举荣圣架节前夜（9月14日），他以火炮和骑兵冲锋击穿了莫斯科大公国的阵线。双方均有伤亡，之后离开了战场，然而利沃尼亚在同年以及次年都没有再次发动入侵。据说，分团长感圣，见到了圣母，许诺在胜利之后亲自前往耶路撒冷朝圣。考虑到当时的实际境况，这个风格陈旧的故事堪称怪异，[33]毕竟冯·普勒滕贝格所再现的利沃尼亚传统，只是表面文章罢了。

罗斯人此前曾入侵利沃尼亚，而少量部队或边境城堡已抵御了这些入侵。利沃尼亚征服东方的教会分裂派，或被他们征服，在那时是罗马教廷、德意志和北欧共同关注并干预的问题。圣母马利亚的省份，那时拥有特殊的重要意义，是拉丁教会信仰的前哨。1502年，此前集中在利沃尼亚-罗斯边境的敌对情绪，发展成了更大政权之间的战争：莫斯科大公国与立陶宛-波兰联盟之间的战争，而战争双方对利沃尼亚的未来都不甚关心，只不过希望利沃尼亚臣服于自己。对教宗而言，利沃尼亚遭受的威胁，远不及奥斯曼帝国的威胁迫切：后者正在向欧洲进军。1495—1503年，骑士团在罗马的代理人接连不断地乞求教宗颁布十字军诏书，支持冯·普勒滕贝格，却没有任何效果：亚历山大六世急于争取罗斯人的力量共同对抗土耳其人。发起北方十字军的最后一次严肃请求——所谓的"至善的歇斯底里"（Eynne schonne hysthorie），被无视了。伊凡三世于1503年在普斯科夫与冯·普勒滕贝格和谈，这一地区得以再安稳50年，免于大规模的入侵。他们成了更强大的帝国主义政权之间博弈的筹码，任何一方能够组织的部队与火炮规模，都远超过利沃尼亚。波罗的海殖民者之间的边民争端，此前曾被升级为希腊教会与拉丁教会之间的对抗，如今却被莫斯科大公国、波兰与瑞典这些强权之间的争斗所淹没。在这场争斗中，除了罗斯人，中世纪的圣战理念对其他人都已经无关紧要。

利沃尼亚骑士身为圣战理念的实际象征，坚守着天主教团体的阵地，只要周边强权允许，他们就能在已经部分信仰路德宗新教的殖民地之中一直驻守他们的据点。1557年开始的一系列入侵，消灭了他们所剩无几的部队，摧毁了他们老旧的城堡。最后一任分团长克特勒放弃了他们的誓言，在1562年3月5日成为世俗公爵。在此之后，这一地区便被莫斯科大公国、波兰、瑞典和丹麦四国瓜分。普鲁士的骑士团世俗化之时，利沃尼亚的贵族们也建议分团长沃尔特·冯·普勒滕贝格效法，让这一地区也世俗化。

冯·普勒滕贝格拒绝了这一提议，因为在他看来，实力虚弱且高度分裂的利沃尼亚，若是没有德意志骑士团的加固，便无法抵御莫斯科大公国。当事实证明了他的判断之时，天主教的辩护者又开始指责起骑士团自身的倒退。"若是利沃尼亚的骑士团坚持天主教信仰……一万人足以击溃莫斯科公国的八万军队，然而既然曾经受人敬重的骑士团放弃了古老信仰……胜利就落入我们的对手手中了。"1562 年在科隆，F. 斯塔菲鲁斯（F. Staphylus）于《近期辩护》（*Apologia Recens*）中如是写道。托马斯·斯特普尔顿将之翻译成英文，警告"路德的新福音"带来了混乱消沉。

在纽伦堡发行的一张公告，依然向骑士团的德意志同胞宣传殉道的利沃尼亚骑士们的困境。上色的木版画描绘了披着毛皮的莫斯科大公国士兵向吊在树枝上的三个裸体女子射箭，而她们孩子的心脏就挂在树上，孩子们的遗体躺在她们身下的草坪上。这幅图景属于老旧的十字军艺术语言（见第五章首节、第七章末节），但引起的反应却颇为冷淡，或者说可谓精明。圣战的号召与组织无人理睬，因为此时有其他事务，比防卫"萨克森贵族旧日的避居所"更为急迫。

结　论

在本书的研究中，北方十字军被视作12世纪北欧人以及德意志人观念改变的结果。他们的统治者开始以新的宗教观点审视他们的东方邻国，与欧洲对巴勒斯坦和西班牙的穆斯林的态度相似。他们的战争带有新的意义，也带来了前所未有的结果。而这些结果，即令波罗的海东部地区天主教化的一系列复杂革新，确认并阐释了他们的观念。在中世纪绝大部分时间里，大部分天主教徒认为波罗的海地区是坚持正信的军队与怀有敌意的异教徒或教会分裂派的外部世界相斗争的边界。

这个说法并没有忽略以下事实：与北方的异教徒之间的战争，其原因和其他战争相同。交战双方要争夺贸易路线，争夺土地给求地者，领主和高阶教士要增加收入与提高声望，消灭海盗，获取更多的自然资源，或者获取战利品。这些动机是永远存在的。但这些并不能解释为什么这场战争被视作十字军战争，为什么必须以布道、特权与救赎的方式来实现。如果只是争夺鱼、毛皮或者蜂蜡，或者只是丹麦人、瑞典人和德意志人扩张领土，那他们并不需要假装神圣。此外，也没有必要让如此之多的外来者参与，无论是教宗，还是英格兰、法兰西与勃艮第的骑士。波罗的海的国王和修道骑士们获得的物质收益比外来者多得多；不过，即使考虑到他们，但仅仅以寻求利润来解读这场战争的动机，依然难以令人信服。他们显然是投机者,但在获取财富的诸手段之中,发动十字军绝非高效的手段。失败的风险成本、战争的投入都过于高昂,而实际的收益又太微薄,无法在账簿上体现出盈利。

声称这些战争为欺诈——或者是用道德掩饰利益争夺,或者只是误用概念——自然易如反掌。而这样的评判本身也是误导。它回避了一个不该回避的问题:那时人们从来不反对在没有任何掩饰与借口的情况下,为了利益、名望、复仇乃至消磨时间而发动战争,却为什么要宣称一些战争是以上帝的名义发动,是为了救赎人类呢?答案应当是,在那个时代的人们看来,这样的宣示,与爱德华三世宣称拥有法国的主权,丹麦国王宣称拥有爱沙尼亚的主权,以及英格兰男爵们自称代表王国共同体,是一样真实的:尽管在逻辑上未必站得住脚,却值得为之而战,往往也值得花费大量钱财。

试图将各十字军行动区分为两种,即一种出于纯粹的精神动机;另一种出于政治利益,或支持教宗,在目标、过程与结果中存在歪曲与腐败(最常见的例子:第一次十字军战争为前一种,第四次十字军战争为后一种),这并无多大意义。中世纪时,这类批评从未间断,所有的十字军行动都遭到了这类批评。它们源自理念本身的含糊,而不是因为理想主义出现了什么可度量的失败。在任何一个时期,让所有天主教徒相信十字军代表着善,都是不可能的,也是不必要的。圣战和修道院一样,给一些人提供了出路,但并非所有人都需要。十字军既是宗教运动,(约1185年后)也是冒险事业,必须符合特定的法律限制:必须由教宗下谕批准,由教会布道宣传,通过授予特权和宽恕,增其荣光来征召兵员,并以涉及基督教世界的利益而称义。北方十字军是本地间歇性的热忱、来自罗马的呼吁以及条顿骑士团受命长期圣战的授权令等因素共同促成的。因此，以下路径似乎合乎逻辑：将300年的各种战争视为一个反复发生的现象，更多地考察其理念与组织方式（它们提供了统一的主题），而不是十字军战士的其他动机和考虑。其他问题此处也不容多言。

从这个视角来看，波罗的海地区与拉丁基督教世界文明的关系在12世纪愈发紧密，这是北方十字军兴起的原因。在这一时期，圣战理念被转接到波罗的海地区事务中，以满足那些希望征服异教徒的滨海地域或者让他们皈依之人的需要，以及受过耶路撒冷十字军训练或者被耶路撒冷十字军触动之人的需要。这些人并非一个整体，他们的目的也各不相同，但只要他们有共同的动机，圣战就能够明确定义它，赋予它结构和具体的意义。12世纪40年代起到12世纪末的尝试，让一系列的十字军组织机构落地生根：德意志人的骑士僧侣修道会，修道政权和主教政权，教宗特使，身披十字的国王和他们的王国，以及在征服的土地上建立的殖民地。13世纪的征服之中，出现了两个最强大的政权：条顿骑士团和瑞典王国。自13世纪70年代起，教廷将延续圣战的任务交托给这两个政权。两者都没有成功推翻非天主教的政权立陶宛和诺夫哥罗德-普斯科夫，它们是战争的目标。然而两者都击退了对方的反击，保住了13世纪的成果，并让作为这一运动根基的十字军理念保持鲜活。

瑞典的福尔孔王朝（Folkung dynasty）在14世纪60年代绝嗣，王国并入玛格丽特女王的斯堪的纳维亚联盟（Scandinavian Union），此后瑞典便不再参与这一运动。罗斯-瑞典边界的划分问题依然是并入联盟后的瑞典与罗斯产生摩擦的原因之一，教廷有时也关注这一问题，然而却再没有催生出十字军。当 15 世纪 90 年代罗斯战争爆发之时，他们又打出天主教的旗号，但并无效果。

在普鲁士，条顿骑士团被波兰-立陶宛联盟技压一筹，在 15 世纪，他们愈发难以维持这一地区的十字军传统，因为此时的奥斯曼帝国已经取代了立陶宛，成为东欧旁边最大的非天主教政权。骑士团重拾传统，以证明保卫普鲁士、对抗天主教的敌人以及维持这一地区政治现状是正义的，然而这些并不能为条顿骑士团引来其生存所需的外来支援。

在利沃尼亚，条顿骑士团及其伙伴断断续续地维持着与罗斯东正教徒的战争，然而莫斯科大公国的崛起，以及 1501—1502 年的灾难，意味着继续战争必将招致灭亡。在利沃尼亚和普鲁士，13 世纪与 14 世纪时以武装力量驱逐"恶魔"的行动，促生了强大七倍的"恶魔"[①]。

北方十字军的开始，标志着新的阶段，即将这一地区的人民统合为共同的天主教文明。那么，北方十字军的终结，是否意味着文明瓦解呢？并非如此。波罗的海直到 1500 年还是天主教徒的内湖，波罗的海诸国依然是天主教大家庭的一分子，而此时十字军运动已经结束了超过两代人。差别在于，继续在这一地区发动圣战，已经不再对天主教有利。莫斯科大公国、立陶宛-波兰联盟以及北欧的三国联盟崛起，是重大的政治变革，意味着守卫并扩展欧洲东北部的天主教信仰，几乎要完全依靠这几个强权之间的博弈，而普鲁士和利沃尼亚（1466 年之后）的条顿骑士团已经羸弱不堪，沦为大国交锋之中的添头。

---

① 此处或化用了《圣经》七个污鬼之喻。

扩展阅读

注：此处提供的书目均针对不懂德语、斯拉夫语和北欧语言的读者。

第一章

有关地理信息的同时代资料，如 Adam of Bremen, *Gesta Hammaburgensis ecclesiae pontificum*; Helmold, *Chronica Slavorum*; Ebbo 和 Herbord 所作班贝格的奥托的生平传记，已有英译本。前两种由 F. J. Tschan 译出：*The History of the Archbishops of Hamburg-Bremen* (New York, 1959) 和 *Chronicle of the Slavs* (New York, 1935)，最后一种由 C. H. Robinson 译出：*The Life of Otto, Apostle of Pomerania* (London, 1920)。*De Gentibus Septentrionalibus* 第 1—5 册英译本：*Olaus Magnus: A Description of the Northern Peoples* vol. 1, ed. Peter Foote (London, 1996)。W. R. Mead, *The Historical Geography of Scandinavia* (London, 1981)，是最为简明且信息充实的北欧历史地理考察之作，第 2、3 章特别有用。这一时期的丹麦与瑞典，另见 Birgit and Peter Sawyer, *Medieval Scandinavia* (Minneapolis, 1993)。近年关于西斯拉夫人的相关研究，翻译

成英文的并不多。城镇相关部分，参见 Helen Clarke and Björn Ambrosiani, *Towns in the Viking Age* (Leicester, 1991 and 1995), chapter 6；西斯拉夫人的起源，见 Pavel Dolukhanov, *The Early Slavs* (Harlow, 1996)。罗斯的起源见 Simon Franklin and Jonathan Shepard, *The Emergence of Rus 750–1200* (Harlow, 1996)。M. Gimbutas, *The Balts* (London, 1963) 对波罗的民族的早期历史与宗教仍有参考意义。另见 R. E. Burnham, *Who are the Finns? A Study of Prehistory* (London, 1946)，及 A. Sauvageot, *Les Anciens finnois* (Paris, 1961)。关于拉普人/萨米人，参见文章：Knut Odner in *Norwegian Archaeological Review*, XVIII (1985), 及 Inger Storli in *Norwegian Archaeological Review*, XXVI (1993)；另见 Inger Zachrisson in *Social Approaches*, ed. Ross Samson (Glasgow, 1991), 191–9。

中世纪毛皮贸易见 Janet Martin, *Treasure from the Land of Darkness* (Cambridge, 1986)。"环波罗的海"文化圈概念，见 *Society and Trade in the Baltic during the Viking Age*, ed. Sven-Olof Lindquist (Visby, 1985) 相关文章。关于中世纪波罗的海地区航运的新观点见 C. Westerdahl, 'The use of maritime space', *Medieval Europe*, 11 (1992) (York)。与东方的贸易和战争，Thomas S. Noonan, 'The Nature of Medieval Russian-Estonian relations 850–1015', *Baltic History* (1974) 可谓开创之作。

第二章

十字军运动的整体起源，见 C. Erdmann, *The Origin of the Idea of Crusade*, trs. M. W. Baldwin and W. Goffart (Princeton, 1977)；C. Tyerman, 'Were there any crusades in the twelfth century?' *English Historical Review*, cx (1995) 及 J. Riley-Smith, *The First Crusade and the Idea of Crusading* (London, 1995)，观点有所不同。波美拉尼亚的传教，见 R. Bartlett, 'The Conversion of a Pagan Society in the Middle Ages', *History*, LXX (1985)。斯拉夫人与丹麦人的关系，见 T. Damgaard-Sørensen, 'Danes and Wends' in *People and Places* (Woodbridge, 1991), ed. I. Wood and N. Lund。传教士与十字军的关系概述，见 Elizabeth Siberry, 'Missionaries and Crusades' in *The Church and War*, ed. W. J. Shiels (*Studies in Church History*, XX (1983))。

1147 年征战的原始资料：Helmond (trs. Tschan, as above); book XIV of *Saxo Grammaticus* (trs. E. Christiansen, British Archaeological Reports int. ser. 84 and 118); *Knytlinga Saga*, trs. H. Palsson and Paul Edwards (Odense, 1986)。有关萨克索，见 Inge Skovgaard-Petersen, 'Saxo, Historian of the Patria', *Mediaeval Scandinavia*, 11 (1969) and B. Sawyer 'Valdemar, Absalon and Saxo', *Revue Belge de Philologie et d'Histoire*, LXIII (1985), 685–705。

对吕贝克发展的全新考古学研究，参见 Günter P. Fehring, 'Origins and Development of Slavic and German Lübeck', *From the Baltic to the Black Sea*, ed. D. Austin and L. Alcock (London, 1990)。Friedrich Lotter、Hans-Dietrich Kahl 与 Tore Nyberg 的作品，取代了此前对文德战争及文德十字军的解读，Lotter 的作品节本为 'The Crusading Ides and the Conquest of the Region East of the Elbe' in *Medieval Frontier Societies*, ed. R. Bartlett and A. Mackay (Oxford, 1989)。另见 *The Second Crusade and the Cistercians*, ed. M. Gervers

(New York, 1991), 其中有 H.-D. Kahl, 'Crusade Eschatology as Seen by St Bernard' 和 K. Guth, 'The Pomeranian Missionary Journey of Otto of Bamberg and the Crusade Movement'。

第三章

Malcolm Barber, *The New Knighthood* (Cambridge, 1994), 是关于圣殿骑士团的最佳论述。A. Forey, 'The Emergence of the Military Orders', *Journal of Ecclesiastical History*, XXXVI (1985) 及 *The Military Orders* (London, 1992) 提供了德意志骑士团的相关参考，另参见 Helen Nicholson, *Templars, Hospitallers and Teutonic Knights: Images of the Military Orders* (Leicester, 1993); 世俗十字军的征召，参见 James M. Powell, *Anatomy of a Crusade* (Philadelphia, 1986)。但条顿骑士团的主要研究作品大多是德语的，最近二十年发表著作、超越前人研究的学者包括 Lotter, Wippermann, Paravicini, Boockmann, Kahl, Nowak, Benninghoven, Hellmann 和 Sarnowsky。The series *Quellen und Studien zur Geschichte des Deutschen Ordens*, 如今已出版50卷，而且后续研究依然在马堡进行。

宝剑骑士团与条顿骑士团合并的黑尔德伦根见证者的记述，已有16世纪德文本的英译本，见 Jerry Smith and William Urban, *The Livonian Rhymed Chronicle* (Bloomington, Indiana, 1977)。Indrikis Stern, 'Crime and Punishment among the Teutonic Knights', *Speculum*, LVII (1982), 对骑士团的统治做出颇为刻薄的概述。

关于德意志人向东的迁徙，最佳论述见 C. Higounet, *Les*

Allemands en Europe centrale et orientale au Moyen Age (Paris, 1990); 德文版没有索引。骑士团与皇帝关系的辩论，英文总结见 Marian Dygo, 'The German Empire and the Grand Master of the Teutonic Order in the Light of the Golden Bull of Rimini', *Acta Poloniae Historica*, LX (1990)。

西欧在中世纪扩张的理论，以及与东欧相关的内容，见 Robert Bartlett, *The Making of Europe: Conquest, Colonization, and Cultural Change* (Princeton, 1993), chapters 2–3, 5–9。

第四章

J. A. Brundage, *The Chronicle of Henry of Livonia* (Madison, Wis., 1961) 提供了征服爱沙尼亚和利沃尼亚的不可或缺的材料，英译版（Jerry Smith and William Urban）的 *The Livonian Rhymed Chronicle* (Bloomington, 1977) 带有简短而出色的注释。

利沃尼亚：概述见 E. Johnson, 'The German Crusade in the Baltic', *A History of the Crusades*, ed. K. M. Setton, III (Madison, Wis., 1975)。对利沃尼亚战争的详细论述见 W. Urban, *The Baltic Crusade* (De Kalb, Ill, 1975)。另见 W. Urban, 'The Organization of the Defense of the Livonian Frontier in the Thirteenth Century', *Speculum* (1973), 以及他补充大量内容的第二版, *The Baltic Crusade* (Chicago, 1994)。

普鲁士：丹麦的参与，见 Stella Szacherska, 'Valdemar II's expedition to Pruthenia', *Mediaeval Scandinavia*, XII (1988)。征服普鲁士，见 K. Gorski, 'The Teutonic Order in Prussia', *Medievalia et humanistica*, XVII (1966), 'L'Ordre theutonique: un nouveau point de vue', *Revue historique*, CCXXX (1965); 另见 M. Biskup, 'Teutonic Order State Organization', *Acta Poloniae historica*, III (1960)。主要参考资料，杜伊斯堡的彼得的编年史，见 *Scriptores rerum Prussicarum*, ed. T. Hirsch, M. Toeppen and E. Strehlke (Leipzig, 1861–74), 1, 新版 (Darmstadt, 1984) 添加了 C. Scholz 和 D. Wojtecki 的引言、注释与德语译文，目前尚没有英译本出版。

爱沙尼亚: P. Rebane, 'Denmark, the Papacy and the Christianization of Estonia' is in *Gli inizi del Cristianesimo in Livonia-Lettonia*, ed. A. Weiss, *et al.* for Pontificio comitato di Scienze Storiche, Atti e Documenti (Vatican, 1989–90)。

芬兰：瑞典的背景见 Sawyer and Sawyer, *Medieval Scandinavia* （见上文，第一章）和 John Lind, 'Early Russian-Swedish Rivalry', *Scandinavian Journal of History*, XVI/4 (1991); 芬兰人的相关内容见 *A History of Finland*, ed. E. Jutikkala (London, 1962), chapters 1–3 (by K. Pirinen)。关于圣埃里克的史料辨析见 J. E. Cross, 'St Eric of Sweden', *Saga-Book*, XV pt 4 (1961), 附有 'standard legend' 的译文。早年的传教，见 C. L. A. Oppermann, *The English Missionaries in Sweden and Finland* (London, 1937) 以及 J. Gallén, *La Province de Dacia del'Ordre des frègres prSêcheurs* (Helsinki, 1946)。

第五章

关于教宗君主制理论的经典著作（Ullmann, J. A. Watt and B. Tierney）应当谨慎评价，特别是他们认为教廷的政治动机连续而统一。关于罗马教廷与这一地区的关系，英语著作有限，但 J. Muldoon, *Popes, Lawyers and Infidels: the Church and the Non-Christian World 1250–1550* (Liverpool, 1979) 第1—3章，在关于传教和异教的教规问题上是有益参考。'Crusade and Mission' in Colin Morris, *The Papal Monarchy* (Oxford, 1989), 479–89 提供了简短而有益的论述。教宗特使在欧洲东北部的活动，以及教廷对罗斯北部居民的态度，完全没有英语著作出版。以上问题，以及针对罗斯人的十字军，参见 W. Urban, *The Baltic Crusade* (De Kalb, Ill., 1975), 127–71，以及 M. Purcell, *Papal Crusading Policy* (Studies in the History of Christian Thought, XI, Leiden, 1975)。Christoph Maier, *Preaching the Crusade* (Cambridge, 1994) 涉及托钵修士的角色问题。

第六章

这一时期历史的简明总结，见 Jean W. Sedlar, *East Central Europe in the Middle Ages 1000–1500* (Washington, DC, 1994)。William Urban, *The Samogitian Crusade* (Chicago, 1989) 主要涉及与立陶宛的战争，另见 Giedroyc, *Journal of Baltic Studies*, XXII/4 (1991)。

立陶宛历史研究的复兴，包含 M. Giedroyc 等人的杰出贡献，尤其见 *Oxford Slavonic Papers*, XVIII (1985) and XIX (1987)，S. C. Rowell, *Lithuania Ascending* (Cambridge, 1994) 详述了立陶宛大公1290—1360年的政策，R. J. Mazeika, 'Of Cabbages and Knights', *Journal of Medieval History*, XX/I (1994) 讨论了各方的贸易。Rowell and Mazeika, 'Zelatores Maximi', *Archivium Historiae Pontificiae,* XXXI (1993) 合作论述了 1305—1340 年波罗的海的传教问题。约盖拉改信的最佳论述见 Giedroyc, 'Lithuanian Options prior to Kreva' in *La Cristianizzazione della Lituania* (Pontificio Comitato, Vatican, 1990)，其中收录了 Gimbutas、Urban 与 Mazeika 的英文论述。

关于培根对圣战的观点，新的解读见 William Urban, 'Roger Bacon and the Teutonic Knights', *Journal of Baltic Studies*, XIX/4, 363–70，另见 Muldoon（上文第五章）。西欧的十字军和他们的幻想，参见 L. Toulmin-Smith, *Expeditions to Prussia and the Holy Land made by Henry Earl of Derby*, Camden Society, 2nd Ser., LII (London, 1894)；以及 F. du Boulay, 'Henry of Derby's Expeditions to Prussia 1390–1 and 1392', *The Reign of Richard II*, ed. F. du Boulay and C. Barren (London, 1971), 153–72 和 Maurice Keen, 'Chaucer's Knight, the English Aristocracy, and the Crusade' in *English Court Culture*, ed. V. Scattergood (London, 1983)。立陶宛异教信仰，见 Helmut Biorkhan, 'Les Croisades contre les paiens de Lituanie et de Prusse' in *La Croisade: réalitét fictions*, ed. D. Buschinger (Göppingen, 1989)。

周边地区，见 R. Cazelles, *Jean l'Aveugle* (Paris, 1947); P. W. Knoll, 'Wladyslaw Lokietek and the Restoration of the Regnum Poloniae', *Medievalia et humanistica*, XVII (1966) 和他的 *The Rise of the Polish Monarchy: Piast Poland in East Central Europe 1320–70* (Chicago, 1972)。

13 世纪罗斯-立陶宛关系的主要原始资料已有英语编译版，附有注释，见 G. A. Perfecky, *The Hypatian Codex Part Two: The*

Galician-Volynian Chronicle, Harvard Series in Ukrainian Studies, XVI/I (Munich, 1973)。

第七章

至1446年的各种诺夫哥罗德编年史，见 R. Michell and N. Forbes as *The Chronicle of Novgorod*, Camden Society, 3rd ser., XXV (London, 1914)，罗斯人的说法另见 J. Fennell, 'The Campaign of King Magnus Eriksson against Novgorod in 1348: An Examination of the Sources', *Jabrhücber für Geschichte Osteuropas*, I (1966)，而 John Lind, 'The Russian Sources of King Magnus Eriksson's Campaign', *Mediaeval Scandinavia*, XII (1988) 修正了过于尖刻的论述。Fennell, *The Emergence of Moscow* (London, 1968) 依然是14世纪政局的最佳论述，而他的 *The Crisis of Medieval Russia* (London/New York, 1983)，与 C. J. Halperin, *Russia and the Golden Horde* (London, 1987)，则可以作为引言。

芒努斯在瑞典的统治，见 F. D. Scott, *Sweden: The Nation's History* (Minneapolis, 1977), 69–79。关于圣布里奇特，见 C. Bergendorff, 'A Critic of the Fourteenth Century: St Birgitta of Sweden' in *Medieval and Historiographical Essays in Honour of James Westfall Thompson*, ed. J. Cate and E. Anderson (Chicago, 1938), 3–18。挪威的参与，见 K. Selnes, 'Un conflit norvégo-russe au Moyen Age', *Scando-Slavica*, VIII (1962)。

其他相关内容的英语论文，参见 Häme（关于萨迦里的极北之地）、Julku（关于1323年和1326年的协议）和 Vahtola（关于卡累利阿人的流动），in the first volume of *Nordkalotten i en skiftande värld*, ed. K. Julku Rovaniemi, 1987/88。

Thomas Noonan, 'Medieval Russia, the Mongols, and the West. Novgorod's relations with the Baltic 1100–1350', *Medieval Studies*, XXXVII (1975)，依然是不可或缺的研究。利沃尼亚骑士与这些战争的关系，参见 William Urban, *The Livonian Crusade* (Washington, DC, 1981)，其中涉及了 1300—1583 年的相关内容。

第八章

骑士团与汉萨同盟，参见 P. Dollinger, *The German Hansa*, trs. D. S. Ault and S. H. Steinberg (London, 1970); M. Postan, *The Cambridge Economic History of Europe*, II (Cambridge, 1952), 223–32; E. Lönnroth, ibid., III (Cambridge, 1963), 361–96。另见 A. von Brandt, 'Recent Trends in Research in Hanseatic History', *History*, XLI (1957)。

利沃尼亚，见 J. Leighley, *The Towns of Mediaeval Livonia*, University of California Publications in Geography, VI, no. 7 (1939); Z. Ligers, *Histoire des Villes de Lettonie et d'Esthonie* (Paris, 1946)。A Schwabe, *Agrarian History of Latvia* (Riga, n.d.) 很有用，但很少见。

丹麦所辖爱沙尼亚，见 T. Riis, *Les Institutions politiques centrales du Danemark 1100–1332* (Odense, 1977), 323–36; P. Rebane, 'The Danish Bishops of Tallinn 1260–1346', *Journal of Baltic Studies*, V (1974); Niels Skyum-Nielsen, 'Estonia under Danish Rule' in

Danish Medieval History: New Currents, ed. Skyum-Nielsen and N. Lund (Copenhagen, 1981)。爱沙尼亚土著信仰融合，见 Ivar Paulson, *The Old Estonian Folk Religion* (Bloomington, 1971)，而民族主义的相关研究，见 E. Uustalu, *The History of the Estonian People* (London, 1952), 49–66: 'Estonia under the rule of the Teutonic Order'。

骑士团治下的普鲁士，大量相关德语记述都没有英译文。F. L. Carsten, *The Origins of Prussia* (Oxford, 1954), pp. 52–89 概述了定居情况。对条顿骑士成就的研究，见 F. Benninghoven, catalogue for the 1990 Berlin exhibition: *Unter Kreuz und Adler* (Berlin, 1990)，信息丰富，有插图。

骑士团在普鲁士和利沃尼亚城堡的摄影集，见 A. Winnig, *Der Deutsche Ritterorden and seine Burgen, Die Blauen Bücher* (Königstein im Taunus, n.d.)，但其中解释说明的内容有限。雕刻研究，见 K. H. Clasen, *Die Mittelalterliche Bildbauerkunst im Deutschordensland Preussen*, 2 vols (Berlin, 1939); C. Wünsch, *Ostpreussen, Die Kunst im Deutschen Osten* (Berlin, 1960)，附有大量插图。骑士团文学的研究大多为德语，W. Zeisemer, *Die Litteratur des deutschen Order in Preussen* (Breslau, 1928); C. H. G. Helm and W. Zeisemer, *Die Litteratur des deutschen Ritterorden* (Giessen, 1951)。英语研究见 M. E. Goenner, *Mary-Verse of the Teutonic Knights* (Washington, DC, 1945); Marian Dygo, 'The political role of the cult of the Virgin Mary in Teutonic Prussia', *Journal of Medieval History,* XV (1989)。整个骑士团的思想观念，见 Mary Fisher, *Die Himels Rote: the Idea of Christian Chivalry in the Chronicles of the Teutonic Order* (Göppingen, 1991)。

第九章

G. C. Evans, *Tannenberg 1410: 1914* (London, 1970), 是很好的读物。C. R. Jurgela, *Tannenberg* (New York, 1961), 从立陶宛一方的观点复盘了这一战, 而普鲁士-罗斯-立陶宛-波兰的关系, 见 O. Halecki, *Borderlands of Western Civilization* (New York, 1952) 117–46 和 G. Vernadsky, *The Mongols and Russia* (New Haven, Conn., 1953), chapter 4。

康斯坦茨会议的后续影响, 见 *The Council of Constance: The Unification of the Church*, ed. J. H. Mundy and K. M. Woody, Records of Civilization LXIII (New York, 1961); P. Glorieux, *Le Concile de Constance* (Ciresio's diary) (Toumai, 1964)。波兰一方对骑士团的指控, 见 S. F. Belch, *Paulus Vladimiri and His Doctrine Concerning International Law and Politics*, 2 vols (The Hague, 1965), 他们热烈支持沃德科维奇。沃德科维奇的作品为波兰文, 英文译本见 Ludwik Ehrlich, *Pisma Wybrane Pawla Wlodkowica* (Warsaw, 1968–9), 三卷本;《讽刺》的相关论述见 H. Boockmann, *Jobannes Falkenberg* (Göttingen, 1975), 312–53。波兰与骑士团争执的概述, 见 Muldoon (见上文第五章), 106–19, 中世纪的战争理论, 见 F. H. Russell, *The Just War in the Middle Ages* (Cambridge, 1975)。

1410—1525 年普鲁士和利沃尼亚的历史, 在德文书之外就只有颇为陈旧的 Sieur de Wal, *Histoire de Vordre teutonique* (Paris, 1784–90), IV-VII; 而普鲁士的社会与政治问题, 必须参考 Michael Burleigh, *Prussian Society and the German Order* (Cambridge, 1984), 及其相关论文: 'History, Privilege and Conspiracy Theories in Mid-fifteenth Century Prussia', *European History Quarterly*, XIV (1984) 和 'Anticlericalism in Fifteenth Century Prussia: The Clerical Contribution Reconsidered', *The Church in Pre-Reformation Society*, ed. C. M. Barron and C. Meyer-Boll (Woodbridge, 1985)。这些内容存在偏颇，站在骑士团封臣的立场上，却依然是这一问题唯一可读的论述。与英格兰的关系，J. H. Wylie, *History of England under Henry the Fourth*, 4 vols (London, 1884–98) 值得参考；另见 E. F. Jacob, *The Fifteenth Century* (Oxford, 1961), 356–60, M. M. Postan, 'Anglo-Hanseatic Economic Relations', *English Trade in the Fifteenth Century*, ed. E. E. Power and M. M. Postan (London, 1933)。更完整的论述见 T. H. Lloyd, *England and the German Hanse 1157–1611* (Cambridge, 1991)。

莫斯科大公国对北方的控制，见 J. Fennell, *Ivan the Great of Moscow* (London, 1961), 及其 'Russia 1462–1583', ch. 18 of *The New Cambridge Modern History*, II (Cambridge, 1957)，另见 J. Raba, 'The Fate of the Novgorodian Republic', *Slavic and East European Review*, XLV (1967), W. Westergard, 'Denmark, Russia and the Swedish Revolution 1480–1503', *Slavic and East European Review*, XVI (1937)。1495—1497 年的罗斯-瑞典战争的出色地图，见 *Suomen Historian Kartasto*, ed. E. Jutikkala (Porvoo and Helsinki, 1959), map no. 30。诺夫哥罗德教会危机，见 J. L. Wieczynski, 'Archbishop Gennadius and the West', *Canadian-American Slavic Studies*, VI (1972)。对 16 世纪的利沃尼亚难题的研究，参见 W. Kirchner, *The Rise of the Baltic Question* (Newark, 1954) and David Kirby, *Northern Europe in the Early Modern Period* (Harlow,

1990); 其中前两部分包含了 16 世纪骑士团与其他政权关系的最佳总结。

利沃尼亚骑士的纪律涣散, 见 I. Sterns in *Speculum*, LVII (1982), 同上第三章。

在以上阅读书目之外, 其他拉丁文原始资料另见下文"缩略名"与"参考资料"部分。德语使用者的参考书目, 参见 Dahlmann-Waitz, *Quellenkunde der Deutsche Geschichte*, 10th edn, vol. 1 (Stuttgart, 1969), section 26, nos 1153–75, and *Lieferung* 22–3 (*Estland und Lettland. Litauen*) and 27–8 (*Slaven*); Gebhardt, *Handbuch der deutschen Geschichte*, 9th edn, 4 vols (Stuttgart, 1970–6), esp. 1, 380–2 and 579–606; and Wattenbach-Schmale, *Deutschlands Geschichtsquellen im Mittelalter*, I (Darmstadt, 1976), esp. 419–41。 *Documents on the Later Crusades*, ed. Norman Honsley (Basing-stoke, 1996) 提供了上文引用的一些资料的译文: Wigard (no. 13), Eric Olai (no. 23), Capgrave (no. 24), Boucicant (no. 33), Vladimiri (no. 35) and Falkenberg (no. 36)。

参考资料

缩略名

Brundage *The Chronicle of Henry of Livonia*, trs. J. Brundage (Madison, Wis., 1961).

CDP *Codex diplomaticus Prussicus*, 6 vols, ed.J. Voigt (Königsberg, 1836–61).

CPD *Codex Pomeraniae diplomaticus*, ed. K. Hasselbach, J. Kosegarten and F. von Medem (Greifswald, 1843–62).

DD I/II *Diplomatarium Danicum*, ser. I, II, ed. L. Weibull, N. Skyum and H. Nielsen (Copenhagen, 1963).

DD I/III *Diplomatarium Danicum*, ser. I, III, ed. C. A. Christensen, H. Nielsen, L. Weibull (Copenhagen, 1976).

DS *Diplomatarium Suecanum*.

EK *Erikskrönikan*, ed. R. Pipping, Samlingar utgivna av svenska fornskriftsällskapet CLVIII (Uppsala, 1921).

FD *Förbindelsedikten*, ed. G. K. Klemming as 'Sammanfogningen mellan Gamla och Nya Krönikan' in *Svenska Medeltidens Rim—Krönikar* (Stockholm, 1865), 171–92.

FHL *Fontes historiae Latviae medii aevi*, ed. A. Svabe (Riga, 1937–48).

FMU *Finlands Medeltidsurkunder*, ed. R. Hausen, I (1–1400) (Helsingfors, 1910).

LEKU	*Liv-, Esth-, und Curländisches Urkundenbuch*, 12 vols, ed. F. G. von Bunge (Reval and Riga, 1853–1910).
LR	*Livländische Reimchronik*, ed. F. Pfeiffer (Stuttgart, 1844).
MGH SS	*Monumenta Germaniae Historica: Scriptores rerum germanicarum*, ed. G. H. Pertz, T. Mommsen *et al.* (Hanover, Berlin &c) 1826–.
MPH	*Monumenta Poloniae historica*, 4 vols, ed. A. Bielowski (Lwow, 1864–84).
NC	*The Chronicle of Novgorod 1016–1471*, trs. R. Michell and N. Forbes, Camden Society, 3rd ser., XXV (London, 1914).
Perfecky	*The Hypatian Codex Part Two: The Galician-Volhynian Chronicle*, ed. and trs. G. A. Perfecky (Munich, 1973).
Perlbach	*Die Statuten des Deutschen Ordens*, ed. M. Perlbach (Halle, 1890).
PUB	*Preussisches Urkundenbuch*, 2 vols, ed. A. Seraphim, M. Hein and E. Maschke (Königsberg, 1909–39).
Saxo	Saxo Grammaticus, *Saxonisgesta Danorum*, ed. J. Olrik and H. Ræder (Copenhagen, 1931).
SMHD	*Scriptores minores historiae Danicae medii aevi*, 2 vols, ed. M. Gertz (Copenhagen, 1917–20).
SRP	*Scriptores rerum Prussicarum,* 5 vols, ed. T. Hirsch, M. Toeppen and E. Strehlke (Leipzig, 1861–74).
SS	E. Weise, *Die Staatschriften des Deutschen Ordens*, Veröffentlichungen der Niedersächsischen Archivverwaltung XXVII (Göttingen, 1970).
Tschan	*The Chronicle of the Slavs by Helmold, Priest of Bosau*, trs. F. J. Tschan (New York, 1966).
Trevisa	John Trevisa, *On the Properties of Things*, 2 vols, ed. M. C. Seymour (Oxford, 1975).

注：引述的参考资料并不都附有英译文。

第一章

1. *NC*, 11.
2. *NC*, 76.
3. *Oeuvres de Ghilebert de Lannoy*, ed. C. Polvin and S. C. Houzeau (Louvain, 1878), 33.
4. Pisces salsos et foetentes apportabant alii Palpitantes et recentes nunc apportant filii... *Galli Chronicon*, 11, 27 (MPH, 1, 447).
5. *Knytlinga Saga*, ch. 32, a mid-thirteenth-century source using twelfth-century statistics. C. af Petersen and E. Olson, *Sogur Danakonunga* (Copenhagen, 1919–25) 79–81.
6. Saxo, 497.
7. Herbord, *Vita Ottonis* (*MPH*, 11, 78).
8. Saxo, 357, 392.
9. *Corpus iuris Sueo-gotorum antiqui*, ed. H. Collin and C. Schlyter (Stockholm, 1827), 1, 300–1.
10. Roskilde Chronicle, ch. 17 (*SMHD*, 1, 30).
11. Charter to Lund cathedral, 6 Jan 1135 (DD I/II, no. 63).
12. *Two of the Saxon Chronicles*, 2 vols, ed. C. Plummer and J. Earle (Oxford, 1952 reissue), 1, 221.
13. Herbord (*MPH*, 11, 88).
14. Saxo, 488.
15. Ebbo, *Vita Ottonis,* III, 18 (*MPH*, 11, 67).
16. Saxo, 464–5.
17. Snorri Sturlason, *Magnuss Saga Blinda*, ch. 10, trs. L. M. Hollander, in *Heimskringla* (Austin, Tex., 1964) 726.
18. *De proprietatibus rerum*, XV, ch. 87 (Trevisa, 777).
19. Sturlason, *Heimkringla* (see note 17 above), 147.
20. Brundage, 190.
21. *De proprietatibus rerum*, XV, ch. 125 (Trevisa, 822).
22. *NC*, 36–7.
23. Gallus, *MPH*, 1, 455.
24. Saxo, 390.
25. Saxo, 419.

第二章

1. Tschan, 180.
2. '... non efficaciter set tamen obedienter complevimus'— Epistle 150 *Monumenta Corbeiensia*, ed. P. Jaffé, Bibliotheca rerum Germanicarum, i (Berlin, 1865), 245.
3. Vincent of Prague's Annals, Written 1167–71, *MGH SS*, XVII, 663.
4. Herbord, *MPH*, 11, 118.
5. Saxo, 432.
6. Saxo, 413.
7. Saxo, 458–9.
8. Tschan, 187–8.
9. Saxo, 395.
10. Tschan, 280.
11. Saxo, 551.
12. *DD* I/II, no. 189. 这个教令的抄本都没有标年份。
13. *CPD*, no. 50.
14. *CPD*, no. 36.
15. *DD* I/III, no. 27.

第三章

1. *Opera omnia*, 4 vols, ed. J. Mabillon (Paris, 1839), 1 (1252–78). 另见他写给安德烈的信, a Templar: B. S. James, *The Letters of St Bernard of Clairvaux* (London, 1953), 479。
2. *La Chanson de Roland*, ed. L. Gautier (Paris, 1920), lines 95–101.
3. M. Tumler, *Der Deutsche Orden im Wenden, Wachsen, und Wirken bis 1400* (Vienna, 1955), 603ff.
4. Cf. H. de Curzon, *LeRègie du Temple* (Paris, 1886); and Perlbach.
5. 13 世纪其他重要的十字军都来自德意志中部或东部，只有 1216 年边区（多特蒙德附近）的恩格尔贝特一世伯爵来自莱茵兰。
6. Tumler, *Der Deutsche Orden*, 389–90, 607–10.
7. Perlbach, 127.
8. *CDP*, III, nos. 48 and 96.
9. T. Dzyalinski, *Lites ac res gestae inter Polonos Ordinemque*, 2 vols (Poznan, 1855), 1, 117, 121, 136, 150, 182, 194–205.
10. *Chronica terre Prussie*, ed. M. Toeppen (*SRP*, 1, 151).
11. *SRP*, I, 149.
12. *PUB*, I, no. 105.

第四章

1. Brundage, 50.
2. 'Cognoscimus Deum vestrum maiorem diis nostris...' Henry of Livonia *Chronica*, XIV, 11.
3. *LR*, lines 4238–40.
4. *Chronica Alberici monachi trium fontium*, MGH SS, XXIII, s.a. 1232.
5. Hartmann von Heldrungen's *Relation, FHL*, 212.
6. *Magistri Vincentii Chronicon Polonorum, MPH*, 11, 373.
7. *SMHD*, III, 465–7.
8. Brundage, 189.
9. Matthew Paris, *Chronica majora* (ed. H. R. Luard, Rolls Series, vii (1872–1883)), IV, 9.
10. *NC*, 17–18.
11. 圣埃里克生平的文本见 *Erik den Helge*, ed. B. Thordeman (Stockholm, 1954)。
12. *FMU*, no. 52.
13. *Bullarium Danicum*, ed. A. Krarup (Copenhagen, 1931), 73.
14. *DS*, I, nos 127–9 and 133.
15. *NC*, 68–9, 记录了远征；普希金抄本中添加了洗礼内容。
16. Ed. Rolf Pipping (Uppsala, 1921), with a *Kommentar till Erikskrönikan*, Svenska litteratursällskapet i Finland, CLXXVII (Helsingfors, 1928).
17. *EK*, lines 101–32.
18. *EK*, lines 137–42.
19. *EK*, lines 143–56.
20. *LEKU*, I, no. 559.
21. *EK*, lines 1795–6; *NC*, 115.

第五章

1. *FHL*, 204.
2. Innocent III to Folkwin, 25 Jan 1212, *FHL*, 65.
3. H. Hildebrand, *Livonica* (Riga, 1887), no. 12 (19 Nov 1225).
4. *LEKU*, I, nos 202–4, 209.
5. Brundage, 222.
6. *LEKU*, I, no. 58.
7. *NC*, 86–7.
8. *LEKU*, I, no. 281 (12 Mar 1255).

第六章

1. *SRP*, I, 147.
2. Volhynian Chronicle, s.a. 6770 (Perfecky, 82).
3. Galician Chronicle, s.a. 6760 (Perfecky, 62).
4. Galician Chronicle (Perfecky, 63).
5. *LR*, lines 6379–410.
6. Galician Chronicle, s.a. 6766 (Perfecky, 73).
7. C. Hartnoch, *Selectae dissertations* (Frankfurt, 1679). 另见 15 世纪萨莫吉希亚异教信仰的报告，Hieronymus of Prague, as given to Aeneas Silvius, *SRP*, IV, 238–40。
8. *SRP*, I, 185 (Dusburg), and *SRP*, II, 638 (Wigand).
9. *LEKU*, I, no. 538.
10. 这些抱怨，见 *LEKU*, I, nos. 585 (Riga), 584 (Archbishop John III), 586 (Bishop Conrad of ösel), 603 (bishop of Courland), and 616 (archbishop in 1305)。最终的教廷质询（1310 年），见 A. Seraphim, *Das Zeugenverbör des Franciscus de Moliano* (Königsberg, 1912)。
11. *LEKU*, II, 15–20.
12. Alexander IV, 6 Aug 1257, *LEKU*, II, no. 3029.
13. *LEKU*, II, no. 630.
14. Dusburg (SRP, 1, 178).
15. *Opus mains*, I, ch. 3; III, ch. 14; and VII, ch. 4/1. 见译本 R. B. Burke, *The 'Opus majus' of Roger Bacon* (Philadelphia, 1928)。
16. 关于 Humbert's *Opusculum*，见 E. Brown, *Appendix ad fasciculum rerum expetendarum et fugendarum* (London, 1690) 185ff。
17. 奥洛穆茨主教的 *Relatio* 见于 'Analecta zur Geschichte Deutsch-lands and Italiens', *Abbandlungen der bistorischen Classe der K. Bayerischen Akademie*, IV (1846)。
18. Continuation of Volhynian Chronicle, s.a. 6813.
19. Warden Nicholas to John XXII, 25 Nov 1323 (*PUB*, II, no. 429).
20. 修道院长奥利瓦的保罗和佩尔普林的约尔丹。
21. *PUB*, II, no. 638 (12 Mar 1329).
22. *Le Confort d'ami*, lines 3032–45, in *Oeuvres de Guillaume de Machaut*, 3 vols, ed. E. Hoepffner (Paris, 1908–21), II, 106–7. 关于同一次作战的散文体故事，写于 1395—1399 年，见 *Chronique et Geste de Jean des Preis*, 6 vols, ed. A. Borgnet (Brussels, 1867–87), VI, 412–16。
23. L. Toulmin-Smith, *Expeditions to Prussia and the Holy Land Made by Henry Earl of Derby* (Camden Society, 1894) 提供了对亨利的记录的可能最完整的分析。
24. *SRP*, 11, 595.
25. 好的地图，见 H. and G. Mortensen and R. Wenskus, *Historische geographischer Atlas der Preussenlandes* (Wiesbaden, 1968), sheet 1。
26. *SRP*, V, 581.
27. *LEKU*, VI, no. 3040.

28. Perlbach, 140.
29. *Calendar of entries in the Papal Register: Petitions*, 1, ed. W. H. Bliss (London, 1896), 176 (29 Sep 1349).
30. Wigand of Marburg, *SRP*, II, 632.
31. *LEKU*, IV, 1449 (26 Apr 1387).
32. H. von der Hardt, *Magnum oecumenicum Constantiense concilium*, 7 vols (Frank-fun, 1696–1742), III, 6–8.
33. *SRP*, II, 662ff; *Die Littauischen Wegeberichte*.
34. Ibid., no. 57.
35. Dlugossius, *Annales*, ed.J. Dabrowski (Warsaw, 1964), 1, 86.
36. *CDP*, V, no. 57.
37. Wigand of Marburg, *SRP*, II, 544.
38. *SRP*, II, 115.
39. *Wegeberichte*, no. 84.
40. Peter of Dusburg, *SRP*, 1, 180–1.
41. *SRP*, II, 545.
42. *SRP*, II, 572.
43. Wigand of Marburg, *SRP*, II, 530 and 540.
44. *CDP*, III, no. 72.
45. *SRP*, II, 786.
46. *SRP*, V, 618.

第七章

1. Olaus Magnus, *Historia de gentibus septentrionalibus* (Rome, 1555), VI, ch. 21.
2. J. E. Rietz, *Scriptores Suecici medii aevi cultum culturamque respicientes* (Lund, 1845), III, 208——来自 Abbess Margaret of Vadstena's *De Sta. Birgitta Chronicon* (in Swedish)。
3. *FMU*, no. 465.
4. *FMU*, no. 309.
5. *FMU*, no. 313.
6. *NC*, 133.
7. *FMU*, no. 473.
8. *Revelationes S. Brigittae*, ed. C. Durantus (Antwerp, 1611), 101、103（关于骑士精神）, 596（关于对十字军的需求）, 600、603（关于税收）, 612—613（基督的建议）, 614（需要新的教座）。
9. *FD*, lines 133–5.
10. *NC*, 141.
11. *FD*, line 167.
12. *FD*, lines 181–2.
13. Lögmannsannáll, s.a. 1351, *FMU*, no. 573.

14. 拉丁文译本见 M. Akiander, 'Utdrag ur Ryska annalen', *Suomi*, VIII (1848), 101–4。
15. *DS*, no. 4669.
16. *FMU*, no. 588.
17. *FMU*, no. 589.
18. *Revelationes S. Brigittae*, 701.
19. *Acta literaria Sveciae* (Uppsala, 1724), 593.

第八章

1. *FMU*, no. 470.
2. Conrad von Wallenrod ('sere gefurcht'–*SRP*, III, 170), Ulrich von Jungingen ('radix malorum'–*SRP*, IV, 58), Conrad von Erlichshausen ('eyn scharffer man'–*SRP*, IV, 414) and Ludwig von Erlichshausen ('hochmuttig und egen koppisch'–*SRP*, IV, 427).
3. Perlbach, 146–56.
4. *FMU*, no. 275.
5. *PUB*, I, no. 173.
6. *PUB*. I, no. 262.
7. *PUB*, I, no. 718.
8. 例如 1292 年 9 月 29 日东波美拉尼亚公爵梅斯特温给比谢沃的西多会的特权：*Pomerellische Urkundenbuch*, I, no. 487。
9. Text in *Jura Prutenorum saeculo xiv condita*, ed. P. Laband (Königsberg, 1866), and in V. T. Pashuto, *Pomezaniya* (Moscow, 1955).
10. *Revelationes S. Brigattae*, II, ch. 19.
11. *SRP*, IV, 460–1.
12. *Die jüngere Livländische Reimchronik*, ed. K. Höhlbaum (Leipzig, 1872), 22.
13. *LEKU*, VII, no. 355.
14. *CDP*, I, no. 46.
15. *LEKU*, I, nos 362 and 466.
16. Cf. *Kulmischer Handfeste, CDP*, I, no. 105.
17. R. Hausen, *Registrum ecclesiae Aboensis* (Helsingfors, 1890), no. 680.
18. *Codices medii aevi Finlandiae*, 2 vols, ed. J. Jaakkola (Copenhagen, 1952), 1.
19. Ed. R. Hausen (Helsingfors, 1881–2).
20. *Oeuvres de Gbillebert de Lannoy* (see above, note 3), p. 22.
21. *LEKU*, VII, no. 355.

第九章

1. *SRP*, IV, 56.

2. 来自福格特兰（图林根和波希米亚之间）的统治家族的支脉，自 12 世纪以来该家族所有男嗣取名海因里希，1328—1499 年间有五人在普鲁士骑士团任高级军官。这位海因里希和他的哥哥，但泽的指挥官，都是后来的海因里希·罗伊斯·冯·普劳恩的远亲。
3. E. Weise, *Die Staatsverträge des Deutschen Ordens*, 2nd edn, 2 vols (Marburg, 1970), I, 85–9.
4. The Rufus Chronicle, in *Die Chroniken der Niedersächsischen Städte: Lübeck*, 5 vols, ed. C. Hegel and K. Koppman (Leipzig, 1884–1911), III, 52.
5. *SRP*, II, 795.
6. J. H. Wylie, *History of England under Henry the Fourth*, 4 vols (London, 1884–98), IV, 13–15.
7. *SRP*, III, 59 and v, 266.
8. *SS*, 65–111.
9. *SS*, 108–10.
10. *SS*, 118–20.
11. *SS*, 44–64.
12. *SS*, 121–62.
13. Dominic, *SS*, 248–64; Urbach, *SS*, 276–308.
14. H. Boockmann, *Johannes Falkenberg* (Göttingen, 1975), 312–53.
15. *SS*, 228–47.
16. *SS*, 265–70.
17. *SS*, 391–406.
18. *SRP*, III, 374.
19. *SRP*, IV, 381.
20. *SRP*, III, 512–18.
21. Brambeck, *SRP*, VI, 414.
22. *SRP*, IV, 411.
23. *SRP*, IV, 448–65.
24. *SRP*, V, 207, 208–9.
25. *SRP*, IV, 374.
26. 阿尔贝特的一位前骑士团战友为路德派的辩护，见 F. zu Heydeck, *An der Hochwurdigen Fürsten unnd Herren Hern Walther vonn Blettenbergh.... Eyn gar Christlich Ermänung* (Königsberg, 1526)。
27. *NC*, 149, 150.
28. *LEKU*, VIII, no. 386 (*c.* 1430); XII/I, no. 125 (1462); IX, no. 804 (1442).
29. *NC*, 197, 198.
30. *LEKU*, IX, no. 1015 (16 Nov 1443).
31. *LEKU*, XII, no. 214.
32. Cited by O. Stavenhagen in 'Johann Wolthus von Herse', *Mittheilungen aus der Livländische Geschichte*, XVII, 29.
33. Cf. accounts by Bredenbach (1563) and Herberstein (*c.* 1549) in *Rerum Moscoviticorum autores varii*, ed. C. Marnius and J. Autorius (Frankfurt, 1600), 227 and 88.

附：坦能堡之战

本书第九章并未对条顿骑士团历史上规模最大的惨败——坦能堡之战展开叙述，然而对军事爱好者而言，这一战对理解这一时期条顿骑士团的军事模式意义重大，译者在此对这一战稍加展开，探讨条顿骑士团失败的原因，不足之处请方家斧正。

（这一战的背景与起因，本书第九章已有叙述，此处不再赘述。）

兵力对比

条顿骑士团在普鲁士的部队几乎全部出动，除了海因里希·冯·普劳恩率领的约3,000人部队防备波兰一方的侧翼支援进攻，余下的部队全部向南进军，迎战波兰-立陶宛联军。骑士团的部队一如既往包括外来的十字军部队——以德意志的领主为主，还有来自威斯特伐利亚、弗里西亚、施瓦本和奥地利的征召部队，以及波希米亚雇佣军。对骑士团甚为不利的一点是，抵达战场的匈牙利援军仅有200人，而匈牙利国王日格蒙德有意斡旋双方和谈，无意立即出兵。①

---

① Mečislovas Jučas, *The Battle of Grünwald* (Vilnius: National Museum-Palace of the Grand Dukes of Lithuania, 2009).

波兰的部队，不但有国王在马佐维亚（华沙、普沃茨克）的直属部队，一系列大贵族的附庸部队，还有波兹南、桑多梅日、卡利什、谢拉兹、卢布林、文奇察、库亚维、利沃夫、维隆、普热梅希尔、多布任、海乌姆、波多利亚和加利奇的地方部队。在规模可观的波兰部队之外，还有来自西里西亚、波希米亚和摩拉维亚的志愿部队，或者雇佣军，其中或许还有胡斯武装。立陶宛同样集结了广大地区的部队，既有立陶宛腹地的特拉凯、维尔纽斯、格罗德诺、考纳斯和利达，也有臣服于立陶宛的罗斯人地区，如斯摩棱斯克、波洛茨克、维捷布斯克、基辅、平斯克、布列斯特等地的部队。此外，投奔立陶宛的金帐汗国王子扎兰丁，率领他麾下的鞑靼骑兵追随维陶塔斯参战。①

一份重要的原始资料，波兰史学家扬·德乌戈什的记述，是双方兵力对比的重要参考。德乌戈什作为亲历者，在开战之前清点了双方的旗帜，确定双方的骑兵作战单位即旗队（banner）的数量。按照他的说法，条顿骑士团（及其附庸部队）有51个旗队，波兰（及其附庸部队）有50个旗队，立陶宛（及其附庸部队）有40个旗队。②如果双方旗队的规模相差不大，那么，波兰-立陶宛一方占了近2∶1的兵力优势。然而德乌戈什的统计是否准确，各方旗队的人数是否接近，以及未纳入统计的步兵规模如何，都存在争议；对这一战参战部队人数的估计，也因此存在较多的说法。当代研究中，较小的估计数据中，条顿骑士团约1.1万人，

---

① Stephen Turnbull, *Tannenberg 1410: Disaster for the Teutonic Knights*, Campaign Series, 122 (London: Osprey, 2003).

② Zenonas Ivinskis, *Lietuvos istorija iki Vytauto Didžiojo mirties* (in Lithuanian), (Rome: Lietuvių katalikų mokslo akademija, OCLC, 1978).

波兰略超过1万人，立陶宛约6,000人①；较大的估计数据中，条顿骑士团部队超过2万人，波兰和立陶宛联军则逼近4万②。不过，各方估计都认为条顿骑士团的部队人数处于明显劣势，其总人数和波兰的部队相当，而立陶宛部队的人数大约为波兰部队的一半左右。

战前准备与部署

1410年7月3日，在切尔维延斯克集结的波兰-立陶宛联军挥师北上，向马林堡方向进军之时，条顿骑士团早已通过匈牙利使节，得到了波兰-立陶宛联军会合并准备出发的情报。乌尔里希率领的主力军在联军北上之前，便已经抵达德尔文察河畔，在联军北上的必经之路考尔尼克（Kauernik / Kurzętnik，今库尔泽特尼克）的浅滩构筑了防御阵地。当7月10日，联军抵达之时，面对严阵以待的骑士团，瓦迪斯瓦夫和维陶塔斯没有冒险强攻。次日，联军的军事会议决定绕道向东进军，从德尔文察河与埃尔布隆格河的源头之间通过，从东南方向进军马林堡。7月13日，联军夺取德尔文察河东南方向的小村吉尔根堡（Gilgenburg），攻破了当地的条顿骑士团堡垒。尾随而来的条顿骑士团于14日舍弃地利，主动渡河，并于15日抵达坦能堡，挡住了波兰-立陶宛联军前进的道路。③

---

① Robert Frost, *The Oxford History of Poland-Lithuania: The Making of the Polish-Lithuanian Union 1385–1569* (Oxford University Press, 2015), 1.

② Daniel Stone, *The Polish-Lithuanian state, 1386–1795* (University of Washington Press, 2001).

③ Mečislovas Jučas, *The Battle of Grünwald*. Stephen Turnbull, *Tannenberg 1410: Disaster for the Teutonic Knights, Campaign Series*, 122.

由于条顿骑士团一方此后伤亡惨重，乌尔里希如此决定的直接原因难以确知。条顿骑士团的官方说法，即认定波兰-立陶宛联军在吉尔根堡屠杀当地居民，而让乌尔里希大怒进军，在军事学上意义有限。显然，理论上乌尔里希还可以指望拖延时日，获取来自匈牙利或德意志的直接或间接军事支持。而处于明显劣势之下，乌尔里希却主动舍弃地利寻求决战，除了他个人的轻敌与莽撞，也很可能是受到条顿骑士团经济困窘的影响，对乌尔里希而言，选择长期拖延或许同样是冒险。

1410年7月15日清晨，条顿骑士团在坦能堡以南，格伦瓦尔德以东，结成东北-西南向的军阵，其中重骑兵较多的左军由元帅弗里德里希·冯·瓦伦罗德（Friedrich von Wallenrode）指挥，右军由大指挥官库诺·冯·利希滕施泰因（Kuno von Lichtenstein）指挥，大团长乌尔里希·冯·永京根率领16个旗队，大约三分之一的骑兵力量，在后方作为预备队。骑士团的步兵挖掘了防御工事和陷坑，等待对方主动攻击，而步兵后方的骑兵则结成惯用的楔形阵型，准备依托重甲骑兵，强行楔入对方军阵的指挥核心，瓦解敌人。对面的波兰-立陶宛联军也列出了类似的军阵，波兰人及其附庸或雇佣的步兵大部以及一部分波兰骑兵居于左军，升起波兰的克拉科夫军旗；立陶宛部队、附庸的鞑靼骑兵以及部分波兰支援部队组成右军，由立陶宛国王维陶塔斯指挥。波兰国王瓦迪斯瓦夫身为总指挥官，率领两支骑兵预备队居于后方。①

---

① Mečislovas Jučas, *The Battle of Grünwald*. Stephen Turnbull, *Tannenberg 1410: Disaster for the Teutonic Knights, Campaign Series*, 122.

战斗过程

条顿骑士团构筑了步兵与炮兵阵地,希望波兰-立陶宛联军主动进攻。乌尔里希甚至派出使者送去两柄剑,"支援瓦迪斯瓦夫和维陶塔斯作战",作为挑衅。"格伦瓦尔德之剑"此后也成了波兰的重要象征之一。然而条顿骑士团布置的野战炮效果不佳,火药因为淋雨而失效,整场战斗之中仅仅开了两炮。[①]

在对峙了几个小时之后,无法忍耐暑热的立陶宛-罗斯-鞑靼联军,向弗里德里希指挥的条顿骑士团左军发起冲锋。双方随即开始骑兵混战,而护甲更精良的条顿骑士很快占了上风。在坚持了一个多小时的不利战斗之后,维陶塔斯开始率部向后退却。此时,波兰的左军与库诺指挥的条顿骑士团右军也展开了混战,波兰一方同样处于不利的境况,而骑士团左军的六个旗队转向右侧,向波兰左军阵的侧后发起进攻,混乱之中,波兰的克拉科夫军旗甚至一度被条顿骑士团夺走。瓦迪斯瓦夫派出了一支预备队,支援仍在坚持的左军。[②]

见维陶塔斯败退,瓦迪斯瓦夫孤立无援,大团长乌尔里希率领最后的预备队投入战场,从库诺集群的左侧、波兰左军的右侧,楔入波兰国王与波兰主力之间,一名条顿骑士甚至冲向了指挥波兰最后预备队的国王瓦迪斯瓦夫。然而面对装备质量更好的波兰骑士,特别是波兰国王的直属部队,条顿骑士团的楔形军阵和马上短距离格斗术效果有限。乌尔里希发动冲击,并没有将优势化

---

① Mečislovas Jučas, *The Battle of Grünwald*.
② Stephen Turnbull, *Tannenberg 1410: Disaster for the Teutonic Knights, Campaign Series*, 122.

为胜利，反而被波兰主力以及两支波兰预备队夹住。

陷入僵局之时，在后方成功重整部队的维陶塔斯突然返回，直扑被困住的乌尔里希所部的侧背。他的部队在此前的混战中损失不小，然而甲轻马快的立陶宛、罗斯与鞑靼骑兵，在撤退时却受损甚微；骑士团左军那些身披重甲的条顿骑士，却在长距离的追击之中脱节分散，无法返回支援主战场。四面受敌的乌尔里希决定突围重组，却在突围之时被发起反冲锋的波兰骑士刺死。主帅阵亡之后，条顿骑士团的右军随即崩溃，向营地方向退却，然而营地的随营人员却突然倒戈，杀死了逃进营地的骑士团士兵。条顿骑士团残部试图结成车阵继续抵抗，然而群龙无首，人困马乏，人数又处于绝对劣势，很快就被围拢上来的波兰-立陶宛联军歼灭。[1]

条顿骑士团的损失相当惨重，参战部队仅剩残部1427人撤回马林堡，大多数人或被杀，或被俘。[2] 大团长乌尔里希·冯·永京根、元帅弗里德里希·冯·瓦伦罗德、大指挥官库诺·冯·利希滕施泰因、大司库官托马斯·冯·梅尔海姆（Thomas von Merheim）以及十名指挥官阵亡，勃兰登堡指挥官马克瓦德·冯·萨尔茨巴赫（Markward von Salzbach）则被维陶塔斯下令处死。[3] 参与这一战的270名条顿骑士团正式成员之中，有

---

[1] Mečislovas Jučas, *The Battle of Grünwald*. Stephen Turnbull, *Tannenberg 1410: Disaster for the Teutonic Knights, Campaign Series*, 122.

[2] Stephen Turnbull, *Tannenberg 1410: Disaster for the Teutonic Knights, Campaign Series*, 122.

[3] Stephen Turnbull, *Tannenberg 1410: Disaster for the Teutonic Knights, Campaign Series*, 122.

203—211 人被杀，而逃离战场的职务最高的骑士团军官，是埃尔宾指挥官维尔纳·冯·特廷格（Werner von Tettinger）。① 此外或许有过半数的部队被俘，包括奥莱斯（Oels，今奥莱希尼察）公爵康拉德，以及波美拉尼亚公爵卡齐米日等，他们被扣押以索取赎金，被俘的普通士兵则大多获释。②

总　结

条顿骑士团尽管在政治、外交和管理上多有变通，然而在战场之上，却往往机械地执行楔形冲锋的教条。这一点自然有其社会学上的深远原因，而在军事学上，这种机械的战术曾经能够满足条顿骑士团的军事需求。在立陶宛人或罗斯人集结的投射部队被骑士团弩手驱逐之后，条顿骑士团引以为傲的重装骑兵便可以依托重甲，强行冲击对方的步兵军阵，或者与敌方骑兵主力直接交锋。如果对方的部队无力拦阻这次楔形冲锋，那么骑士团将依托重甲，以简单的集群肉搏方式贴近敌方的指挥官，消灭对方的指挥体系，或至少迫使其撤退。在立陶宛和罗斯人装备水平较低，破甲能力较差，而且没有在撤退后重整的组织能力时，这种机械的战术足够有效。温里希·冯·克尼普罗德能够几番击败立陶宛人，与这种技术水平和组织能力上的明显优势不无关系。

然而坦能堡之战中的条顿骑士已经基本失去了"北方十字军"运动之初的优势。尽管在面对立陶宛-罗斯人时依然可以将他们击退，但此时立陶宛-罗斯人已经可以实现撤退重组，更何况，

---

① Mečislovas Jučas, *The Battle of Grünwald*.
② Stephen Turnbull, *Tannenberg 1410: Disaster for the Teutonic Knights, Campaign Series*, 122.

条顿骑士这一战的主要敌人,是装备和组织水平与他们相当而且同样全力出征的波兰王国。当战争的烈度,从季节性的破坏侵袭与反制袭扰,上升到交战双方精锐倾巢而出的大规模决战之时,条顿骑士团在人数和补充上的根本劣势必然暴露无遗。无论是亲率预备队直冲敌人核心的大团长乌尔里希,还是率领左军大部坚持驱逐维陶塔斯的元帅弗里德里希,或许都是在使用五十年前条顿骑士团在立陶宛大获全胜之时的战法。然而对面的敌人不同了,战争的模式不同了,时代也不同了。

当克雷西的"骑士之花"踏过热那亚弩手冲向英军的预设阵地,纳赫拉(Nájera)的卡斯蒂利亚骑兵向英军长弓手发动自以为必胜的突击之时,他们与坦能堡的乌尔里希和弗里德里希一样"机械"。然而经济的发展推动了社会组织度的提升,而社会组织度的提升极大增加了战争的烈度。在耶路撒冷王国苟延残喘、十字军运动濒于消亡之时,13世纪和14世纪初的欧洲,决定王冠归属的重大决战,比如1266年的贝内文托之战,往往可以通过数千精锐的直接交锋决定胜负。然而百年战争爆发,奥斯曼帝国扩张,都预示着战争烈度将在未来进一步提升。法国国王在普瓦捷之战中被俘,10万十字军在尼科波利斯溃败,这些重大事件,1410年的乌尔里希应当已经得知。至于他是否能意识到,激增的战争烈度,将会让组织模式早已与时代脱节的条顿骑士团彻底失去以往战场上的优势,我们就无从得知了。

波兰骑士在坦能堡之战中扬名,他们取代了条顿骑士,成为东欧最强大的军事力量。凭着骑兵战术上的自信,此后的波兰翼骑兵在手枪骑兵的时代冲出一条血路,让欧洲军事家们意识到,还有另一种骑兵模式可供选择。然而,讽刺至极的是,曾经的军事强权，因为组织模式的落后，处于外强中干的尴尬境地，并最终沦为任人摆布的棋子，乃至大国交易的添头——这些总结波罗的海条顿骑士团政权的话语，完全可以套在此后的波兰王国身上。秦人不暇自哀，而后人哀之，如是而已。

参考文献

Mečislovas Jučas, *The Battle of Grünwald,* Vilnius: National Museum-Palace of the Grand Dukes of Lithuania, 2009.

Stephen Turnbull, *Tannenberg 1410: Disaster for the Teutonic Knights, Campaign Series*, 122, London: Osprey, 2003.

Zenonas Ivinskis, *Lietuvos istorija iki Vytauto Didžiojo mirties* (in Lithuanian), Rome: Lietuvių katalikų mokslo akademija, OCLC, 1978.

Robert Frost, *The Oxford History of Poland-Lithuania: The Making of the Polish-Lithuanian Union 1385–1569*, 1, Oxford University Press, 2015.

Daniel Stone, *The Polish-Lithuanian state, 1386–1795*, University of Washington Press, 2001.

出版后记

十字军战争中，三大骑士团在近东圣地的崛起，尤其受人关注。相形之下，阴冷的欧洲北部，十字军的活动和条顿骑士团的拓殖就显得有些冷清了。

在本书作者看来，在波罗的海地区，条顿骑士团的开拓以及北欧各国的十字军运动，虽不如在圣地的十字军那么盛大壮烈，但造成的影响更加深远。可以说，西欧的天主教文明，通过北方骑士团和十字军，来到寒冷昏暗的波罗的海地区，为此地带来了教堂、庄园、城堡、自治市镇、法庭和议会。本书不仅梳理了波罗的海和北欧地区的地理环境、诸民族的社会状况，也论述了条顿骑士团和十字军在这片新地域的军事活动和殖民管理，展现了西欧文化在新地域的传布、维持、适应和发展，兼具人类学和历史学价值。

当然，我们对此应该有清醒的认识。面对这段过往历史，希望大家以严谨公正的视角，正视骑士团的罪恶，不避民众的苦难，也不忘文明传衍的成果。

服务热线：133-6631-2326 188-1142-1266

服务信箱：reader@hinabook.com

后浪出版公司

2020 年 11 月

© 民主与建设出版社，2023

图书在版编目（CIP）数据

北方骑士团的兴衰：波罗的海征服开拓史 /（英）埃里克·克里斯琴森（Eric Christiansen）著；李达，周超宇译. -- 北京：民主与建设出版社，2021.4（2023.7重印）
书名原文：The Northern Crusades
ISBN 978-7-5139-3403-9

Ⅰ. ①北… Ⅱ. ①埃… ②李… ③周… Ⅲ. ①骑士(欧洲中世纪) — 史料 — 研究 Ⅳ. ①D59

中国版本图书馆CIP数据核字(2021)第040826号

The Northern Crusades
by Eric Christiansen
Copyright © 1980, 1997 by Eric Christiansen
First published 1980
First published in Great Britain in the English language by Penguin Books Ltd.
Simplified Chinese translation © 2021 by Ginkgo (Shanghai) Book Co., Ltd.
Published under licence from Penguin Books Ltd. The author has asserted his moral rights.
All rights reserved.
Penguin (企鹅) and the Penguin logo are trademarks of Penguin Books Ltd.
Copies of this translated edition sold without a penguin sticker on the cover are unauthorized and illegal.

本书简体中文版由银杏树下（上海）图书有限责任公司出版。
封底凡无企鹅防伪标识者均属未经授权之非法版本。

版权登记号：01-2023-3172
地图审图号：GS(2021)576号

北方骑士团的兴衰：波罗的海征服开拓史
BEIFANG QISHITUAN DE XINGSHUAI : BOLUODIHAI ZHENGFU KAITUO SHI

著　　者	［英］埃里克·克里斯琴森
译　　者	李　达　周超宇
责任编辑	王　颂
特约编辑	曹　磊　朱子尧
封面设计	尬　木
出版发行	民主与建设出版社有限责任公司
电　　话	（010）59417747　59419778
社　　址	北京市海淀区西三环中路10号望海楼E座7层
邮　　编	100142
印　　刷	北京天宇万达印刷有限公司
版　　次	2021年6月第1版
印　　次	2023年7月第3次印刷
开　　本	889毫米×1194毫米　1/32
印　　张	12
字　　数	268千字
书　　号	ISBN 978-7-5139-3403-9
定　　价	82.00元

注：如有印、装质量问题，请与出版社联系。